U0965457

普通高等教育"十四五"规划教材
全国高等院校经济与管理类专业系列教材

运营与供应链管理

侯云先　吕建军　李晓红　郭红莲　主编

中国农业大学出版社
·北京·

内 容 简 介

本书共包含 13 章，具体可以分为 3 个部分。第一部分为第 1～2 章，从整体上介绍运营与供应链的理论框架，具体包括运营与供应链管理导论以及运营与供应链基本理论思想及其战略体系。第二部分为第 3～8 章，侧重于介绍企业运营管理的内容，具体包括制造和服务系统的流程选择、业务流程与布局决策模型、能力管理、全面质量管理、销售与运营计划（S&OP）以及供应管理。第三部分为第 9～13 章，侧重于介绍供应链管理的相关内容，具体包括供应链库存管理、供应链生产管理、物流与配送服务、产品和服务开发以及供应链信息管理。本书适合作为高等院校工商管理类、管理工程类各专业本科生、研究生的教材或教学参考书，也可供相关运营与供应链管理工作者和研究人员参考。

图书在版编目（CIP）数据

运营与供应链管理 / 侯云先等主编. —北京：中国农业大学出版社，2020.11
ISBN 978-7-5655-2452-3

Ⅰ. ①运… Ⅱ. ①侯… Ⅲ. ①企业管理－运营管理－高等学校－教材②企业管理－供应链管理－高等学校－教材 Ⅳ. ①F27

中国版本图书馆 CIP 数据核字（2020）第 211354 号

书　　名　运营与供应链管理
作　　者　侯云先　吕建军　李晓红　郭红莲　主编

策划编辑　潘晓丽　　**责任编辑**　陈颖颖
封面设计　郑　川
出版发行　中国农业大学出版社
社　　址　北京市海淀区圆明园西路 2 号　　**邮政编码** 100193
电　　话　发行部 010-62733489，1190　　读者服务部 010-62732336
编辑部 010-62732617，2618　　出　版　部 010-62733440
网　　址　http：//www.caupress.cn　　**E-mail** cbsszs@cau.edu.cn
经　　销　新华书店
印　　刷　北京时代华都印刷有限公司
版　　次　2021 年 4 月第 1 版　　2021 年 4 月第 1 次印刷
规　　格　787×1 092　　16 开本　　20 印张　　500 千字
定　　价　59.00 元

编 写 名 单

主　编

侯云先　吕建军　李晓红　郭红莲

副主编

（按姓氏拼音排序）

安久意　刘 斌　申 强　张 磊　张 莉

前　言

新一轮技术革命和产业革命，如人工智能、新能源技术、生物技术、大数据、物联网技术等的飞速发展，为企业发展提供了新的机遇，同时也带来了新的挑战，企业运营的理论和实践也随之不断发展与创新。企业内部运营能力关乎企业生存，但是在目前市场竞争环境下，企业不仅需要良好的运营能力，而且必须要与供应链上的其他企业实现高效协调合作。为了适应现代企业运营和供应链管理发展的需要，本书将运营管理与供应链管理有机整合，对传统企业运营管理理论进行延伸，更加强调企业运营与供应链之间的集成。本书的具体特色如下。

（1）与时俱进

运营与供应链管理理论和实践在不同时代有不同的发展要求，本书紧跟时代脚步，增加了在新的商业环境下的运营与供应链管理的新思想、新方法的运用，强化供应链协同概念，为早日实现《中国制造 2025》中提出的我国从制造业大国向制造业强国转变的目标增砖加瓦。

（2）立足国情

本书的内容是按照国内企业的管理情境与管理实践来编写的，案例大都是国内企业的真实案例，并且大都是读者耳熟能详、与他们关系非常紧密的，因此既可以增加读者的学习兴趣，又有助于推进我国运营与供应链管理理论的发展和范式构建。

（3）实用性强

本书结构完善，理论与实践并重，涉及的知识面广，适合作为本科生和研究生运营管理课程的教材或参考书。希望本书的出版能够推动运营与供应链管理人才的培养，为广大从事运营管理工作的人员提供参考，助力企业发展。

本书内容涵盖运营与供应链基本理论思想及其战略体系、制造和服务系统的流程选择、业务流程与布局决策模型、能力管理、全面质量管理、销售与运营计划（S&OP）、供应管理、供应链库存管理、供应链生产管理、物流与配送服务、产品和服务开发、供应链信息管理等内容。本书最主要的特点在于将传统运营管理相关理论进行拓展，并结合实践探讨运营与供应链问题。书中提供了大量的企业案例、新闻报道和阅读材料，并且强调运营管理的分析能力，提供了大量利用 Excel 解决运营与供应链管理问题的习题。感谢该领域前辈专家学者为此做出的卓越贡献。

本书编写历时 3 年，作为讲义使用 5 次，结合实际情况多次修改，写作过程凝聚了许多优秀教师和硕、博研究生的辛勤汗水，在此向编纂本书的各位老师和同学致以崇高的敬意！对本书做出贡献的教师包括：中国农业大学侯云先教授、吕建军教授、李晓红副教授，北京物资学院郭红莲教授、安久意副教授、张莉讲师，上海海事大学刘斌教授，北京农学院申强教授，青岛大学张磊副教授。具体分工为：第 1、2 章由侯云先、申强编写，第 3、4 章由郭红莲编写，第 5、7 章由李晓红编写，第 6、10 章由刘斌、张磊、侯云先、郭红莲编写，第 8、9 章由侯云先、郭红莲、安久意、张莉编写，第 11、12、13 章由吕建军编写。

本书适合于 40～72 学时教学使用。40 学时建议选用第 1～10 章，并选择少部分案例进行课堂讨论；48 学时建议选用第 1～10 章、第 12 章，并选择部分案例进行课堂讨论；56～64 学时可以讲完全部内容，并选择部分案例进行课堂讨论；72 学时可以讲完全部内容，并针对案例展开课堂讨论。

本书编写过程中参考了前辈专家学者的大量文献，在此表示衷心的感谢！由于时间仓促及作者水平有限，本书不可避免会存在一些不当之处，恳请读者批评指正。

编 者

2020 年 7 月

目　录

第 1 章　运营与供应链管理导论

引言

以下企业有哪些共同点？

SAP——全球最大的企业资源计划（ERP）软件供应商。

美国运通——全球最大和最负盛名的金融和旅游服务公司。

亚马逊——美国最大的一家网络电商平台。

沃尔玛——美国零售业巨头，建立了一个由世界顶级供应商（如索尼、英特尔等）组成的巨大网络。

联邦快递——一家提供供应链解决方案和运输服务的服务公司。

海底捞——一家中国连锁餐饮企业，旗下的蜀海投资是海底捞供应链的核心运营机构，后台供应链实现了全国全网平台化服务。

这些企业千差万别，但至少存在一个共同点，即投入大量资源以提升运营与供应链的管理水平。

本章学习中，首先，了解运营和供应链的概念，其中将介绍目前许多企业用以分析和构建其供应链的供应链运作参考模型（SCOR 模型）。其次，讨论运营与供应链战略，主要包括企业要素、战略以及运营与供应链战略基础，分析企业如何制定和实施战略，以及运营与供应链战略如何与企业整体战略相匹配。

1.1　运营

生产就是提供有价值的产品或服务，运营的主要功能在于确保企业提供有价值的产品或服务。运营职能（operation function）是指组织内部人员、技术和系统的集合体，其职责在于提供产品或服务。一般来说，运营被视为一个将投入要素以某种方式转换为有价值的产出，即产品或服务的过程，如图 1-1 所示。

在制造业中，产品生产活动十分明显，可以看到有形的产品。例如，某生产木质椅子的工厂所提供的产品比较简单，但将原材料转变为最终面向市场的椅子却涉及非常多的活动。

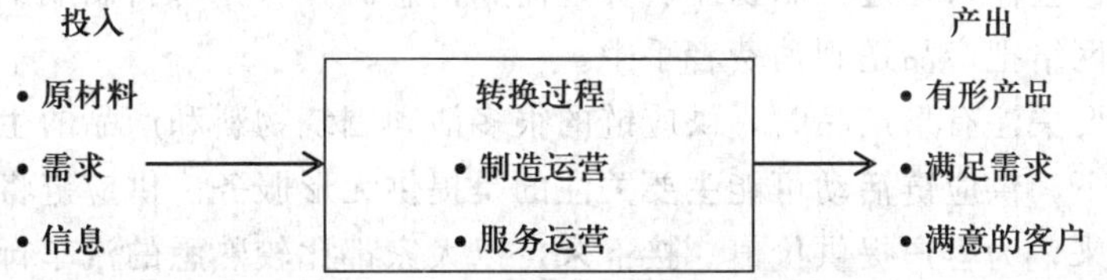

图 1-1　运营是一个转换过程

首先，木材作为投入要素之一，由货车或火车运往工厂；然后，木材被卸下搬运至工厂车间，刨床将木材切割成适宜厚度的木材；最后，车床将木材加工成椅腿和椅背。

除了机器设备，椅子的生产过程中还需要操作机器、运输设备和叉车以及装配椅子的工人。椅子加工完毕，需要更多工人对椅子进行包装，并将椅子运输到成品仓库或装上火车运给客户。主管和经理人员使用信息系统对各种作业活动进行计划安排。

运营职能也可以是提供无形的服务。在不提供有形产品的公司里，运营职能的表现形式也许不那么明显，这种形式可能“隐藏”起来了。银行、医院、高校、航空公司等就是这类例子。比如律师事务所提供的是客户的法律咨询服务，律师事务所通过律师和其他人员的专业知识和技能，将客户的法律咨询需求转换成有价值的法律意见，从而满足客户的需求。律师事务所对这一转换过程的运营水平决定其成功与否。

图 1-1 中还涵盖如下信息。首先，运营的输入有不同的形式，来自不同的地方。这些输入主要包括有形的原材料、无形的需求和信息。一般来说，运营的优劣主要依赖于输入的获取情况和质量。比如在生产椅子的工厂中，如果原材料的质量无法保证或无法获取原材料，生产活动可能难以进行。相反，高质量原材料的稳定供应是生产优质的产品的前提。其次，大多数运营活动需要与企业的其他职能或活动协调，包括人力资源、产品设计和营销等。最后，信息和决策是运营管理活动的重要内容。一名成功的运营经理，无须亲自装配产品，但有必要确保合适的人和机器工作、合适的物料供应、合适的成本及按要求发货。

运营管理（operation management），是指对投入转换成产品或服务的过程进行计划、调度和控制。运营管理是融入企业产品和服务中的对企业生产资料或生产系统进行的管理，它涉及的是一些长期基本决策，比如，提供何种产品或服务、采用何种转换过程。除此之外，运营管理还涉及一些直接问题，如满足客户需求的最佳方式是什么。通过科学的运营管理，企业试图为客户提供最高的价值，同时使其资源得到最优配置。

1.2 供应链管理

图 1-1 中描述的“运营”强调的是某个特定企业将资源转化为客户所期望的产品或服务的过程。尽管企业的运营管理职能非常重要，但仅仅强调企业内部做正确的事是不够的，有必要了解企业与供应商、分销商和客户之间的运营连接，这就是本书中所涉及的供应链。

“供应”是指怎样把材料和服务移入企业的流程。以高尔夫球制造工厂为例，工厂需要橡胶、软木和其他材料的供应商，并通过一系列的转化过程制成高尔夫球，这些高尔夫球通过配送体系出售给顾客。

供应链（supply chain），是指在生产和流通过程中，将产品或服务提供给终端客户的上游与下游企业所构成的网链结构。它围绕核心企业，将供应商、制造商、分销商、零售商和终端客户连成一个整体，通过控制物流、资金流和信息流，将原材料制成中间产品和最终产品，最后由销售网络把产品送到消费者手中。

当供应链主要关注有形产品时，供应链的很多活动围绕物料和产品的生产、存储和运输展开。其他情况下，供应链活动可能主要关注的是提供无形服务。供应链将许多不同企业的运营职能连接起来，为客户提供价值。接下来，以大家都比较熟悉的汽车行业供应链为例展开讨论，如图 1-2 所示。

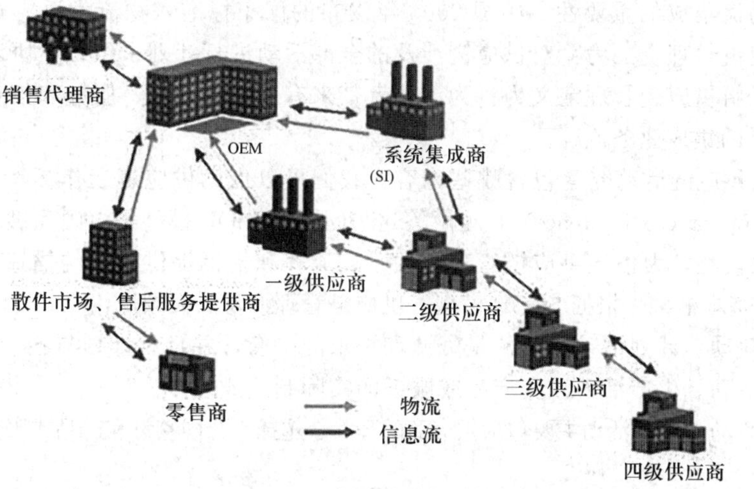

图 1-2　汽车行业供应链

当某个顾客购买汽车时，可能并不会注意到汽车到达 4S 店经过的那些步骤。OEM（original equipment manufacturer，原始设备制造商）在进行生产时，需要从供应商那里获取零部件。直接为 OEM 提供零部件的厂商是一级供应商（first-tier supplier），为一级供应商提供物料的供应商为二级供应商（second-tier supplier），为二级供应商提供物料的供应商为三级供应商（third-tier supplier）。OEM 利用一级供应商、系统集成商提供的原材料和零部件进行汽车生产，最终形成汽车。接下来，汽车将被运送至销售代理商，零部件将被运送至散件市场、售后服务提供商，分销给零售商。在这个过程中，运输商起重要作用，将输入和输出物从供应链的一个环节运送至另一个环节。

图 1-2 中，物流和信息流都是双向的。而且在实践中，参与供应链的企业数量可能会很多，供应商的数量可达上百家，零售商的数量则更多。在供应链中，大多数企业可能既是客户，又是供应商。值得注意的是，产品最终的价格必须弥补供应链中产生的成本，并且确保参与企业能够获得相应的利润，供应链才能得以正常运作。

然而，很多传统意义上的企业在执行活动时，通常独立于供应链上的其他企业，导致供应链脱节，效率很低。相反，供应链管理（supply chain management）力图管理供应链的活动及关系，最大化客户价值，以获取竞争优势。它反映的是企业为了提高供应链的有效性和效率，有意识地开发和经营管理其供应链。

供应链管理的广义定义包含了整个价值链，即从原材料开采到使用结束的整个过程中的采购与供应流程管理。巴茨（Bartz）将供应链管理扩展至物资的再生或再利用过程。它主要集中于企业如何利用供应商的工艺流程、技术和能力来提高竞争力，实现产品设计、生产制造、采购和物流管理功能的协作。当价值链中的所有战略组织集成为一个统一的知识实体，并贯穿整个供应链网络时，企业的运作效率会进一步提高。

但是，由于广义供应链管理中描述的价值链十分复杂，企业无法获得供应链管理的全部利益，因而产生了狭义的定义：在一个组织内集成不同功能领域的物流，加强直接战略供应商、生产制造商、分销商、零售商和终端客户的联系。供应链管理的第三种定义则主要强调地理分布和物流集成的重要性。中国 2006 年发布的国家标准《物流术语》(GB/T 18354—2006)将供应链管理定义为：对供应链涉及的全部活动进行计划、组织、协调与控制。而全球供应链论坛将供应链管理定义为：为消费者带来有价值的产品、服务和信息的，从供应商到最终消费者的集成业务流程。

实际上，供应链活动究竟包含哪些内容？我们可以借助供应链运作参考模型，即 SCOR (supply chain operations reference) 模型解答这一问题。SCOR 模型是由国际供应链协会开发支持的一个框架模型，为描述供应链管理的关系、流程和指标提供标准的描述语言。图 1-3 为 SCOR 模型的基本框架。根据 SCOR 模型，供应链管理涉及五大领域：

① 计划活动。计划活动追求的是资源和需求的平衡，并且就计划与各参与方进行沟通。

② 生产活动。生产活动涉及产品或服务的实际制造或生产。

③ 采购活动。采购活动主要包括供应商的开发、选择、合同签订和产品或服务的交付等。

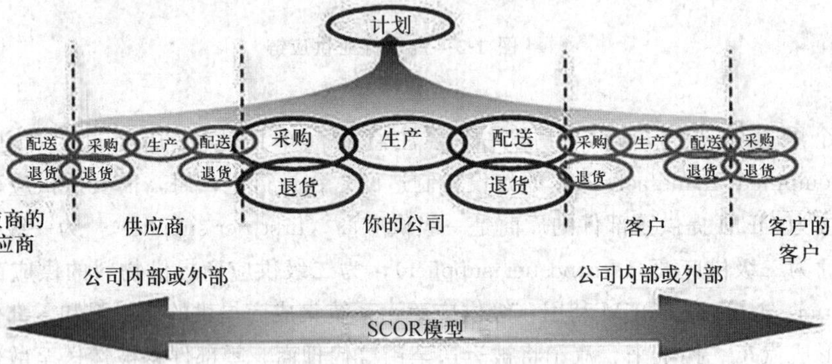

图 1-3 供应链运作参考模型(SCOR 模型)

④ 配送活动。配送活动主要包括客户订单和配送日期的确认、产品的存储和运输等。

⑤ 退货活动。退货活动涉及退回多余的、有缺陷的产品或物料。

由图 1-3 可以看出，供应链管理任务涉及供应商、供应商的供应商以及客户、客户的客户。可见协调这些企业和客户的活动极具挑战。

以海底捞为例，它是中国传统餐饮领域供应链标杆企业①。海底捞旗下设立的蜀海投资是海底捞供应链的核心运营机构，2013 年海底捞的后台供应链真正实现了全国全网平台化服务，集中化采购、集中化中央厨房处理。海底捞采用中央厨房式供应链体系，打造“集中采购＋直供”的供应链模式。①采购与库存管理：海底捞末端门店几乎是零库存(库存仅供当天消费)，每天由各个门店报送需求后，后台系统全程可视，汇总后下达采购及生产任务，整个供应链系统实现快速响应机制。②时蔬基地直供：海底捞在全国都有自己的直供蔬菜基地，基地的种植计划与前端门店的计划完全协同，基地中每种蔬菜的播种、采摘以及什么时候上餐桌都有严格的时间计划。③物流：海底捞在全国建立了多个物流中心和中央厨房，集中统一的冷链物流配送是其核心，值得注意的是，为了保障冷链不断，海底捞的物流配送门店是亲自到楼下取货，而不是由物流企业送进店，这样可有效地保障食品安全。④海底捞的

① 案例来源：https://www.huxiu.com/article/25604/1.html，2013-12-31.

供应链内涵：尽量向供应链的后端移动，实现规模化管理和效益；将生产与服务剥离，分别实现标准化和人性化管理，从而有可能达到各自的最优。

海底捞通过卓越的采购、库存和物流管理，实现了持续性的成功，它创造的许多供应链管理做法成为同行企业学习的榜样，并在业界得到了一定的推广。实际上，目前许多餐饮企业已经能够根据实时数据，每天向门店进行多次补货。供应链管理的思想目前已经非常普遍。

供应链管理的相关工作，可以是单个企业采取一定手段，改变企业与供应商的信息流，也可以是某个大型企业采用一些方法，实现其运输和票据业务的标准化。在海底捞的案例中，海底捞承担了改善供应链绩效的主要任务。在实践中，有很多不同的做法。比如在某些行业或领域，一些企业通过组建联合会或理事会的方式来寻找那些能够为企业带来效益的供应链实践方法。典型的有，国际供应链协会追求跨行业的供应链绩效。

1.3　运营与供应链管理战略

1.3.1　企业要素

在讨论运营与供应链管理战略之前，有必要了解构成一个企业的基本要素。这些要素主要包括基础要素和结构要素。基础要素指的是政策、规则和公司结构等无形资源。从定义来看，这些要素看不见、摸不着，但是它们非常重要。例如，六西格玛法，它的成功依赖于高层管理者的支持、熟练员工以及解决问题的严谨方法。采用六西格玛法的企业与那些没有采用该方法的企业在基础要素方面的决策可能存在巨大差别。与基础要素相反，结构要素指的是有形的资源，如建筑和设备等。一般来说，这些资源需要投入大量资本，且难以发生改变。由于成本较高，缺乏一定的弹性，因此这类要素不会轻易发生变化，只有在仔细讨论和核实后才会做出相应改变。

下面以医院为例来说明。医院的结构要素主要包括医疗设备、诊疗室、实验室等。医院的基础要素则包括为病人提供医疗服务、医疗设备的管理和维修、病人的看护等涉及的各组织单位和各类人员。除此之外，医院的政策和程序指导着医院的人事雇用决策、医生职称评估等。一些医院甚至还有关于指导求医者如何进行挂号、缴费、取药等的政策和程序。

对于企业来说，要想在竞争中立于不败之地，所有的这些要素必须有效配合。有的要素可能需要长时间和大量资金投入才能建立，因此，企业必须确保相关决策适当并且相互协调。这也是企业需要制定战略的重要原因。

1.3.2　战略

战略指的是企业对基础要素和结构要素的决策机制进行协调。迈克尔·波特认为，战略是在公司的各项活动之间实现匹配，战略成功依赖于做好很多事情而非一件事，并将这些事有效整合起来，战略可视为长期竞争计划。关于长期的定义，不同行业有所不同，但通常长期指的是几年或更长时间。

如图 1-4 所示，很多组织会涉及不同层次的战略，从顶层的企业战略到具体职能层次的战略。当组织的业务范围较广时，常将企业战略和单项业务单元战略区分开来。企业宗旨阐释了企业存在的理由，描述了企业的核心价值，确定了企业涉及的领域。

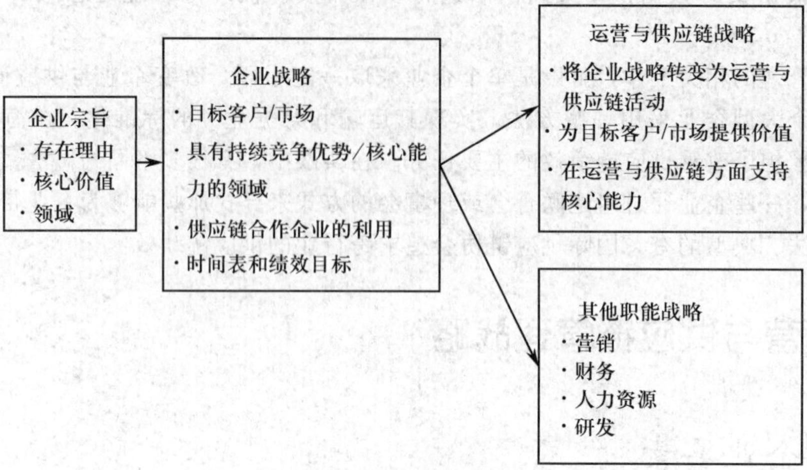

图 1-4　战略模型

企业战略涉及的内容很多，本书中对企业战略进行简化，主要关注的是战略中直接和运营与供应链战略制定相关的内容。因此，企业的战略应当做到以下几点：

① 清晰地识别企业的目标客户/市场，明确执行什么样的运营与供应链战略为目标客户/市场提供价值。

② 设定时间表和绩效目标，并以此为依据，跟踪企业战略的实施进度。

③ 识别并支持运营与供应链领域的核心能力开发。

核心能力（core competency）指的是组织经过长期培育获得的长期竞争优势或能力，这些优势或能力是企业客户认为具有价值的但是竞争对手无法仿效的。核心能力对于企业运营与供应链战略具有非常重要的作用。例如，海尔在产品方面具有核心竞争力。海尔从单一的家电产品向多元化产品，如计算机、手机、生物制药和家电整体厨房等扩展，实现多元产业经营格局。海尔产品的核心竞争力使其占领了众多市场。

核心能力存在多种不同的表现形式，会随时间的改变发生变化。比如，IBM 公司过去生产的主要产品是计算机硬件，而现在的主要产品是为客户提供集成信息解决方案和咨询服务。在特定情况下，企业对供应链合作企业的管理也可以视为一种核心能力。

职能战略（functional strategy）是将企业战略转换为营销、人力资源、研发等职能领域的具体行动。职能战略解决的是生产或制造某种产品需要什么制造或服务流程、如何评估或选择供应商以及产品如何配送等问题。

图 1-4 所示的模型描述了企业宗旨、企业战略和职能战略之间存在的关系。通常人们能够根据管理者在职能层次上采取的战略行动追溯到企业战略，并最终了解企业的宗旨。当不同层次上的战略规划流程能够实现很好的协调和匹配时，说明该组织实现了良好的整合，除此之外，组织各职能领域的战略也应该进行有效整合。比如，运营与供应链职能开发市场的

努力目标应该与企业营销、财务、研发和人力资源部门扩展公司的努力目标相匹配。事实上，很多职能层次上的战略（如新技术研发）由于活动涉及的职责、权限和资源通常属于多个职能部门，又可称为跨职能战略。

1.3.3　运营与供应链战略基础

前文对于企业战略已有所介绍，下面重点对运营与供应链战略进行讨论。运营与供应链战略（operation and supply chain strategy）是一种职能战略，描述的是如何获取和开发运营与供应链领域的基础要素和结构要素，以支持总体的企业战略。它是围绕如何利用企业资源支持企业长期竞争战略而制定的有关政策和计划。企业的运营与供应链战略与公司战略相辅相成，它涉及一个长期过程，在此期间必然发生诸多变化。运营与供应链战略涉及流程的设计和支持该流程的企业基础设施的设计。流程设计包括选择适当的技术、估计流程持续时间、确定流程中库存的作用以及确定流程的位置。企业基础设施的设计要考虑计划和控制系统的逻辑联系、质量保证和控制方法、工资结构以及运营职能机构。表 1-1 中列举了一些运营与供应链战略需要考虑的基础要素和结构要素方面的主要决策，值得注意的是，运营与供应链战略的成功执行意味着基础要素和结构要素组合的正确选择与实施。

表 1-1　运营与供应链决策的种类

基础要素决策的种类	结构要素决策的种类
组织	能力
结构——集中/分散	能力规模
控制/薪酬系统	能力类型
劳动力配备决策	扩能时间（提前、滞后或同步于市场需求）
采购决策与流程	设施
采购策略	服务设施
供应商选择	制造工厂
供应商绩效评估	仓库
计划与控制	配送中心
预测	规模、选址和专业化程度
计划	技术
库存管理	制造流程
生产计划与控制	服务流程
业务流程与控制管理	物料搬运设备
六西格玛管理	运输设备
持续改善	信息系统
统计质量控制	
产品和服务开发	
开发流程	
组织角色与供应商角色	

然而，关于基础要素和结构要素的最佳组合如何构建这一话题，学界和业界尚未得到一致定论，但可以确定的是运营与供应链战略有 3 个基本目标：

① 在对客户关注的绩效维度和所涉及的权衡问题有了全面和清晰了解的基础上，帮助管理层对基础要素和结构要素组合做出正确选择。

② 企业在基础要素和结构要素选择战略上与企业战略保持一致。

③ 支持企业开发运营与供应链方面的核心能力。

这 3 个目标涉及运营与供应链领域的一些概念，比如绩效维度、客户价值、战略整合、核心能力等。

(1) 绩效维度

运营与供应链对于企业绩效有比较深远的影响。实践表明，4 个绩效维度与运营与供应链活动高度相关，即质量、时间、成本、柔性。

① 质量：指与满足所需要的能力相关的产品或服务特征。质量的概念涉及的范围很宽泛，一般来说，可以从两个方面定义产品或服务的质量：设计质量和工艺质量。设计质量是产品或服务中包含的一套特征，它与产品或服务的设计直接相关。在产品设计中，产品的质量水平根据它针对的细分目标市场的不同而不同。比如，小孩子第一辆自行车的质量要求与世界级自行车运动员的自行车的质量要求有显著的差异。这两种自行车针对不同市场的顾客需要而设计。高质量的自行车由于其特殊性能，在市场上会以高价出售。但如果产品附带过多的或不适当特征的设计，可能因为价格昂贵而无人问津。相反，企业设计质量达不到要求的产品又可能将顾客推到价格略高但是性能更好、更具有价值的其他产品，因而丧失顾客。

质量的另一特性——工艺质量也至关重要。因为它直接关系到产品或服务的可靠性。不论是小孩子的第一辆自行车还是世界级自行车运动员的自行车，顾客都想要没有缺陷的产品。因而，工艺质量的目标是生产无缺陷的产品或服务。产品或服务的规格规定了该维度的容许限度或服务的出错率，说明应如何生产产品或服务。符合这些规定对于确保产品或服务实现设计的预期效用非常关键。

质量涉及很多维度，包括：运行质量（performance quality），即产品或服务的基本操作特点是什么；一致性质量（conformance quality），即生产的产品或提供的服务是否能达到质量指标的要求；可靠性质量（reliability quality），即产品是否可以在不出现故障或不需要维修的情况下长时间使用，以及服务运营系统是否能够始终执行服务活动。

这些质量维度的重要程度主要取决于客户。一些客户可能关注的是运行质量，而一些客户则可能更加关注可靠性质量。在参与市场竞争时，企业的运营与供应链需要在关键的维度上始终满足客户需求，甚至超出客户预期。

② 时间：时间维度主要存在两个基本特征，即速度和可靠性。交货速度（delivery speed）通常是指在客户提出要求后，运营与供应链职能能够尽可能在最短的时间内满足客户需求。在某些市场上，企业交货速度超过其他竞争对手是十分关键的。比如，可以在 1～2 h 内提供现场维修服务的企业显然比保证 24 h 内提供维修服务的企业更具有竞争优势。

交货可靠性（delivery reliability）是指在承诺的时间内准时交付产品或服务的能力。比如，对于一个汽车制造商而言，其轮胎供应商能够提供每天生产汽车所需数量和种类的轮胎是非常重要的。假设当某种型号的汽车送至装配线上安装轮胎的地方，而需要的特定轮胎却还没有送达，整个生产线就会因此停下来，直至轮胎送达才能继续生产。对于提供快递服务的公司，交货可靠性是其战略的基石。值得注意的是，企业交货提前期很长并不意味着企业无法保证较高的交货可靠性。交货可靠性的衡量指标一般包括在承诺时间内交付订单的准确率和订单的平均延长时间。

对供应链中紧密相连的企业来说，交货可靠性显得尤其重要。以批发企业与加工企业之间的关系为例，如果产品无法及时送达，加工企业可能难以继续生产。相反，如果产品提前送达，可能在加工之前已经变质，这一情况在一些生鲜产品所在行业尤其常见。因此，供应链中的合作企业应当加强协调，确保产品在规定的交付窗口送达。这里，交付窗口（delivery window）指的是可以接受的交付时间范围。

交货可靠性的另一个衡量指标是发货数量的准确率。举例来说，会员商店要求供应商交付订单数量的准确率达到90%，如果供应商发货量超出订货量，同样会被视为发货失误。一些企业可以接受在承诺日期部分交货，但有的企业则只接受在规定的时间窗口内一次性完整交付。

③ 成本：成本一直是企业制定运营战略时首要关注的重点。更低的价格往往是说服消费者选择购买某一件产品或享受某一项服务的最简单原因。但不幸的是，一味地降价会导致利润的压缩甚至亏损，所以企业必须同时降低运营成本。低成本运营（low-cost operations）是以比竞争对手更低的价格销售相同的产品或服务。这可以通过购买效率更高的新设备来实现，也可以通过减少废料、消除浪费及无用的产能来完成。企业必须通过严格的过程分析和持续的公司管理，不断地寻找方法来降低成本。

为方便成本管理，一般来说，企业会对成本进行分类，常见分类如下：

a. 劳动力成本，是指企业（单位）因劳动力、劳动对象、劳动手段、雇用社会劳动力而支付的费用以及资金等。生产要素的投入构成的劳动力成本是劳动核算体系的主要组成部分。

b. 设计成本，是根据一定生产条件，通过技术分析和经济分析，采用一定方法所确定的最合理的加工方法下的产品预计成本。比如，依据产品设计方案中的具体规定（产品结构、使用的原材料和生产设备、所需要的加工时间等）就可计算产品的设计成本。

c. 物料成本，是指制作产品必需的原材料的成本。比如，一碗面条的物料成本就是制作这碗面条所需的一定量的面粉、油、盐、蔬菜、肉、调料、水等的成本。

d. 质量相关成本，包括预防成本、检验成本和故障成本等。（参考第6章）

实际上，企业运行中产生的成本种类成千上万，不仅仅局限于以上类别，其中很多成本是企业特有的，因为企业中很大部分的成本是在运营与供应链活动中产生的，所以运营与供应链活动是成本管理的主要目标。

④ 柔性：很多运营与供应链通过满足客户的个性化需求来参与竞争，制造或服务企业都可以展示其柔性（flexibility）。比如，某提供全方位服务的法律咨询公司为客户处理其面临的所有法律问题。

柔性是企业使自己的产品或服务区别于其他以低成本为核心的企业的另一种方法。在柔性的分类上，许多企业将其分为3类，包括：产品组合柔性（mix flexibility）——提供多种产品或服务的能力；数量柔性（volume flexibility）——生产客户所需任何数量的产品或服务的能力；转换柔性（changeover flexibility）——以最快的速度提供新产品或服务的能力。

在新产品的开发中，柔性尤其重要。一些企业由于在新产品或服务开发速度方面快于竞争对手而获得竞争优势，取得这一竞争优势依赖于运营与供应链合作企业具备高度柔性的能力，而且愿意与设计师、营销人员、工程师等合作。典型的案例为英特尔公司，该公司尽全力保证新产品开发速度，每年推出新的芯片，一直超越于竞争对手。

（2）绩效维度的权衡

运营与供应链战略观念的核心是运营重点及其权衡（trade-off）。在市场竞争中，几乎没有哪家企业能够在每个绩效维度都占据竞争优势。在一些绩效维度方面表现较好，可能影响企业在其他绩效维度方面的表现，因此，大多数运营与供应链决策活动都需要进行绩效维度的权衡。要想制定有针对性的决策，运营与供应链管理者应当清楚地知道企业的目标客户所关注的是哪些维度，然后集中企业资源去增强这些绩效维度。

例如，如果一个企业关注交货速度，那么其提供的产品品种可能就比较有限。同样，低成本策略可能无法兼顾交付速度或灵活性，高质量也是低成本策略的一个权衡因素。

战略定位并不是可持续的，除非它与其他定位相融合。企业的活动之间发生矛盾时就需要权衡，如果偏重一方面，可能会削弱另一方面。比如，航空公司可以选择提供餐食（增加成本和机场周转时间），也可以选择不提供，但是它不可能两全其美。

（3）客户价值

上文提到，企业通过运营与供应链提供有价值的产品或服务。关于价值该如何定义？大多数客户根据多个绩效维度，如运行质量、交付速度、成本、售后服务等进行评估。那些能够对这些绩效维度进行最佳组合的企业，为客户提供了最高的价值。

价值指数（value index）是衡量产品或服务对客户提供的总价值的一种指标，该指标通过绩效维度的权重分值和产品或服务在各维度上的评价分值加权计算而得到。价值指数的计算公式如下：

$$V=\sum_{i=1}^{n} L_i P_i \tag{1.1}$$

式中：V 为产品或服务的价值指数；L_i 为绩效维度 i 的权重；P_i 为产品或服务在绩效维度 i 上的绩效值。

（4）订单资格与订单赢得标准

不同绩效维度的重要性可以采用订单资格与订单赢得标准加以区别。订单资格（order qualifier）标准指的是客户期望产品或服务应当达到的最低基本要求的绩效维度。订单赢得（order winner）标准是指一个公司的产品或服务与其竞争者的产品或服务区别开来的绩效维度。

值得注意的是，订单资格标准表现良好并不会为企业带来竞争优势，企业在经营过程中要不断对拥有订单资格的企业进行重新评估。视情况而定，订单赢得标准可能是成本（价格）、产品质量和可靠性或其他在早期形成的特点。

下面以药品市场为例，对订单资格标准和订单赢得标准进行区分。药品采购方在确定将某供应商作为候选供应商之前，首先要看这家供应商的药品是否达到了质量要求，所有潜在的药品供应商都必须满足这一基本条件，因此，质量是一个非常重要的指标。如果所有的供应商可以提供的药品质量都达标了，则最终决定供应商的决策依据为其他绩效指标，如成本、交付速度和柔性等。从供应商角度来说，产品的质量是订单资格标准，成本、交付速度和柔性则属于订单赢得标准。

理解了订单资格标准和订单赢得标准的概念，可以帮助运营与供应链管理者制定战略。一是能够帮助管理者找出企业的优势和潜在问题；二是有助于管理者厘清决策所涉及的问题；三是有助于管理者分清主要矛盾和次要矛盾，并将注意力放在最重要的方面。

（5）战略整合

企业最基本的目标是制定的运营与供应链战略能够支持企业战略。管理者在决策时，应当理清运营与供应链的每一项基础要素和结构要素决策如何支持订单资格标准和订单赢得标准，以及需要考虑哪些绩效维度的权衡问题。海斯和威尔莱特曾提出，某些组织在这一方面相对其他一些组织来说处于领先地位，他们描述了战略整合的4个阶段。事实上，最初提出的4个阶段是针对制造业而言的，但是它同样适用于运营与供应链领域。战略整合的4个阶段划分如下。

第一阶段：内部中立。在该阶段，管理层尽量减少运营与供应链的负面影响，尚未将运营与供应链和企业战略联系起来。

第二阶段：外部中立。根据“同行业竞争对手的有效方法也适合于企业”的假设，在该阶段，企业按照行业的运营与供应链战略惯例，但仍未将运营与供应链和企业战略联系起来。

第三阶段：内部支持。这一阶段运营与供应链各环节参与企业战略的制定。管理层意识到运营与供应链的基础要素和结构要素应当和企业战略实现整合。

第四阶段：外部支持。这一阶段运营与供应链不仅支持企业战略，与此同时，企业战略积极寻找和开发运营与供应链环节的核心能力。

值得注意的是，每个企业在不同阶段的运营与供应链决策源于不同的企业战略，某些对于某个企业来说正确的运营与供应链决策可能并不适用于其他企业。例如，在给定企业战略的前提下，追求低成本的原材料决策可能对于一些企业来说是正确的，但对于一些强调运行质量的企业来说却是与之相背离的。

（6）核心能力

在向战略整合的第四阶段（即外部支持）发展之前，企业必须开发运营与供应链领域的核心能力。戴尔公司（Dell Computer）是一家总部位于美国得克萨斯州的世界五百强企业。戴尔公司的合作伙伴伯灵顿全球货运物流公司为戴尔管理和运作VMI（vendor management inventory，供应商管理库存，以用户和供应商双方都获得最低成本为目的，在一个共同的协议下由供应商管理库存，并不断监督协议执行情况和修正协议内容，使库存管理得到持续改进的合作策略），将其及时供货的服务标准缩短到90 min以内，帮助戴尔（中国）实现了真正的“零库存”。

戴尔为何将VMI交予第三方物流公司来负责呢？这是因为伯灵顿公司服务对象是众多的企业，可以站在比单一企业更高的角度，在更大范围内适应市场内外部环境的变化，增强VMI实施的可行性，这样戴尔公司可以在保持较低成本的同时，保持较高的产品供应能力，这些都是公司的目标客户非常重视的绩效维度。

上文提及职能层次上的核心能力可以反馈到企业战略上，这正是战略整合的4个阶段理论表示的意思。一些学者将这个过程称为闭环，如图1-5所示。对于高层管理者来说，寻找途径来充分利用这些优势具有非常重要的意义。通过闭环，高层管理者确保企业战略充分考虑到目前职能领域的能力。

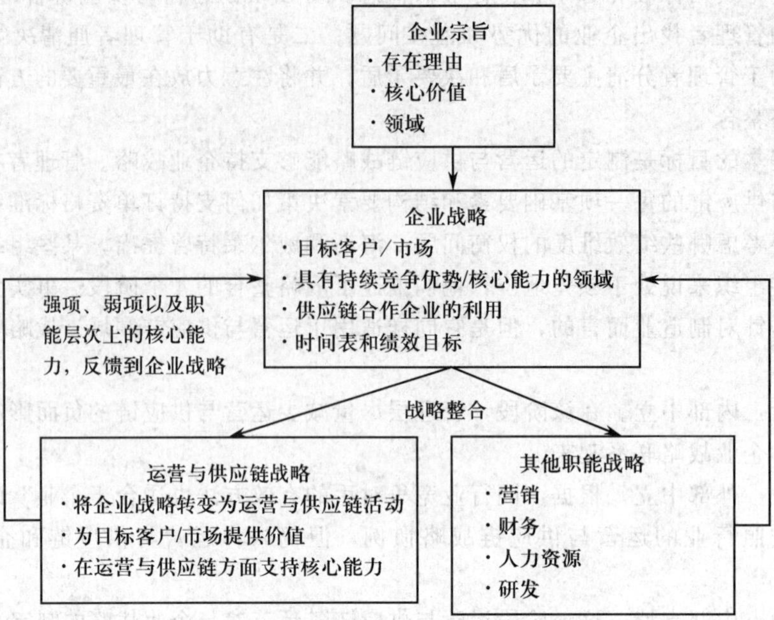

图 1-5 企业战略与职能战略之间的闭环

本章小结

在任何组织中，运营与供应链环节都是创造价值的重要环节。为了确保制定正确的运营与供应链决策，管理者必须在企业战略的指导下制定这些职能战略。本章首先对运营和供应链管理的概念进行介绍，并提出了战略规划模型，强调了客户价值、核心能力等概念。除此之外，本章中定义了运营与供应链的主要决策变量，介绍了4个绩效维度（质量、时间、成本和柔性），并指出有关订单资格标准和订单赢得标准可以帮助管理者了解客户需求，从而更加合理地进行权衡。最后，本章分析了运营与供应链战略整合的4个阶段，讨论了企业如何利用运营与供应链领域中的核心能力。

讨论题

1. 我们讨论过如何根据企业战略制定运营与供应链战略。但是在制定战略时，是否可以反过来呢？也就是说，运营与供应链能力是否可以影响企业战略？你能举例说明吗？

2. 你可能是选修运营与供应链管理课程的学生。在选择学院时，你采用的订单资格标准和订单赢得标准是什么？在选择专业时，你采用的订单资格标准和订单赢得标准又是什么？

3. 阅读教材中关于海斯和威尔莱特提出的战略整合的4个阶段理论等内容。为了获得成功，企业是否必须开发和利用运营与供应链领域的核心能力？也就是说，是不是所有企业都要达到第四阶段？

案例分析：沃尔玛的供应链管理[①]

沃尔玛百货有限公司（简称“沃尔玛”）由美国零售业的传奇人物山姆·沃尔顿先生于1962年在阿肯色州成立。经过几十年的发展，沃尔玛已经成为美国最大的私人雇主和世界上最大的连锁零售商，多次荣登《财富》杂志世界500强企业和“最受尊敬企业”排行榜。

沃尔玛的业务之所以能够迅速增长，并且成为现在非常著名的公司之一，是因为沃尔玛在节省成本以及物流配送系统与供应链管理方面取得了巨大的成功。

苹果公司总裁乔布斯曾经说过，如果全球的IT企业只剩下3家，那一定是微软、英特尔和戴尔，如果只剩下两家，将只有戴尔和沃尔玛。这显然只是玩笑话，沃尔玛虽是零售业的翘楚，但无论如何还算不上IT企业。不过，沃尔玛对信息技术的执着追求却有目共睹，正是缘于此，沃尔玛低成本战略才屡试不爽。

1. 降低成本系列方法在物流配送中心的应用

稍了解沃尔玛的人都知道，低成本战略使物流成本始终保持低位，是像沃尔玛这种廉价商品零售商的看家本领。在物流运营过程中尽可能降低成本，把节省后的成本让利于消费者，是沃尔玛一贯的经营宗旨。

在沃尔玛整个物流过程当中，最昂贵的就是运输部分，所以沃尔玛在设置新卖场时尽量以其现有配送中心为出发点，卖场一般都设在配送中心周围，以缩短送货时间，降低送货成本。沃尔玛在物流方面的投资，也非常集中地用于物流配送中心建设。

(1) 快速高效的物流配送中心

物流配送中心一般设立在100多家零售店的中央位置，也就是配送中心设立在销售主市场。这使得一个配送中心可以满足100多个周边城市的销售网点的需求；另外，运输的半径既比较短又比较均匀，基本上是以320 km为一个商圈建立一个配送中心。

沃尔玛各分店的订单信息通过公司的高速通信网络传递到配送中心，配送中心整合后正式向供应商订货。供应商可以把商品直接送到订货的商店，也可以送到配送中心。有人这样形容沃尔玛的配送中心：这些巨型建筑的平均面积超过11万 m^2，相当于24个足球场那么大，里面装着人们所能想象的各种各样的商品，从牙膏到电视机，从卫生巾到玩具，应有尽有，商品种类超过8万种。沃尔玛在美国拥有62个以上的配送中心，服务4 000多家商场。这些中心按照各地的贸易区域精心部署，通常情况下，从任何一个中心出发，汽车可在1 d内到达它所服务的商店。

在配送中心，计算机掌管着一切。供应商到达配送中心后，先经过核对采购计划、商品检验等程序，将商品分别送到货架的不同位置存放。当每一样商品储存进去的时候，计算机都会把他们的方位和数量一一记录下来，一旦商店提出要货计划，计算机就会查找出这些货物的存放位置，并打印出印有商店代号的标签，以供贴到商品上。整包装的商品将被直接送上传送带，零散的商品由工作人员取出后，也会被送上传送带。商品在长达几千米的传送带上进进出出，通过激光辨别上面的条形码，被送到该送的地方去，传送带上1 d输出的货物可达20万箱。对于零散的商品，传送带上有一些信号灯，有红的、黄的、绿的，员工可以

① 案例来源：http://www.youshang.com/content/2010/12/01/85572.html，2010-12-01.

根据信号灯的提示来确定商品应该被送往的商店，选取这些商品，并将取到的商品放到一个箱子当中，以避免浪费空间。

配送中心的一端是装货平台，可供130辆卡车同时装货，另一端是卸货平台，可同时停放135辆卡车。配送中心24 h不停地运转，平均每天接待的装卸货物的卡车超过200辆。沃尔玛用一种尽可能大的卡车运送货物，比集装箱运输卡车还要更长或者更高。沃尔玛的卡车都是自己的，司机也是自己的员工，他们在美国各个州之间的高速公路上运行，而且车中的每立方米都被填得满满的，这样非常有助于节约成本。

公司6 000多辆运输卡车全部安装了卫星定位系统，每辆车在什么位置、装载什么货物、目的地是哪里，总部都一目了然。因此，在任何时候，调度中心都可以知道这些车辆在哪里，离商店还有多远，他们也可以了解到某个商品运输到了什么地方，还有多长时间才能运输到商店。对此，沃尔玛精确到小时。如果知道车队由于天气、修路等原因耽误了到达时间，装卸工人就不用再等待，而可以安排别的工作。

灵活高效的物流配送使得沃尔玛在激烈的零售业竞争中技高一筹。沃尔玛可以保证商品从配送中心运到任何一家商店的时间不超过48 h，沃尔玛的分店货架平均一周可以补货两次，而其他同业商店平均两周才能补一次货。通过维持尽量少的存货，沃尔玛既节省了存储空间，又降低了库存成本。

经济学家斯通博士在对美国零售企业的研究中发现，在美国的三大零售企业中，商品物流成本占销售额的比例在沃尔玛是1.3%，在凯马特是8.75%，在希尔斯则为5%。如果年销售额都按照250亿美元计算，沃尔玛的物流成本要比凯马特少18.625亿美元，比希尔斯少9.25亿美元，其差额大得惊人。

(2) 沃尔玛配送中心采用的作业方式

配送中心的一端是装货的月台，另一端是卸货的月台，两项作业分开。看似与装、卸一起的方式没有什么区别，但是运作效率由此提高很多。配送中心就是一个大型的仓库，但是概念上与仓库有所区别。

交叉配送（cross docking）的作业方式非常独特，而且效率极高，进货时直接装车出货，没有入库储存与分拣作业，降低了成本，加速了流通。

800名员工24 h倒班装卸、搬运和配送。这些工人基本上是初中生和高中生，只是经过了沃尔玛的特别培训。商品在配送中心停留不超过48 h，有几万个品种，吃、穿、住、用、行各方面都有。尤其像食品等的停留时间直接影响到使用。

沃尔玛如何不断完善其配送中心的组织结构?

每家店每天送1次货（竞争对手每5天1次），至少1天送货1次意味着可以减少商店或者零售店里的库存。这就使得零售场地和人力管理成本都大大降低。要达到这样的目标就要通过不断地完善组织结构，使得建立一种运作模式能够满足这样的需求。

1990年，沃尔玛在全球有14个配送中心，发展到2001年，一共建立了70个配送中心。沃尔玛作为世界500强企业，只在它看准有发展的地区经营。沃尔玛在经营方面十分谨慎，在这样的情况下发展到70个配送中心，说明它的物流配送中心的组织结构调整做得比较到位。

配送成本占其销售额的2%，是竞争对手的50%，而一般来说，物流成本占整个销售额的比例都要达到10%左右，有些食品行业甚至达到20%或者30%。沃尔玛始终如一的理念就是要把最好的东西用最低的价格卖给消费者，这也是它的成功所在。另外，竞争对手一般只有50%的货物进行集中配送，而沃尔玛90%以上的货物是进行集中配送的，只有少量可以从加工厂直接送到店里去，这样其成本与对手就相差很多了。

2. 物流信息技术的应用

沃尔玛之所以成功，很大程度上是因为它至少提前10年（较竞争对手）将尖端科技和物流系统进行了巧妙搭配。早在20世纪70年代，沃尔玛就开始使用计算机进行管理；20世纪80年代初，公司又花费4亿美元购买了商业卫星，实现了全球联网；20世纪90年代，公司采用了领先的全球定位系统（GPS），控制物流，提高配送效率，以速度和质量赢得用户的满意度和忠诚度。

沃尔玛所有的系统都基于一个名为UNIX的配送系统，并采用传送带和非常大的开放式平台，还采用产品代码以及自动补货系统和激光识别系统，所有这些为沃尔玛节省了相当多的成本。沃尔玛一直崇尚采用最现代化、最先进的系统进行合理的运输安排，通过计算机系统和配送中心获得最终的成功。

(1) 建立全球第一个物流数据处理中心

20世纪70年代，沃尔玛建立了物流管理信息系统，负责处理系统报表，加快了运作速度。20世纪80年代初，沃尔玛与休斯公司合作发射物流通信卫星，使得沃尔玛产生了跳跃性的发展。1983年，公司采用了POS机，即销售始点数据系统。1985年，公司建立了EDI，即电子数据交换系统，进行无纸化作业，所有信息全部在计算机上运作。1986年，公司又建立了QR，即快速反应机制，快速拉动市场需求。

沃尔玛在全球第一个实现集团内部24 h计算机物流网络化监控，使采购库存、订货、配送和销售一体化。例如，顾客到沃尔玛店里购物，然后通过POS机打印发票，负责生产计划、采购计划的人员以及供应商的计算机上就会同时显示信息，各个环节就会通过信息及时完成本职工作，从而减少了很多不必要的时间浪费，加快了物流的循环。

(2) 沃尔玛物流应用的信息技术

射频（radio frequency，RF）技术在日常的运作过程中可以跟条形码结合起来应用。传统方式下，到货以后员工要打电话、发E-mail或者发报表，而通过便携式数据终端，员工可以直接查询货物情况。利用物流条形码技术，员工能及时有效地对企业物流信息进行采集跟踪。射频识别（RFID）技术是一种非接触式的自动识别技术，它通过射频信号自动识别目标对象并获取相关数据，识别工作无须人工干预，可在各种恶劣环境中进行。

2004年，沃尔玛公司要求其前100家供应商在2005年1月之前向其配送中心发送货盘和包装箱时使用RFID技术，2006年1月前在单件商品中投入使用。专家预测，2005年到2007年，沃尔玛供应商每年将使用50亿张电子标签，沃尔玛公司每年可节省83.5亿美元。目前全世界已安装了约5 000个RFID系统，实际年销售额约为9.64亿美元。凭借这些信息技术，沃尔玛如虎添翼，取得了长足的发展。

3. “无缝”供应链的运用

物流的含义不仅包括物资流动和存储，还包括上下游企业的配合程度。沃尔玛之所以能够取得成功，很大程度上在于其采取了“无缝”供应链系统。“无缝”的意思是使整个供应链达到一种非常顺畅的连接。沃尔玛所指的“无缝”供应链是说产品从工厂到商店的货架这个过程应尽可能平滑，就像一件外衣一样是没有缝的。在供应链中，每一个供应者都是这个链当中的一个环节，沃尔玛使整个供应链成为一个非常平稳、光滑、顺畅的过程。这样，沃尔玛的运输、配送以及对于订单与购买的处理等所有的过程，都是一个完整网络当中的一部分，大大降低了物流成本。

在衔接上游客户上，沃尔玛有一个非常好的系统，可以使供货商们直接进入，沃尔玛称之为"零售链接"。通过"零售链接"，供货商们就可以随时了解销售情况，对将来货物的需求量进行预测，以决定生产情况，这样他们的产品成本也可以降低，从而使整个流程成为一个"无缝"的过程。

沃尔玛真正的挑战是能否提供顾客所需要的服务。大家都知道，物流业务要求比较复杂，如有的时候可能会有一些产品出现破损，因此在包装方面就需要有一些特别的能力。因此，对沃尔玛来说，能够提供的产品种类与质量是非常重要的。在与供货商的合作当中，沃尔玛似乎已经能够寻求到这种高质量与多品种的结合，而且对于商场来说，它的成本也是最低的。

物流的循环没有结束，也没有开始，它实际上是循环的过程，在这个循环过程当中，任何一点都可以作为开始，而且循环涉及每一点。沃尔玛就从顾客这一点开始，顾客到一个商店之中，他买了一些产品，比如说给孩子买尿布，那么在他买了之后，与配送中心联系在一起的系统就开始自动进行及时补货，配送中心可以从供货商那里直接拿到货。配送中心实际上是一个中枢，有供货方的产品，然后提供给商场。供货商可以把货物只提供给配送中心，减少很多成本。

沃尔玛有的时候是采用空运，有的时候采用轮船运输，还有一些时候采用卡车进行公路运输。在中国，沃尔玛百分之百采用公路运输，就是卡车把产品运到商场，然后卸货，再自动放到商店的系统当中。在沃尔玛的物流当中，非常重要的一点是沃尔玛必须要确保商店所得到的产品与发货单完全一致，因此沃尔玛整个过程都要确保是精确的，没有任何错误的。这样，商店把整个卡车当中的货品卸下来就可以了，而不用把每个产品检查一遍。因为他们相信过来的产品是没有任何失误的，这样就可以节省很多的时间。沃尔玛在这方面已经形成了一种非常精确的传统，这有助于降低成本，而这些商店在接受货物以后就直接放到货架上来卖给消费者，这就是沃尔玛物流的整个循环过程。

沃尔玛进行物流业务的指导原则，不管是在美国还是世界上其他地方，都是完全一致和完整的物流体系。不管物流项目是大还是小，沃尔玛必须要把所有的物流过程集中到一个伞形结构之下。在供应链中，每一个供应者都是供应链当中的一个环节，沃尔玛必须使整个供应链是一个非常平稳、光滑、顺畅的过程。这样，沃尔玛的运输、配送以及对于订单与购买的处理等所有的过程，都是一个完整的网络当中的一部分。这样的优势就可以大大降低成本。在沃尔玛的供应链当中，能够做到这一点，就可以把所有环节上可以节省的费用都节省下来。这样，整个链条、整个环节就可以节省不少费用。

沃尔玛的物流部门进行全天候的运作。沃尔玛的产品卖得非常多，物流的支持是非常必要的，必须要确保这些产品是在不断地流向沃尔玛的商店，而没有任何停止的过程。沃尔玛采用一些包括零售技术在内的最尖端的技术，采用更加先进的、现代化的信息技术，这样可以有效地提高效率，节省成本。

4. 沃尔玛物流与供应链管理的启示

沃尔玛的成功既可以说是优秀的商业模式与先进的信息技术应用的有机结合，也可以说是沃尔玛对自身的“商业零售企业”身份的超越。

通过以上对沃尔玛的分析研究可以发现，沃尔玛给人们留下印象最深刻的，是它的一整套先进、高效的物流和供应链管理系统。沃尔玛在全球各地的配送中心、连锁店、仓储库房和货物运输车辆以及合作伙伴（如供应商等），都被这一系统集中、有效地管理和优化，形成了一个灵活、高效的产品生产、配送和销售网络。为此，沃尔玛甚至不惜重金，专门购置物流卫星来保证这一网络的信息传递。

沃尔玛的成功经验可能使我国相当多的企业“望洋兴叹”，且不说沃尔玛拥有自己的卫星和遍布全球的大型服务器，仅仅是沃尔玛的每一台货物运输车辆上都拥有卫星移动计算机系统这一点，我国企业就难以效仿。同样，维持这一庞大网络的IT投入和升级管理费用过高。即使企业有能力去开发这套网络系统，但投入成本大、周期长，开发出的系统缺乏集成性和扩展性，也很难与原有的ERP系统集成。

第三方供应链电子商务平台应运而生，供应链电子商务能够借助互联网服务平台，实现供应链交易过程的全程电子化，彻底变革传统的上下游商业协同模式。从投入与产出的角度上说，这完全是低投入高产出，并且能与企业内部管理的ERP系统高度集成，提升企业对上下游的管控能力，打造协同高效的供应链。

已经有不少企业正在加紧其信息化建设，其中有部分企业也在实施和应用供应链管理系统，但收效却很难与沃尔玛相比。原因在于很多供应链管理软件是由IT技术人员和程序员来开发，而代表了世界先进水平的管理思想和理念却很难模仿。此外，我国企业在构建全国范围内的供应链管理系统时，可能会遇到经验、人员、资金上的困难，还会面临基础管理较弱、整体信息化程度不高的问题。在“沃尔玛现象”引发的全球物流与供应链管理建设潮流中，我国逐步成为世界的制造中心，正在迎来物流与供应链管理发展的好机遇。

【问题】

1. 在物流配送中心，沃尔玛是怎么降低成本的？
2. 沃尔玛是如何应用物流信息技术的？
3. 沃尔玛是如何打造“无缝”供应链的？
4. 在沃尔玛物流与供应链管理中能获得哪些启示？

参考文献

[1] 塞西尔·博扎思，罗伯特·汉德菲尔德．运营与供应链管理．3版．邵晓峰，译．北京：中国人民大学出版社，2014.

[2] 诺曼·盖泽，格雷格·富兰泽尔．运营管理．9版．刘庆林，等译．北京：人民邮电出版社，2005.

[3] 罗希特·维尔马，肯尼思·博耶．运营与供应链管理理论与实践．霍艳芳，李秉光，徐刚，译．北京：清华大学出版社，2010.

[4] 施先亮，李伊松．供应链管理原理及应用．北京：清华大学出版社，2006.

[5] 施先亮，王耀球．供应链管理．2版．北京：机械工业出版社，2013.

[6] F. 罗伯特·雅各布斯，理查德 B. 蔡斯. 运营管理. 14 版. 任建标，译. 北京：机械工业出版社，2015.

[7] Flint J. Netflix and CBS Strike Streaming Deal for Classic T V Shows. Los Angles Times，February 22，2011.

[8] Hayes R，Weelwright S. Restoring Our Competitive Edge. New York：John Wiley，1984.

[9] Hill T. Manufacturing Strategy：Text and Cases. Boston：Irwin McGraw-Hill，2000.

[10] Porter M. What is Strategy? Havard Business Review 74，no. 6（November-December 1996）：61-78.

[11] Stalk G. Time-The Next Source of Competitive Advantage. Harvard Business Review 66，no. 4（July-August 1988）：41-51.

[12] Stelter B. In Setback for Netflix，Starz Won't Renew Distribution Deal. The New York Times，September 2，2011：B2.

第2章 运营与供应链基本理论思想及其战略体系

引言

本章学习中，主要了解运营与供应链基本理论思想及其战略体系。首先，在运营基本理论中，我们将重点介绍精益思想关于浪费的观点、精益思想关于库存的观点、精益思想的最新发展和看板系统。然后，在供应链基本理论中，我们主要讨论牛鞭效应、延迟理论和供应链战略。

2.1 运营基本理论

2.1.1 精益思想关于浪费的观点

20世纪上半叶，学者高度评价福特生产系统（Ford production system，FPS）的生产组织方式，该生产组织方式构成了精益思想背后的基本原理。1937年日本丰田汽车公司成立时，公司派出首席工程师大野耐一学习和研究福特生产系统及其相关理论与技术，以便应用于日本环境下的企业生产。大野耐一回到丰田后，不仅掌握了FPS，还提出了进一步提高FPS效率的额外原则和方法。在接下来的几十年中，丰田生产方式的原则被广泛应用于公司各方面，成就了丰田在世界市场上的巨大成功。

精益思想（lean thinking）的核心是以最小的资源投入，包括人力、设备、资金、材料、时间和空间，创造出尽可能多的价值，为顾客提供新产品和及时的服务。精益管理的目标可以概括为：企业在为顾客提供满意的产品与服务的同时，把浪费降到最低程度。企业生产活动中的浪费现象很多，常见的有：

错误——提供有缺陷的产品或不满意的服务；

积压——因无需求造成的积压和多余的库存；

过度加工——实际上不需要的加工和程序；

多余搬运——不必要的物品移动；

等候——因生产活动的上游不能按时交货或提供服务而等候；

多余的运动——人员在工作中不必要的动作，或提供顾客并不需要的服务和产品。

努力消除这些浪费现象是精益管理最重要的内容。精益管理就是管理要精益，包括：

“精”——少投入、少消耗资源、少花时间，尤其是要减少不可再生资源的投入和耗费，高质量。

“益”——多产出经济效益，实现企业升级的目标，更加精益求精。

精益生产（lean production，LP）指的是精简、效益生产，换句话说就是做事要精简、要有效益，做到投资少，报酬多，即做任何事情都要将其简单化。精益生产源于日本，丰田生产系统就是其最好的体现——精益生产的基准。丰田生产方式是为了提高质量和生产力而逐步发展起来的。精益生产方式是由美国麻省理工学院詹姆斯、丹尼尔为首的研究小组在其研究成果《改变世界的机器》一书中，基于对丰田生产方式（Toyota production system，TPS）的研究和总结，以及对美国汽车行业的反思所提出的一种生产管理方法。

丰田生产方式（TPS）的基本理念是在需要的时间生产需要数量的所需产品，这样可以消除不必要的中间产品和库存。它是一种社会技术生产体系，其主要目标在于通过同时减少或最小化供应商、顾客和内部的多变性来消除浪费。

根据丰田公司藤尾长的定义，浪费是“除生产不可缺少的最少量的设备、原材料、零部件和工人（工作时间）外的任何东西”。消除七大浪费是精益生产的核心理念之一，七大浪费可用“TIMWOOD”表示（分别取七大浪费之英文首字母：运输、库存、动作、等待时间、过量生产、多余工序、产品缺陷）。

1. 七大浪费

第一：运输的浪费

主要表现为：车间布置采用批量生产，依工作站为区别的集中的水平式布置所致，无流线生产的观念。

第二：库存的浪费

主要表现为：管理者为了自身的工作方便或本区域生产量化控制一次性批量下单生产，而不结合主生产计划需求流线生产所导致局部大批量库存。

库存的损害表现有：

① 产生不必要的搬运、堆积、放置、防护处理、找寻等浪费。

② 使先进先出的作业产生困难。

③ 损失利息及管理费用。

④ 物品的价值会减低，变成呆滞品。

⑤ 占用厂房空间，造成多余的工场、仓库建设投资的浪费。

⑥ 没有管理的紧张感，阻碍改进。

⑦ 设备能力及人员需求的误判。

第三：动作的浪费

主要表现为：生产场地不规划，生产模式设计不周全，生产动作不规范统一。

第四：等待时间的浪费

主要表现为：作业不平衡，安排作业不当，待料等。

第五：过量生产的浪费

主要表现为：管理者认为制造过多（早）能够提高效率或减少产能的损失和平衡车间生产力。

制造过多（早）的损害表现有：

① 提早用掉费用（材料费、人工费），不能创造利润。

② 把“等待的浪费”隐藏起来，使管理人员漠视等待的发生和存在。

③ 自然而然地积压在制品，其结果不但会使制成的时间变长（无形的），而且会使现场工作的空间变大，机器间距离因此加大，逐渐地吞蚀利润。

④ 产生搬运、堆积的浪费，使得先进先出的作业产生困难。

第六：多余工序的浪费

主要表现为：制造过程中作业加工程序动作不优化，可省略、替代、重组或合并的未及时检查。

第七：产品缺陷的浪费

主要表现为：工序生产无标准确认，或有标准确认，但未对照标准作业，由管理不严密、松懈导致。

2. *消除浪费之优先顺序——以制造业为例*

优先级1：过量生产的浪费

这是七大浪费中最严重的一种，因为它不仅衍生出了另外的六大浪费，而且掩盖了真正的生产能力，从而导致做出诸如转包工作或是在不必要的方面投资等错误决策。

优先级2：产品缺陷的浪费

生产出低质量产品相当于纯粹的浪费，不仅耗费时间、能源和物料，而且可能丢失顾客。

优先级3：库存的浪费

库存不仅占用资金，还需要投入劳动力、能源和固定资产（仓库）进行管理，库存可能还会制造假象将很多问题掩盖。

优先级4：动作的浪费

如果考虑到工人的操作可能涉及安全方面，或许它应该列为优先级1。根据消除的难易程度、改进影响的大小，动作的浪费这一项的优先级会比较高，常常作为改善的目标。

优先级5：多余工序的浪费

多余工序导致耗费更多资源，包括能源、步骤、时间和物料等。一旦识别出来这样的流程就要快速排除，因为它影响会很大，但并不易于识别。

优先级6：运输的浪费

如果运输造成不合格率上升、多余的流程（标注、登记、计数）、库存（分批移动节省运费），此种浪费的优先级就要上升了。

优先级7：等待时间的浪费

等待时间的浪费危害较小，除劳动力外，并不消耗资源，不会存在过量生产、运输、多余动作造成的事故或不合格产品，也不会增加额外的库存。

消除七大浪费是构建丰田生产系统和企业精益文化的基础，但在经典丰田生产方式（TPS）中并没有清晰区别消除七大浪费的优先级。

过去，精益思想往往被理解为简单的消除浪费，表现为许多企业在生产中提倡节约、提高效率、零库存、减少员工、流程再造等。但仅仅要求“正确地做事”是一种片面的、危险的视角。现在的精益思想不仅要关注消除浪费，而且还以创造价值为目标“做正确的事”。总之，精益思想就是在创造价值的目标下不断地消除浪费。

2.1.2 精益思想关于库存的观点

库存是指一个组织中任何产品和资源处于闲置状态下的存储量。库存系统就是在补给库存时用于检测库存水平、决定保持何种库存水平以及所需订单大小的一套方法和控制机制。库存主要包括：成品、半成品的库存；零部件、材料的库存；已向供应商订购的在途零部件；已发货的在途成品。

由于设备运行的不稳定、工序安排的不合理、较高的废品率和生产的不均衡等原因，企业常常出现供货不及时的现象，库存被看作必不可少的“缓冲剂”。但精益生产则认为库存是企业的“祸根”。库存所用的资源（材料、设备、人工及时间等）超过“绝对最小”的界限，是一种浪费。库存的浪费制约企业的发展，其主要理由如下。

(1) 库存提高了企业的经营成本

库存是积压的资金，它以物的形式存在，不仅没有增加产出，反而造成许多费用，减少了货币资金的利息收入，增加了企业的经营成本。浪费的经营成本主要表现在：

① 占用资金（损失利息）及额外的管理费用。

② 物品价值衰减，变成呆料、废料。

③ 占用库容，使作业困难，产生不必要的搬运等。

(2) 高库存掩盖了企业存在的问题，阻碍了企业改进的动力

① 生产缺乏计划性，灵活性差。

② 设备故障率高，保养和维修工作欠佳。

③ 生产线运行不均衡，产量波动大。

④ 人员安排不合理，缺勤率高。

⑤ 废品率或次品率高，返修工作量大。

⑥ 换算时间长，生产批次难以下降。

⑦ 运输距离长，运输方式不合理。

企业解决上述问题需要一定的时间，在这段时间内生产无法继续进行，为了避免损失，企业通常采取高库存的方法“解决”问题，把库存看作生产顺序的保障，认为库存越高，问题越容易得到解决。因此，高库存成为大批量生产方式的重要特征，超量超前生产被看作高效率的表现。

精益生产的思想认为库存是“万恶之源”。正是由于库存的存在，掩盖了企业存在的问题，使企业意识不到改进的需要，阻碍了经营成果的改善。精益生产采用逆向的思维方式，从产生库存的原因出发，通过降低库存的方法使问题暴露出来，从而促使企业及时采取有效措施，使问题得到根本解决，不再重复出现。如此反复的“从发现问题到解决问题”的过程使生产流程不断完善，从而改进了企业的管理水平和经营能力。

准确地讲，供应链是围绕核心企业，从配套零件开始，到制成中间产品、最终产品，最后由销售网络把产品送到消费者手中的一个由供应商、制造商、分销商和最终用户所连成的整体功能网链结构。它包含所有加盟的节点企业，从原材料的供应开始，经过链中不同企业的制造、加工、组装及分销等过程直到最终用户。丰田公司的精益协作方式向前延伸至供应商的活动，向后延伸到产品的销售和服务阶段。

21世纪，企业间的竞争在很大程度上已经从单打独斗转变为供应链之间的团队博弈，如何借助上下游网络的合力，获得成本、质量和时效的完美平衡，是供应链管理追求的终极目标。对制造业自身而言，要消除库存浪费，就要运用精益生产理论，从企业内部精益供应链库存管理入手。

结合精益生产理论，供应链管理将企业内部经营所有的业务单元（如订单、采购、库存、计划、生产、质量、运输、市场、销售及服务等）以及相应的财务活动、人事管理均纳入一条供应链内进行统筹管理。因库存本身贯穿于需求与供应管理流程的各个环节，所以要想达到库存控制的根本目的，就必须控制好各个环节上的库存，而不是仅仅管理好已经到手的实物库存。企业内部如何运用精益生产理论？结合精益供应链管理，库存管理的主要环节及管理关键点如下。

1. 销售订单/预测及主生产计划制订

市场需求是多样化的，企业不可能把所有的需求都下单生产，应根据市场需求及产品盈利情况，平衡生产组合和销售组合，做出销售预测。精确的需求与预测是整个供应链良性运作的关键，也是实现零库存或最小化库存量的基础。

销售部门制订的月度生产订单和预测主要为季度计划。季度计划指第一个生产月的公司订单作为固定订单，后两个月作为生产预测。

生产计划是确定每一具体的最终产品在每一具体时间段内生产数量的计划，有时也可能先考虑组件，最后再下达最终装配计划。主生产计划（MPS）（参考第10章）的实质是保证销售规划和生产规划对规定的需求（需求什么、需求多少和什么时候需求）与所使用的资源取得一致。MPS是展开物料需求计划的主要依据，是闭环计划系统的一个部分。

以厦门华侨电子股份有限公司（简称“厦华公司”）为例，该公司主要生产、销售彩色电视机。其通过每周、每月的例会，由生产系统牵头，由销售、研发、技术工艺、生产系统等相关部门共同讨论、平衡、制订MPS。但是市场是瞬息万变的，在生产前的一到两周，企业也应做到能够根据市场销售部门的需要做出适当的生产调整。

另外，销售部门针对市场的需求，结合企业的经营规划推出适应市场需求的新产品试产计划，也要将MPS包含其中。

2. 物料需求计划

物料需求计划（MRP）根据主生产计划（MPS）、物料清单（BOM）及库存核算物料需求。核算时，应结合品质部门的统计数据对损耗率做适当考虑。对新品订单的物料需求，应重点关注其最小采购量，避免因设计或工艺变动形成呆料。

3. 准时化采购及仓储管理

准时化采购是精益生产理论在采购链管理中的突出体现，即在合适的时间、合适的地点、以合适的数量和合适的质量采购合适的物品，满足生产和销售。它能最大限度地消除浪费、降低库存直至实现零库存，是一种理想的采购模式。因此，企业在实际运用中应结合自身的实际情况，灵活运用。根据企业的条件，对占用库存量较大的物料、近距离的供应商，能采用准时化采购的尽量采用准时化采购；暂时达不到要求的，争取越库作业。

（1）准时化采购

企业采购部门挑选供应商时，应考虑多种因素，如物料质量、数量、价格、到货时间、集装箱货量及供应商所处位置等。其中，供应商所处位置是确定到货时间及准时到货能否执行的基础。由于供应商所处位置不同，每个供应商提供的零部件到达制造商的时间相差很大。本地供应商只需要一到两天就能送达，而海外供应商则可能需要数周。

日本丰田公司选定供应商的原则是供应商到制造商工厂的距离要控制在 80 km 的路程之内（即 1 h 车程内）。北美和欧洲的目标是 80%的物料采购周期只有 3～5 d。厦华公司的供应商之一——厦门成村科技有限公司主要提供注塑机壳，其物料体积大，汽车运输容易造成机壳损伤（变形或壳裂）。因此，工厂设在厦华公司旁边，不需汽车送达，只需使用普通的液压车或电瓶叉车作为运输设备，物料即可送达。目前，公司 40%的注塑机壳都可以做到准时化供货。如此的近距离采购，供应商才能做到小批量频繁送货，从而大大降低企业的库存。

准时化采购消除了原材料和外购件的缓冲库存，供应商交货的失误和延迟必将导致企业生产的停滞，因此可靠准时送货是实施准时化采购的前提条件。为保证及时送达，与供应商的采购合同中应包含相关的延误索赔条款以保障企业利益。

（2）越库作业

支持收货后不经过存储而直接发往客户，即越库作业。美国仓储教育协会将越库定义为：将去向同一目的地的所有产品迅速集中配载，不经过长时间的存储，便尽早运出的过程。该定义明确了越库操作的 3 个核心问题：集中配载、少经存储和过程迅速。越库作业可以方便货物在尽可能短的时间内实现从收货到发货的迅速流动。过程迅速意味着系统要同时对货物和信息进行快速有效的交换。

负责协调越库操作的相关执行者应对供应商的送货计划及企业调货计划给予足够关注，通过计划、调整使二者相匹配，使货物不必长时间停留。理想的越库系统应当能够及时处理不断进入的货物，并为下一个计划中的供应商设计出合理的流水线。这要求系统能够提示对进入货物的即时订单要求，做到被目前订单征收的物料接收后需立即出货（越库）的货品必须完全被识别，从而在接收时立刻安排越库；反之，不被目前订单采用的物料则安排入库作业。

同样的，厦门成村科技有限公司提供的注塑机壳，因机壳产能的限制，尚有 60%的物料需要提前生产。越库时，厦华公司具体负责的相关调度人员即能及时识别，对当天或隔天整机生产需求的物料安排越库作业。目前，厦华公司约有 35%的注塑机壳能做到越库作业，只余约 25%的注塑机壳做仓储作业。

（3）仓储管理

物料仓储管理中应尽量遵守“三分”原则：分区、分架、分层。分区应明确各区域的用途；分架应充分利用空间，能上架的尽量上架；分层利于物品的分类保管、标示。

物料仓储管理应根据物料、批次号及储位编码进行管控。存储物料应结合物料类别、品名、批次和进出量，存放在就近易于存取之处。该存储方式的突出优点是：

① 不易发错料。

② 物料做到先进先出，降低仓储物的保管风险。

③ 方便盘点。

④ 管理者及仓管人员可及时掌握储存空间的利用率，有效控制货物存量。

⑤ 避免因货物乱放堆置导致的过期报废。

⑥ 有助于质量异常的追溯管控。

超期物料使用前要提请品质部门重新检验，对一定时间未产生进出的物料，应根据物料的特性适时地提出报废申请，经物料核算控制部门核定后及时报废处理，以节省库容及回收资金。

2.1.3　精益思想的最新发展

“精益（lean）”术语出现已经几十年了。在这期间，精益制造创造了20世纪工业企业再造的奇迹，在汽车、航空、电子等高技术行业被作为新一代工业革命进行推广。精益思想也跨出了制造业，作为一种普遍的管理哲理在各个行业传播和应用。精益模式冲击和再造着近百年来人们习以为常的大规模成批处理和层级管理的观念，正在改变人们的工作方式，提高人类各种社会活动的效率、节省资源的消耗量，成为新一轮管理革命的指导思想。

进入21世纪，实现精益的方法、经验日益丰富和成熟。在这期间，数字化制造为精益的实现又提供了更强大的工具，扩展了精益在制造企业中的应用范围。精益的先行者们开始对精益的理论和实践进行系统化的提升，对传统的或者通俗的实现精益的概念提出修正。这些进步集中反映在以美国精益航空进取计划（lean aerospace initiative，LAI）为代表的精益企业价值观中。

和精益思想提出消除浪费一样，精益企业价值观强调任何一个企业必须有它自己存在的价值。企业价值体现在它的一切活动中，企业自身必须对与它相关的人、组织和社会付给满足需求的价值——交付客户以产品和服务、给股东投资的回报、保证供应商和伙伴的利益和发展、付给雇员劳动的薪酬和关怀，以及更多对社会的教育、环保、安全和其他的贡献。精益是有效提升企业价值的理念、方法和实践。实行精益原则和实践的企业是精益企业，精益企业比传统企业具有更广阔的生存空间和更突出的竞争优势。

LAI在新的精益概念、价值、作用的范围和企业概念的基础上，将“精益企业（lean enterprise）”定义为：采用精益原则和实践为它所有的参与者有效地创造价值的集成实体。必须用新的价值观理解精益企业的目标：为企业的所有参与者创造价值，而不仅仅是客户；精益企业是与产品或项目价值链相关的所有商务实体的集成，而不是将精益封闭在自己企业的“大院”里；精益企业的过程集成了产品或项目全生命周期的各个阶段，而不仅仅作用于生产或车间现场。精益企业是一种复杂的，包括了人、组织、过程、产品和信息的高度集成的系统。

精益企业系统应用精益思想，是积极的、以知识驱动的、关注客户与所有参与者的。精益企业能更加迅速地响应变化，并根据环境的变化而不断进步，持续地寻求改进。但是，精益的效益只有对整个企业，从结构、政策、程序、过程、管理实践、激励机制以及与客户和供应商的外部关系等方面进行再思考和再造，才能充分地发挥出来。

为了更清晰地描述精益企业，发达国家的各个行业开发了许多精益企业模型，例如：LAI以汽车和航空行业的研究成果为基础，结合其他领域的改革和创新开发了“精益企业模型（lean enterprise model，LEM）”；美国海军和造船企业开发了“精益造船企业模型（lean shipbuilding enterprise model）”；世界汽车行业五大巨头发起制定了实施精益运作最佳实践的鉴定和测评标准SAE J4000/J4001等。综合这些模型，对精益企业的特征属性

（怎样才算一个精益企业）可做如下描述：浪费最小化，快速应变，在正确的时间和地点用正确的方法做正确数量的正确事情，价值流中有效的相互关系，持续改进，全过程的高质量。

这些企业的理想模式，是评估精益企业的准则和精益企业价值和效率的体现。其中，前2个准则是核心：浪费最小化和快速应变。它们是在精益初始阶段形成、不断沿革并加以扩充的：精益企业通过从最小化浪费到消灭非增值活动的方式，达到实现所有参与者价值的最终目标，并由此减少在向客户交付产品或服务的价值过程中所必需的时间和资源。快速应变提升了精益企业应对市场需求的敏捷性和及时响应的能力。精益企业模型中其他4个准则是：①在正确的时间和地点用正确的方法做正确数量的正确事情。企业做的每一件事都是为满足客户需求所必须，不能少也不能多。同样，在精益企业中必须像关注浪费一样地关注交付价值。如果在战略上没有对价值的追求，而仅仅是消除浪费，是不够的。②价值流中有效的相互关系。这要求在整个价值链中，雇员、客户、供应商和伙伴之间相互信任和尊重、共享信息、坦诚交流，是企业所有的人和组织的所有活动有效率的保证。③持续改进。这是精益企业追求不断进步的基本功。④全过程的高质量。这要求精益从开始生产过程就严格要求质量。尽管这些准则理解起来很容易，但将它们具体化并在整个企业实现绝非易事。

在了解了精益企业的准则之后，需要使期望走上精益旅程的企业知道怎样去做才能有效地创造企业价值。经过多年来对不同层次企业在精益准则应用方面的研究，LAI提出了5项创造企业价值的原则：

① 创造价值需要用正确的方法做正确的事。“用正确的方法做正确的事”，说明没有效果的事情是无用的工作。例如，某个人生产了一个低成本的产品，但这个产品是没有用的产品，他的所有努力都是浪费。又如，人力资源部在处理求职申请时，如果只注意花费较少的时间，可能聘用不到合适的工人，则所有的工作都是浪费。

② 与传统精益思想的单维目标不同，发展的精益思想要求企业必须考虑众多参与者对价值需求的多维化特征。只有在确定了参与者的价值需求、在不同参与者的需求和贡献之间进行平衡、定义了积极的价值计划之后，才能交付价值。如何识别和平衡所有参与者的需求就成为最大的挑战。这种权衡将导致新的竞争和驾驭企业的复杂性。

③ 精益企业价值只能采用集成的企业观才可以充分实现。许多关于实施精益的案例研究表明，仅在生产、研制或供应链单个实体实现精益只能取得局部优化或孤岛式的成功，只有采用集成的企业观才可以使精益真正产生巨大的效果。精益的集成是企业内部人和组织的集成、价值链上企业间的集成、产品整个生命周期各阶段的集成以及技术和信息的集成。

④ 增加精益价值，必须拉紧企业间的相互依存关系。必须明白，在所有企业内部和企业间的相互关联是比较关键的。这些联系不仅包括产品生命周期过程、基础保障过程和领导企业过程的相互关系，也包括和相互依存企业之间的信息、组织和战略的协调。

⑤ 实现精益价值的是人而不是过程。最难的转变是观念的转化，在实现企业整体转变中，实现组织和文化的精益转变的问题要比技术问题困难得多。事实上，实现精益企业最大的挑战是企业领导、管理人员就精益路线达成共识。

LAI计划的精益企业价值观对精益思想的目标、原则和实践都有更深刻的描述和修正，因而是对精益思想的新发展。LAI 计划的精益企业价值理论的提出，使精益思想进入精益企业价值的新阶段。精益企业价值与传统的精益思想的差异如表 2-1 所示。

表 2-1　精益企业价值与传统的精益思想的差异

传统的精益思想	精益企业价值
消除浪费	消除浪费和建立价值目标的统一
客户为中心的一维价值观	关注全部参与者的多维价值观
只关注最终价值的交付	向交付价值定义、平衡和交付延伸
以制造为中心	关注价值创造全过程
关注产品的生命周期过程	对生命周期、基础保证和领导过程全方位的精益
独立企业的孤立行为	多产品、多项目的扩展企业的共同行为

精益企业价值将分散孤立实施的“精益制造”升华为“精益企业价值”，不仅使精益在理论、实践、方法和规范等各个方面都更趋于深入和成熟，还与先进制造技术的新发展同步，是对数字化技术、供应链集成和协同等应用的支持。精益企业价值更有效地帮助先进制造企业踏上精益的旅程。

管理哲理的应用要点是准确理解。目前我国正在掀起精益应用的热潮，了解和跟上精益思想的新发展对我国企业刚刚起步的精益旅程来说，有着非常重要的意义。在精益企业价值理论的推动下，精益思想将在我国更多的行业、企业得到推广。

2.1.4　看板系统

精益生产通过准时化生产、少人化、全面质量管理和并行过程等一系列方法来消除一切浪费，实现利润最大化。生产看板管理是丰田生产模式中的重要概念，是一种为了达到准时生产方式而采取的控制现场生产流程的工具。准时生产方式中的拉式（pull）生产系统可以使信息的流程缩短，并配合定量、固定装货容器等方式，使生产过程中的物料流动顺畅。准时生产方式的看板旨在传达以下信息：何物，何时，生产多少数量，以何方式生产和搬运。看板的信息包括零件号码、品名、制造编号、容器形式、容器容量、发出看板编号、移往地点和零件外观等。

1953 年，日本丰田公司综合了单件生产和批次生产的优点，创造了一种多品种、小批量混合生产条件下高质量、低消耗的生产方式，即准时生产（简称 JIT）。这种生产方式的根本思想是在恰当的时间生产出恰当的零部件、成品，把生产中出现的存储、装配和等待时间、残次品等视为一种浪费。准时生产方式的根本思想可概括为“在需要的时候，按需要的量生产所需的产品”，即通过生产计划、控制及库存管理，追求无库存或库存达到最小的生产系统。

JIT 通过看板生产方式来组织生产及物流管理，只有当下道工序需要该零件时才将它生产出来。看板系统是 JIT 生产现场控制技术的核心。

JIT 着眼于整个生产流程，通过持续改进生产流程，达到消灭一切浪费现象的目的，其重点是消除生产流程中一切不能增加价值的活动。JIT 中的两大法宝是生产同步化和生产均衡化。

生产同步化，即“一个流”生产，是指将作业场地、人员、设备（作业台）合理配置，使产品在生产时每个工序最多只有一个在制品或成品，从生产开始到完成之前没有在制品放置场地及装箱包装的作业，目的是尽量使上道工序制品数量接近零。

生产均衡化，就是要求物流的运动完全与市场需求同步，即从采购、生产到发货各个阶段的任何一个环节都要与市场合拍。只有实现均衡化生产，才能减少以致消除原材料、外购件、在制品与成品的库存。当然，要做到各阶段供给与需求的完全同步是十分困难的，均衡化生产是企业应该追求的理想状态。

看板管理是实现准时化生产的工具之一，只有在生产同步化和生产均衡化的前提下，才能运用。因此，要对企业的生产系统进行全面改组，才能引进看板管理。

2.2 供应链基本理论

2.2.1 牛鞭效应

1. 牛鞭效应的概念

牛鞭效应是经济学上的一个术语，指的是在供应链中需求的变动从下游到上游不断变异放大的状况。这个词语源自牛尾的甩动——牛尾顶部甩动一点儿，底部会有很大幅度的移动。它的基本思想是当供应链的各节点企业只根据来自其相邻下级的企业的需求信息进行生产和供给决策时，需求信息的非真实性会沿着供应链逆流而上，从而产生逐级放大的现象，当到供应商那里时，需求信息和实际顾客需求发生很大的偏差。由于这种需求放大效应的影响，上游供应商会维持比下游供应商更高的库存水平。这也说明了供应链库存管理中的一个普遍现象：看到的并非实际的。

2. 牛鞭效应的影响

牛鞭效应对供应链管理是不利的，它造成批发商、零售商的订单和生产商产量峰值远远高于实际客户需求量，进而造成产品积压，占用资金，使得整个供应链运作效率低下。随着供应链运作的企业越来越多，这种效应越来越明显，整个供应链的管理会变得十分复杂。

牛鞭效应最先由宝洁公司发现。宝洁公司在研究“尿不湿”产品市场需求时发现，该产品的零售数量是相当稳定的，波动性并不是很大，但分销中心的订货波动性明显增大，原因是分销中心根据汇总销售商的订货需求量向分销商订货。宝洁公司进一步发现，公司向供应商的订货变化大，而且越往供应链上游，其订货偏差越大，上游成员总是过分地响应下游的订货需求，从而导致供应链系统的总成本5～10倍于最优总成本。下面以宝洁公司供应链中的牛鞭效应为例，说明其对企业经营业绩的影响。

(1) 生产成本增加

牛鞭效应增加了供应链的生产成本。由于存在牛鞭效应，宝洁公司和它的供应商需满足比顾客需求波动更大的订单，为了应付这种增大的波动性，宝洁公司要么扩大生产能力，要么保有过量的库存，这两种做法都会增加单位产品的生产成本。

(2) 库存成本上升

牛鞭效应增加了供应链的库存成本。为了满足更大的需求波动，宝洁公司不得不维持更高的库存水平，继而使得仓库存储空间增加，库存成本上升。

（3）补给供货期延长

牛鞭效应延长了供应链的补给供货期。牛鞭效应增加了需求的变动性，宝洁公司会出现当前生产能力和库存不能满足订单需求的情况，从而导致供应链内的公司及其供应商的补给供货期的延长。

（4）运输成本增加

宝洁公司及其供应商在不同时期的运输需求与订单完成密切相关。由于牛鞭效应的存在，运输需求将会随着时间的变化而变化，需要保持剩余的劳动力来满足订货高峰期的要求，从而增加了运输成本。

（5）送货和进货的劳动力成本增加

牛鞭效应增加了供应链中送货和进货的劳动力成本。宝洁公司和供应商发货所需的劳动力随着订单的波动而波动。分销商和零售商收货所需要的劳动力也会发生类似的波动。要么保持过剩的劳动力，要么根据订单的波动改变劳动力，这两种方法都会增加劳动力成本。

（6）产品的供给水平下降

牛鞭效应降低了供应链的产品供给水平，并导致了更多的缺货情况。过大的订单波动使得宝洁公司很难满足所有分销商和零售商的订单。这增大了零售商缺货的概率，从而给销售带来不良影响。

（7）供应链的各种关系损害

牛鞭效应对各个环节的经营绩效都有负面影响，从而损害了供应链各个环节的关系。每个环节中的企业都认为自己尽了最大努力，会将责任归咎于其他环节。因此，牛鞭效应导致供应链不同环节信任度减弱。

3. 牛鞭效应的成因

牛鞭效应是需求信息在沿着供应链向上传递过程中被不断曲解的结果。企业的产品配送成为被零售商所夸大的订单的牺牲品，反过来它又进一步夸大了对供应商的订单。具体而言，牛鞭效应的成因主要包括如下几个方面：

（1）需求预测不当

供应链中的成员企业为了确定的理想库存水平和订货数量，一般需要采用定量的方法（移动平均或指数平滑等方法），对下游成员的订货数量进行预测，但任何方法都有一定的局限性，不能精确地预测未来。因此，不准确的需求信息沿着供应链上游移动时会产生牛鞭效应。

（2）波动的订货提前期

供应链中各成员利用需求预测更新其目标库存水平，提前期的长短影响了需求预测的变化，较长的提前期将导致目标库存水平发生较大的改变。提前期越长需要的库存量也就越大，订单变化也就越大，从而产生了牛鞭效应。

（3）不恰当的批量订货

销售商为了减少订货频率、降低订货成本和规避缺货风险，会根据理想的状态批量订货。订货次数的增加会增加供应商的工作量和成本，因此供应商也会要求销售商在一定数量和一定周期订货而销售商为了尽早得到货物或者备不时之需，总会人为地提高订货量，从而产生牛鞭效应。

(4) 供应不足

市场上某些商品面临短缺，就会导致零售商和分销商扩大订货数量。但当需求减少或短缺结束后，大的订货量不会消失。这样容易造成需求预测和判断失误，也会导致牛鞭效应。

(5) 供应链链条过长

供应链链条越长，供应商距离最终客户就越远，对需求的预测就越不准确。同时，经过各环节的传递及企业安全库存的多层增加，需求信息的扭曲程度增大，牛鞭效应也越明显。

(6) 缺乏信息交流与协作

由于缺乏信息交流与协作，企业无法掌握下游的真正需求和上游的供货能力，可能过量储备货物。同时，无法实现信息交流，企业之间也就无法实现存货互通有无和转运调拨，各自持有高额库存，也会导致牛鞭效应。

(7) 应付环境变异的过高库存

由于政治环境、经济环境、社会环境和政策环境的变化所产生的不确定性，会诱导销售商采取应对措施，而应对措施就是持有高库存。随着这些不确定性的增强，库存量也会增大，销售商将不确定性风险转移给供应商而加大订货，订货量代表的并不是真实的需求，也会导致牛鞭效应。

2.2.2 延迟理论

1. 延迟的概念

20 世纪 50 年代，美国营销学家奥尔德逊提出了延迟的概念。经过半个多世纪的实践，延迟的内涵得到扩展，被应用于企业管理的许多方面。延迟或延迟策略并非指拖延时间，而是作为一种为减小预测风险、适应产品多样化生产而采用的策略。其基本思想是：在供应链中，将产品的生产过程分为通用化阶段与差异化阶段，制造企业事先只生产中间产品或可模块化的部件，尽可能延迟产品差异化的业务，待最终用户对产品的外观、功能与数量等具体要求确定后再完成产品的差异化业务。

延迟实现了大规模生产和定制化生产的有机结合。大规模生产能够带来规模经济，而定制化生产能够获得范围经济，从而在满足客户多样化需求的同时，提高了快速响应能力。当接到客户订单时，企业便能以最快的速度完成产品的差异化过程与交付过程，以不变应万变，从而缩短产品的交货提前期，并降低供应链运作的不确定性，提高企业竞争能力。延迟是对供应链业务流程的一种创新。

本书讨论供应链运作中的延迟策略（包括制造延迟、物流延迟和流通加工中的延迟）以及实施这些策略的必要条件。

2. 供应链中的延迟策略

(1) 制造延迟

制造延迟（或成型延迟），是指推迟最终产品的形成。它的基本观点是：在获知客户的精确需求和购买意向之前，尽量使产品保持中性及非承诺状态，制造相当数量的标准产品或基础产品以实现规模化经济；当收到客户订单后，才立即从事产成品的生产装配，这样可以满足需求的多样性和缩短交货期。供应链理论认为有两种供应链运作模式：预测型和快速响应型。预测型运作模式建立在对产品需求的预测上，按预测结果来安排生产和配送，而快速响应型运作模式是根据客户订单进行生产和配送，后者更适合当今激烈市场竞争的要求。传统的供应链运作大多是采用预测型运作模式，为了应付需求的不确定性，企业往往储存大量的库存来提高客户满意度，导致整个供应链的库存水平增加。在当今快节奏的经济和生活环境下，产品的损耗是快速而巨大的，企业面临巨大风险。显然，延迟策略对解决供应链库存过高、提高快速响应有明显效果。例如，上海通用汽车公司针对客户对汽车颜色的严格要求，把喷漆工序延迟到接到客户订单之后，满足了客户个性化需求。如果客户对车内音响、座位等设施有具体要求，也可以采用延迟策略。

（2）物流延迟

物流延迟（或地域延迟），是指在一个或若干个具有战略意义的地区建立储备全套产品的仓库，只有在收到客户订单后，才进行库存产品的分拨配送。一旦物流程序被启动，企业要尽全力以经济有效的手段将产品直接运至客户手中。这种延迟具体表现在地理上，特别适合高价值、创新型产品。因为这类产品边际利润高，但需求的不确定性大，生命周期短，更新换代快，面临淘汰贬值的风险巨大，如一些 IT 产品、现代电子产品等。物流管理领域中有一条公认的法则——效益背反：高水平的物流服务是由高的物流成本来保证的，企业很难同时做到提高物流服务水平和降低物流成本。因此，要想做到快速响应市场，就必须在消费地建立足够多的设施，这必然导致物流成本增加。这种鱼和熊掌不能兼得的问题通过实施物流延迟策略可以得到解决。实施物流延迟能够帮助企业完全摆脱由预测型运作模式引发的库存风险，提高客户满意度。戴尔电脑公司是将制造延迟和物流延迟结合产生巨大经济效益的典范，在完成大规模生产的同时，实现了个性化定制，全球订货提前期降至 48 h 以内。

（3）流通加工中的延迟

流通加工是在需求地通过简单装配、分割、包装和冠以商标等作业而形成最终产品，是制造在流通领域的延续和终结。流通加工改变产品的形体，创造产品的形体价值，在运输、物料处理方面的作用不言而喻。因为有些成品的性质和特征不方便集装箱运输，物料处理效率很低，或者空间利用率很低，所以需要把一部分制造工序留到消费地来完成，如自行车、电动助力车和现代家具等。成形的自行车和家具是不利于集装运输的，因为其外形不规则或占用太大的空间，但它们的散件可以实施集装运输和大批量物料处理，规模效益相当明显。在流通加工中应用延迟策略，待接到客户订单后立即开始装配、分拨等作业。这样，在供应地到需求地之间实现规模运输，在消费地完成流通加工，满足客户多样化需求。

3. 供应链中实施延迟策略的必要条件

尽管实施延迟策略可能为供应链运作带来好处，但是也有其局限性。如果不满足如下几个条件，便无法实施这些策略。

（1）产品可模块化生产

延迟策略实施的重要前提是产品在研发设计时可分解为几个较大的模块，这几个模块经过组合或加工便能形成多样化的最终产品。所以，要想实施延迟策略，企业在产品研发阶段就必须有长远规划，设计模块化产品，以及标准化与通用化的零部件、组装件。

（2）零部件、组装件可标准化、通用化

产品可模块化只是一个先决条件，更为重要的是零部件、组装件具有标准化与通用化的特性，这样才能彻底从时间上与空间上将产品的生产过程分解为通用化阶段和差异化阶段，并保证最终产品的完整。

（3）经济上具有可行性

实施延迟策略一般会增加产品的制造成本，除非它的收益大于成本，否则延迟策略没有必要执行。是否采用延迟策略取决于其成本和收益的比较。

（4）现代信息技术的发展和进步

互联网技术的进步和交通运输效率的提升快速打通了信息流和物流交换，为供应链延迟策略提供软硬件的保证。各种自动推理、学习和控制的新形式正在被广泛应用于生产设施中。

2.2.3 供应链战略

1. 供应链战略的定义

供应链战略是基于业务外包的一种互补性的、高度紧密的企业联盟。该联盟以核心产品、核心资产或核心企业（通常是最终产品的生产者和服务的提供者）为龙头，包括原材料和配件供应商、生产商、配送中心、批发商、零售商和顾客等。其目标是通过联盟内各个成员统一协调的无缝隙的工作，以价低质优的产品、及时供货和提供优质的售后服务来提高市场供应的有效性和顾客的满意度，从而以较高的市场占有率取得竞争优势。

2. 供应链战略的基本内容

下文从库存、运输、设施、信息化建设和变动灵活性方面思考供应链战略。

（1）库存

循环库存、安全库存和季节库存等如何部署？

（2）运输

如何选择运输方式？如何选择路径和网络？选择自营还是外包？如何权衡反应能力和盈利水平？

（3）设施

如何布局工厂、配送中心？如何选择设施能力（灵活性和盈利性）大小？如何选择生产方式？是按订单生产还是按库存生产？如何选择仓储方式？如何权衡反应能力和盈利水平？

（4）信息化建设

战略定位为推动型还是拉动型？如何进行供应链协调与信息共享？如何提高需求预测与整合计划的准确性？如何选择技术工具？如何权衡反应能力和盈利水平？

（5）变动灵活性

在产品种类增多、产品生命周期缩短、顾客要求增加、供应链所有权分裂、全球化的情况下，如何保持供应链战略的变动灵活性？

供应链战略是企业战略的有机组成部分，它与产品开发战略和市场营销战略并称为“三大职能战略”，支撑竞争战略。产品开发战略详细说明企业即将开发的新产品的投资组合，指出开发是内部的主动追求型还是外部的力量驱动型。市场营销战略详细说明如何分割市场，产品如何定位、定价和推出。供应链战略确定原材料的获取和运输，产品的制造或服务的提供，以及产品配送和售后服务的方式与特点。从价值链的角度看，供应链战略详细说明生产经营、配送和服务职能特别应该做好的事情。

3. 供应链战略与竞争战略的匹配

谈到供应链战略与竞争战略匹配的问题，首先必须了解什么是竞争战略。竞争战略以一个顾客或多个顾客市场为目标，目的是提供能满足顾客需求的产品或服务。简而言之，企业提供的产品或服务所满足顾客需求的类型决定了企业的竞争战略。竞争战略建立在顾客对产品成本、产品送达与反馈时间、产品种类和产品质量偏好的基础上。因此，企业竞争战略的设计必须以顾客偏好为基础。

竞争战略与供应链战略之间有何关系？我们又将如何使供应链战略与竞争战略相匹配？这就必须从组织的价值链分析着手。

价值链始于新产品开发，它创造了各种规格的产品。市场营销通过公布产品或服务将要满足的顾客偏好来启动需求，并将顾客的需求用于新产品开发。生产部门利用各种新产品将投入转变为产出来制造产品。配送或者将产品送达顾客，或者把顾客带来选购产品。服务是对顾客在购物期间或购物之后各种要求的反馈。这些都是成功销售所必须具备的核心职能。财务、会计、信息技术和人力资源为价值链的职能运作提供支持和便利。为了执行竞争战略，所有上述职能都会发挥作用，每一种职能都必须制定自身的战略。

有了竞争战略，企业的供应链战略应该特别将哪些事情办好？何谓战略匹配？

任何企业要想成功，其供应链战略与竞争战略必须相互匹配。战略匹配是指竞争战略与供应链战略拥有相同的目标。也就是说，竞争战略设计用来满足顾客的优先目标与供应链战略旨在建立的供应链能力目标之间相互协同一致。供应链战略执行的成败与以下两个关键要素密切相关：

① 竞争战略与所有职能战略必须相互匹配，以构成一个协调一致的总战略。每一项职能战略必须支持其他职能战略，并帮助企业实现竞争战略目标。

② 企业的不同职能部门必须恰当组织其流程与资源，以便成功实施这些战略。企业失败的原因，或是战略不匹配，或是流程与资源的组合不能达到构建战略匹配的要求。首席执行官（CEO）的首要任务是协调核心职能战略与总体竞争战略之间的关系，以获取战略匹配。如果不能在战略层取得协调一致，不同的职能战略目标便会发生冲突，并导致不同职能战略以不同的顾客群为优先目标。由于流程和资源的组合是用来支持职能战略目标的，不同职能战略目标之间的冲突将引发战略实施过程中的纠纷。

如何实现战略匹配？

要实现供应链战略与竞争战略之间所有重要的战略匹配，企业需要做些什么？竞争战略或简要或精确地说明，企业希望满足的是一个或多个顾客群。为实现战略，企业必须确保其供应链能力能够支持其满足目标顾客群的能力。

实现战略匹配的3个基本步骤如下：

第一步，理解顾客。

企业必须理解每一个目标顾客群的顾客需要，它能帮助企业确定产品成本和服务要求。通常，不同顾客群的顾客需要都在多个方面表现出不同的特性，如：每个客户群中所需产品的数量；顾客愿意忍受的反馈时间；要求的服务水平；产品的价格；预期的产品创新周期；

潜在需求的不确定性（即要求供应链满足的需求部分存在的不确定性）。

第二步，理解供应链。

供应链有很多种类型，每一种都设计用来完成不同的任务。企业必须明确其供应链设计用来做什么。在了解了企业的顾客需求特点之后，下一步要解决企业如何才能满足上述需求。建立供应链战略，使之能最好地满足公司目标顾客群特定类型的需要，是寻求战略匹配的目的。其实质就是在供应链反应能力与盈利水平之间进行权衡，找到最佳结合点。

供应链反应能力包括很多方面，比如：对大幅度变动的需求量的反应；满足较短供货期的要求；提供多品种的产品；生产具有高度创新性的产品；满足特别高的服务水平的要求等。

供应链拥有上述能力越多，供应链的反应能力就越强。然而，提高反应能力是有代价的。比如，要提高对大幅度变动的需求量的反应能力，就必须提高生产能力，产品成本就会随之增加，而成本的增加将导致供应链盈利水平的降低。每一种提高反应能力的战略都会付出增加的成本，从而降低盈利水平。因此，在给定成本与反应能力达到平衡的情况下，确定供应链的反应能力水平是供应链必须做出的重大战略抉择。

第三步，实现战略匹配。

概言之，实现战略匹配，也就是确保供应链的运营与目标顾客的需要协调一致，并且供应链反应能力的高低应该与潜在需求的不确定性吻合，潜在需求不确定性增加，则要求相应的反应能力增加，反之亦然。

要实现全面的战略匹配，公司必须考虑价值链中的所有职能战略彼此相互协调，并支持公司的竞争战略目标。抛开竞争战略，就不存在正确的供应链战略。对于给定的竞争战略，存在正确的供应链战略。实现战略匹配的驱动力量应该源于最高级的组织机构，而实际上，在许多公司中，竞争战略和职能战略是由不同的部门制定的，在这种情况下，如果没有适当的沟通，诸如首席执行官这样的高层管理人之间如果缺乏协作，这些战略可能很难实现匹配。对于大多数公司来说，实现战略匹配的失败是企业失败的主要原因。

本章小结

本章主要介绍了运营与供应链基本理论思想及其战略体系。首先，对运营的基础理论进行梳理，主要包括精益思想中关于浪费的观点、精益思想中关于库存的观点、精益思想的最新进展以及看板系统。其次，对供应链基本理论思想及战略体系进行介绍，主要包括牛鞭效应、延迟理论和供应链战略。了解运营与供应链基本理论思想及其战略体系，有助于我们了解运营与供应链思想体系的演变与发展，进而更加深入了解运营与供应链管理的重要性。

讨论题

1. 尽管等待是浪费的一种形式，但是消除等待是否在任何情况下都是有意义的？

2. 对质量管理（第 6 章）和精益思想之间的关系进行评论。这两者是否相同？或者存在哪些不同之处？

3. 本章中我们指出，看板系统不是一种计划方法，而是一种控制机制。这是什么意思？

4. 企业的供应商会在哪些方面促进或者影响企业的精益活动？你能找到一些例子阐述这一问题吗？

习　题

1. 某一设备组有 3 台设备，两班制生产，设备停修率为 10%，计划用该设备组生产 A、B、C、D 4 种产品，单位产品的台时定额分别为 20、30、40 和 80 台时，试计算用代表产品 C 表示的设备组的生产能力？(全年制度工作时间按 250 d 计)。

2. 某商店销售服装，每月平均销售 400 件，单件 180 元，每次订购费用 100 元，单件年库存保管费用是单价的 20%，为了减少订货次数，现在每次订货量是 800 件。试分析：

(1) 该服装现在的年库存总成本是多少？

(2) 经济订货批量（EOQ）是多少？

(3) 经济订货批量（EOQ）的总成本是多少？

(4) 年节约额和节约幅度是多少？

案例分析：日本震后电子供应链面临的挑战

2011 年 3 月 11 日发生在日本的大地震，正在对全球经济产生冲击。其中，半导体芯片、液晶面板等日本优势 IT 产业，以及包括东芝、索尼、富士通、日立、村田、德州仪器、安森美、精工爱普生等在内的多家电子厂商都受到了严重影响。加上电力供应、运输受到的影响，全球电子产业链因为这次日本大地震而出现波动。

从华强北指数及电子市场的反应情况来看，日本地震直接把 2011 年 3 月 21 日的综合价格指数拉升了 4.43 点，跨过了 100 点大关，收于 102.40 点，涨幅为 4.52%，也是 3 年来最大的涨幅。

华强北指数将从电子产业链、产业布局等多个角度综合分析日本地震对中国电子产业链带来的短期和中长期影响，评估该突发事件给中国电子产业带来的挑战和机遇，并做出相应的判断与预测。

日本目前在电子产业多个领域具有行业领先地位，例如：被动元件（电容、电阻、电感、晶振等），精密光学仪器、元件，平板制造设备、耗材、电子及半导体化学品，数码产品，汽车电子等位居世界第一；白色家电、半导体等位居世界第二。毫不夸张地说，凡是涉及电子产业领域的关键产品和技术，都有日本企业的身影，索尼、东芝、松下、富士通、三洋、日立、尼康、佳能、NEC、村田、TDK、爱普生等企业，无一不是赫赫有名的产业寡头。

日本向来是以产业立国，以制造强国。日本不愿向中国、东南亚等国家和地区转移技术含量高的企业，日本本土企业牢牢掌握着最上游的产品和技术。韩国等国家和地区主要为日本的技术做配套。中国大陆等地区为“日本制造”做组装，处于产业链的最下游。日本经济一直采取“外延式”发展战略，依托自身对技术前沿的把控，将劳动密集型或资源密集型商品的生产制造环节转移到发展中国家。

但是智者千虑，必有一失，由于制造业的过于集中，这次大地震对日本本土的电子产业链造成了极大的冲击，也必将影响到日本电子企业的全球战略安全与布局。

【问题】

1. 评估该突发事件给中国电子产业带来的挑战和机遇，并做出相应的判断与预测。

2. 如何依托自身对技术前沿的把控，将劳动密集型或资源密集型商品的生产制造环节转移到发展中国家？

参考文献

[1] 何开伦. 供应链管理. 武汉：华中科技大学出版社，2010.

[2] 塞西尔·博扎思，罗伯特·汉德菲尔德. 运营与供应链管理. 3 版. 邵晓峰，译. 北京：中国人民大学出版社，2014.

[3] 罗希特·维尔马，肯尼思·博耶. 运营与供应链管理理论与实践. 霍艳芳，李秉光，徐刚，译. 北京：清华大学出版社，2010.

[4] 施先亮，李伊松. 供应链管理原理及应用. 北京：清华大学出版社，2006.

[5] 施先亮，王耀球. 供应链管理. 2 版. 北京：机械工业出版社，2013.

[6] F. 罗伯特·雅各布斯，理查德 B. 蔡斯. 运营管理. 14 版. 任建标，译. 北京：机械工业出版社，2015.

[7] Blackstone J H. APICS Dictionary，13th ed. Chicago，IL：APICS，2010.

[8] Ramsey M. Honda Struggles with Supply. Wall Street Journal，August 17，2011：B3.

[9] Womack J，Jones D. Lean Thinking：Banish Waste and Create Wealth in Your Corporation，Revised and Updated. New York：Free Press，2003.

[10] Womack J，Jones D，Roos D. The Machine That Changed the World：The Story of Lean Production. New York：Harper Collins，1991.

第3章　制造和服务系统的流程选择

引言

制造和服务流程决策对于企业来说至关重要。第一，制造和服务流程决策涉及巨额投资，并且影响深远。例如，有关生产线的决策决定了需要什么样的工人和设备、能够制造哪些产品，以及需要什么样的信息系统。这些设施和设备的财务投资巨大，因此一旦决定就不能轻易变更。第二，流程设计应得到高度关注，因为不同的流程有不同的优点和缺点。有些流程特别适合支持多样化的产品或服务，有些流程则更加适用于标准化的产品或服务。没有一种流程可以在各方面都优于其他流程。因此，管理者必须慎重地分析各种流程的优缺点，确保所选的流程能够有效地支持总体的企业战略，尤其是要满足目标客户的需要。

首先，本章讨论制造流程。介绍5种经典的制造流程，并讨论混合制造流程和制造流程连接的概念。将重点分析产品标准化、产量、定制化等因素在流程选择中的影响。

其次，本章讨论服务流程。各种服务流程的区别是什么？不同的服务流程的优势和主要的管理挑战是什么？服务企业应如何进行定位以获取战略优势？还将讨论服务在供应链中所起的特殊作用。

最后，本章介绍企业布局的两种方法。我们将会了解到，针对不同的布局类型使用的布局方法有很大的差异。

3.1　制造流程

在决定一个具体的制造流程时，管理者会面临众多的选择。在选择和实施制造流程时，通常应遵循以下几个基本原则。

① 选择有效的制造流程不是仅仅选择正确的设备。制造流程还包括人、设施布局、信息系统等。只有当这些因素有机地结合时，制造流程才是有效的。

② 决策者必须确保企业的制造流程能够支持总体的企业战略。不同的制造流程有各自不同的优缺点。有些流程适合制造小批量的定制化产品，有些流程则适用于生产大批量的标准化产品。

③ 运营与供应链管理者应重视和加强这些流程之间的合作。某一特定产品的制造可能涉及分布在供应链多个地方和多个组织中的多种制造流程。

在过去的20多年里，制造业发生了很大的变化。提升质量已不再是制造商获取竞争优势的基本途径，而是参与市场竞争的基本要求。此外，许多客户在最小订货量、交付频率和提前期等方面提出了更苛刻的要求，更别说降价的要求了。除了这些挑战外，信息技术在运营中的作用正在日益增大，21世纪的制造业特征会发生巨大变化。

尽管制造业正在经历诸多变化，但是有一个基本的事实不会变：没有哪个制造流程能够普遍适用于所有的制造需求。决策者在选择制造流程时，总会面临权衡问题。例如，柔性制造系统（flexible manufacturing systems，FMSs）是高度自动化的批量生产流程，能够降低成组类似产品的制造成本。尽管流水线在柔性方面不如柔性制造系统效率高，但是专用于少数几种标准产品的流水线的制造成本会更低。同样，虽然目前大批量流水生产线的柔性比20多年前的要高得多，但是始终不如采用通用工具的熟练劳动力。

显然，制造系统的选择是一个复杂的过程。实践证明，在流程选择的过程中，经常会提到以下几个问题：

对企业产品的具体需求是什么？

企业生产的各产品之间的相似度如何？

企业的生产量有多大？

定制在价值链的哪个环节进行？

我们将围绕这几个问题介绍5种经典的制造流程：生产流水线、连续生产流程、工件生产流程、批量制造流程、定位布局流程。

3.1.1 生产流水线和连续生产流程

提到制造时，大多数人会想到生产流水线。生产流水线（production line）是一种用于生产一组相同或高度相似的标准产品的制造流程。生产流水线具有几个显著的特点。首先，生产流水线遵循产品布局方法，生产资源按照制造产品所涉及的步骤顺序排列，各种生产步骤之间通常通过某些系统（如传送带）连接起来，将加工产品从一个步骤输送到下一个步骤（图3-1）。

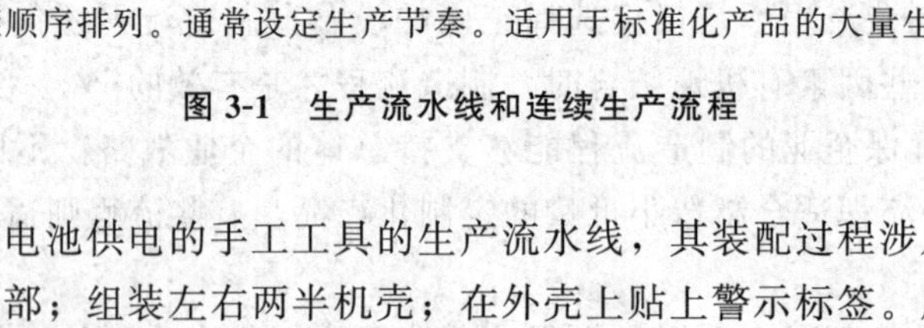

特征：设备和工人高度专业化。产品布局：根据产品或产品族的制造步骤顺序排列。通常设定生产节奏。适用于标准化产品的大量生产。

图 3-1 生产流水线和连续生产流程

例如，某种用于电池供电的手工工具的生产流水线，其装配过程涉及3个步骤：将电机安装到右边机壳的内部；组装左右两半机壳；在外壳上贴上警示标签。所有这3个步骤是连续完成的，当一个手工工具在安装电机时，另一个手工工具正在贴标签。[①]

其次，产品通常以预先设置的节奏通过生产流水线。例如，某条流水线每小时完成60

① 冰淇淋生产流水线：http://video.eastday.com/a/170919232232727545996.html? qid=01359.

件产品的生产或以每分钟 1 件的速度运转。两个连续产品之间的完工时间间隔称为流水线的周期时间（cycle time）。在流程中的每一个步骤，设备或操作工需在固定的时间内完成每一项任务。通过将制作流程划分成一系列离散的、精确定时的步骤，生产流水线可以实现设备和工人的高度专业化水平、稳定的质量和高效率。

生产流水线适用于单一产品的大批量生产或者具有类似设计特征（如规格、物料或制造步骤）的产品的批量生产。例如，汽车装配流水线能够装配拥有不同的转换器、发动机和内饰的汽车，因为流水线在设计时就考虑了生产的车型涉及的所有可能的选项。

生产流水线存在两个主要的缺陷：一是在专业化的设备和工人方面的投资，要求产品的产量必须达到较大的规模；二是流水线对于不符合流水线设计特点的产品缺乏柔性。在产量低或产品种类多的情况下，企业需要采用其他的制造流程方案。

连续生产流程（continuous flow process）与生产流水线非常相似，也是通过采用一系列紧密连接、步调一致的布置，生产高度标准化的产品。二者主要的区别在于产品的形态不同。在连续生产流程中，产品通常不能分解成离散的零部件，如化学品加工和纤维合成流程就是如此。在很多方面，连续生产流程比生产流水线更缺乏柔性。产品的特性使得生产线停工和启动的成本十分高昂，因而，连续生产流程不鼓励提高柔性，而是追求产品的标准化。许多连续生产流程的技术要求很高，因此，通常需要专业技术人员来控制运营过程。直接生产工人的职责就是上料或下料，对流程进行控制。通常来说，连续生产流程也是资金密集型的制造流程，对产出量变化缺乏柔性。

3.1.2 工件生产流程

与生产流水线和连续生产流程不同，工件生产（job shop）是一种用来制造一系列生产批量可以小到单件的高度定制化产品的制造流程。工件生产流程的特征是通用化的设备和多技能的工人。工件生产流程的主要目标是满足客户的个性需求，生产的产品包括定制家具、制造商使用的机床、需要修理和翻修的产品。在工件生产中，产品设计不是标准化的。通常，生产工厂需要与客户紧密沟通，准确了解产品的制造要求，而这些制造要求还可能在生产开始之后发生变更。因此，对这类产品的生产时间、成本和具体生产要求进行估计并不是件容易的事。

工件生产流程需要依赖高度柔性的设备和人员来完成生产任务。工件生产流程中的工人一般可以处理生产中多个环节的工作。通常而言，工件生产流程遵循功能布局方法（functional layout），生产资源按照功能（如铸造、焊接、油漆）分组布置。这种布局是合理的，因为一个工件与下一个工件所需的加工步骤可能相差甚远（图 3-2）。工件生产流程在制定计划方面必须具有高度的柔性，对于装配流水线来说，管理者能够比较准确地了解产出水平（如 200 件/h），但是对于工件生产流程的管理者来说，就没有那么简单了。两个工件的制造需求可能千差万别，如航天航空零部件产品。此外，由于加工的产品不明确、难以预测，工件生产流程中的某些环节可能会出现能力闲置的现象，其他环节则可能出现产品积压的现象。

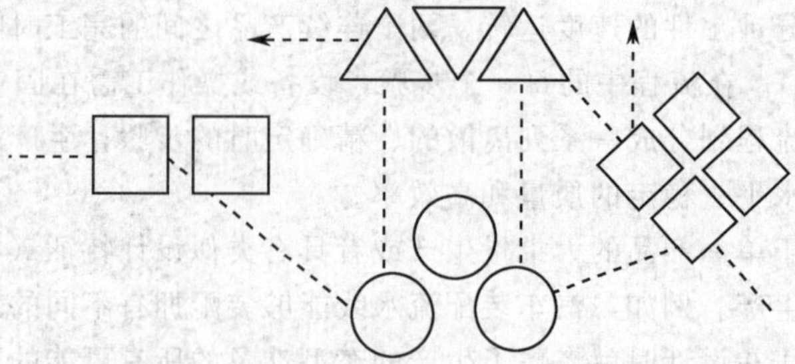

特征：通用的设备和多技能的工人。功能布局：加工区域按照功能布置。工件的加工需求千差万别。适用于小批量定制化产品的生产。高度柔性，但效率并不很高。

图 3-2 工件生产流程

3.1.3 批量制造流程

批量制造（batch manufacturing）是指产品批量地通过制造步骤的一种制造流程。在产量和柔性方面，批量制造流程介于工件生产流程和生产流水线之间。批量制造流程适用于不同的环境，是最常见的一种制造流程。

例如，某制造工厂生产几种不同的电脑显示器，管理者决定以 200 台为批量生产某种型号的显示器。工人先在某台机器上对显示器进行加工，然后将半成品显示器堆放在托盘上。当这 200 台显示器在该步骤全部完成加工后，整批产品被运送到下一台设备，等待下一步骤的加工。在整个生产流程中，加工、运送、等待等系列活动贯穿其中。

尽管批量制造流程的生产批量要大于工件生产流程，但是批量制造流程中生产步骤的连续性不如生产流水线紧密。因此，批量制造流程在工件生产流程的柔性和生产流水线的效率之间达到了某种平衡。

3.1.4 定位布局流程

最后一种经典的制造流程是定位布局（fixed-position layout）。定位布局流程的显著特点是：由于外形尺寸或其他限制条件的约束，待加工产品的位置是固定的，物料、设备和工人以产品为中心进行安排。定位布局流程适用于产品庞大或沉重、搬运困难的行业，具体包括造船、建筑项目、家装等。

思考题：自由女神像的生产属于哪一种制造流程？工件还是定位？

3.1.5 混合流程再造

并不是所有的制造流程都可以清晰地归属于以上几种类型。混合制造流程（hybrid manufacturing process）试图将多种典型流程的特点和优势结合起来。如柔性制造系统是高度自动化的（有点像生产流水线），但是同时又能够加工多种产品（有点像批量制造流程）。

混合制造流程的种类很多，有成百上千种，我们只讨论两种基本的类型：加工中心和成组技术。通常，加工中心（machining center）存在于批量制造环境。但是与批量制造流程不同的是，一个加工中心就能完成几个制造步骤的工作，减少了物料在流程中的运送工作。通过将加工步骤进行适当合并，在某种程度上，加工中心既拥有了生产流水线的效果，又能保持批量流程的柔性。

类似地，成组技术（group technology）是一种通过安排专用设备和人员，生产具有相似制造特点的产品的制造流程，可在批量生产的环境下实现生产流水线的效率。成组技术单元一般遵循单元布局方法（cellular layout），根据产品族的加工活动布置相应的生产资源。例如，某制造商生产 3 000 种不同的产品，其中 25%的产品具有非常类似的制造需求。因此，我们可以将这些产品归为一个产品族（product family）。由于产品族的产品占比相对较高，采用专用设备和人员对这些产品进行生产是经济合理的。成组技术工作单元应当提高其效率，不过，这在一定程度上会降低柔性（图 3-3）。

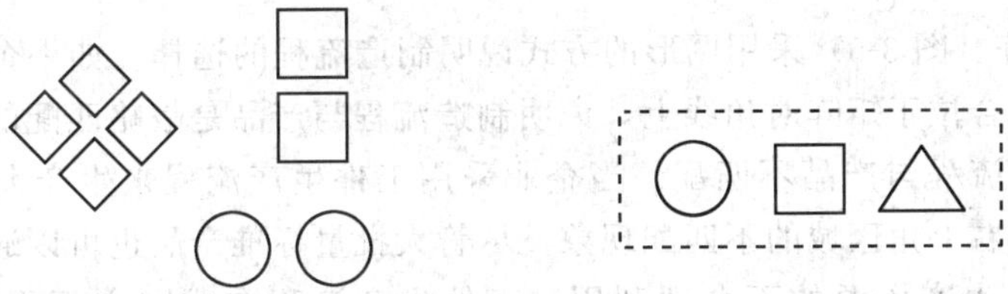

特征：设备和人员专用于产品族的生产。单元布局：根据产品族的加工活动布置相应的生产资源。

图 3-3　成组技术工作单元

3.1.6　供应链中的制造流程连接

实际上，制造系统是由供应链上多个合作企业的多种不同类型的制造流程连接组成的。以服装生产所涉及的制造流程为例，纱线生产具备连续生产流程的所有特点：资金密集型、以设定的节奏产出标准产品、很少需要或不需要用户参与。完工的纱线输入织布机，由纱线织成布料，这也是一个连续生产流程。接下来，成卷的布料被运送到另一家工厂。在这里，进行布料的裁剪和线布的缝纫。最后的缝纫生产是劳动密集型的，采用典型的批量生产流程，每一位工人每批负责完成 50 件或更多件的服装。当服装缝制完毕后，会被运送到下一个工作地进行其他处理，最后进行包装。图 3-4 为这一生产流程的图示。

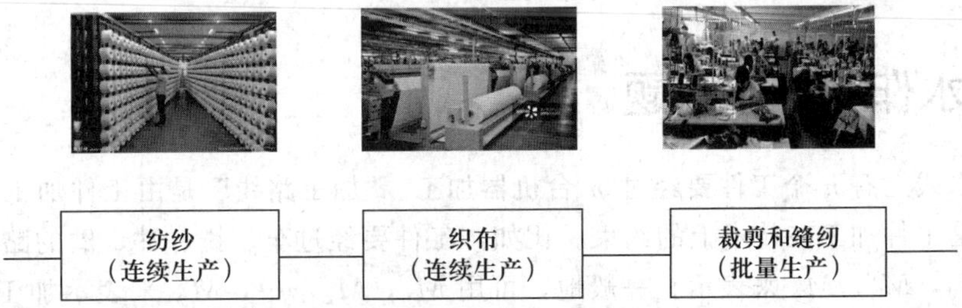

图 3-4　服装生产流程

3.1.7 制造流程选择

除了定位布局和连续生产流程外（这两种流程本质上是由产品的物理特点决定），管理者在面对制造流程时，一般会有多种选择。在产量较小、定制化程度较高、制造商不是在成本方面竞争的情况下，工件生产流程的优势比较明显。当产量大、产品标准化而非定制化、成本很重要时，生产流水线是比较合适的选择。批量生产系统介于这两种制造流程之间。因此，从这个角度来讲，大、中、小型企业都有存在的必要性。

3.1.8 产品-流程矩阵

产品-流程矩阵（图 3-5）采用图形的方式说明制造流程的选择。如果企业的制造流程特点与产品特点的组合位于矩阵对角线上，说明制造流程与产品是战略匹配的。图中的两个三角形区域表示制造流程与产品不匹配。当企业采用工件生产流程来生产大批量的标准产品时，就产生了矩阵右上角区域的不匹配现象。尽管大批量标准产品也可以通过工件生产流程来加工，但这是对生产资源的不合理利用。工件生产流程在成本方面无法与生产流水线竞争。

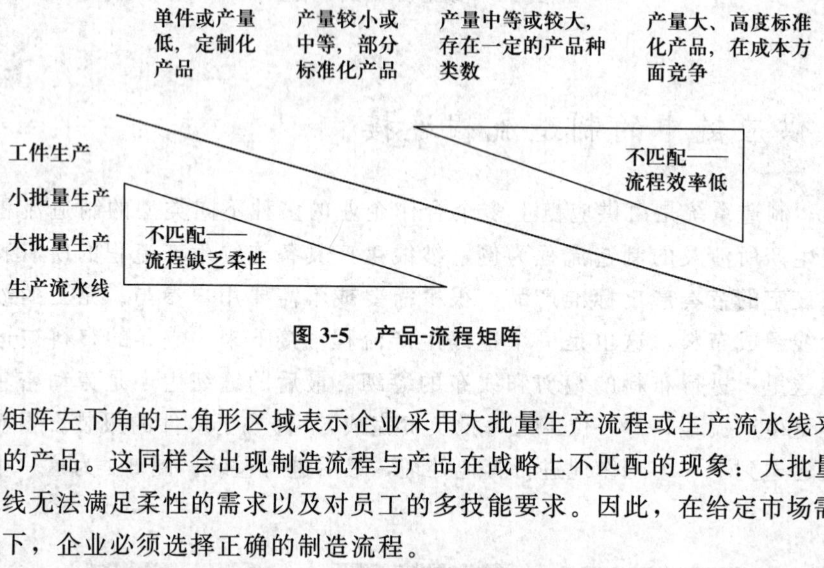

图 3-5 产品-流程矩阵

反之，矩阵左下角的三角形区域表示企业采用大批量生产流程或生产流水线来生产小批量或定制化的产品。这同样会出现制造流程与产品在战略上不匹配的现象：大批量生产流程和生产流水线无法满足柔性的需求以及对员工的多技能要求。因此，在给定市场需求和产品需求的前提下，企业必须选择正确的制造流程。

3.2 流水作业排序问题

假定流水线上有 n 个工件要经过 m 台机器加工。“加工路线”是由工件加工的工艺过程决定的，它是工件加工在技术上的约束。比如，工件要经过车、铣、冲、磨的路线加工，可以用 M_1，M_2，M_3，M_4 来表示。一般地，可用 M_1，M_2，…，M_m 来表示加工路线。“加工顺序”则表示每台机器加工 n 个工件的先后顺序，是排序要解决的问题。

3.2.1　最长流程 F_{max} 的计算

本节所讨论的是 $n/m/P/F_{max}$ 问题，即 n 个工件依次在 m 台机器上加工，P 是指流水作业，F_{max} 是目标函数，即最长流程时间最短。最长流程时间又称作加工周期，它是指从第一个工件在第一台机器开始加工时算起，到最后一个工件在最后一台机器上完成加工时为止所经过的时间。F_{max} 等于排在末位加工的工件在车间的停留时间，也等于一批工件的最长完工时间 C_{max}。

设 n 个工件的加工顺序为 $S=(s_1, s_2, \cdots, s_n)$，其中 s_i 为排第 i 位加工的工件的代号。以 C_{ks_i} 表示工件 s_i 在机器 M_k 上的完工时间，$P^k_{s_i}$ 表示工件 s_i 在机器 M_k 上的加工时间，则 C_{ks_i} 可按以下公式计算：

$$C_{1s_i}=C_{1s_{i-1}}+P^1_{s_i}$$

$$C_{ks_i}=\max\{C_{(k-1)s_i}, C_{ks_{(i-1)}}\}+P^k_{s_i} \tag{3.1}$$

$$F_{max}=C_{ms_n} \tag{3.2}$$

式（3.1）是一个递推公式，$k=1, 2, \cdots, m$；$i=1, 2, \cdots, n$。当由式（3.1）得出 C_{ms_n} 时，F_{max} 就求得了。

在熟悉以上计算公式之后，可直接在加工时间矩阵上从左向右计算完工时间，下面以一例进行说明。

【例题 3-1】

有一个 $6/4/P/F_{max}$ 问题，其加工时间如表 3-1 所示。当按顺序 $S=(6, 1, 5, 2, 4, 3)$ 加工时，求 F_{max}。

表 3-1　例题 3-1 中的加工时间列表

i	1	2	3	4	5	6
P_{i1}	4	2	3	1	4	2
P_{i2}	4	5	6	7	4	5
P_{i3}	5	8	7	5	5	5
P_{i4}	4	2	4	3	3	1

解：按顺序 $S=(6, 1, 5, 2, 4, 3)$ 列出加工时间矩阵，如表 3-2 所示。按式（3.1）进行递推，将每个工件的完工时间标在其加工时间的右上角。对于第 1 行第 1 列，只需把加工时间的数值作为完工时间标在加工时间的右上角。对于第 1 行的其他元素，只需从左到右依次将前一列右上角的数字加上计算列的加工时间，将结果填在计算列加工时间的右上角。对于第 2 行到第 m 行，第 1 列的算法相同，只要把上一行右上角的数字和本行的加工时间相加，将结果填在本行加工时间的右上角；对于第 2 列到第 n 列，则要从本行前一列右上角和本列上一行

的右上角数字中取大，再和本列加工时间相加，将结果填在本列加工时间的右上角。这样计算下去，最后一行的最后一列右上角数字即 C_{ms_n}，也就是 F_{max}，计算结果如表 3-2 所示。本列 $F_{max}=46$。

表 3-2 例题 3-1 中的加工时间矩阵

i	6	1	5	2	4	3
P_{i1}	2^{2}	4^{6}	4^{10}	2^{12}	1^{13}	3^{16}
P_{i2}	5^{7}	4^{11}	4^{15}	5^{20}	7^{27}	6^{23}
P_{i3}	5^{12}	5^{17}	5^{22}	8^{30}	5^{35}	7^{42}
P_{i4}	1^{13}	4^{21}	3^{25}	2^{32}	3^{38}	4^{46}

3.2.2 $n/2/F/F_{max}$ 问题的最优算法

对于 $n/2/F/F_{max}$ 问题，约翰逊（S. M. Johnson）于 1954 年提出了一个有效算法，就是著名的 Johnson 算法。若 a_i 表示 J_i 在 M_1 上的加工时间，a_2 表示 J_i 在 M_2 上的加工时间。每个工件都按 $M_1 \rightarrow M_2$ 的路线加工。Johnson 算法建立在 Johnson 法则的基础之上。Johnson 法则为：如果

$$\min(a_i,\ b_j) < \min(a_j,\ b_i) \tag{3.3}$$

则 J_i 应该排在 J_j 之前。如果中间为等于号，则工件 J_i 既可以排在 J_j 之前，也可以排在它之后。

按式（3.3）可以确定每两个工件的相对位置，从而可以得到 n 个工件的完整顺序，但是这样做比较复杂。事实上，按 Johnson 法则可以得出比较简单的求解步骤，我们称这些步骤为 Johnson 算法。

（1）Johnson 算法（一）

① 从加工时间矩阵中找出最短加工时间。

② 若最短加工时间出现在 M_1 上，则对应工件尽可能往前排；若最短加工时间出现在 M_2 上，则对应工件尽可能往后排。然后，从加工时间矩阵中划去已排序工件的加工时间。若最短加工时间有多个，则任挑一个。

③ 若所有工件都已排序，停止。否则，转步骤①。

【例题 3-2】

求表 3-3 所示的 $6/2/F/F_{max}$ 问题的最优解。

表 3-3 例题 3-2 中的加工时间列表

i	1	2	3	4	5	6
a_i	5	1	8	5	3	4
b_i	7	2	2	4	7	4

解：应用 Johnson 算法。从加工时间列表中找出最短加工时间为 1 个时间单位，它出现在 M_1 上。所以，相应的工件（工件 2）尽可能往前排，即将工件 2 排在第 1 位。划去工件 2 的加工时间。余下加工时间中最小者为 2，它出现在 M_2 上，相应的工件（工件 3）尽可能往后排，于是排到最后 1 位。划去工件 3 的加工时间，继续按 Johnson 算法安排余下工件的加工顺序。求解过程可简单表示如下：

将工件 2 排第 1 位	2					
将工件 3 排第 6 位	2					3
将工件 5 排第 2 位	2	5				3
将工件 6 排第 3 位	2	5	6			3
将工件 4 排第 5 位	2	5	6		4	3
将工件 1 排第 4 位	2	5	6	1	4	3

最优加工顺序为 $S=(2,5,6,1,4,3)$，求得最优顺序下的 $F_{max}=28$。

(2) Johnson 算法（二）

① 将所有 $a_i \leqslant b_i$ 的工件按 a_i 值不减的顺序排成一个序列 A。

② 将所有 $a_i > b_i$ 的工件按 b_i 值不增的顺序排成一个序列 B。

③ 将 A 放到 B 之前，就构成了最优加工顺序。

按 Johnson 算法（二）对例题 3-2 求解，如表 3-4 所示。序列 A 为（2，5，6，1），序列 B 为（4，3），构成最优顺序为（2，5，6，1，4，3），与 Johnson 算法（一）结果一致。

表 3-4　例题 3-2 中的加工时间矩阵

i	1	2	3	4	5	6
a_i	⑤	①	8	5	③	④
b_i	7	2	②	④	7	4

i	2	5	6	1	4	3
a_i	①	③	④	⑤	5	8
b_i	2	7	4	7	④	②

当我们从应用 Johnson 法则求得的最优顺序中任意去掉一些工件时，余下的工件仍构成最优顺序。如对例题 3-2 的最优顺序（2，5，6，1，4，3），若去掉一些工件，得到的顺序（5，6，1，4，3），（2，6，4，3），（2，6，1，4）等仍为余下工件的最优顺序。但是，工件的加工顺序不能颠倒，否则不一定是最优顺序。同时还要指出，Johnson 法则只是一个充分条件，不是必要条件。不符合这个法则的加工顺序，也可能是最优顺序。如例题 3-2 顺序（2，5，6，4，1，3）不符合 Johnson 法则，但它也是一个最优顺序。

3.2.3　一般 $n/m/P/F_{max}$ 问题的启发式算法

对于一般的 $n/m/P/F_{max}$ 问题，可以用分支定界法找到最优解。但对于实际生产中规模较大的问题，计算量非常大，以致有时连计算机也无法求解。同时，还需考虑经济性。如果为了求最优解付出的代价超过了这个最优解所带来的好处，也是不合算的。

为了解决生产实际中的排序问题，人们提出了各种启发式算法。启发式算法以小的计算量得到足够好的结果，因而十分实用。下面介绍一般 $n/m/P/F_{max}$ 问题近优解（near optimal solution）的启发式算法。

（1）Palmer 法

1965 年，帕尔姆（D. S. Palmer）提出按斜度指标排列工件的启发式算法，称为 Palmer 法。工件的斜度指标可按下式计算：

$$\lambda_i=\sum_{k=1}^{m}\left(k-\frac{m+1}{2}\right)p_{ik}，k=1，2，\cdots，n \tag{3.4}$$

式中：m 为机器数；p_{ik} 为工件 i 在 M_k 上的加工时间。

按照各工件 λ_i 不增的顺序排列工件，可得出令人满意的顺序。

【例题 3-3】

有一个 $4/3/F/F_{max}$ 问题，其加工时间如表 3-5 所示，用 Palmer 法求解。

表 3-5 例题 3-3 中的加工时间列表

i	1	2	3	4
P_{i1}	1	2	6	3
P_{i2}	8	4	2	9
P_{i3}	4	5	8	2

解：计算 λ_i。

对于本例，式（3.4）变成：

$$\lambda_i=\sum_{k=1}^{3}\left(k-\frac{3+1}{2}\right)p_{ik}，k=1，2，3 \tag{3.5}$$

$$\lambda_i=-p_{i1}+p_{i3}$$

于是：

$$\lambda_1=-p_{11}+p_{13}=-1+4=3$$
$$\lambda_2=-p_{21}+p_{23}=-2+5=3$$
$$\lambda_3=-p_{31}+p_{33}=-6+8=2$$
$$\lambda_4=-p_{41}+p_{43}=-3+2=-1$$

按 λ_i 不增的顺序排列工件，得到加工顺序（1，2，3，4）和（2，1，3，4），恰好这两个顺序都是最优顺序。如不是这样，则从中挑选较优者。在最优顺序下，$F_{max}=28$。

（2）关键工件法

关键工件法是华中科技大学的陈荣秋教授 1983 年提出的一个启发式算法。其步骤如下：

① 计算每个工件的总加工时间 $p_i=\sum_{j=1}^{m}p_{ij}$，找出加工时间最长的工件 C，将其作为关

键工件。

② 对余下的工件，若 $p_{i1} \leqslant p_{im}$，则按 p_{i1} 不减的顺序排成一个序列 S_a；若 $p_{i1} > p_{im}$，则按 p_{im} 不减的顺序排成一个序列 S_b。

③ 顺序（S_a，C，S_b）即所求顺序。

下面用关键工件法求例题 3-3 的近优解。求 p_i，$i=1$，2，3，4，如表 3-6 所示。总加工时间最长的为 3 号工件，$p_{i1} \leqslant p_{i3}$ 的工件为 1 号和 2 号，按 p_{i1} 不减的顺序排成一个序列 $S_a=$（1，2）。

$p_{i1} > p_{im}$ 的工件为 4 号，$S_b=$（4），这样得到的加工顺序为（1，2，3，4），对本例为最优顺序。

表 3-6　用关键工件法求解

i	1	2	3	4
P_{i1}	1	2	6	3
P_{i2}	8	4	2	9
P_{i3}	4	5	8	2
P_i	13	11	16	14

（3）CDS 法

Campbell，Dudek，Smith 3 人提出了一个启发式算法，简称 CDS 法。他们把 Johnson 算法用于一般的 $n/m/P/F_{\max}$ 问题，得到（$m-1$）个加工顺序，取其中优者。

具体做法是，对加工时间 $\sum_{k=1}^{l} p_{ik}$ 和 $\sum_{k=m+1-l}^{m} p_{ik}$，$l=1$，2，…，$m-1$，用 Johnson 算法求（$m-1$）次加工顺序，取其中最好的结果。

现在，对例题 3-3 用 CDS 法求解。

首先，求 $\sum_{k=1}^{l} p_{ik}$ 和 $\sum_{k=m+1-l}^{m} p_{ik}$，$l=1$，2，结果如表 3-7 所示。

表 3-7　用 CDS 法求解

i		1	2	3	4
$l=1$	P_{i1}	1	2	6	3
	P_{i3}	4	5	8	2
$l=2$	$P_{i1}+P_{i2}$	9	6	8	12
	$P_{i2}+P_{i3}$	12	9	10	11

当 $l=1$ 时，按 Johnson 算法得到加工顺序（1，2，3，4）；当 $l=2$ 时，得到加工顺序（2，3，1，4）。对于顺序（2，3，1，4），相应的 $F_{\max}=29$。所以，取顺序（1，2，3，4）。我们已经知道，这就是最优顺序。

3.3　供应链中的产品定制

在讨论生产制造时，经常提及的一个词就是“定制”。但是，定制的含义究竟是什么？

真正的定制需要供应链在某些环节输入客户的特定需求。例如，生产专业工业设备的制造商一般先要拿到客户的具体规格要求，然后围绕订单要求开展设计、采购、制造等活动。又如，五金商店根据客户提出的特殊颜色要求，按比例混合现成的油漆，进行油漆的调色。国美、苏宁、海尔可根据顾客房间情况、需求情况定制特定型号的电器产品。奢侈品（如LV，GUCCI等）可按照客户要求，在皮包样式、材质、规格等方面进行针对性地设计和生产。在以上例子中，产品都是定制化的，然而，定制的程度和定制点存在非常大的差异。

3.3.1 定制的4种类型

通常，根据定制的程度从低到高，产品分为以下4种类型：

按库存生产（make to stock，MTS）的产品；

按订单组装（assemble to order，ATO）的产品或按订单完成（finish to order，FTO）的产品；

按订单生产（make to order，MTO）的产品；

按订单设计（engineer to order，ETO）的产品。

按库存生产的产品不涉及定制。通常来说，按库存生产的产品是通用产品，大批量生产，备有完工产品库存。客户一般购买现成的产品。具体的例子包括：基本工具（如锤子、螺丝刀）、零售商店出售的消费品、各种原材料等。

按订单组装的产品或按订单完成的产品是指那些只在制造流程的最后环节进行定制的产品。从本质上来说，产品的定制程度一般有局限。例如，印有客户名字的T恤衫，在最后印制名字前，T恤衫本身是通用的。很多汽车实际上也是按照订单组装的产品，在最后阶段根据经销商或客户的订单要求，确定最终的选项——豪华内饰还是标准内饰、是否配置导航系统，等等。讨论：是否包含延迟原理？运用了供应链管理吗？

与按订单组装的产品相同，按订单生产的产品也采用标准零部件，但是这些零部件的最终配置是根据客户的具体要求确定的。例如，Balley公司采用标准的金属板材制造了种类不计其数的大型定制化工业冷却器或冰箱。戴尔公司就是根据顾客对电脑的不同配置要求，按订单组装产品的。与按订单组装的产品相比，按订单生产的产品将定制环节往制造流程上游环节推进了一步。

定制化程度最高的产品是按订单设计的产品。按订单设计的产品从一开始就按客户的要求进行设计和生产，满足客户独特的要求。按订单设计的产品中也含有标准的零部件，但至少有一些零部件是根据客户要求设计的。例如，哈勃望远镜（Hubble telescope）中的主要部件就属于这一类定制的零部件。再如，小米手机的研发采用了“发烧”用户参与模式，有50万“发烧友”参与了小米手机操作系统MIUI的开发。

3.3.2 定制点

对于制造人员来说，这4种产品类型的关键区别并不是主要体现在定制的程度上，而是更多地体现在定制的开始点上。那么，客户的具体要求在什么时间和什么地方影响运营与供应链活动？参考图3-6。

对于按订单设计的产品来说，客户需要在设计阶段就得到了体现（图 3-6 最左端）。从设计到配送所有环节的准确工作内容和期限，只有在接到客户订单之后才能得到确认。因此，不出所料，按订单设计的产品通常是在工件生产环境下生产的。相反，按库存生产的产品（图 3-6 最右端）从设计阶段到成品库甚至到零售终端的过程中，基本不需要来自最终客户的直接输入。按库存生产的产品的生产活动期限和产量，更多地是由企业内部效率目标或能力利用率目标所驱动的。因此，生产流水线或批量生产流程通常是按库存生产的产品的最佳制造流程选择。

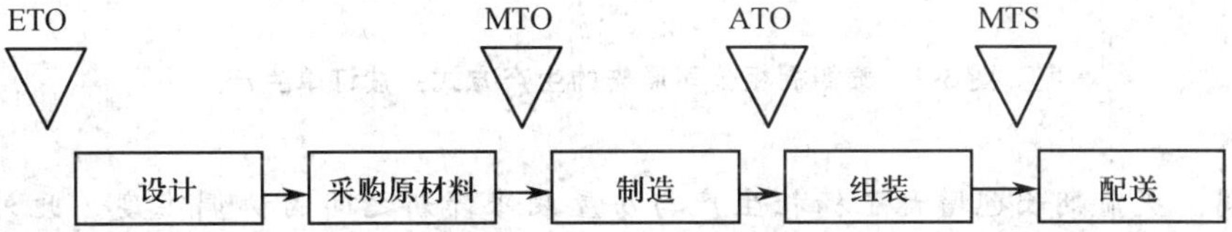

图 3-6　供应链中的定制点

通过关注定制的开始点，可以很好地区分发生在定制点两边的制造活动。我们将发生在定制点之前的活动称为上游活动（upstream activities），将发生在定制点或定制点之后的活动称为下游活动（downstream activities）。

根据定义，上游活动不受不同客户订单的具体细节要求的影响。因此，上游活动可以预先完成，或者在客户订单到达之前完成。预先完成上游活动有两个好处。第一个好处是缩短了客户订单交货的提前期，因为在接到客户订单时，只需要完成下游活动就可以了，在交付速度是关键竞争因素的环境下，这一点显得尤其重要。在戴尔公司，除了最终组装和发货等下游活动之外，制造系统中所有其他价值链活动都是在客户订单到达之前完成的。上游活动包括标准零部件的采购、制造、运输和存储。通过预先完成定制点之前的活动，戴尔公司将客户订单的提前期缩短了 2～3 d。讨论：当当和京东有相似的活动吗？

第二个好处与罗格·施门纳和摩根·斯温克 1998 年描述的变动定律（law of variability）有关。他们认为，流程需求、流程本身内部或加工产品的随机变动越大，流程的产出越少。预先完成上游活动有利于将上游活动与由于期限或客户独特要求所引起的变动隔离开。

但是，在按订单设计、按订单生产、按订单组装的情况下，有些活动必须在获得客户需求信息之后才能完成，这将导致延长客户订单的交货提前期。

供应链链接

泰德橱柜公司

泰德橱柜公司的案例说明，当一家制造企业改变其定制点时，会产生怎样的结果。最初，泰德橱柜公司制造定制化的家用厨房和卫生间橱柜。公司采用订单生产的生产模式。具体来说，定制点设置在制造环节，公司根据客户对尺寸的详细要求切割橱柜的前后及左右面板（图 3-7）。

虽然按订单生产系统具有相当高的柔性，但是这一生产系统也存在不少问题。首先，由于橱柜面板不是预先生产的，因此，公司对客户订单的交货提前期很长，通常要几周，甚至

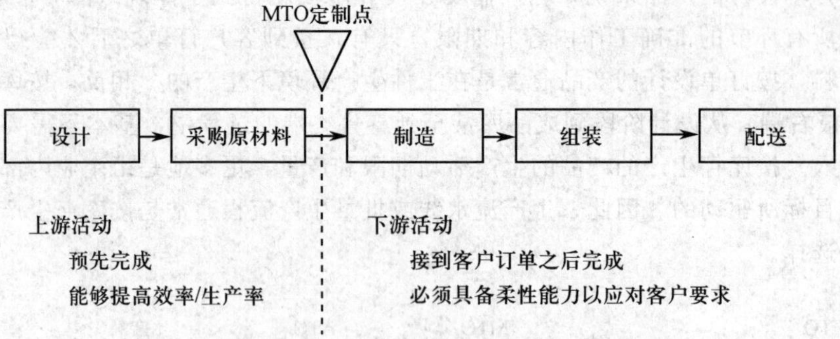

图 3-7 泰德橱柜公司原先的生产方式：按订单生产

更长的时间。提前期长也增大了橱柜生产与房屋装修计划之间的协调难度。此外，由于产品尺寸上存在微小区别，泰德公司在制造环节不得不采用高度柔性但缺乏效率的设备和工人。

管理层得出结论：只要设计一系列标准尺寸的面板（以 2 in 为递增单位，1 in=2.54 cm），就可以提供充足的产品种类满足客户的需要。因此，泰德公司的管理层决定将产品转变为按订单组装的产品（图 3-8）。在改进方案中，制造环节变成了上游活动。在制造环节，公司采用新的机器设备，在接到客户订单之前批量生产标准尺寸的面板。定制活动则推迟到了组装步骤，在组装步骤则采用工件生产类型的制造流程。

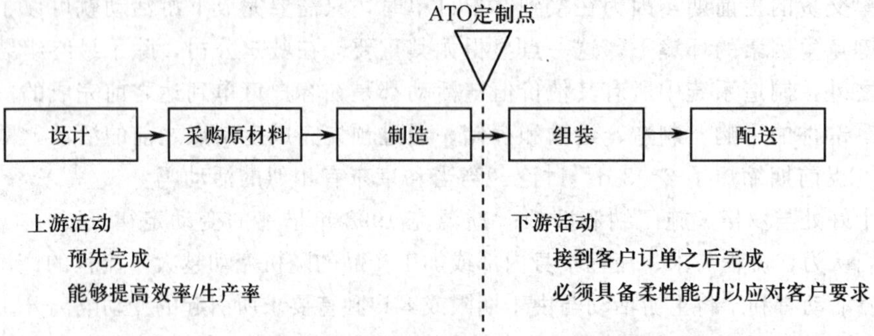

图 3-8 泰德橱柜公司后来的生产方式：按订单组装

泰德公司转变生产方式的效果是惊人的。从按订单生产转变为按订单组装，公司提高了制造环节的效率。面板制造环节是生产周期长、劳动密集型的活动，通过预先进行的面板生产，泰德公司的客户订单交货提前期从原来的几周缩短至现在的几天。公司的库存降低了一半，劳动力减少了 25%。另外，由于面板采用了标准尺寸，质量也得到了提高。

总之，当定制活动发生在供应链前端时，对客户特殊需求的反应的柔性会更高；对客户订单交货的提前期会比较长；产品的成本比较高。当定制活动发生在供应链后端时，如 T 恤印 logo，对客户特殊需求的反应的柔性会降低；对客户订单交货的提前期会比较短；产品的成本比较低。

3.4 服务流程

工商管理专业的教科书一般会区分制造企业和服务企业，理由是：制造企业生产有形的产品，服务企业则提供无形的价值。这种区分导致了一些读者对此产生一定的误解，认为服务运营比制造运营更“软”，或者更加难以捉摸。

在现实中，服务运营比制造运营更广泛。与其他服务相比，有些服务运营更像制造。例如，邮局的邮件分拣业务，信件和包裹的分拣，采用的是高度专业化的分拣设备。这一活动发生在消费者看不到的后台。此外，分拣设备的顺序布置采用了产品布局方法。由此可见，邮件的分拣业务和批量制造有很多共同之处，而和其他的服务业务（如咨询和培训）存在很大的差异。此外，服务系统需要与客户进行频繁的直接接触，这给服务流程带来了相当大的不确定性。(视频：快递分拣)[①]

供应链链接

客户引起的服务不确定

哈佛商学院弗兰西斯·弗赖（Frances Frei）教授在她的论文《打破效率与服务之间的平衡》中提出了一个有趣的问题：

如果制造商必须与在其工厂车间走动的客户进行交易，那会怎样？如果客户陆陆续续出现在车间现场，没有提前通知，到处搞乱制造商精心设计的流程，那又会怎样？对于大多数服务企业来说，这是很正常的。如今，在成熟的经济中，在饭店、租车行业或大多数其他服务企业，客户不会在高效率的供应链终端等着打开钱包买单。客户会直接参与服务运营。客户带来了巨大的不确定性，对服务出现的任何不一致问题会抱怨不断，这是一个不争的事实[②]。

实际上，弗赖教授提出了5种由客户引起的不确定：

① 到达过程的不确定。客户在需要服务的时候才到达。在某些情况下，客户到达的过程可以控制（如宾馆的预订系统、机票的预订）。但是，在其他情况下，客户到达过程无法控制（如医疗急救服务）。

② 要求的不确定。客户对服务结果的要求和期望是不同的，即使对同样的服务提供商也会有不同的要求。例如，某个客户希望找家饭店换换口味，而另外一个客户可能希望找家到了营业结束时间还能提供服务的餐馆。(创业的机会识别，寻求竞争优势)

③ 能力的不确定。一些客户有能力自己执行很多服务任务，另一些客户则需要手把手的指导。(不同年龄人群对手机的使用)

④ 努力的不确定。即使客户有能力做某些事情，但是客户在愿意付出多少努力来做事情方面存在很大的差异。例如，在超市结账时，一些客户会自己装袋，另一些客户则会等着收银员或其他服务人员来做。(自己服务，让渡一些成本给消费者，如在食堂自己收餐盘节

---

① 中国快递分拣系统：http://v.qq.com/x/cover/1am43bj4a3lud4v/h0552sy8mr5.html.

② Frei. F. Breaking the Trade-off between Efficiency and Service. Harvard Business Review 84，no. 11（November 1996）：92 101.

省服务员费用、使用自助结账系统)

⑤ 主观偏好。不同的客户对相同服务的感觉是不同的。某个客户认为是“快速、高效”的服务，在另外一个客户看来则可能是“不友好、冷淡”的服务。(进行服务规范培训)

弗赖教授进一步提出了服务企业能够用来应对这些不同形式的不确定问题的策略。例如，服务企业可以采用目标营销策略来吸引具有相同需要和能力的客户，从而减少需要的不确定和能力的不确定。此外，服务系统可以采用合理设计的自动化系统和低成本劳动力来承担“手把手指导”的工作，从而减轻成本较高的熟练劳动力的负荷。

在讨论服务之前，我们先来分析区分服务的3个维度：服务组合的类型，定制化程度和客户接触程度。

3.4.1 服务组合

服务组合（service package）包含一个服务企业提供给客户的所有增值的有形和无形的活动。对于一些服务运营系统来说，价值主要源自有形的活动，如存储、展览、商品或人员的运输（物流服务）等。例如：航空公司将乘客从一个城市送到另外一个城市；宾馆为旅客提供客房和会议设施；零售商店通过给客户提供便利的购物场所增加价值。尽管航空公司、宾馆、零售商店实际上不“生产”产品，但制造企业中管理实物产品所采用的许多原理和技术同样适用于这些服务活动。

对于某些服务系统来说，服务组合中主要包含的是无形的活动。例如，律师和教师主要通过提供知识来创造价值，而这种知识是以纸质形式还是电子形式得以体现则是次要的。(即使无形的服务也能体现好坏：眼、耳、口、鼻、舌、手、身，感觉)

大多数服务组合既包含有形的价值增值活动，又包含无形的价值活动。表3-8列举了大学和物流服务企业提供的服务组合所涉及的一些活动。

表 3-8 两种不同服务组合中的活动

服务	无形活动	有形活动
大学	教学 开展研究 提供接待服务和其他延伸服务	提供设施 提供交通服务 提供餐饮服务
物流服务企业	为客户提供最佳运输方案 处理关税事宜	商品搬运 商品储存

尽管物流公司提供的主要价值源自公司提供的商品运输和存储活动，但是物流公司还经常为客户确定最佳的运输方案以及处理关税事宜。航空公司同样既提供有形的服务，也提供无形的服务。除了提供有形的运输服务外，航空公司还帮助旅客计划行程以及记录飞行里程。

管理层对有形活动的重视程度越高，就会将越多的管理精力放在资本支出（建筑物、飞机、货车）、物料成本以及其他有形的资产方面。例如，零售企业的产品采购支出占销售额的比重通常大于60%。这些产品需要运输、存储、上架，在某些情况下还会被退回。宾馆和航空公司的高层执行官也会把大量时间放在昂贵的有形资产的管理上。(有形资产容易模仿)

企业对无形资产的重视程度越高，培训和保留熟练员工以及开发和维护公司的知识资产就显得越重要。在这种环境下，劳动力成本占总成本的比重通常会很高。在某些智力密集型服务企业（如咨询公司）中，劳动力成本远远超出公司在建筑物和其他有形资产方面的支出额，如海尔的服务水平和观念。

知识资产是指公司的智力资本，主要体现在公司拥有的员工、信息系统或版权以及专利等方面。例如，甲骨文公司花费大量时间开发、完善、保护其软件作品。此外，甲骨文公司在竞争对手的产品信息和客户需求信息方面的市场情报获取能力也是一种关键的知识资产。又如，华为公司2019年营业收入8 588亿元，净利润627亿元，研发投入就为1 317亿元，拥有近12万件专利。

3.4.2 服务定制

定制会对服务的设计和管理产生重大的影响。随着定制程度的降低，服务组合的标准程度会相应提高。提高标准化的服务，企业可以雇用技能相对单一的员工，采用专用的技术（如超市收银员的操作）。在同样的服务行业中，不同企业提供的服务可能会有较大的不同。例如，某律师事务所专门处理离婚或交通事故方面的案件，另一家事务所则可能根据客户的需要提供全方位的法律服务。专门处理离婚案件的律师事务所可以采用能帮助客户快速、公平解决问题的专业软件。又如，尚品宅配在国内率先提出“全屋定制”的概念，为消费者提供一站式家居定制服务，企业免费上门量尺寸、免费出3D家具效果图、免费配送安装及终身维护。企业采用“C2B+O2O”创新商业模式，以软件技术、创新能力、先进的柔性化生产工艺、云计算和大数据实践，成为“中国制造2025”的样本。

有效控制定制的程度有利于企业提高服务绩效和加强对服务流程的监控。在某些情况下，管理者需要绘制准确、详尽的服务流程图，并确定每一个服务步骤的标准执行时间。许多快餐店通常采用这种方法。

对于那些提供定制化程度较低的服务的企业来说，会有更多的降低成本、提高效率的机会。只从事更换机油业务的汽车修理厂就是一个典型的例子。在这类企业中，员工不需要精通机械或熟悉电工，企业也不必配备很多价格高昂的设备和工具。此外，客户可以得到相对快速的服务。服务的标准化特点使这类修理厂可以保证客户在相对精确的时间内（通常是1 h）得到服务。

随着定制化程度的提高，服务组合的预测就会越来越困难，不确定性也越来越大。运营系统的效率和生产率会变得难以估计和控制，因为每一位客户的需要都可能是独特的。提供定制服务的企业通常不是在成本方面竞争，而更多的是在为客户准确提供所需服务的能力方面竞争。

例如，某综合医院提供从小儿科到外科的全面医疗服务。医院只能对每天需治疗的各种病种的病人进行一定程度的预测。处理每一个不测（应急，要求有应急预案）事件所需的医疗技能的广度和深度都很高，因此，劳动力成本也会相应很高。这类医院还需要投资于一系列技术，其中某些技术的投入可能会非常大。

3.4.3 客户接触

服务流程管理的第三个需要关注的问题是客户的接触程度。接触与定制不同，接触并不代表定制。快餐店与客户有着紧密的接触，但是几乎不提供定制化的服务。而诊所既与客户有着密切的接触，同时又提供定制服务：医生需要为病人做检查、进行诊断、开处方，以及审核治疗的有效性。

客户接触程度决定了服务流程中前台运营和后台运营的相对重要性。服务系统中的前台(front room)是指客户与服务系统直接交互的有形的或虚拟的点。前台可以是零售商店的销售区域、软件公司的客户服务支持或公司的网页（暴露给客户的）。航空公司的前台运营涉及订票处、行李托运窗口和登机口，以及飞机本身。一般来说，随着客户接触程度的提高，服务组合中由前台运营提供的活动会相应增多。

在设计前台运营时，管理者必须思考客户是如何与服务系统相互作用的。布局、选址和便利性都是关键的因素。服务运营系统的布局必须让人感觉舒适、安全和有吸引力，选址必须考虑客户的便利性。此外，前台服务必须在客户需要的时候及时提供。（请同学们举例：服务类型有哪些？如餐饮、交通、旅游、咨询、医疗、酒店、托运窗口）

随着客户接触程度的降低，服务组合中由后台运营提供的活动会增多。后台（back room）指服务运营中不需要直接接触客户就可以完成的部分。后台区域通常隐藏在客户看不到的地方。联邦快递或联合包裹运送服务公司的包裹分拣就是典型的后台运营的例子，医疗机构的采样化验也是后台运营的例子。这些服务运营在选址时需要考虑降低运输成本，在布局时需要考虑提高效率。由于后台服务人员不直接与客户发生接触，运营时间就不像前台运营那样关键，员工也不需要擅长与客户沟通。例如，联邦快递的员工在深夜分拣包裹，而此时客户正在睡觉。当当的当日达、京东等也具有类似的服务。正如你能预料的，后台服务运营通常比前台运营容易管理。

根据服务组合的类型、定制化程度和客户接触程度，表 3-9 总结了服务系统面临的各种管理挑战。

表 3-9 服务环境下的管理挑战

服务组合的类型	主要是有形的活动 更多地强调有形资产的管理 举例：航空公司、货运公司	主要是无形的活动 更多强调人员和知识资产的管理 举例：律师事务所、软件开发商
定制化程度	定制程度低 更多地强调流程的严格控制和提高效率 举例：提供快速换油的修理厂	定制程度高 更多地强调柔性和对客户需要的响应能力 举例：提供全面服务的汽车修理厂
客户接触程度	接触程度低 后台运营能够提供更多的服务组合活动 服务运营布局、选址和运营时间决策更多地考虑成本和效率问题 举例：邮件分拣	接触程度高 前台运营必须提供更多的服务组合活动 服务运营布局、选址和运营时间决策更多地考虑客户的便利性 举例：物理理疗

服务蓝图是一种特殊形式的业务流程图，可以让使用者更好地了解客户接触的程度。其作用体现在两个方面：一是服务蓝图从客户的角度设计服务流程。二是服务蓝图根据服务措施涉及与客户直接作用的程度、采取的服务措施是不是对客户需要做出的直接回应考虑企业的服务措施。

图 3-9 提供了服务蓝图的一个模板。服务蓝图有 4 层。第一层代表的是具体的客户行为，如下单、拨打服务热线，或者进入服务设施，如医生办公室或零售店。第二层代表服务提供商从事的前台活动。前台活动是与客户直接接触的环节。有些服务蓝图的使用者将这一层指定为需要与客户面对面直接接触的活动。而有些人认为不管是电话联系还是访问网页，任何形式的接触都应该放在这一层。从这个角度来分析，前台活动与前台运营是一致的。由于前台活动涉及与客户的直接接触，因此，这些活动跨过接触线，位于可视线之上。

服务蓝图的第三层由后台活动构成。这些活动都是对客户行为的直接响应，但是客户“看不见”这些活动。这些活动在可视线下面，类似于后台运营。例如，你从天猫购买图书会引发拣货、包装、发运等活动，这些就属于后台活动。你看不到这些活动的发生，但是这些活动的发生是你下订单的直接结果。

服务蓝图的第四层包含支持流程。与前台活动和后台活动不同，这些流程的产生并不是特定客户行为的结果。这些流程起着促进前台和后台活动执行的作用。用服务蓝图的语言来描述，这些流程通过跨越内部接触线发挥其作用。继续以天猫为例，天猫的网页开发和库存管理流程确保你可以通过网页下订单以及你所需要的产品有库存（天猫或淘宝的库存）。

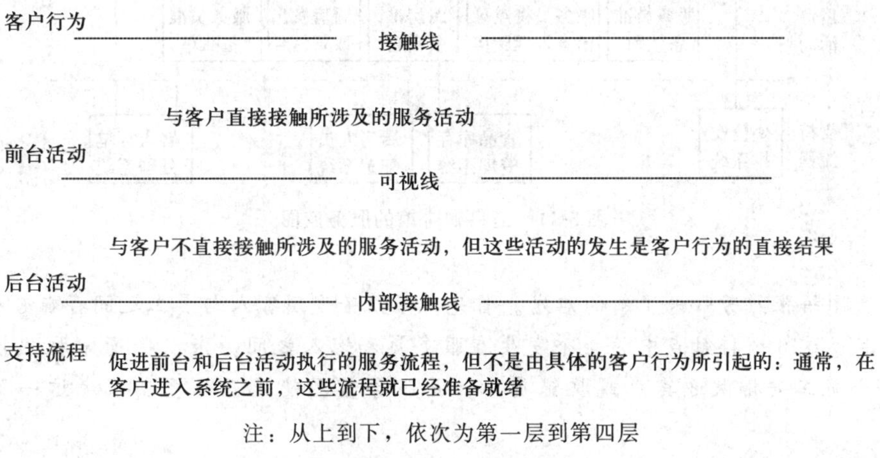

注：从上到下，依次为第一层到第四层

图 3-9　服务蓝图模板

【例题 3-4】蓝鸟咖啡馆的服务蓝图

蓝鸟咖啡馆的经理张凯芳绘制了一幅包含从客人进入她的咖啡馆开始发生的所有服务步骤的简易流程图（图 3-10）。

张凯芳觉得采用服务蓝图来重新绘制这一流程可能更有意义，这样她就可以更好地了解

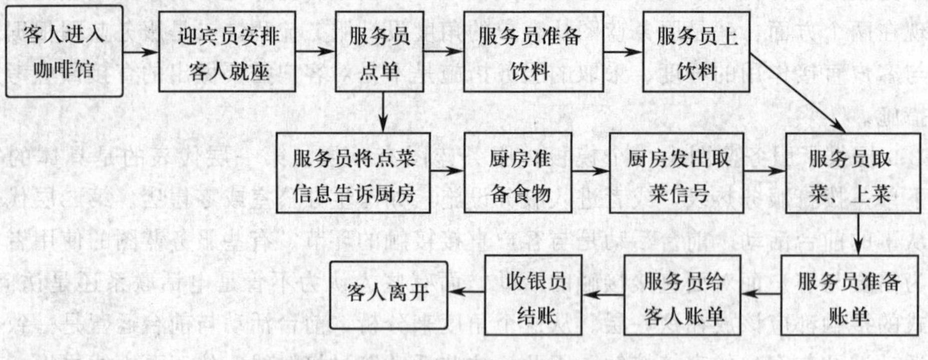

图 3-10 蓝鸟咖啡馆的流程图

客人如何与员工接触。此外，张凯芳想知道哪些支持流程对前台活动和后台活动的执行至关重要。图 3-11 给出了最终的服务蓝图。

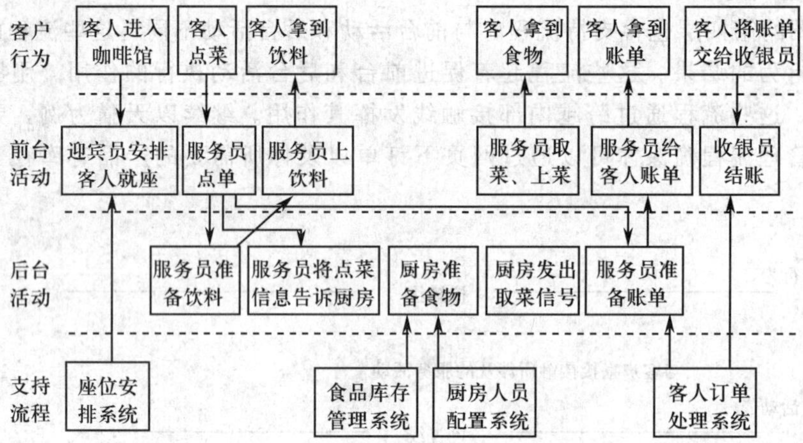

图 3-11 蓝鸟咖啡馆的服务蓝图

服务蓝图给张凯芳带来了新的启发。首先，张凯芳发现客人与员工之间存在 6 个直接接触点。而且，这 6 个接触点中的 4 个发生在服务员和客人之间。张凯芳通常把热情、最有效率的一个员工安排做迎宾员或收银员，但是服务蓝图使她开始重新思考这一策略的合理性。

张凯芳还发现厨房准备食物（后台活动）的能力在一定程度上依赖于两个支持流程：食品库存管理系统，确保备有合理数量的食品和妥善保管食品；厨房人员配置系统，确保有合适数量和工种的人员。

张凯芳过去曾听到过关于厨房人员配置系统的抱怨。她没有直接处理，而是将这个问题交给了厨房管理人员自己来解决。但是，现在她开始思考，这个“看不见”的间接支持流程可能会影响关键的后台和前台活动。

3.4.4 服务定位

服务企业根据服务组合的类型、定制化程度和客户接触程度 3 个维度参与市场竞争和进行市场定位。图 3-12 给出了包含这 3 个维度的服务流程概念模型。立方体的 3 个维度分别代表服务组合的类型（有形、无形的组合）、定制化程度和客户接触程度。

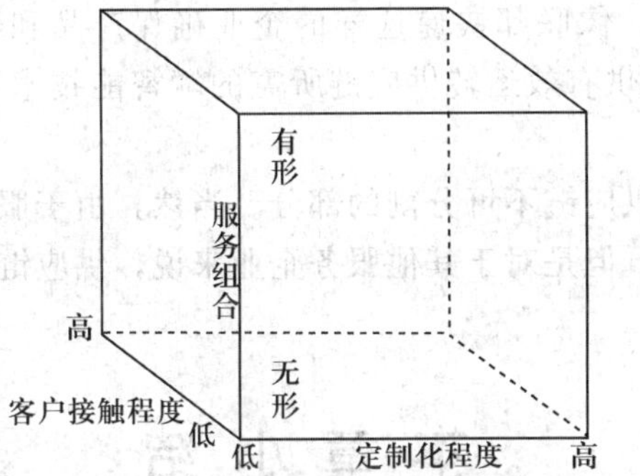

图 3-12 服务流程概念模型

为了说明如何定位，我们以公立医院为例。公立医院通常为当地居民提供多种医疗服务。这些医院具有以下特点：服务高度定制；与客户接触密切；涉及有形和无形的服务活动。这些特征使得公立医院的经营成本很高，管理的难度很大。这类服务企业的定位如图 3-13 所示。

现在，我们将公立医院与妇产医院进行比较（3 个维度比较）（图 3-14）。妇产医院的人员和设备都是围绕单一的活动配备的，尽管客户接触的紧密程度很高，但是服务组合的定制化程度相对较低。

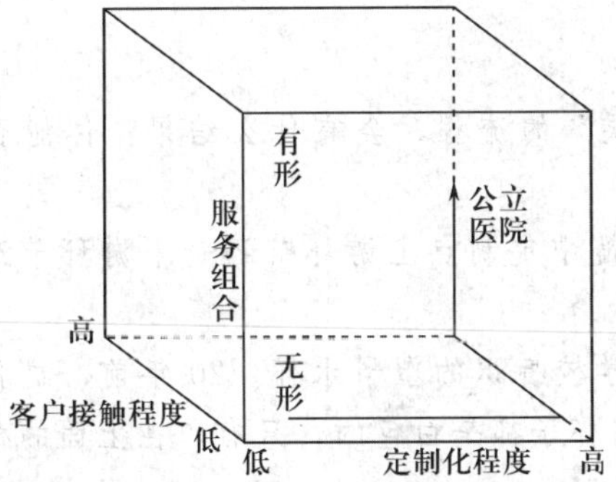

图 3-13 典型公立医院的定位

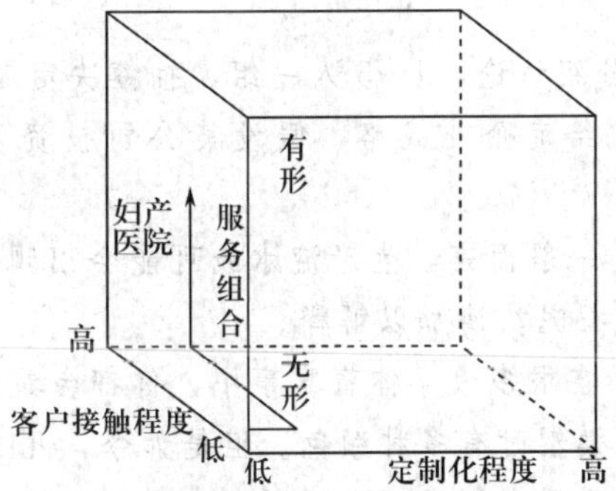

图 3-14 妇产医院的定位

妇产医院的市场定位与传统的公立医院有很大的差异。因此，妇产医院和公立医院面临不同的管理问题，满足不同的客户需求。虽然一般的妇产医院比一般的公立医院的效率要高、氛围更加温馨（反映了无形服务），但是妇产医院无法满足公立医院能够满足的诸多医疗需求。妇产医院可以从公立医院“抢”走部分业务，但是无法替代公立医院。

3.4.5 供应链中的服务

有很多人认为供应链是由制造商主导的，其实不然。例如，沃尔玛和联邦快递（顺丰，EMS）是既提供有形活动又提供无形活动的服务企业，SAP 公司是一家为供应链管理提供软件的服务企业。这 3 家企业都深入地参与了供应链管理。像沃尔玛这样的大型零售企业拉动整个供应链中的产品流，像联邦快递这样的企业确保产品和物料都能够经济、准时地送达，像 SAP 这样的公司提供有效运转供应链所需的“智能技术”。（注意：供应链是由核心企业主导的，如 NIKE）

实际上，服务是任何供应链不可分割的部分。当然，由于服务组合本身的特点，有些服务企业与供应链关系不大。但是对于其他服务企业来说，供应链是其产品和商业机会的一个重要源泉。

本章小结

在本章，我们分析了决策者在寻找制造流程或服务流程时面临的一些重要问题。先讨论了制造流程，强调了不同类型的制造流程的优缺点，并分析了定制对制造流程和供应链的影响。讨论指出，管理者必须谨慎选择制造流程，合理确定定制的程度和定制点。

接着，我们讨论了服务流程，分析了服务定义的 3 个维度：服务组合的类型（有形活动和无形活动的组合）、定制化程度和客户接触程度。根据服务在这 3 个维度的定位，我们分析了服务面临的各种不同的管理挑战问题。我们还讨论了企业应如何确定服务的竞争定位问题。

讨 论 题

（分组讨论，4～5 人一组，抽签决定题目）

1. 给定企业战略，假设某公司投资了“错误”的流程，会有什么结果？你能否举个例子？

2. 一般而言，生产流水线可能会出现在供应链中定制点上游环节还是下游环节？工件生产流程呢？请加以解释。

3. 在很多大学体育赛事中，你都会看到印有学校标识的塑料水杯。20 年前，这种水杯通常在模塑时有多种颜色。但是如今，几乎所有的杯子都是白色的，只有印在上面的标识带颜色。采用定制点概念解释发生了什么变化以及原因。

4. 成组技术流程在哪些方面与典型的批量制造流程相似？又在哪些方面与典型的生产流水线相似？这种混合制造流程的优缺点是什么？

5. 现在很多大学提供了基于互联网的慕课课程，代替传统的课堂教学。这些课程通常包含教学 PPT、录像和其他文档的链接以及在线测试。相对于大型的讲座教学，基于互联网的慕课课程是如何定位的？慕课课程的优缺点是什么？面临的管理挑战又是什么？

习　题

1. 现有一本试卷需要批改，假设该试卷共有 6 道题，分别由 6 位教师批改，每人负责 1 题，各道题的批改时间分别为 4 min，4 min，5 min，3 min，2 min，6 min。该试卷共有 50 份，问批改完该试卷需要多长时间？

2. 有一个 $4/3/P/F_{max}$ 问题，其加工时间如下表所示，用 Palmer 法求解。

i	1	2	3	4
P_{i1}	1	9	5	4
P_{i2}	5	7	6	3
P_{i3}	4	6	3	5
P_{i4}	6	2	3	7

3. 用关键工件法求解上表的最优排序。

4. 用 CDS 启发式算法求解上表的最优排序。

案例分析：曲美家居的制造与服务流程

（分组讨论宣讲，4～5 人一组，抽签决定章节题目，每组完成一次大案例宣讲）

曲美家居集团股份有限公司（简称“曲美家居”）经过多年稳健发展，成为我国领先的集设计、生产、销售于一体的大型、规范化家具集团。其秉承“曲美现代家具欧洲原创设计”的品牌理念，已成为我国最具设计感的现代家具品牌。曲美家居汇集全球优秀的设计师团队和世界著名的设计所，让“简约、时尚、现代”成为其风格的代言。

1987—2001 年最初的制造与服务流程

1987 年，曲美家居董事长赵瑞海还仅是个刚刚脱离待业状态的青年。一些巧合使他接触到了沙发生意，便筹谋着靠沙发手艺维生。他以 4 000 元注册资金创建了北京建华工贸公司，卖那个年代常见款式的沙发。时运相济，那个年代经济开始活跃，人们的消费需求逐渐复苏，有钱买沙发的人越来越多，市场供不应求。那时，公司的工厂仓库备有成品库存。企业属于“前店后厂”的模式，当客人来看好沙发后，用成品库存来满足客户需求，如果库存不足，则需等到下一批产品完工之后再发货。

2001—2015 年的制造与服务流程

凭借着扎实的沙发制作手艺，赵瑞海在这片经济的蓝海中赚到了当时常人难以企及的资本。1993 年，他花费 30 多万元购买了曲木工艺技术，建立“曲美家具”。2001 年，企业与丹麦古诺凡希家具公司合资创建北京古诺凡希家具有限公司，开设了第一家黑色“概念店”——北京北四环曲美家具专卖店，总面积 3 000 m^2，开发并实施 ERP 管理系统。2002 年，企业与丹麦著名设计师邦·纳力克合作，开发出国际流行的软体家具系列，荣获“北京著名商标”。企业斥资 1.7 亿元人民币建设“曲美家具现代工业园区”项目，这是曲美家具集团发展史上的又一次飞跃。同时，北京航天桥专卖店和大屯路专卖店同时开业，总面积达 6 000 m^2。北京曲美馨家商业公司成立，独立负责终端市场零售。这时的流程是：客人来店里看好家具后，在专卖店形成订单，专卖店店员将订单发送到工厂再进行生产，并为客户提供免费送货上门服务。

2015 年以后的制造与服务流程

2015 年 8 月 1 日，曲美家居在全国统一推出 OAO（online and offline）模式，让消费者既可以在线上云设计平台实现家具挑选、搭配、室内设计布局，又可以在线下门店中接受设计师团队一对一量身设计服务，还可以通过线下扫描二维码获取全方位产品信息等，享受线上线下资源互通、信息互联、相互增值的一体化、便捷化服务，提升了品牌的差异化竞争力。如今，曲美家居堪称我国家居业举足轻重的品牌领袖，产品设计、生产、销售、运营都走在行业前列。

【问题】

1. 2001 年以前，曲美公司采用的是哪种类型的制造流程？公司提供哪种程度的定制？定制点位于哪里？

2. 参考表 3-9 和图 3-12，你将如何描述 2001 年之前曲美公司的服务？其主要的管理挑战是什么？

3. 2001 年以后，公司需要采用哪种类型的制造流程？曲美公司应该提供哪种程度的定制？定制点将设在哪里？

4. 参考表 3-9 和图 3-12，2015 年后，公司在服务方面应如何改变？新的管理挑战将会是什么？

5. 为了进一步提高企业绩效，请列出曲美公司必须做的 8～10 件事情。与原来的经营模式相比，2015 年后的经营模式更加难以管理还是更容易管理？请给出你的理由。

参考文献

[1] 塞西尔·博扎思，罗伯特·汉德菲尔德．运营与供应链管理．3 版．邵晓峰，译．北京：中国人民大学出版社，2014.

[2] 罗希特·维尔马，肯尼思·博耶．运营与供应链管理理论与实践．霍艳芳，李秉光，徐刚，译．北京：清华大学出版社，2010.

[3] 陈荣秋．现代生产运作管理．北京：北京师范大学出版社，2008.

[4] 马风才．运营管理．4 版．北京：机械工业出版社，2017.

[5] 季建华．运营管理．2 版．上海：格致出版社，2010.

[6] F. 罗伯特·雅各布斯，理查德 B. 蔡斯．运营管理．14 版．任建标，译．北京：机械工业出版社，2015.

[7] 鞠林青，周亚松，徐春明．多产清洁汽油的总工艺流程研究和选择．石油炼制与化工，2014，45（03）：40-45.

[8] 刘春平．石化企业中间罐区 VOCs 治理工艺选择与流程优化．化工环保，2019，39（03）：273-277.

第4章　业务流程与布局决策模型

引言

近年来，企业高层管理人员和管理理论研究人员认识到了业务流程管理的重要性——可以有效管理供应链信息流、产品流和资金流。其中，一个主要原因在于资金：据有关专家估计，大多数企业运行总预算的一大部分为供应链成本；在有些情况下，供应链成本在企业运行总预算中的占比高达75%。

另一个主要原因是企业越来越关注给客户提供的价值。如宝洁公司在改进和简化其票据和物流流程时，将客户放在了核心位置。正是由于宝洁公司付出了这些努力，客户才感觉到与宝洁公司建立良好关系能够带来更大的收益。

本章的目的是让读者清楚地理解什么是业务流程、业务流程视角与传统职能视角的区别。我们将介绍业务流程管理和改善的各种工具及技术。其中，我们会详细介绍六西格玛方法，包括业务流程改善的DMAIC方法。在本章最后，我们会讨论供应链运作参考模型(SCOR)，该模型为企业设计、实施和评价供应链业务流程提供了一种通用的语言。

4.1　业务流程概述

业务流程是什么？美国运营管理协会（APICS）将流程（process）定义为“一组为实现特定业务结果而执行的逻辑上相互关联的任务或活动”。对于我们来说，这些结果在本质上可以是物流方面的，也可以是信息、资金方面的。物流方面的结果包括产品的制造和客户订单的交付；信息方面的结果包括诸如大学课程的注册；资金方面的结果包括向供应链合作方支付服务费等。当然，许多业务流程实际上会涉及这3方面的因素。

基本流程（primary process）处理的是一个组织主要的价值增值活动，如交付一项服务和生产产品。这些流程是“价值增值”的，因为客户愿意为这些流程的结果买单。相反，支持流程（support process）执行的是不必要的、不增值的活动，如员工招聘流程（平衡两方面）。对于企业来说，最好不用为招聘员工付费；但是，如果企业不招聘新员工，就不能在业务扩张或老员工辞职时维持企业运行，如此一来，企业的竞争力也很难长期维持。开发流程（development process）则是那些提升基本流程和支持流程运行绩效的流程。表4-1列举了基本流程、支持流程和开发流程的一些例子。

表 4-1 业务流程示例

基本流程	支持流程	开发流程
提供服务	评估供应链	开发新产品
客户培训	招聘新员工	从事基础研究
制造	制订销售与运营计划（S&OP）	培训新员工

近年来，人们对流程越来越重视。在 20 世纪 90 年代之前，人们关注的是企业具体业务职能内部的活动，如营销、运营、物流和财务。当时的管理理论认为，企业只要加强这些职能的组织，加强人员的培训，保持各职能战略与企业总体战略的一致，那么一切都可以运行得很好。

然而，问题是管理职能与管理企业从事的业务不是一回事。从表 4-1 列出的业务流程可知，几乎每一项流程都涉及多个职能领域，甚至涉及供应链的多个合作企业。对于许多业务流程来说，没有哪个独立的职能或供应链成员企业可以全面掌握或完全控制整个局面。因此，开发卓越的业务流程，需要从跨职能、跨组织的角度，积极分析一项业务流程所涉及的各项活动之间的逻辑关系。（谁来做？核心企业）

业务流程改善是运营与供应链管理的核心内容。原因在于：大多数流程的绩效水平会随时间的推移而有所下降，因此需要施加压力促使流程保持绩效。此外，即使企业认为不需要对其业务流程加以改善，但迫于竞争压力也会不得不这样做。例如，宝洁公司的物流改进项目迫使竞争对手（如卡夫食品公司）也开展了类似的流程改善相关工作。再者，现在的客户越来越挑剔，几年前觉得很满意的流程，现在就可能觉得不能满足其需要了。

4.1.1 业务流程图

在对业务流程进行有效管理和改善之前，企业首先必须了解具体的流程。将企业之间的关系与构成业务流程的活动之间的关系绘制成图，可以帮助我们更好地了解流程。这个过程称为流程制图（mapping）。流程制图可以使人清晰地了解流程的内容，包括流程涉及的活动、流程结果、由谁执行流程中的各步骤，界定流程的边界，提供衡量改善效果的对比基础。

（1）流程图

流程图（process map）体现了构成流程的信息流、物流或资金流的具体活动。流程图可以给管理者提供关于流程如何运作的全貌。流程管理方面的专家开发了一系列的图形符号，代表流程的不同方面。图 4-1 给出了其中一些常用的符号。

由于涉及细节，流程图可能会变得很复杂，容易偏离主线，因此，在绘制流程图时要抓住重点，并遵循以下几条指导原则：

① 找出核心的实体。这可以是客户、订单、原材料或其他类似的东西。制图时，应该将重点放在与该实体在流程中移动相关的活动或流程上。

② 确定明确的边界，搞清楚起点和终点。假设某制造商想更好地了解公司是如何处理客户订单的，要绘制流程图，制造商必须确定起点和终点。起点是客户下订单，还是制造商接订单？同样，流程图的终点是货物出库，还是客户收到货物？制造商还需要将重点放在与订单相关的物流和信息流，而不是资金流。（流程环节可能没有问题，环节之间的衔接可能有问题）

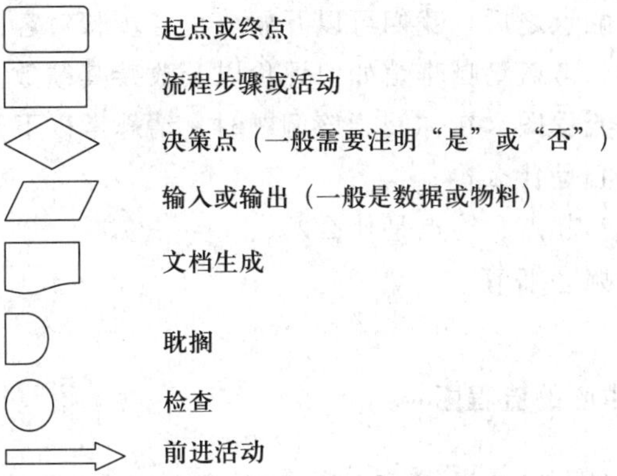

图 4-1　常用的流程图符号

③ 保持简洁。很多人在第一次绘制流程图时，通常会过多地追求细节。他们绘制的流程图过于复杂，通常会把主要的活动细分成若干项没有实际意义的活动，或者考虑了许多发生概率极小的情况。在这方面，没有一个简单的指导原则可以完全避免陷入这一误区。在绘制流程图时，应该时刻关注以下问题：进一步的细节是否有助于更好地掌握流程？复杂程度的增加是否有意义？

接下来，我们举一个大家熟悉的例子——客人去饭店用餐，来说明以上讨论的流程图绘制的指导原则。首先，客人会受到迎宾员的接待；然后，迎宾员安排客人就座；接着，服务员会过来点菜、给客人上饮料和菜肴、计算消费金额、给客人账单；最后，收银员根据客人账单结账。(回忆您的经历，进行利弊讨论，如“先摆放赠送小菜”这个任务要不要写到流程中去？自助模式的流程又是怎样的？有的饭店在客人候餐时有表演，如川剧变脸的小节目，要不要也写在流程里？线上订单点菜结账的流程？包间专人服务的流程?)

图 4-2 给出了我们在第 3 章讨论过的蓝鸟咖啡馆的简化流程图。在该例中，核心是客人：流程从客人进入蓝鸟咖啡馆开始，到客人离开咖啡馆为止（必须明确起点、终点，让主体满意地离开终点）。需要注意的是，在这一流程图中并没有包括咖啡馆中发生的很多其他活动，如员工工作时间的安排、供应商的送货计划、食品的准备等。这是因为，我们现在关注的是客人与咖啡馆之间的联系。即使这样，简化的流程还是涉及了 11 个不同的服务步骤，这里没有包括客人进入和离开。

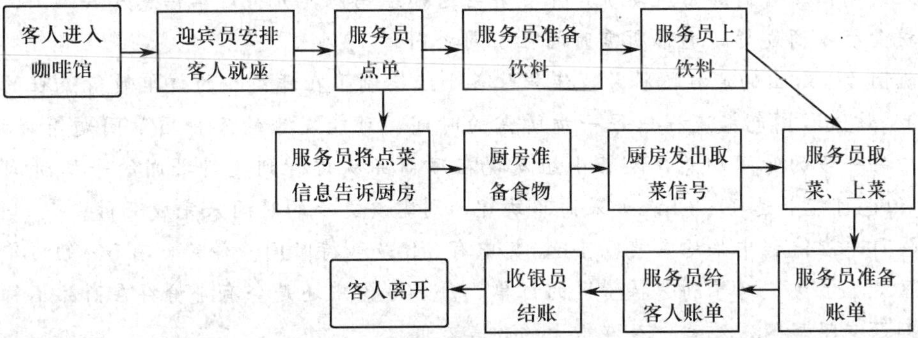

图 4-2　蓝鸟咖啡馆的流程图

找出了主要的客户接触点之后，我们可以开始分析各步骤对客人用餐体验总体满意度的影响。我们还可以进一步思考蓝鸟咖啡馆如何评价以及改善其绩效。例题 4-1 给出了某个虚构的配送中心相对复杂的流程图。在你阅读该例题时，请思考以下几个问题：

绘制该流程图时，核心是什么？

流程图的边界是什么？起点和终点是什么？

在该例题中，不包括哪些细节？

【例题 4-1】某配送中心的流程图

某配送中心负责为半径 30 km 内的经销商配送产品。最近，配送中心接到了经销商的很多投诉，抱怨订单丢失和在库商品订单处理时间过长等问题。配送中心的流程改善小组决定细致地研究一下流程，准备跟踪经销商的订单流经配送中心的全过程，从经销商传真订单开始，到将产品交付给经销商为止。改善小组收集了以下信息：

经销商将订单传真给配送中心，有时传真机卡纸，可能会导致订单信息丢失。员工估计，大约每 25 份订单中有 1 份是由于这个原因丢失的。

在配送中心内部邮件服务部门领取传真之前，传真在收件箱内的停留时间为 0～4 h，平均为 2 h。

内部邮件服务部门平均需用 1 h 来将订单分发给拣货区（在拣货区，所需商品被从货架上分拣下来）。此外，每 100 份订单中有 1 份订单可能会发错地方，导致进一步的订单丢失。

当内部邮件服务部门将订单分发给拣货区时，先将订单放在保管员的收件箱，等保管员有空时再进行处理。订单在保管员的收件箱内的停留时间为 0～2 h，平均为 1 h。

一旦保管员开始处理订单，先需花大概 5 min 来确认商品是否有库存。

如果订单所需的商品有库存，库工将领取订单，并根据订单将商品拣入箱子。拣货工作所需的时间为 10～45 min，平均为 20 min。

接下来，复核员大概花 2 min 检查订单是否正确。尽管存在复核环节，在发货的订单中，每 200 份中仍有 1 份存在商品不符或数量不符的问题。

当地的一家运输公司提取完成的订单，将商品运输到经销商（平均交付时间为 2 h，变动范围为 1～3 h）。运输公司有着良好的绩效记录。在过去 5 年里，运输公司从未发生丢件、货物破损或送错地方等情况。

如果经销商所订商品出现缺货，保管员会通知经销商，并将订单信息发给工厂，工厂将安排直接向经销商发货，通常所需时间在 1 周之内。

根据图 4-1 给出的流程图符号，流程改善小组绘制了在库商品的订单履行流程的流程图（图 4-3）。该流程图包括流程中每一步所需的时间、可能发生的各种质量问题等详细信息。将流程中每一步的时间加总，改善小组发现在库商品从订货到交付之间的平均时间大概为 6.4 h，但也可能长达 11.3 h。如果商品缺货，则需要更长的时间来完成交付。

一份订单在流程中平均需要 6.4 h，其中有 3 h 是等待时间。最终，有 5% 的订单还未到达拣货区就已丢失。对于到达拣货区的订单，每 200 份中还是会有 1 份存在商品不符或数量不符的问题。很显然，流程中存在很大的改善空间。

绘制完流程图之后，改善小组开始寻找改善流程的方法。从流程图中我们可以清楚地发

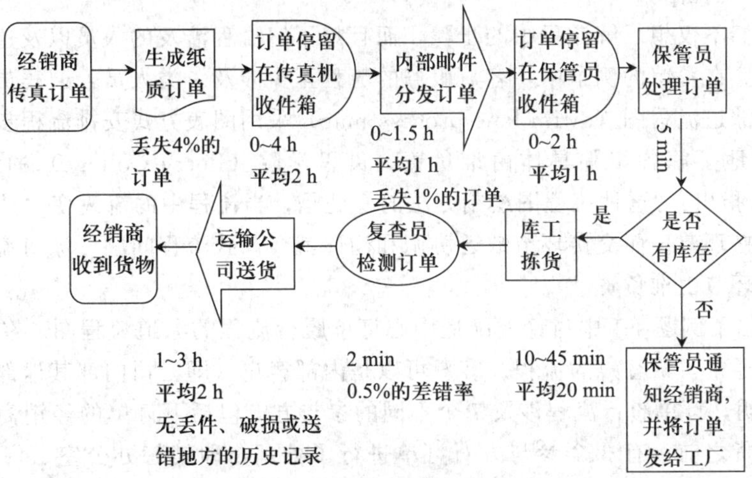

图 4-3　在库商品的订单履行流程

现，订单履行流程受不必要的耽搁、纸质文件丢失以及复核环节中检查效果欠佳等很多因素的制约。对流程进行改善的思路之一就是让经销商采用电子方式下订单，将订单信息直接发送到各拣货区。这样既可以减少配送中心与传递传真订单有关的耽搁时间，又可以减少订单丢失数。在分拣和复核环节产生的差错问题还需要采用其他的方式来解决。

在绘制流程图时，要牢记一点：把原原本本的流程描述出来，而不是根据想象进行描述。在某些情况下，有必要跟着流程实际走一遍（实验检验多遍）。此外，管理者需要确定分析流程的哪些部分。在绘制流程图时，超越管理者控制范围或者与需要处理的问题没有直接关系的部分可以忽略（或者做标注）。在例题 4-1 中，重点分析对象是在库商品，因此，流程图并没有详细考虑产品缺货情况下的处理情况。

表 4-2 列出了流程改善的指导原则。一般来说，流程分析人员应对流程中的每一步进行批判性的分析（批判性思维，自我批评）。在很多情况下，一些流程步骤可以得到戏剧性的改善，甚至可以完全删除。

表 4-2　流程改善的指导原则

序号	原则	内容
1	检查每一个耽搁符号	耽搁是由什么原因引起的？耽搁时间多长？我们如何才能缩短耽搁时间或者减小其影响
2	检查每一项活动符号	这项活动是必要的还是多余的？相对于成本，这项活动的价值有多大？我们如何才能防止这项活动出现差错
3	检查每一个决策符号	这一步骤是需要做出实际决策（如“我们是否要接受客户的订单”），还是仅仅为一项核查活动（如“是否有库存”）？如果是核查活动，是否可以将这项活动自动操作或消除？这项决策是否多余
4	检查流程中存在的任何回路（流程中存在返回的箭头）	如果没有差错，我们需要重复这些活动吗（如由于前一份牛排做得不对，为客户重新做一份）？与这一回路有关的成本是多少（额外的时间、消耗的资源等）？这一回路可以消除吗？如果可以，怎么消除

(2) 泳道流程图

有时，我们不仅想了解流程中的步骤，而且想了解流程涉及的人员以及这些流程参与方如何相互影响。在餐馆的例子中，客户服务的流程至少涉及 4 类人员：迎宾员、服务员、厨师和收银员。泳道流程图（swim lane process map）采用图表方式安排流程步骤，从而使流程使用者清楚地了解各步骤具体由谁负责。贝里学院（Berry College）的约翰·格劳特（John Grout）指出："这种流程图绘制方法的好处是，当流程中的流改变'泳道'时，说明流程出现了交接环节。而交接环节缺乏协调和沟通就会导致流程问题。泳道流程图还可以显示流程中的各环节由谁负责。"

图 4-4 给出了例题 4-1 中讨论的配送中心订单履行流程的泳道流程图。在绘制泳道流程图时，第一道通常留给客户的流程。客户可以是内部客户（即公司内部其他部门）或外部客户。图 4-4 表明，订单履行流程涉及 7 个不同的参与方，包括下订单的经销商。此外，在库工进行实际拣货之前，有 3 个参与方对订单进行了处理，即销售办公室、内部邮件服务部门、保管员。所有这些交接和耽搁环节实际上都增加了订单履行流程的时间和潜在的差错。

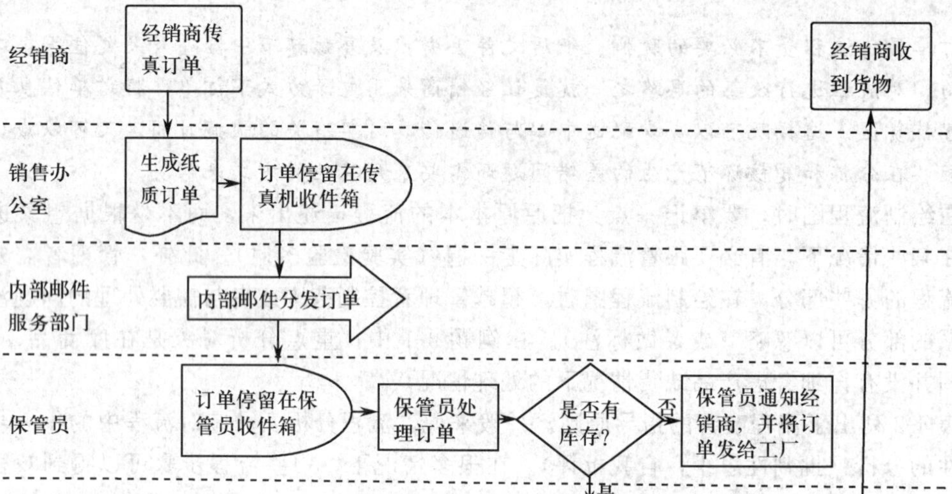

图 4-4 订单履行流程的泳道流程图

4.1.2 业务流程管理与改善

通过以上讨论，我们已经了解业务流程对于企业的重要意义。您可能会想，企业应该如何管理和改善这些业务流程？例如：

我们怎么知道一项业务流程是否满足客户需要？即使客户需要得到了满足，我们怎么知道业务流程是否有效率呢？

我们如何组织业务流程改善活动呢？我们应遵循什么样的步骤？我们应该起到什么样的作用？

在科学分析业务流程时，我们可采用哪些工具和分析技术呢？我们如何确保我们的分析是基于客观事实而非主观意见呢？

多年来，企业一直在问这些问题。对此，流程管理专家开发了业务流程管理的各种措施、方法和工具。实际上，随着实践的发展，流程管理方面的知识体系在不断完善和发展。在本节中，我们将介绍业务流程管理方面的最新思想。

(1) 业务流程绩效评估

在回答“流程执行得如何”这个问题之前，我们首先必须知道客户需要什么，并收集流程绩效相关信息。我们再次以例题4-1中的流程图绘制为例。假设配送中心的一个关键客户对配送中心的管理层提出以下要求：

① 所有在库产品必须在下单后8 h内交货。

② 订单的一致性质量水平必须达到99%或更高。也就是说，99%的订单在交付时必须保证不出现商品不符或数量不符的问题。

此外，客户告诉配送中心的管理者，这些要求是订单资格标准。如果配送中心达不到这些最低要求，客户将从其他渠道进货。在例题4-1中，配送中心的管理者已经了解到在库商品从订货到发货之间的时间可能长达11.3 h，并且只有不到95%的订单得到正确处理。很显然，流程目前能够提供的与客户需要之间存在差距。

用于评价流程绩效的指标有很多，其中一些指标是从第2章讨论的4个核心指标衍生而来的：

① 质量——质量指标可以进一步划分为运行质量、一致性质量和可靠性等，第5章将全面讨论质量的各种指标。

② 成本——成本指标包括的种类很多，如劳动力成本、物料成本、质量相关成本等。

③ 时间——时间指标包括交付速度和交付可靠性等。

④ 柔性——柔性指标包括组合柔性、转换柔性和数量柔性。

除此之外，生产率、效率和周期时间等指标是评价流程绩效常用的具体指标。对于管理者来说，生产率和效率指标尤其重要，因为这些指标从公司角度评价业务流程的绩效。接下来，我们详细讨论这些指标。

(2) 生产率

在有关业务流程管理的讨论中经常提及的一个指标是生产率（productivity）。生产率是个比例指标，定义如下：

$$生产率=产出/投入$$

生产率指标通常表达为单位投入的产出量。投入和产出可以采用资金金额或其他衡量单位来表示。一般而言，企业通过提高产出、降低投入或者同时提高产出和降低投入等方式来寻求生产率的提升。以下是关于生产率指标的一些例子：

客户电话接听量/支持人员工作小时数

产品生产量/机器工作时数

产生的销售金额/劳动力、物料、机器成本

前两个例子代表的是单要素生产率指标。单要素生产率（single factor productivity）指标衡量的是单一投入要素的相对产出水平。在第一个例子中，我们关心的是支持人员单位工作时间内接听的电话数。第二个例子衡量的则是单位机器工作时间内生产的产品数量。单要素生产率指标的假设条件是相关的投入要素与产出之间存在一对一可以控制的关系。反之，当各种投入要素的作用难以区分时，我们可以采用多要素生产率（multifactor productivity）指标。例如最后一个例子，“产生的销售金额”是产出，这一指标依赖于多种因素，包括劳动力、物料和机器成本。只考虑劳动力成本并不合适，特别是在提高其他成本（如机器成本）可以降低劳动力成本的情况下。在这种情况下，多要素生产率指标更为合适。

尽管许多公司采用一些通用的生产率指标，但一般企业会根据自身特定需要制定相应的生产率指标。企业通常采用生产率指标来对自身的绩效与其他企业的绩效进行比较，或者与历史水平或设定目标进行比较。

【例题 4-2】BMA 软件公司的生产率评估

在过去的 15 周里，BMA 软件公司的项目小组一直在开发一个新的软件。表 4-3 的第 2～3 列显示的是各周生成的计算机代码行数以及分配给项目的程序员人数。

表 4-3 项目前 15 周的程序结果

周次	代码行数/行	程序员人数/人	生产率（单位程序员的代码行数）/（行/人）
1	8 101	4	2 025.25
2	7 423	4	1 855.75
3	8 872	4	2 218.00
4	8 483	4	2 120.75
5	8 455	5	1 691.00
6	10 100	5	2 020.00
7	11 013	5	2 202.60
8	8 746	5	1 749.20
9	13 710	7	1 958.57
10	13 928	7	1 989.71
11	13 160	7	1 880.00
12	13 897	7	1 985.29
13	12 588	6	2 098.00
14	12 192	6	2 032.00
15	12 386	6	2 064.33
平均生产率			1 992.70

项目经理苏萍听说其他经理对她的工作颇有微词，说她组程序员的生产率不如几周前。为了了解该情况是否属实，苏萍制定了一个衡量程序员生产率的指标，定义为：代码行数/

程序员总数。采用这一指标，苏萍计算了项目前 15 周的生产率数据，见表 4-3 第 4 列。

计算结果表明，实际上在过去的几周（第 13～15 周）里，程序员的生产率要比前几周的生产率高（可以画图表示，一目了然）。第 13～15 周的周生产率要高于整个 15 周的平均周生产率（1992.70）。当然苏萍也认为，还要看其他的绩效指标，包括编码质量（是否存在漏洞）、编码难度（会影响生成的代码行数）。

(3) 效率

生产率指标比较的是投入与产出的关系，效率（efficiency）指标比较的则是实际产出与标准产出之间的关系，具体地说：

$$效率=(实际产出/标准产出)\times 100\%$$

标准产出（standard output）是指在给定资源投入水平情况下，对产出要求的估计值。标准产出可以通过详细研究得出，也可以根据历史数据来确定。效率指标表示的是实际产出与标准产出的比率。效率分值低于 100%，表示流程未达到其潜力。

假设某装配线油漆工的期望产出是每小时油漆 30 件。张峰每小时实际完成了 25 件，而王东完成了 32 件。则每位油漆工的效率计算如下：

$$效率_{张峰}=(25/30)\times 100\%=83\%$$

$$效率_{王东}=(32/30)\times 100\%=107\%$$

目前，张峰的工作效率低于标准水平。如果他的效率继续维持在这一水平没有提高，管理者就需要对张峰进行额外的培训来帮助他提高产出水平，或者把他安排到其他的工作岗位。

【例题 4-3】BMA 软件公司的效率评价

接例题 4-2，根据生产率研究结果，苏萍决定对程序员设定每周 1 800 行代码的标准。苏萍故意将标准设定在略低于表 4-3 的平均生产率水平。她的理由是，希望程序员能够达到该标准，即使在处理特别难的代码时。

在第 16 周，苏萍招了一名新的程序员李明。工作 5 周，李明记录了其工作结果（表 4-4 第 1～2 列）。

表 4-4　李明的编程结果

周次	代码行数/行	效率/%
16	1 322	73.4
17	1 605	89.2
18	1 770	98.3
19	1 760	97.8
20	1 820	101.1

苏萍计算了李明的效率，即将每周实际完成的编码行数除以标准值 1 800 行。则李明在第 16 周的效率为：

$$效率_{李明16周}=(1\ 322/1\ 800)\times100\%=73.4\%$$

5 周的效率计算结果见表 4-4 第 3 列。尽管李明开始的时候速度比较慢，但是他的效率在 5 周时间内稳步提高。苏萍对此也比较满意，认为李明需要一些时间熟悉项目。她将继续跟踪李明的效率绩效。

(4) 周期时间

我们要讨论的另一个流程绩效指标是周期时间。周期时间（cycle time）是指完成一项业务流程所需的总时间。很多研究者指出，周期时间是流程绩效十分有用的衡量指标。

首先，为了缩短周期时间，企业和供应链通常必须在其他方面（如质量、交付、生产率和效率等）表现出良好的绩效。以图 4-3 和图 4-4 中的订单履行流程为例。周期时间是指经销商传真订单到收到产品之间的时间。请注意流程是如何受到耽搁、订单丢失、订单差错等问题的影响的。因此，为了缩短周期时间，该配送中心必须解决这些问题。此外，还要注意的是，缩短周期时间并不意味着“快功可以出粗活”。只有当经销商收到正确履行的订单时，我们才能说流程结束了。

其次，周期时间指标是一个很直接的指标。与成本数据、质量水平或生产率指标相比，完成业务流程所需的周期时间指标是比较明确的，成本、质量、生产率等指标的理解和计算则往往因人而异。

除了采用绝对值的方式衡量周期时间外，价值增值时间比率指标也很实用。价值增值时间比率（percent value-added time）是指流程中用在实际提供价值的活动上的时间占总周期时间的比率：

$$价值增值时间比率=(价值增值时间/总周期时间)\times100\%$$

例如，典型的“快速换油”中心的价值增值时间比率是多少？尽管顾客在流程中大概只需花费 1 h，但换机油所需的实际时间可能只有 10 min。根据上式可得：

$$价值增值时间比率=(10\ \text{min}/60\ \text{min})\times100\%=16.7\%$$

当然，周期时间也并不是一个完美的指标。例如，通过大量增加车管所的工作人员数量来缩短驾照领取的周期时间的做法显然是不经济的。因此，企业在采用周期时间衡量流程绩效的同时，还应该采用其他指标，确保周期时间的缩短不是以其他关键绩效指标为代价的。

(5) 标杆管理

企业通常会发现，将自身的业务流程与竞争对手或其他具有类似流程的企业进行比较对企业来说很有帮助，这一活动就是标杆管理（benchmarking）。莎拉·库克（Sarah Cook）将标杆管理定义为“一个发现、学习和采纳企业内部或其他企业卓越实践以改善绩效的过程”。标杆管理涉及将企业的流程和程序与最佳企业进行比较，目的在于找出改善企业或其供应链的方法。

有些专家进一步对竞争标杆管理和流程标杆管理做出了区分。竞争标杆管理（competitive benchmarking）是指将企业的流程与竞争对手的流程进行对比。流程标杆管理（process benchmarking）是指将企业的流程与那些具有卓越流程的非竞争对手企业进行对比。举一个流程标杆管理的例子，许多公司对沃尔玛的供应链实践进行了深入研究，而沃尔玛并非其直接竞争对手。

为了让读者更好地了解标杆管理的作用，我们先来分析一下美国航空业一些竞争标杆管理的结果。美国运输部跟踪美国各航空公司，报告了消费者关注的几个绩效指标，包括航班准时率（允许误差 15 min）、航班取消率、每千人行李处理差错量。表 4-5 给出了 2010 年部分美国航空企业的竞争标杆管理数据。

表 4-5　2010 年部分美国航空企业的竞争标杆管理数据①

航空企业	航班准时率/%	航班取消率/%	每千人行李处理差错量/人
美国航空	79.6	2.7	3.82
大陆航空	81.4	3.3	2.65
达美航空	77.4	4.9	3.49
边疆航空	81.4	0.6	2.58
夏威夷航空	92.5	0	2.23
捷蓝航空	75.7	8.7	2.48
顶尖航空	78.5	8.2	6.30
西南航空	79.5	2.3	3.43
联合航空	85.2	2.2	3.40
全美航空	83.0	2.5	2.56

这些结果中有些可能是由于公司不可控的因素（如天气）导致的，但是这些客观的数据仍然可以使航空公司清晰地了解公司相对于竞争对手的情况。你觉得哪家航空公司的管理层会对 2010 年的结果感到满意，哪家航空公司的管理层会不满意？

在制造业方面，表 4-6 给出了哈伯咨询公司研究的 2008 年美国和日本的汽车制造商在北美制造工厂的竞争标杆管理数据。数据结果表明，尽管美国和日本的汽车制造商在生产率方面的差距已经缩小，但是日本汽车制造商在单车利润方面仍具有显著优势。

表 4-6　2008 年美国和日本的汽车制造商在北美汽车制造工厂的竞争标杆管理数据②

制造商	单车总装配小时数/h	发动机装配时数/h	单车税前利润/美元
克莱斯勒	21.31	3.35	−142
福特	22.65	4.32	−1 467
通用汽车	22.19	3.44	−729
本田	20.90	4.93	1 641
丰田	22.35	3.13	922
尼桑	23.45	—	1 641

① 资料来源：U. S. Department of Transportation. Air Travel Consumer Report. February 2011. http://airconsumer. dot. gov/reports/2011/February/2011FebruaryATCR. PDF.

② 资料来源：Selected data from Harbour Consulting. Harbour Report North America 2008. www. harbourinc. com.

(6) 六西格玛方法

在有关业务流程改善的所有方法中，六西格玛方法（six sigma methodology）最能反映当前的思想。六西格玛方法很流行，许多顶尖的公司将其看作公司战略的一项重要因素，这些公司包括通用电气、摩托罗拉、美国银行等。六西格玛来源于质量管理学科。（质量管理是运营与供应链管理的重要内容，我们将在第 5 章专门讨论）

六西格玛既是质量的一项指标，同时又是一种方法。以统计术语来分析，达到六西格玛质量要求的流程，每百万件产品中的缺陷产品仅有 3.4 件。作为流程改善的一种方法，六西格玛具有更加广泛的意义。六西格玛方法是一种业务改善方法，聚焦于：

理解和管理客户的需求；

调整关键的业务流程来满足这些需求；

采用严谨的数据分析了解并最终减少这些流程中的不确定性；

促使快速、可持续的业务流程改善。

我们先来理解这一定义：前两条强调业务流程改善活动是由客户需要驱动的。在这里，“客户”可以是企业内的某个人，也可以是企业外部的某个人；第三条强调采用严谨的数据分析工具，确保任何诊断结果或推荐措施都是基于事实而非主观意见；最后，必须有组织机制保证可以快速、有效地执行改善活动。

① 六西格玛人员。六西格玛流程改善活动需要由充当专家角色的人员组成的项目小组贯彻执行。在六西格玛的专业术语中，项目小组包括倡导者、黑带大师、黑带、绿带以及小组成员等。倡导者（champion）通常是企业的高层领导，负责确定项目，拥有执行项目所需的职权和资源。当六西格玛活动需要大量投入资金和时间，或者涉及多个职能部门或供应链合作企业时，倡导者的作用尤其重要。黑带大师（master black belt）是全职的六西格玛专家，负责六西格玛的战略、培训、辅导、部署和结果。这些人员通常在各组织工作，根据需要为项目提供咨询，但一般不分配到具体项目。黑带（black belt）是经过全面培训的六西格玛专家，需接受 160 h 的培训，主要负责执行六西格玛项目所需的技术分析，一般是全职的。绿带（green belt）接受过六西格玛方法和工具的一些基本培训，按需要分配到各项目，通常是兼职的。小组成员（team members）是指具有流程知识或与流程直接相关的人员，这些人员属于六西格玛项目小组，但是他们一般没有接受过六西格玛的专业培训。

② 六西格玛流程。六西格玛方法具有自身的专用业务流程，项目小组遵循六西格玛流程开展改善活动。

第一个六西格玛流程是 DMAIC（define-measure-analyze-improve-control，定义—测量—分析—改进—控制）流程，DMAIC 流程概括了对现有的业务流程进行改善时应遵循的步骤，这些步骤如下。

第一步：定义改善活动要达到的目标。六西格玛小组必须阐述清楚流程改善如何支持企业业务，并制定绩效目标。这保证了该小组不会在改善活动中浪费时间而看不到对客户或业务有价值的结果。

第二步：测量评估现有流程。这需要小组成员对现有流程如何运转建立基本的认识。流程有哪些步骤？流程由谁来执行或者谁受流程的影响？目前流程执行情况如何？分析流程和评估流程变化的影响需要哪些数据和资料？

第三步：分析流程。接下来，六西格玛小组需要找出导致流程按现行方式执行的原因和因素。在进行流程分析时，项目小组必须确保找出影响流程绩效的真正原因。稍后，我们会讨论两种方法，即因果图和“5 个为什么”方法。

第四步：改进流程。在这一步，项目小组需要寻找方法，消除目前绩效水平与第一步确定的绩效目标之间的差距。

第五步：控制新流程。六西格玛项目小组必须与相关人员一起保持流程的改善结果。这需要涉及制定流程控制图、培训新流程中的人员、更新信息系统以监控持续的绩效情况等活动。

第二个六西格玛流程是 DMADV（define-measure-analyze-design-verify，定义—测量—分析—设计—验证）流程，DMADV 流程概括了制定全新的业务流程所需的步骤。

(7) 持续改善工具

关注流程改善的企业通常利用各种数据分析工具来辅助企业的流程改善活动。流程改善的很多工具来源于工程和质量管理学科，但这些工具也可用来辅助使用者采用逻辑思维方式和统计概念开展流程改善活动。持续改善（continuous improvement）是一种管理哲理，认为随着时间的推移，微小的、增量的改善加总起来就能达到显著的绩效改善效果。

在本章中，我们已经讨论了一种持续改善工具——流程图。在本小节中，我们主要介绍其他几种工具：根源分析、因果图、散点图、检查表、帕累托图。根据 DMAIC 流程的步骤，企业需要按照正式的程序，确保问题得到正确的诊断。根源分析（root cause analysis）方法是指企业采用头脑风暴法提出导致问题的各种可能的原因，然后通过规范的分析和数据收集工作，逐渐将范围缩小到少数几个根本原因。根源分析方法填补了问题存在的现实与问题解决方案的提出和实施之间的缺口（或差距）。

通常，企业将根源分析方法划分为 3 个不同的阶段：开放、收缩、封闭。在开放阶段主要进行头脑风暴，所有小组成员可以自由地提出建议，而不管在当时看来所提出的建议有多么牵强。在这个阶段，项目小组通常采用因果图（cause-and-effect diagram）（也叫鱼骨图或石川图）来呈现大家提出的想法。图 4-5 显示的是因果图的一般格式。(分形)

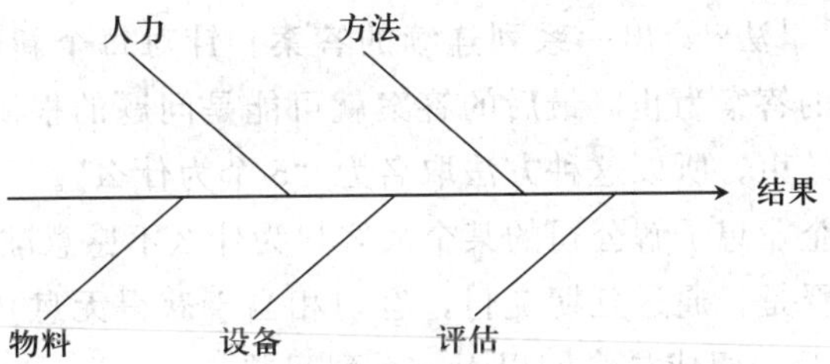

图 4-5　因果图

在构建因果图时，项目小组成员必须先描述清楚所要寻找的原因的“结果”，如交货延误、缺陷率过高或订单丢失等。首先，将这一结果写在纸上或黑板上，在箭头指向处表示出来。接下来，项目小组需要将各种可能的原因进行归类，并将这些原因写到箭杆分支末端。通常，分支划分为 5 类，可简称 5M：

人力（manpower）——人员缺乏所需的技能、权力或责任。

方法（methods）——经营方式不合理；流程、产品或服务设计不当。

物料（materials）——输入质量不合格。

设备（machines）——设备缺乏执行该项任务的能力。

评估（measurement）——绩效评估指标不利于问题的解决。

【例题 4-4】某工业泵制造企业的因果图

某工业泵制造企业的六西格玛项目小组对泵轴尺寸的波动开展了调查，项目小组决定绘制因果图来找出导致泵轴尺寸波动的可能原因。图 4-6 给出了项目小组绘制的因果图。项目小组没有找到“评估”分支上可能的原因，因此，图 4-6 去除了“评估”分支。项目小组对其他分支进一步细分，希望能够找到真正的原因。例如，“士气低”是“人力”分支下一个可能的原因。员工为什么缺乏士气？其中一个可能的原因是“工资低”，这一原因显示在“士气低”分支下。

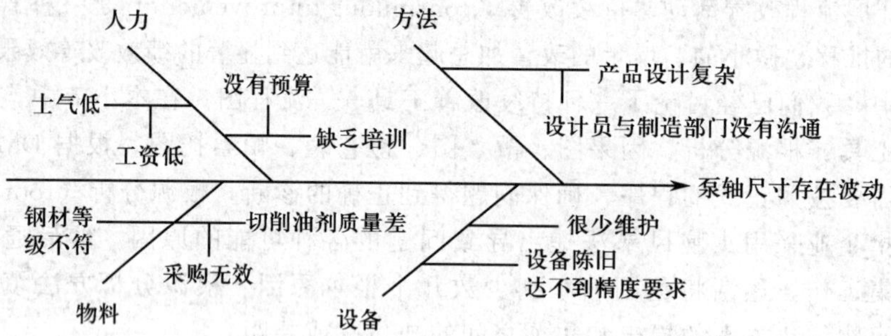

图 4-6 某工业泵制造企业的因果图

根源分析方法的第二个阶段称为收缩阶段。在这一阶段，项目小组成员需将第一阶段列出的可能原因减少到易于处理的数量。有些项目小组会采用比较正式的方法，如“5 个为什么”（five whys）。采用这种方法时，项目小组成员针对问题——“为什么这是原始问题的一个原因”，采用头脑风暴法①给出一系列连续的答案。针对每个新的答案，重复同样的问题，直到再也想不出新的答案为止。最后的答案就可能是问题的根源之一。根据实际经验，提问过程一般到 5 轮就结束，所以这种方法取名为“5 个为什么”。

举例说明，假设某企业想了解公司的某个大客户为什么不愿意准时支付货款。在开发阶段得到的一个可能的解释是，通过延期支付，客户相当于获得无息贷款（“方法”）。采用“5 个为什么”方法，项目小组成员会问以下一系列问题：

Q1：为什么客户把我们的信用当作无息贷款？

A1：因为这样做没有惩罚成本。

Q2：为什么延期支付没有惩罚成本呢？

A2：因为我们公司不向客户收取罚金。

① 头脑风暴法是指由美国 BBDO 广告公司的奥斯本首创，该方法主要由价值工程工作小组人员在正常融洽和不受任何限制的气氛中以会议形式进行讨论、座谈，打破常规，积极思考，畅所欲言，充分发表看法。

Q3：为什么我们不收取罚金呢？

A3：因为我们以前从来没有遇到过这种问题。

“5 个为什么”方法使用时不限定只做 5 次“为什么”的探讨，目标是要找到根本原因，所以有时可能只要 3 次，有时也许要 10 次。

流程改善活动必须基于实际，而非主观意见。尽管项目小组成员可能认为自己已经发现了问题的根源，但是在提出解决方案之前，他们必须对问题的根源进行核实。在根源分析方法的封闭阶段，项目小组需要通过对获取的数据进行分析，验证所找到的根源。在这一阶段，有 3 种常用的数据分析工具，即散点图、检查表和帕累托图。散点图（scatter plot）是两个变量之间关系的一种图形表示方式，变量通常是潜在原因和结果。例如，图 4-7 所示的散点图显示的是制造商缺陷率随月加班时间的增加而提高。

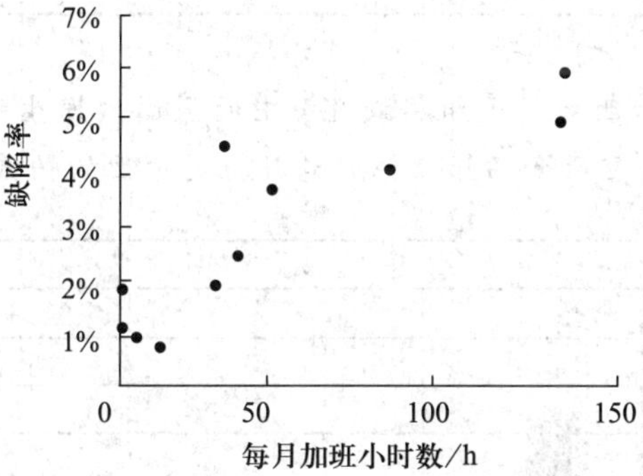

图 4-7　散点图示例——每月加班小时数（原因）与缺陷率（结果）之间的关系

图 4-7 表明这两个变量之间存在很强的关系。如果散点图缺乏规律，是不是意味着六西格玛项目小组没有找到根源呢？当然不是，实际上，如果散点图表明某个特定的原因与结果之间没有关系，对于项目小组来说，只是减少了需要研究的潜在原因而已。

当散点图显示两个变量之间存在关系时，可进一步采用检查表和帕累托图来分析特定事件发生的频率。具体来说，检查表（check sheet）被用来记录特定事件产生的频率，帕累托图（Pareto chart）则采用条形图将各种事件根据发生频率从高到低排列出来。

【例题 4-5】健康食品店的检查表和帕累托图

健康食品店希望找出导致收银台出现意外拖延情况的根本原因。在开放和收缩阶段，六西格玛项目小组列出了许多可能的原因，包括收银机缺零钱（专门人员兑换零钱）、价格核实（收银台打价签、结单）、消费者返回货架取商品等。在封闭阶段，健康食品店的质量小组在每个收银台旁边放置了一份检查表。每次出现意外拖延情况时，收银员就记录导致拖延的原因。这一过程持续了一段时间，最后管理者认为已经收集到充分的数据，可以得出一些结论。表 4-7 汇总了在一周内出现 391 次拖延情况的原因。

表 4-7 健康食品店的检查表结果

原因	频率/次
价格核实	142
收银机缺零钱	14
装袋工临时走开	33
收银机缺纸	44
消费者忘记商品	12
由于不正确输入而需要管理权限	86
商品出错	52
其他	8
总拖延次数	391

为了绘制帕累托图，六西格玛小组将表 4-7 中的原因按发生的频率从高到低进行排列，画出条形图。图 4-8 给出了健康食品店收银台意外拖延原因的帕累托图。

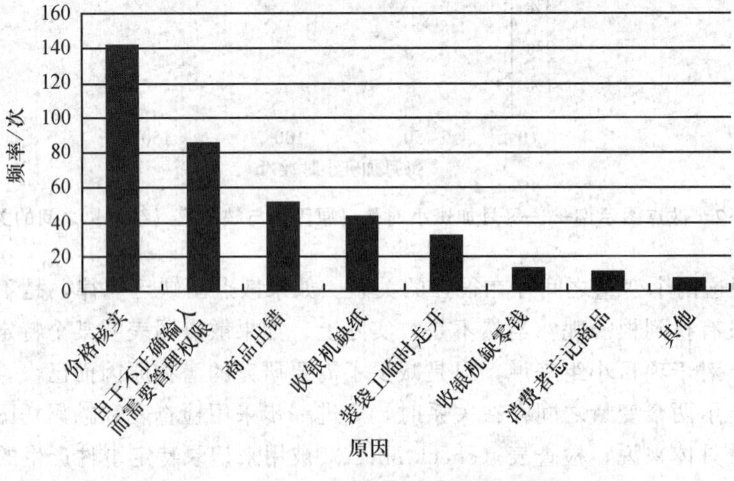

图 4-8 收银台意外拖延原因的帕累托图

检查表和帕累托图为流程改善小组提供了一些非常有说服力的信息。导致收银台发生意外拖延的关键原因并不是大家抱怨的原因——消费者忘记商品，结果表明健康食品店应制作全面、准确的价格清单，并培训收银员正确使用现金收银机。实际上，这两个原因就占了约 60%。

【例题 4-6】DMAIC 流程和持续改善工具在蓝鸟咖啡馆的应用

蓝鸟咖啡馆的经理张凯芳正在浏览餐馆评分网页，消费者可以采用 1～5 分的分值对餐馆进行评分，其中，1 分代表非常不满意，5 分代表非常满意。张凯芳很失望，根据消费者的几百份评分结果，蓝鸟咖啡馆的平均分只有 3.83，其中有 12% 的人对在蓝鸟咖啡馆的用餐体验只打了 1 分或 2 分。糟糕的是，网页并没有提供关于客户为什么这么打分的具体信息。张凯芳一直为蓝鸟咖啡馆的知名度感到自豪，她决定借助 DMAIC 流程和持续改善工具来处理客户满意问题。

第一步：定义改善活动要达到的目标。

在管理团队的会议上，张凯芳强调了客户满意度对咖啡馆持续成功经营的重要性。蓝鸟咖啡馆位于大学城，面对的竞争对手很多；如果感到不满意，本地客户可以去其他店，而外来游客一般根据互联网上的评价来决定到哪家店用餐。考虑到这一点，张凯芳及其管理团队为以后的网络评分设定了目标：平均分应达到 4.5 分或更高，打 1 分或 2 分的人数比例不超过 2%。

第二步：测量评估现有流程。

张凯芳已经绘制了流程图，找出了服务客人所需的主要步骤（图 4-2）。这是个好的开始，但是管理团队觉得还需要更多的数据。张凯芳花了一周时间，测量了各项活动所需的时间以及某些流程步骤不出差错的概率。图 4-9 给出了更新的流程图。

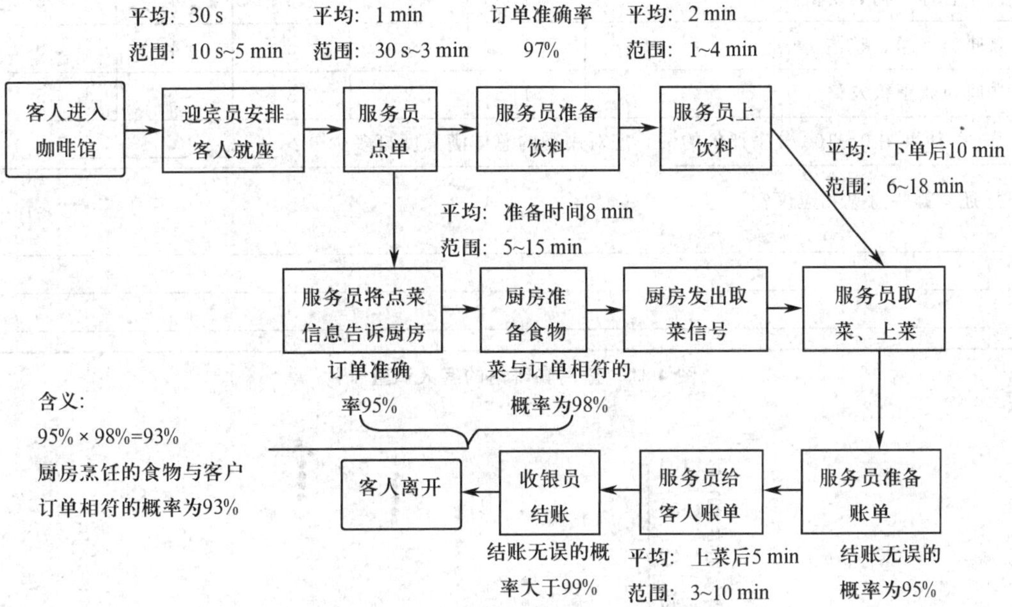

图 4-9　蓝鸟咖啡馆的更新流程图（含各步骤的绩效数据）

咖啡馆的管理团队还想了解是哪些流程特征导致客人给出满意的评价或不满意的评价。为了获取这些信息，张凯芳设计了调查卡片（图 4-10），在过去的几周内随机调查了一些客人。调查卡片类似于前面讨论的检查表，客户可以指出咖啡馆在哪些方面的表现使他们感到不满意。有 50 位客人填写了调查卡片。

第三步：分析流程。

张凯芳和她的管理团队准备开始对流程进行认真分析。散点图是他们采用的分析工具之一。图 4-11 采用从 50 份调查卡片中获得的数据，绘制了代表每位客人的总体满意度分值及其对问题 4（“上的菜和我点的一致”）的回答相对应的点。图 4-12 与图 4-11 类似，区别在于图中的点代表总体满意度分值和客人对问题 5（“上菜速度比较快”）的回答。

请您留下反馈意见，可获一杯免费饮料					
蓝鸟咖啡馆始终为改善您的用餐体验而努力。请花几分钟时间，让我们知道您的意见。作为小小的回报，我们为您提供一杯免费饮料（咖啡、茶、苏打水任选）。					
	完全不同意				完全同意
1. 给我安排座位的速度比较快	1	2	3	4	5
2. 上的饮料和我点的一致	1	2	3	4	5
3. 上饮料速度比较快	1	2	3	4	5
4. 上的菜和我点的一致	1	2	3	4	5
5. 上菜速度比较快	1	2	3	4	5
6. 菜肴很棒	1	2	3	4	5
7. 价格合理、物有所值	1	2	3	4	5
8. 咖啡馆干净、整洁	1	2	3	4	5
9. 咖啡馆氛围很友好	1	2	3	4	5
如果用 0～100 分来评价的话，您对用餐的总体满意度打多少分？________					
您还有哪些意见和建议？ ________ ________ ________					

图 4-10　蓝鸟咖啡馆的客人调查卡片

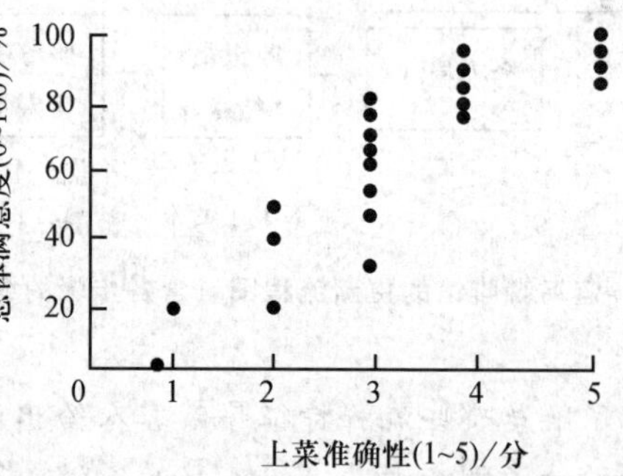

图 4-11　反映调查问题 4（“上的菜和我点的一致”）与客人总体满意度分值关系的散点图

两张散点图表明，客人满意度与上菜准确性及上菜速度之间存在某种关系，其中满意度与上菜准确性之间的关系尤其明显。从另一个角度来说，菜肴准备准确与否对于客人对用餐过程感到十分满意有显著的影响。

接下来，张凯芳及其管理团队采用根源分析方法进行分析。在开发阶段，他们通过头脑风暴法提出了菜肴准备方面出错的各种可能的原因。管理团队将他们提出的各种原因进行归

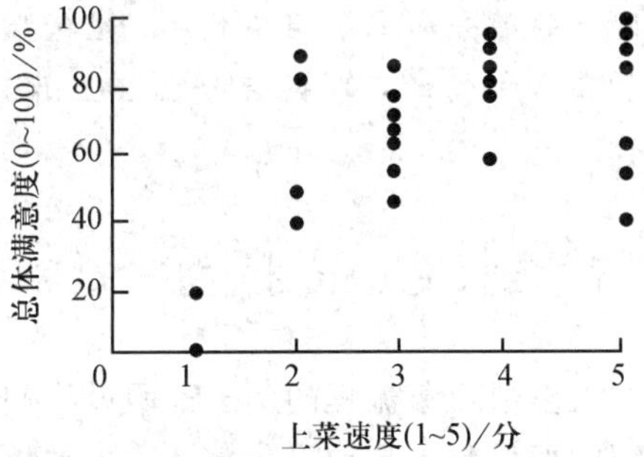

图 4-12　反映调查问题 5（“上菜速度比较快”）与客人总体满意度分值关系的散点图

类，画出了因果图。通过因果图，他们找出了一些潜在的原因，具体包括“厨师没有得到合适的培训”“服务员搞错了点菜信息”“食物和菜单不符”等。

进入根源分析方法的封闭阶段，张凯芳制定了检查表。在接下来的几周内，张凯芳要求员工在每次有客人抱怨上错菜时填写检查表。在收集了检查表的数据后，张凯芳根据这些数据绘制了帕累托图（图 4-13）。

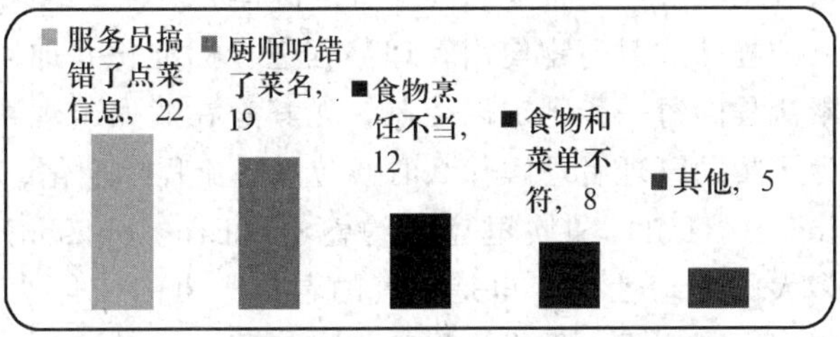

图 4-13　蓝鸟咖啡馆订单差错原因的帕累托图

第四步：改进流程。

在分析帕累托图时，管理团队很快就发现，排在前两位的因素其实都是沟通问题：服务员搞错了点菜信息、厨师听错了菜名（目前不会有这种情况）。这两个因素加起来导致了约 60% 的差错。排在第 3 和第 4 位的两个因素占了 30% 的比例，这两个因素是食物烹饪不当、食物和菜单不符。

有了这些信息后，管理团队着手进行一些简单的改善活动，目的是降低菜肴准备出现差错的次数：

① 服务员不再口头点菜，而是将点菜信息写在点菜单上。服务员需向客人重复一遍菜名（这就是为什么要重复），以核对信息是否正确。

② 其中一联点菜单交给厨师。

③ 服务员在上菜前比对菜肴和点菜单。

④ 厨师参照粘贴在厨房墙上的烹饪步骤和菜肴装盘图样（菜名标注、厨师标注）。

第五步：控制新流程。

在做出这些改变后，咖啡馆的管理层确保所有的员工都了解这些变化，并能遵循新的程序。同时，张凯芳根据互联网上的评分和客人调查卡片，继续监控蓝鸟咖啡馆的绩效。4 个月后，张凯芳欣喜地发现，蓝鸟咖啡馆的互联网评分已经上升到 4.25，虽然还没有达到她的期望，但咖啡馆已步入正轨。

4.1.3 业务流程挑战与 SCOR 模型

到目前为止，我们讨论的大多数业务流程的例子都假设我们研究的流程是比较容易理解的，可以采用 4.1.2 节所介绍的框架和工具加以分析、改善和控制。但实际情况并非总是如此，特别是：

有些流程管理具有艺术性。也就是说，在执行各种步骤时，有些流程要求有灵活性。此外，实际上对于客户来说，结果可以变化也很重要。

有些流程可能支离破碎或者与企业战略不符，必须对流程进行彻底的重新设计。

有些流程跨越企业界限，会带来其他的难题。

我们依次讨论这些问题。

（1）流程的标准化程度应该多高

根据一些业务流程专家的观点，诸如流程图、DMAIC 流程等工具的使用已经非常普遍甚至过度，特别是当这些工具应用到企业和客户看重流程灵活性、结果可变化的流程环境中时。例如，将住院病人的静脉注射药物使用管理流程进行标准化并加以控制是很有必要的。但是，如果将医生诊断流程的每一步都加以控制，尤其是在病人出现特殊或罕见的症状时，就显得没有必要了。为了帮助管理者理解什么时候应该将流程标准化、什么时候不应该标准化，约瑟夫·霍尔（Joseph Hall）和埃里克·约翰逊（Eric Johnson）提出了一个决策框架，根据流程中存在多大的变动性和客户是否真的看重产出的变化性，将流程划分为四大类：大批量流程、大规模定制流程、创作流程和初期流程（或破裂流程）。上述四大类流程的标准化程度依次降低。

① 大批量流程是最容易理解的。在大批量流程中，流程目标是每次提供完全相同的产出。

② 大规模定制流程的关键是变化可控。例如，当某个客户向戴尔购买一台笔记本电脑时，他可以从预先确定的一组选项中进行选择。此时，流程管理的目标是提供一些可变化的产出，但同时不能影响戴尔装配线运营的稳定性。（如汽车装配定制）

③ 与大批量流程截然相反的是创作流程，在创作流程中，流程中的变化和流程产出的变化都是极其重要的。例如，研究与开发实验室期望员工能够发挥创造性，开发出新产品或服务机会。实际上，研究与开发活动的标准化会破坏实验室开发突破性产品或服务的能力。

④ 霍尔和约翰逊将最后一种流程称为初期流程（或破裂流程）。与其他 3 种类型不同，归入这一类型的流程存在客户需要（标准产出）与流程目前能够提供的产出之间的不匹配问题。在这里，管理者有两种选择：减少流程的变化或者转向看重产品变化的客户或市场。

（2）业务流程重组

业务流程重组（business process reengineering，BPR）是一种可以与六西格玛和 DMAIC 流程相互替代的方法。运营管理协会提到，业务流程重组是“一种涉及对业务流程进行根本的再思考和彻底的重新设计，以便在成本、质量、服务、速度等关键绩效指标方面获得颠覆性改善的程序”。BPR 的拥护者建议企业应该从一张“白纸”开始业务流程重组过程，而不是在早已过时或已不起作用的流程的基础上修修补补。企业采用哪一种方法——六西格玛或业务流程重组，取决于多个因素，包括目前业务流程问题的严重程度、流程参与者做出激进改变的能力等。

（3）协调供应链的流程管理活动

在例题 4-6 中，六西格玛流程改善活动主要聚焦于单个企业内部——蓝鸟咖啡馆。在实践中，许多时候企业必须拓展其活动范围，将供应链合作企业包括进来。拓展流程管理的范围并将外部合作方加入进来是很重要的一步，因为很多大的改善机会往往存在于各合作企业的交界处。在多家企业参与改善活动时，问题会变得更加复杂。接下来要描述的供应链运作参考（SCOR）模型提供了一个跨企业供应链流程分析和管理的基本框架。

（4）供应链运作参考模型

供应链运作参考（SCOR）模型是由定义供应链管理活动的高级业务流程和具体业务流程构成的一个综合模型。SCOR 模型得到国际供应链协会的支持，国际供应链协会是由许多企业和学术组织组成的行业组织。

企业为什么愿意花费时间和资金来开发像 SCOR 这样的参考模型呢？首先，参考模型可以给大家讨论和比较供应链业务流程提供一种共同的语言。在对供应链绩效进行标杆管理或与其他公司协调构建供应链时，共同的供应链语言显得特别重要。其次，供应链运作参考模型为企业提供了指导供应链流程设计和实施的模板。最后，将流程集中体现到单个综合的模型中，有助于管理者更好地了解供应链管理的内容。

SCOR 模型将一个企业的供应链活动分为 3 个层次，一层比一层详细。第一层将供应链活动分成 5 个核心的管理流程（图 4-14）：

① 计划——平衡综合资源和需求的流程。

② 采购——采购商品和服务以满足计划需求或实际需求的流程。

③ 制造——将产品转化成最终产品以满足计划需求或实际需求的流程。

④ 配送——提供最终产品和服务以满足计划需求或实际需求的流程。该流程包括订单管理、物流和配送活动。

⑤ 退货——与由于各种原因导致的退货或接受退货相关的流程。

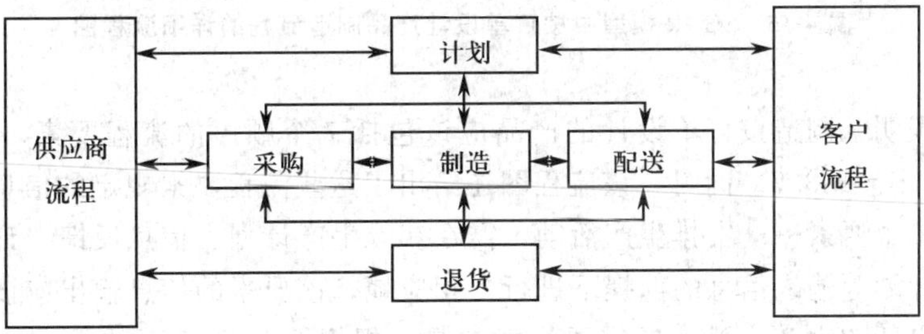

图 4-14　SCOR 模型概图[①]

① 资料来源：Supply Chain Operation（Supply-Chain Council，2011）.

第二层流程将第一层流程活动进行分解、细化。例如，SCOR 模型区分 3 种制造流程：按库存生产、按订单生产、按订单设计。我们在第 3 章讨论过这 3 种制造流程，这些制造流程在产品的定制化程度方面存在较大区别，因此需要不同的方案。

最后，SCOR 模型的第三层流程详细描述执行第二层流程所需的实际步骤。企业可以参考这些流程制定自己特有的流程，也可以对照这些流程找出差距所在。图 4-15 给出了按订单设计产品制造流程的第三层流程图的例子。

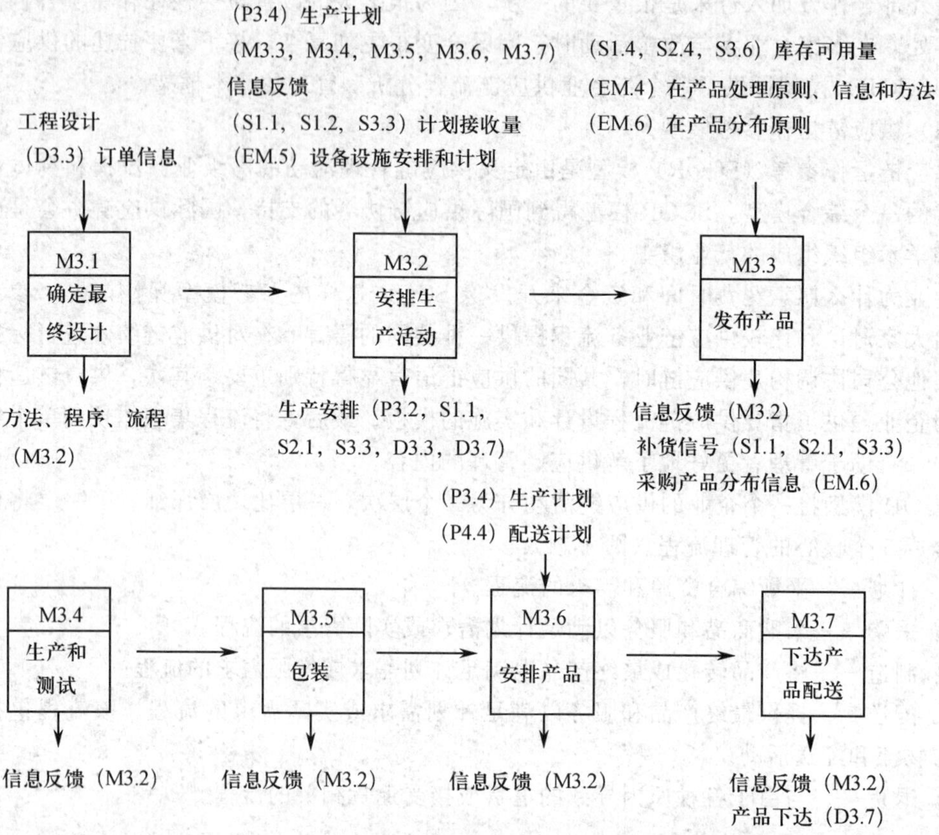

图 4-15 SCOR 模型中按订单设计产品制造流程的详细流程图

该流程图表明，制造按订单设计的产品应该包括 7 个顺序的流程要素，在 SCOR 模型中被命名为 M3.1～M3.7。同时，该流程图还给出了这些流程要素规定的信息输入和信息输出。例如，第二个要素——安排生产活动，需在获取生产计划、信息反馈、计划接收量、设备设施安排和计划等输入信息的前提下进行。相应地，该要素的信息输出应该是生产、采购和配送所需的更新的生产安排。还需要注意的是，根据 SCOR 模型的规定，按订单设计产品的整个制造流程应该包含与所有 5 个核心管理流程的信息连接。

4.2 布局决策模型

4.2.1 基本生产布局模式

工厂的布局模式取决于制造流程的模式。一般来讲，有 3 种基本布局模式（工作中心布局、装配线布局和项目布局）和 1 种混合模式（制造单元）。

工作中心布局也叫工作车间或职能布局，是一种将功能相似的设备或职能部门集中在一起的布局方式。比如，所有的车床在一个区域，而所有的冲床又在另一个区域。加工零件根据工艺流程，从一个设备上加工好后再拿到另一个设备上去加工。医院也是典型的工作中心布局模式，如妇产科和急救科都负责提供专门的服务。工作中心布局示例如图 4-16 所示。

图 4-16 工作中心布局示例

装配线布局也叫流水线布局，是根据产品制造的工艺流程来布置设备或工作进程的布局方式。每个零件的加工路径就是一条直线。制鞋厂、化工厂、洗车厂的生产流水线都是这种布局模式。装配线布局示例如图 4-17 所示。

图 4-17 装配线布局示例

项目布局是指由于产品体积大、重量重等原因，只能布置在一个地方。加工时是设备移动到产品处而不是相反，如建筑物、大飞机、航空母舰和轮船的制造等。项目布局示例如图 4-18 所示。

制造单元布局是将不同的设备布置在一起来完成形状和流程相似的产品的布局方式。它既像工作中心，每个单元有不同的设备，单元的设计是用来完成一系列特定流程的；又像装配线，每个制造单元只能生产少数的几种产品。制造单元布局示例如图 4-19 所示。（成组技术是指为生产特定机器类型而组成单元的零件分类和编码系统）

图 4-18 项目布局示例

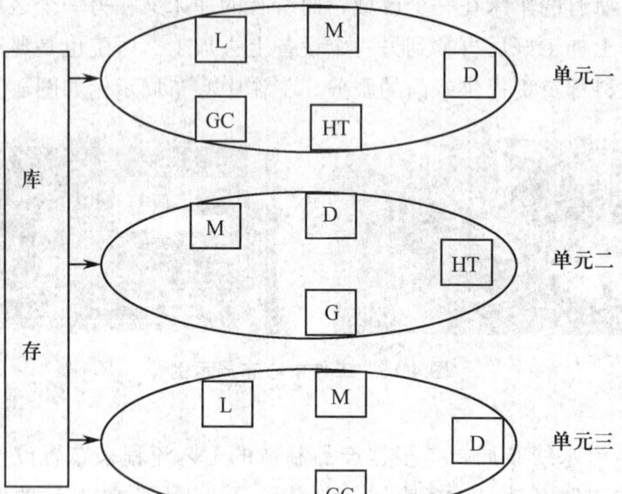

图 4-19 制造单元布局示例

4.2.2 工作中心部门位置的分配

由于工作中心布局中没有定义非常清晰的任务流，因此需要采用不同的方法制定布局方案。一般而言，工作中心布局的目标是合理部署不同功能区域或部门的位置，将有密切联系的部门（如包装部门和运输部门）安排在相邻的位置，而将没有相互联系关系或不应相邻的部门分开安排。

尽管听起来很简单，但工作中心布局方案的制订实际上相当复杂，尤其在布局涉及的部门很多、位置分配的依据不明确时。关于工作中心布局问题，有关专家学者提出了很多布局方法。有一种方法需要决策者两两评价部门之间的紧密程度，部门之间的关系可以是定性的（“不可靠近”“一般”“重要”等），也可以是定量的（1，2，3 等）。决策者再根据有关部门之间的评价信息指导布局决策。

我们在此介绍另外一种方法，在给定部门之间每周往来次数的条件下，分配各部门的位置，使行走总距离实现最小化。这种方法的逻辑在于不仅可以减少无效的行走时间，而且通过将联系紧密的部门相邻布局，可以使企业获得更好的协同效应。这种布局方法可以分为以下几个基本步骤。

① 确定潜在的布局位置，以及各布局位置之间的距离。

② 针对需要布局的各部门，确定该部门与其他部门之间的预期往来次数。

③ 以行走总距离最小化为目标，为各部门分配位置（参考运筹学中的图论与网络分析，包括最短路邮递员、旅行商、最大流）。在进行位置分配时，可以采用以下几种启发式思路：

a. 如果某个部门只能安排在某个特定位置，那么先将该部门确定下来。例如，某公司决定将客人等候室安排在邻近大楼入口处。预先确定这些部门的位置可以减少潜在的布局方案数。

b. 根据部门之间的往来次数排序，尽量将往来次数最多的部门安排在相邻的位置。

c. 将与多个部门有重要联系的部门安排在中心位置（这有助于提高其他部门与之相邻布局的可能性）。

d. 通过交换部门的位置，检查是否可以改善布局方案。

从实际来看，能够判断布局方案是不是最佳方案（即总距离最短的布局方案）的唯一方法就是对所有可能的布局方案进行评估。然而这不太现实，因为将 N 个部门分配到 N 个位置涉及的方案有 N！个。对于只有 5 个部门的情况，就存在 5！＝120 种可能的组合。如果有 10 个部门需要布局，可能的布局方案达到 10！＝3 628 800 种。（是否可以按组或者按单元布局，这样可以减少布局方案数?）因此，在大多数情况下，决策者寻找的是可行的满意方案，而非最优方案。

【例题 4-7】黑豹公司的部门布局

黑豹公司的发展很成功，因此，公司创始人周志芬决定将公司搬到一个新的办公场所。在这个新办公场所中，周志芬需要布局 5 个部门：会计、营销、技术、生产、收发部门。

图 4-20 给出了新办公场所的基本情况。办公场所有 5 个不同的区域，任何一个区域都足够安置任何一个部门。由于收发部门需要靠近停泊门，因此，周志芬已经将区域 E 分配给了收发部门。此外，由于生产部门和收发部门存在大量的物流，因此，周志芬决定将生产部门安排在区域 C 或区域 D。除了这些考虑外，周志芬还没有决定如何安置除收发部门以外的其余 4 个部门。

由于将生产部门安置在收发部门的旁边基本解决了物流问题，因此，周志芬决定依据人员在部门之间行走的次数确定最终的布局方案。具体来说，他希望布局方案可以使人员每天行走的距离最短。

为了实现这一目标，周志芬建了两张表。表 4-8 给出了图 4-20 中 5 个区域之间的距离值。表 4-9 给出了每天人员在各部门之间的往来次数数据。

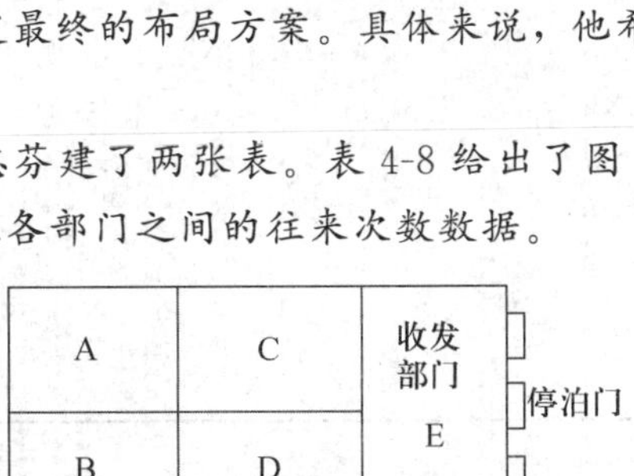

图 4-20　黑豹公司新办公场所的平面图

表 4-8 黑豹公司各区域之间的距离 m

区域	A	B	C	D	E
A	—				
B	30	—			
C	40	50	—		
D	50	40	30	—	
E	70	70	35	35	—

表 4-9 黑豹公司部门之间日常往来次数 次

部门	会计	营销	生产	技术	收发
会计	—				
营销	80	—			
生产	35	110	—		
技术	60	40	55	—	
收发	10	25	90	5	—

将表 4-9 中部门之间的往来次数数据从高到低排序（表 4-10）后，周志芬发现部门之间往来次数较多的是生产部门与营销部门（110 次）以及收发部门与生产部门（90 次）。另外，往来次数较少的是收发部门与会计部门（10 次）以及收发部门与技术部门（5 次）。根据这些信息，周志芬决定将生产部门和营销部门分别安置在区域 C 和区域 D，将会计部门和技术部门分别安置在区域 A 和区域 B（图 4-21）。

表 4-10 黑豹公司部门之间日常往来次数排序表 次

部门	每天平均次数
生产—营销	110
收发—生产	90
营销—会计	80
技术—会计	60
技术—生产	55
技术—营销	40
生产—会计	35
收发—营销	25
收发—会计	10
收发—技术	5

通过计算部门之间往来次数与部门之间距离的乘积，周志芬对布局方案进行了评估。如表 4-11 所示，周志芬提出的布局方案的日常行走总距离为 19 925 m。

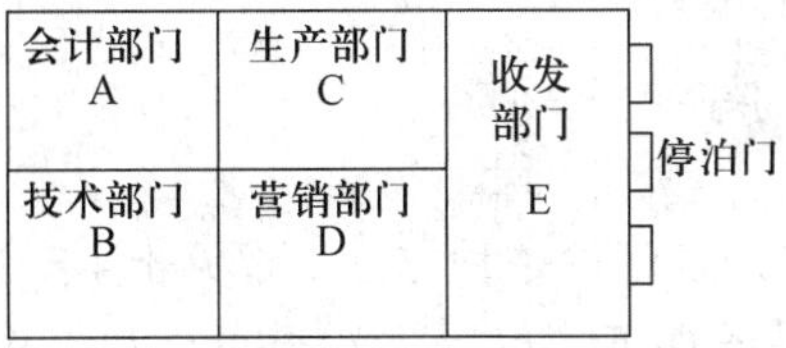

图 4-21　黑豹公司的初始布局图

表 4-11　初始方案的日常行走总距离　m

部门	日常行走距离	部门	日常行走距离
生产—营销	110×30＝3 300	技术—营销	40×40＝1 600
收发—生产	90×35＝3 150	生产—会计	35×40＝1 400
营销—会计	80×50＝4 000	收发—营销	25×35＝875
技术—会计	60×30＝1 800	收发—会计	10×70＝700
技术—生产	55×50＝2 750	收发—技术	5×70＝350
行走总距离	19 925		

通过仔细分析布局方案，周志芬发现生产部门与技术部门的联系（2 750 m）比营销部门与技术部门之间的联系（1 600 m）要多，而营销部门与会计部门之间的联系（4 000 m）比生产部门与会计部门的联系（1 400 m）要多。周志芬想，如果将会计部门和技术部门的位置对调，布局结果是否会有所改善？(考虑距离时，应考虑乘频次，频次是一个均值概念，乘频次以后的距离可能会更有效)

图 4-22 给出了改进后的布局图。重新计算结果（表 4-12），周志芬发现这一改变可以使行走的总距离缩短 600 m（19 925－19 325），大约缩短了 3%。

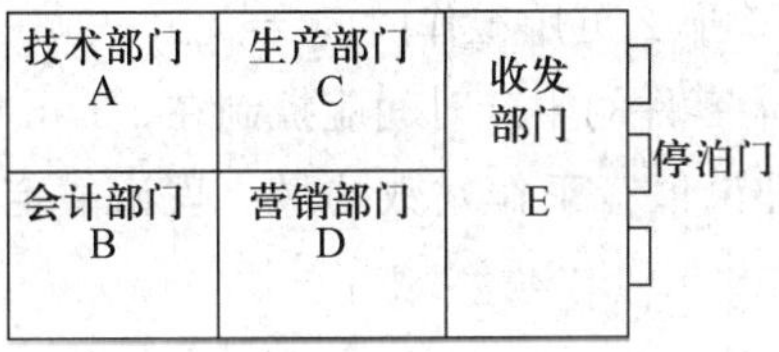

图 4-22　黑豹公司的改进布局图

表 4-12　改进方案的日常行走总距离　m

部门	日常行走距离
生产—营销	110×30＝3 300
收发—生产	90×35＝3 150
营销—会计	80×40＝3 200
技术—会计	60×30＝1 800
技术—生产	55×40＝2 200
技术—营销	40×50＝2 000
生产—会计	35×50＝1 750
收发—营销	25×35＝875
收发—会计	10×70＝700
收发—技术	5×70＝350
行走总距离	19 325

4.2.3 装配线的平衡

装配线平衡是用于产品布局设计的一种方法，常见于生产流水线或成组技术单元。装配线平衡是指在给定的产出水平条件下，以工作站最小化和工作站的总闲置时间最小化为目标，将加工任务分配给一系列相互连接的工作站。当分配给各工作站的工作量相同时，装配线就达到了完全的平衡。在现实中，由于工作站之间的实际工作量是变动的，因此大多数装配线是不平衡的。装配线平衡的 6 个基本步骤如下：

① 识别所有的流程步骤，包括每项任务的时间、各项任务的紧前工序，以及所有任务的总时间。

② 根据步骤①收集的信息绘制顺序图。该顺序图用于工作站的任务分配。

③ 确定装配线的生产节拍（take time）。生产节拍由可用生产时间除以要求的产出速度得到：

$$\text{生产节拍}=\frac{\text{可用生产时间}}{\text{要求的产出速度}} \tag{4.1}$$

生产节拍是求顾客每隔多少单位时间有一个产品的需求，不等于周期时间，可能大于、等于或小于周期时间。在某段时间内的生产节拍，可以用该段时间内有效生产时间除以该段时间内顾客的产品需求量来计算：

生产节拍＝该段时间内有效生产时间/该段时间内顾客的产品需求量

简而言之，生产节拍是指装配线上相邻两单位产品完工时间之间的最大允许时间。相邻两单位产品完工时间之间的实际时间代表的是装配线的周期时间。举例：以每天有且只有一个常日班来说，总计有 8 h（480 min），减去午餐 30 min，休息 30 min（2×15），交接班 10 min 和基本维护检查 10 min，那么可用工作时间 ＝ 480－30－30－10－10 ＝ 400（min）。当客户需求为每天 400 件时，每个零件的生产时间应控制在 1 min 以内来保证客户的需求。

④ 计算工作站数的最小理论值。工作站数的最小理论值定义如下：

$$W_{\min}=\frac{\sum_{i=1}^{L} T_i}{\text{生产节拍}} \tag{4.2}$$

式中：T_i 为第 i 项任务所需的时间；$\sum_{i=1}^{L} T_i$ 为所有 L 项任务的总时间。

由上式可知，节拍时间越短，所需的工作站数越多。这是因为需要将任务分到更多的工作站，以确保周期时间短于生产节拍，周期时间是由各工作站工作时间的最大值决定的。

⑤ 依次对工作站分配任务。从第一个工作站开始，给工作站逐级增加任务，保证工作站的工作时间不超过生产节拍。如果在保证工作站的工作时间不超过生产节拍的前提下，还有剩余的任务未分配完，按照同样的原则，继续给第二个工作站分配任务。重复以上步骤，直到所有任务分配完毕。

在将某项任务分给某工作站时，要确保其所有的紧前工序（如果存在的话）都已经安排完毕。在确定下一步分配哪项任务时的一般决策原则是：a. 在满足不超过生产节拍的条件下，在符合条件的任务中选择加工时间最长的任务；b. 在符合条件的任务中，选择紧后工序最多的任务；c. 将以上两条原则相结合。

⑥ 评估装配线设计方案的绩效，评估指标包括：

$$\text{周期时间（CT）}=\text{各工作站消耗时间的最大值} \tag{4.3}$$

$$\text{闲置时间(IT)}=W_{\text{actual}}\times \text{CT}-\sum_{i=1}^{L}T_i \tag{4.4}$$

$$\text{闲置率（PI）}=\frac{\text{IT}}{W_{\text{actual}}\times \text{CT}}\times 100\% \tag{4.5}$$

$$\text{效率（ED）}=1-\text{PI} \tag{4.6}$$

式中，W_{actual} 为工作站的实际数量。

一般来说，闲置时间越少，效率越高，方案越优。值得注意的是，以上决策原则并不一定能保证得到最优的设计方案，因此决策者还可以进一步改进设计方案。

【例题 4-8】黑豹公司的装配线平衡①

黑豹工程公司是一家小型制造商。公司刚签了一份合同，为另一家公司提供产品的装配、测试和包装等服务。合同要求黑豹公司每天 8 h 生产 500 件产品。表 4-13 给出了产品生产所涉及的工作任务，包括各任务的处理时间及其紧前工序等信息。

表 4-13　黑豹公司各任务的时间参数及前后关系

任务	时间/s	紧前工序
A	15	—
B	26	A
C	15	A
D	32	B，C
E	25	D
F	15	E
G	18	E
H	10	E
I	22	F，G，H
J	24	I
合计	202	

黑豹公司的创始人周志芬决定为此建一条流水线。流水线中的每一个工作站必须配备一名操作工。考虑到人员问题，周志芬不希望在流水线中设置不必要的工作站，并希望工作站的闲置时间尽可能少。首先，周志芬绘制了各项任务的顺序图（图 4-23）。图中，方格表示任务，箭头表示任务之间的顺序关系。

接下来，周志芬计算了所计划的流水线的最大允许周期时间，也就是生产节拍。因为 8 h 工作时间共有 28 800 s，所以，生产节拍的计算如下：

① 备注：需要运筹学中的网络计划法。

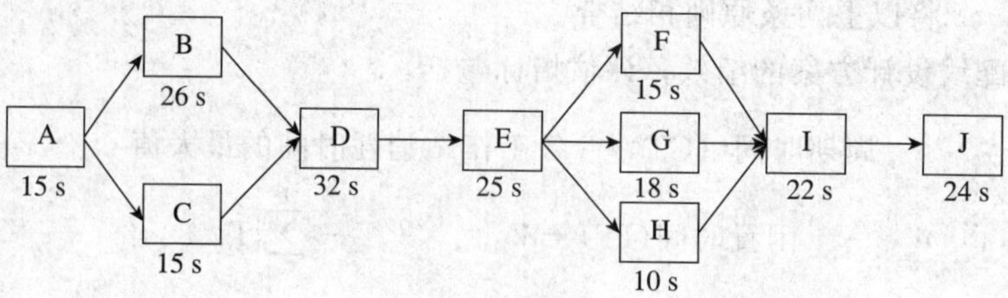

图 4-23 黑豹公司各任务之间的顺序图

$$生产节拍=\frac{可用生产时间}{要求的产出速度}=\frac{28\ 800}{500}=57.6\ (s/件)$$

有了生产节拍的基本信息后，周志芬计算了工作站数的最小理论值：

$$W_{\min}=\frac{\sum_{i=1}^{L}T_i}{生产节拍}=\frac{202}{57.6}\approx 4$$

在计算工作站数的最小理论值时，周志芬采用了上舍入（向上取整），因为工作站数只能是整数，而且如果工作站数小于计算值，能力就会不够。在计算了生产节拍和工作站数的最小理论值之后，周志芬开始进行工作站的任务分配。他决定采用以下决策原则：

① 在满足不超过生产节拍的条件下，在符合条件的任务中选择加工时间最长的任务；

② 在符合条件的任务中，选择紧后工序最多的任务；

③ 在同时满足以上两条原则的任务中随机选择。

遵循以上决策原则，周志芬开始将任务分配给第一个工作站。他首先分配任务 A，接着分配任务 B 和任务 C。此时，第一个工作站的工作总负荷达到了 56 s（表 4-14）。

表 4-14 工作站 1 的工作负荷 s

任务	时间
任务 A	15
任务 B	26
任务 C	15
合计	56

此时，在 57.6 s 的生产节拍的约束下，已不能再给工作站 1 分配其他任务，因此工作站 1 的分配工作结束。接下来，周志芬开始给第二个工作站分配任务。最后，周志芬得到了以下分配结果（表 4-15 至表 4-17）。

表 4-15 工作站 2 的工作负荷 s

任务	时间
任务 D	32
任务 E	25
合计	57

表 4-16　工作站 3 的工作负荷　s

任务	时间
任务 F	15
任务 G	18
任务 H	10
合计	43

表 4-17　工作站 4 的工作负荷　s

任务	时间
任务 I	22
任务 J	24
合计	46

图 4-24 给出了工作站的任务分配方案。

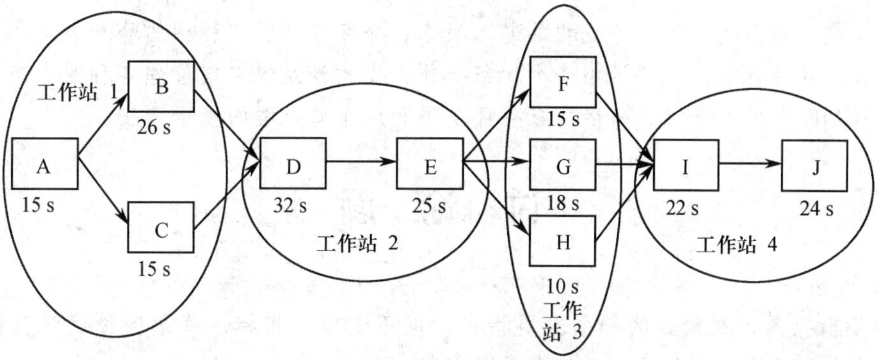

图 4-24　黑豹公司工作站分配方案

工作站 2 的任务总时间为 57 s，是所有工作站中任务时间最长的一个。由于产品必须由上一个工作站转移到下一个工作站，因此产品在装配线上移动的速度取决于速度最慢的工作站。工作站 2 决定了整个装配线的周期时间为 57 s。

工作站的实际数量（W_{actual}）与最小理论值（$W_{\min}$）相等，因此周志芬觉得他的设计是一个不错的方案。最后，周志芬计算了装配线设计方案的闲置时间、闲置率和效率指标。

$$\text{闲置时间(IT)} = W_{\text{actual}} \times \text{CT} - \sum_{i=1}^{L} T_i = 4 \times 57 - 202 = 26(\text{s})$$

$$\text{闲置率 (PI)} = \frac{\text{IT}}{W_{\text{actual}} \times \text{CT}} \times 100\% = \frac{26}{228} \times 100\% = 11.4\%$$

$$\text{效率 (ED)} = 1 - \text{PI} = 1 - 11.4\% = 88.6\%$$

以上数据表明，由于并不是所有的工作站的工作负荷都等于周期时间 57 s，周志芬设计的装配线有 26 s 的闲置时间。4 个工作站的闲置时间如表 4-18 所示。

表 4-18 4个工作站的闲置时间 s

工作站	闲置时间（周期时间－实际时间）
1	1（57－56）
2	0（57－57）
3	14（57－43）
4	11（57－46）
合计	26

通过分析各工作站的闲置时间，周志芬意识到他所设计的装配线其实并不是很平衡。因此为公平起见，或许他应该实行操作工的工作轮换制。闲置时间数据表明，一个产品在通过装配线时有11.4%的时间是闲置时间。而效率数据表明，一个产品在通过装配线时有88.6%的时间是加工时间。

本章小结

在本章中，我们定义了业务流程的基本概念；介绍了两种流程图的绘制方法；讨论了业务流程改善的各种方法；介绍了由多个组织合作开发的涉及供应链管理各种业务流程的综合模型——SCOR模型；介绍了制造和服务环境下制定布局方案的基本方法。

讨论题

（抽签讨论）

1. 周期时间是流程绩效的一个重要指标，但不是唯一指标。试举例说明只强调缩短周期时间可能会影响其他同样重要的流程绩效指标。

2. 在本章中，我们提出：评价流程绩效的指标有很多，其中一些指标是从4个核心指标——质量、成本、时间和柔性衍生而来。请在下表中说明你如何看待我们描述的3个指标（生产率、效率和周期时间）与4个核心指标的关系。具体地说：

如果你认为某一指标对某一核心指标具有正面的影响，请在对应位置标“＋”。

如果你认为某一指标对某一核心指标具有负面的影响，请在对应位置标“－”。

如果你认为某一指标对某一核心指标既可以具有正面的影响，也可以具有负面的影响，取决于环境，请在对应位置标“＋/－”。

请对你的答案进行解释。采用绩效指标评估流程的意义是什么？

指标	质量	成本	时间	柔性
生产率				
效率				
周期时间				

3. 布局决策的两种模型中，装配线平衡法和功能布局法的适用条件是什么？为什么？

习　题

1. 扬帆造船公司希望其生产流水线在每天 8 h 工作时间内能组装 50 艘小船。组装 1 艘船所涉及的各项任务的总时间为 45 min。

(1) 生产节拍是多少？所需工作站的最小理论值是多少？

(2) 假设耗时最长的一项任务需要 4 min。请问扬帆造船公司能否达到目标？给出你的理由。

2. 某流水线的节拍为 5 min，每天工作 8 h，若全年需要生产产品 30 000 件，问该流水线一年至少需要工作多少天？若全年总工作天数不得超过 300 d，那么节拍应该提高到多少？

3. 光飞技术公司计划在其经济开发区的工厂建一条装配流水线，用来生产互联网服务器。生产互联网服务器所涉及的任务、各项任务的时间以及其前后关系如下：

任务	时间/min	紧前工序
A	2.9	—
B	0.2	—
C	0.25	A，B
D	0.4	A，B
E	1.7	C
F	0.1	C，D
G	0.7	D
H	1.7	E，F，G
I	1.2	H
J	2.3	I
K	2.7	I
L	1.5	J，K

(1) 请为各项任务绘制顺序图。假设生产节拍为 240 s（4 min）。请问工作站的最小理论值是多少？

(2) 采用“最长任务”原则（即在满足不超过生产节拍的条件下，在符合条件的任务中选择加工时间最长的任务），确定工作站的分配方案。

(3) 在你的方案中，需要多少个工作站？生产线的周期时间是多少？闲置时间是多少？

4. 蔺医生准备开一家新的诊所，他正在考虑如何布局诊所的以下 6 个部门：

①候诊室；②服务台；③考勤/员工休息室；④检查室；⑤外科门诊；⑥内科门诊。

诊所的平面图如下图序号所示，6 个标注的区域的面积都足够安置任何一个部门。蔺医生希望将服务台布置在靠近大门的区域。图中相邻区域之间的距离为 15 m，对角区域之间的距离为 25 m。区域 A 和区域 E 之间以及区域 B 和区域 F 之间的距离为 30 m，而区域 A 和区域 F 之间以及区域 B 和区域 E 之间的距离大约为 40 m。

蔺医生对病人和员工每天在各部门之间的往来次数进行了估计，如下表所示：

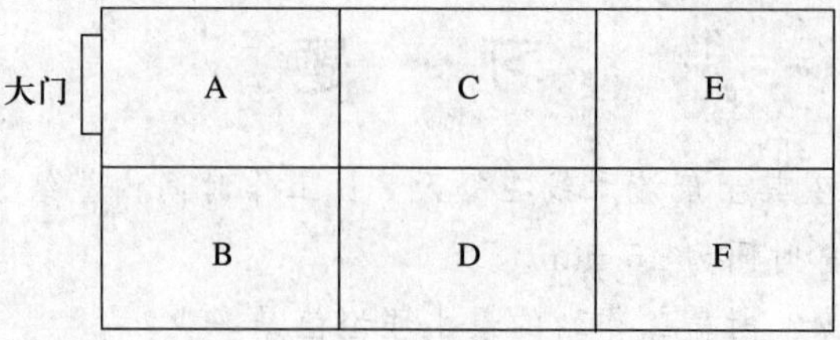

次

部门	候诊室	服务台	考勤/员工休息室	检查室	外科门诊	内科门诊
候诊室	—	—	—	—	—	—
服务台	100	—	—	—	—	—
考勤/员工休息室	0	150	—	—	—	—
检查室	35	5	10	—	—	—
外科门诊	15	5	10	5	—	—
内科门诊	50	10	5	40	0	—

(1) 假设蔺医生希望将服务台设在区域 A，请问有多少种可能的布局方案？

(2) 根据以上信息，给出你的最佳方案。计算你设计的方案的行走总距离。

(3) 选两个部门进行位置交换（服务台除外）。你能否得到一个更好的方案？给出你的理由。

5. 唯美设计公司准备搬进一栋老式建筑，其平面图很不规整，如下图序号所示：

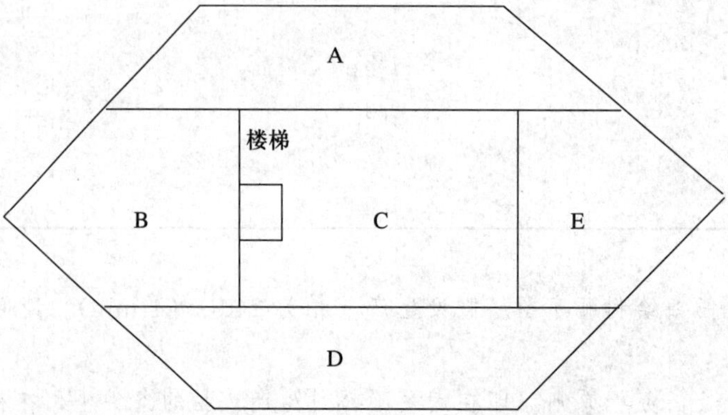

各区域之间的距离如下表所示：

m

区域	A	B	C	D	E
A	—	—	—	—	—
B	14	—	—	—	—
C	8	8	—	—	—
D	14	20	8	—	—
E	18	14	8	14	—

各部门之间的日常往来次数如下表所示：

次

部门	1	2	3	4	5	6
1	—	—	—	—	—	—
2	23	—	—	—	—	—
3	24	52	—	—	—	—
4	13	5	17	—	—	—
5	21	56	28	25	—	—
6	60	15	57	3	42	—

采用“最短行走距离”思想，为唯美设计公司设计布局方案。在制订布局方案时，你还需要什么信息？

案例分析：某医院病人肿瘤切除手术的泳道流程图

（抽签讨论）下页给出了某医院病人肿瘤切除手术的泳道流程图。在这个流程图中，包括病人在内，一共涉及 9 方。图中的许多步骤涉及多方参与，用方框将相关参与方圈了起来。例如，“手术”步骤涉及 3 方：病人、外科医生及院方。在治疗过程中，某位病人（一位注册护士）发现了两个错误。错误一：外科医生准备采用指针定位仪器来确定肿瘤的位置，但是没有向院方发出仪器的使用申请。在手术前，病人发现了这一疏漏，因而没有造成什么危害。错误二：病理报告上有输入错误。报告上称肿瘤直径为 1.6 mm，而实际上应该是 1.6 cm。这是个更严重的错误，后来经电话确认才避免了可能的危害。

【问题】

1. 谁或者哪个组织负责这个流程从开始到结束的全过程？管理和改善治疗流程的意义是什么？

2. 哪些流程步骤应该标准化？哪些流程步骤应该更加个性化？请加以解释。

3. 请分析治疗过程中发生的错误。你如何采用六西格玛方法和持续改善工具来避免这些错误再次发生？展望未来，通过这样的分析，你觉得能得到哪些解决方案？

参考文献

[1] 塞西尔·博扎思，罗伯特·汉德菲尔德．运营与供应链管理．3 版．邵晓峰，译．北京：中国人民大学出版社，2014.

[2] 罗希特·维尔马，肯尼思·博耶．运营与供应链管理理论与实践．霍艳芳，李秉光，徐刚，译．北京：清华大学出版社，2010.

[3] 陈荣秋，马士华．生产运作管理．5 版．北京：机械工业出版社，2017.

[4] 马风才．运营管理．4 版．北京：机械工业出版社，2017.

[5] 季建华．运营管理．2 版．上海：格致出版社，2010.

[6] 陈志祥．生产与运作管理．3 版．北京：机械工业出版社，2017.

[7] F. 罗伯特·雅各布斯，理查德 B. 蔡斯．运营管理．14 版．任建标，译．北京：机械工业出版社，2015.

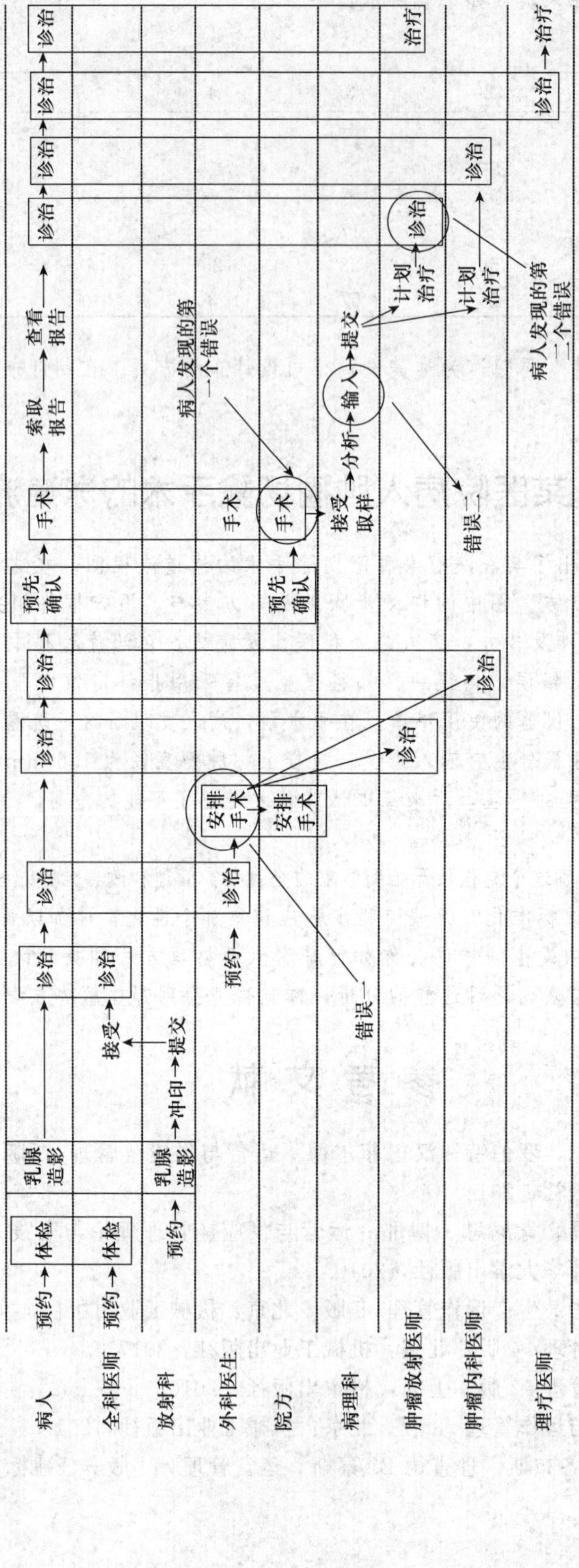

某医院病人肿瘤切除手术的泳道流程图

第 5 章　能力管理

引言

制订合理的生产运作计划，不仅需要了解市场需求，而且需要掌握企业内部的生产运作能力。当企业产品或服务需求旺盛，运营能力不足时，企业要么放弃销售机会，错失市场，形成机会成本（机会成本用来决策）；要么让系统超负荷运转，导致工人过度疲劳、精神过度紧张（如某单位员工带帐篷在办公区加班）；要么增加使用非熟练工人，使系统的生产效率下降，最终使成本上升。而扩大能力则需要投资，意味着资源的长期投入。生产能力升级过于频繁会带来许多直接成本的投入，如旧设备的拆卸与更换、培训工人、购买新设备等，设备更换期间生产场地或服务场所的限制也会造成机会成本。而且一旦实施，短期内难以改变，还会增加企业的日常运营成本。当企业产品或服务需求不足，运营能力剩余时，则会产生设备、人员、厂房、场地等资源的闲置和浪费，在这些闲置生产能力上的投资将作为管理费用计入成本，这就造成了资金的占用和投资的浪费。而缩减供给能力，则会产生设备、厂房等投资的沉没成本，裁员还会产生遣散费用，甚至引发员工抗议。

能力管理的重要性表现在：评估企业目前运作能力有多大，直接影响到企业能否满足其产品或服务的未来需求，因而决定了企业能否制订相应运作计划。当能力与需求不平衡，尤其对于市场需求波动较大的企业，如生产季节性需求产品的企业，进行能力调整，使其能力具有适应性、可变性或柔性，就显得尤为重要。所以，企业运营能力事关长远，决定着初始投资与运营成本，会影响到组织的日常运作管理，进而影响组织的竞争力。

5.1　能力

5.1.1　能力的内涵及度量指标

一般来说，能力是指一个系统在单位时间内的产出水平。企业能力就是企业这一投入产出运营系统在一定时间内把资源转变为产品或服务的水平。

企业管理者通常要评估企业的资源是否能够满足现在或未来的需要，为此就需要对企业能力进行评估。而衡量能力的指标很多，差异也很大。由企业能力的内涵可知，企业能力大小涉及投入的资源以及产出的产品或服务。故通常企业会根据投入、产出或将投入和产出相结合来评估能力，而且一般还要考虑时间因素，如小时、日、周、月、季度、年等。例如，棉纺织企业的管理者可根据每月可用的纺纱工时或可用的仓库面积（两者均为投入）来评估能力，也可根据单位时间内所生产的棉纱（产出）来评估能力。

目前，还没有一种能力的度量方法能够适用于所有情况。通常来看，提供标准产品或服务的企业一般根据产出来评估能力，因为在不同时期产出不会发生剧烈变动。例如，某棉纺织企业，设备主要是 16 针针织横机，一台横机一人操作，每小时生产毛衣前片 2.2 片。而提供定制化服务或产品的企业一般根据投入来评估能力。例如，咨询公司一般用可利用的咨询小时数（投入）来测量能力，而不是根据某一段时间内完成的项目数来评估能力；面粉生产企业可用日加工处理小麦吨数来测量能力；物流运输公司可用拥有的不同型号的运输车数量来测量能力等。

也有学者认为，服务业（工艺导向流程）中的企业一般以投入度量能力；制造业（产品导向流程）中的企业一般以产出度量能力。具体来看，连续型制造企业一般用具体产品产出数量表示能力。加工装配式（离散型）制造企业，当品种单一，采用大量流水生产模式时，可用具体产品的产出表示能力；当品种数少，采用成批生产模式时，可用代表产品产出数量表示能力；当多品种生产时，可用假定产品产出数量表示能力。另外，在多品种生产的情况下，能力也可采用装备的可用量描述，如企业设备的工作时间、商场的营业面积、医院的床位数及周转率、运输业的车辆及道路情况等。

表 5-1 是不同类型企业能力度量指标的一些例子。

表 5-1 不同类型企业能力度量指标

企业	能力度量指标	能力计量单位名称
棉纺厂	每班产出的纱锭数	锭
汽车制造厂	每班（年）生产的汽车数	辆
钢铁厂	每天（年）生产的钢铁数	吨
石油炼化厂	每天（年）生产的燃油数	吨、加仑、桶
发电厂	每年发电量	千瓦时
自动洗车行	每小时洗车数	辆
航空公司	座位数、飞行里程	个、飞行千米
旅馆酒店	客房数	间
影剧院	座位数	个
商场超市	店铺面积	平方米
律师事务所	每月可用于收费的小时数	小时
仓储公司	仓储面积	平方米
网球俱乐部	网球场地数	个
养猪场	年生猪出栏量	头

5.1.2　能力分类及测度

1. 企业能力分类

企业能力一般可以分为设计能力、查定能力和现实能力 3 种。

设计能力是指新建、改建或扩建企业时，设计任务和技术文件中所规定的能力。它是根据设计文件规定的产品方案、工艺和设备，计算得到的运营系统理论上达到的最大能力。

查定能力是指当企业的产品方案、设备和技术发生较大变化后，原有设计能力已不能反映实际情况，重新核定后可能实现的最大能力。它是根据企业现有条件和查定时间内所能实现的各种生产技术组织措施，经过计算核定的。

现实能力也叫计划能力，是指计划年度内实际可达到的能力。它是根据企业现有条件和计划年度内所实现的各种生产技术组织措施确定的。

上述各种生产能力各有不同的用途。当确定企业生产规模、编制战略规划、安排企业的基本建设和技术改造时，应依据设计能力或查定能力来进行。当编制年度生产计划、季度生产计划，确定近期任务时，应当以现实能力为依据。要注意的是，无论哪种能力，能力的利用率有时可能不会是百分之百，而应留有一定的富余，该富余量一般被称为能力缓冲，即能力缓冲=1−利用率。最适合的缓冲量应根据企业的具体情况而定，可能对于服务企业，如超市收银台、银行等，能力缓冲尤为重要。因为顾客是随机到达，服务台忙闲不均，设置能力缓冲可以应对顾客到达高峰。

2. 企业能力计算步骤

计算和核定生产能力是确定生产指标、编制生产计划的前提。核定生产能力一般是自下而上进行的，步骤如下：

（1）设备和设备组能力计算

单一品种条件下单台设备的生产能力，可用其生产的产品实物量表示。具体计算公式如下：

$$q=F_e/t \tag{5.1}$$

式中：q 为单台设备的生产能力；F_e 为单台设备的有效工时；t 为具体产品的单件工时定额。

多品种条件下生产能力的核定可采用代表产品法。它是指从许多产品中选择出一种产品作为代表来计算生产能力。通常选择产量大、在结构和工艺上具有代表性、决定企业发展方向的产品作为代表产品。而其他产品可以通过换算系数折合为代表产品。

当企业产品品种比较复杂，各品种在结构、工艺和劳动量方面差别较大，不易确定代表产品时可使用假定产品法。假定产品 j 的工时定额具体计算如下：

$$t_j=\sum_{i=1}^{n}t_iQ_i/\sum_{i=1}^{n}Q_i \tag{5.2}$$

式中：t_j 为假定产品 j 的工时定额；t_i 为产品 i 的工时定额；Q_i 为产品 i 的产量；n 为产品的种类数。

无论是单一产品、代表产品或假定产品，设备组的生产能力计算公式如下：

$$\text{设备组生产能力}=\frac{\text{设备组台数}\times\text{单位设备有效工作时间}}{\text{单位产品台时定额}}=\text{设备组台数}\times\text{单台设备生产能力} \tag{5.3}$$

【例题 5-1】设备组生产能力计算

某企业生产 A，B，C，D 4 种产品，各产品在机械加工车间车床组的计划台时定额分别为 40，60，80 和 160 台时。车床组共有车床 12 台，两班制生产，每班 8 h，设备停修率为 10%，全年有效工作日 250 d。若以 C 产品为代表产品，计算车床组的生产能力如下：

$$\text{车床组生产能力}=\frac{12\times250\times8\times2\times(1-10\%)}{80}=540\text{（台）}$$

（2）工段能力计算

工段的能力取决于设备组，以大多数设备组的能力或以主要设备组的生产能力作为工段生产能力综合平衡的依据。在生产线中，各工段能力不相等时，生产线能力由最小工段能力确定。

（3）车间能力计算

零件加工车间能力取决于能力最小的那条生产线或工段的能力。

对装备车间，其生产能力有时还取决于生产面积。

$$M=\frac{F_{\text{制}}\times A}{a\times t}$$

式中：M 为生产面积生产能力；$F_{\text{制}}$ 为计划期制度工时；A 为生产面积；a 为单位产品占用生产面积；t 为单位产品占用时间。

（4）企业（工厂）能力计算

在确定了车间生产能力的基础上，通过综合平衡的方法来确定工厂的生产能力。第一步，对基本生产车间的能力做平衡。由于各车间之间加工对象和加工工艺差别较大，选用的设备是不一样的，性能差别很大，生产能力很难做到一致，因此基本生产车间的生产能力通常按主导生产环节来确定。所谓主导生产环节，是指产品加工的关键工艺或关键设备，这些生产环节的能力决定了某些基本生产车间的能力，同时也基本限定了工厂的生产能力。第二步，对基本生产车间与辅助生产部门的能力做平衡。当两者的能力不一致时，一般说来，工厂的生产能力主要由基本生产车间的能力决定。如果辅助部门的能力不足，可以采取各种措施来提高它的能力，以保证基本生产车间的能力得到充分利用。

（5）人力能力计算

$$C_{\text{P}}=\alpha\times(1+\beta)\times N\times T$$

式中：C_{P} 为人力生产能力（小时数）；α 为出勤率；β 为间接作业率，如工人例会、教育培训等，一般可取 0.03～0.08；N 为换算人数（将不同技术等级的工人换算为以标准技术等级表示的人数)；T 为计划期制度工作时间。服务业中的大部分企业需计算人力能力。

5.1.3 能力的影响因素

企业能力的大小受多种因素影响，如设备设施场地情况、工人状况、工作时间、产品或服务方案、质量控制水平、供应链管理水平、生产组织方式等。

以某装配工厂为例。该装配工厂有 3 条装配线，每条装配线每班的能力为 800 件产品，每天最多可安排 2 班生产。该装配工厂每天的能力计算公式为：

$$能力=800\ 件/（班\cdot 装配线）\times 装配线数\times 班次数$$

由此可见，该装配工厂最小能力每天生产 800 件（启动 1 条装配线，1 班生产），最大能力每天生产 4 800 件（启动 3 条装配线，2 班生产，800×3×2）。每天投入的班次（人员）和装配线数是可控变量，管理者可以用来调节能力，适应市场变化。类似的如航空公司在各个时段投入运行的飞机数、临时工人数、根据需求临时增减的公共设施数量等。

产品方案（包括产品的变化）也是影响能力的一个因素。假如上述装配工厂可以装配几种不同的产品，每班每条装配线 800 件是代表的既定产品或平均的生产能力，而实际产出可能在 700～900 件范围内变化，取决于装配产品的复杂程度。一般来讲，产品标准化、系列化、通用化程度高，生产能力就高；产品品种多、工艺复杂，生产能力就低。在此情况下，该装配工厂的能力变化范围可以为 700～5 400 件。

影响能力大小的因素还有企业产品或服务的质量控制水平。通常情况下，企业产品或服务质量控制水平低，产品或服务的一致性质量差，就会减少可用的生产能力。因为员工必须花费更多的有用时间解决产品或服务的质量问题，或者对有缺陷的产品或服务进行返工。反之，质量改善则会减少提供产品或服务所需的资源，能够增加企业能力。

企业能力还会受到上下游供应链的影响。在很多情况下，当企业上游关键供应商的原料供应能力不足时，或下游关键分销商销售能力提升时，都会直接影响到企业能力的利用水平。另外，生产组织方式不同，生产能力也不同。一般情况下，协作、专业化、联合生产有利于提高生产能力。决定企业能力的因素如表 5-2 所示。

表 5-2 决定企业能力的因素

因素	内容
设备设施场地因素	包括设备设施场地的设计水平、数量、工艺方法、开工率、完好率等
人力因素	包括员工的数量、技术水平、工作内容、培训和经验、动机、报酬、学习效率、缺勤和跳槽、工作时间、时间利用率等
产品或服务因素	包括产品或服务的设计、组合等
质量控制水平	包括质量标准选择、质量控制手段、质量保证体系建设、工作态度等
供应链因素	上游供应商原材料供应数量、质量及可靠性等；下游分销商的销售渠道、促销力度等
生产组织方式	主要指生产组织的方式，单独生产，还是联合、合作或联盟生产

5.1.4 扩能时机选择策略

为了适应市场需求的变化，企业管理者通常会面临能力决策问题。尤其是面对预期增长的需求时，管理者需要面临扩能速度的问题。针对扩能时机选择，一般有 3 种策略：能力超前策略、能力滞后策略、能力同步策略。

（1）能力超前策略

能力超前策略是指为保证预期需求的满足，提前为预期的需求增长做准备，形成间歇的过剩产能，以对未预期到的需求增长做出迅速反应。这是能力扩张的积极策略。其优点在于：能保证企业有充分的能力满足全部需求，尤其对新产品而言，上市速度会直接决定产品的成败；相对于那些考虑扩能的竞争对手而言，能力超前策略可以给企业带来先占优势；与频繁扩能方案相比，在预测需求增长之前进行规模投资，成本更低，对运营中断的影响更小。当然，能力超前策略也存在较高的风险，尤其在需求难以预测或技术变化较快的环境下，如图 5-1 所示。

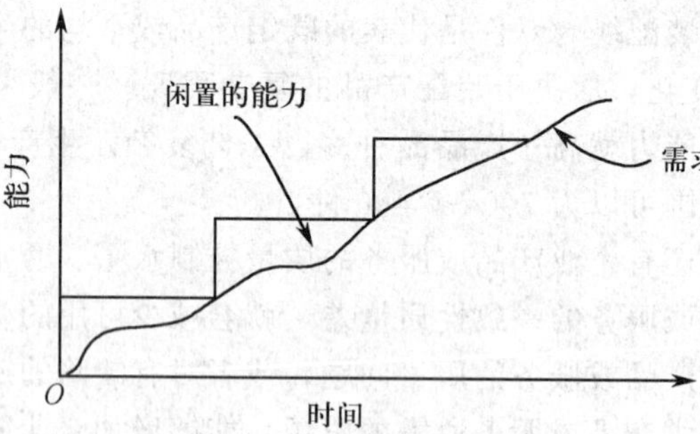

图 5-1　能力超前策略

（2）能力滞后策略

能力滞后策略是指宁愿承担失去销售机会的风险，而不承担因产能过剩而形成的投资增加、利润下降的危险，一般是看到需求增长后才进行产能扩张。这是能力扩张的消极策略（如 2018 年 4 月，顺丰、韵达的华北区的快递分拣能力）。其优点在于：降低了投资规模过大带来的风险，能力利用率相对较高，生产率也相对较高。采用这一策略的企业，通常是一些提供相对成熟、成本敏感的产品或服务的企业。能力滞后策略的缺点也很明显，主要是在需求高峰时期不能有效满足产品或服务需求，错失市场机会，如图 5-2 所示。

（3）能力同步策略

能力同步策略是指为尽量避免能力过剩或能力不足的情况，在能力滞后策略和能力超前策略之间找到的一种平衡策略，所以是一种折中（中间）策略，一般是基于虚拟供应链来进行能力的调整。基于某个项目（如在新年期间生产和销售某种新玩具），很多企业组成了虚拟供应链，各自只执行一两项核心活动（设计、制造、配送、营销等），通过采用先进的信息技术共享关键数据，实现各项活动之间的有效协调。项目结束后，虚拟供应链解散。虚拟供应链可以赢得短期内的能力柔性，但会丧失长期的效率，如图 5-3 所示。

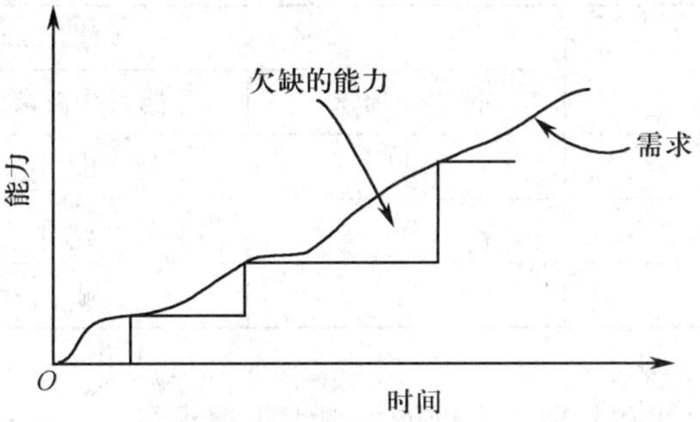

图 5-2　能力滞后策略

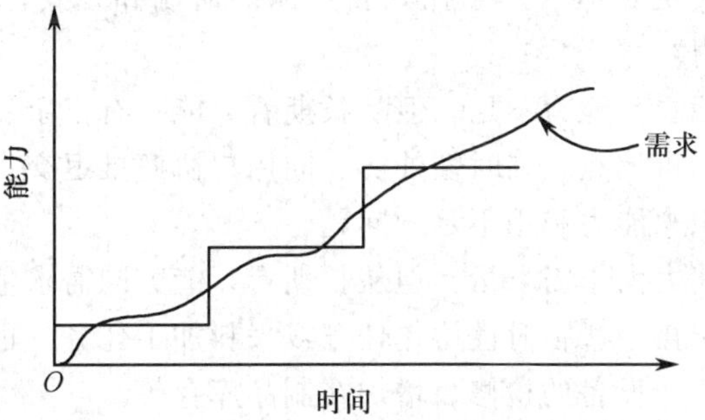

图 5-3　能力同步策略

所以，大多数企业一般不会采取单一的超前策略或滞后策略，而会根据产品或服务的特性来采取适宜的能力扩张策略。

5.1.5　能力平衡

当企业能力相对于任务不足或富余时，就要进行能力的平衡。在平衡能力与任务时，应当注意把当前与长期结合起来。这就是说，不仅要考虑到本年、本季、本月的生产能力之不足或有余，同时还要注意到今后较长时期内社会需求量同企业能力的平衡情况。只有将这两方面结合起来考虑，采取相应的不同措施，才能使企业的运营活动取得较好的经济效益。例如，一家企业从当前来看，能力不能满足任务的要求，但从长期销售预测来看，市场需求趋于呆滞，如果盲目扩大生产能力，必将在生产经营活动上遭受挫折（盛田昭夫，Sony 创始人，早期生产小型收音机销往美国，突然可能有 10 万台的订单需求，但最终接受了 1 万台的订单，拒绝了 10 万台的订单，为什么?）。一般来说，从长期与短期看，需求与能力的关系可分为 9 种，如表 5-3 所示。

表 5-3 需求与能力的关系分类（大、等、小 3 种的 3×3 组合）

长期	短期		
	能力>需求	能力≈需求	能力<需求
能力>需求	Ⅰ	Ⅱ	Ⅲ
能力≈需求	Ⅳ	Ⅴ	Ⅵ
能力<需求	Ⅶ	Ⅷ	Ⅸ

第Ⅰ种情况，表示短期和长期的生产能力都大于需求量。为了充分利用能力，应当调走多余的设备和工人，或者部分改产别种产品。

第Ⅱ种情况，短期来看，能力与需求量基本相符，但从长期看，则能力大于需求量。虽然当前任务与能力是平衡的，但要及早抓好新产品的研制和开发，以便今后扩大社会需求量，充分利用企业的能力。

第Ⅲ种情况，从短期看，能力不足，但从长期看，能力有富余。为了解决当前能力不足问题，可以采取合理的加班加点、临时性外协、同用户协商推迟交货期等措施来解决，但是仍然需要及早研究解决未来能力利用不足的问题。

第Ⅳ种情况，短期能力大于需求量，但从长期看，能力同需求量基本适应。为了充分利用生产能力，企业可以承接一些临时性协作任务或来料加工任务，也可以提前进行一些生产准备工作，如提前进行一些设备的检修、增加在制品库存等。

第Ⅴ种情况，短期和长期的生产能力都同需求量相一致，这是最理想的情况。

第Ⅵ种情况，短期生产能力不足，但长期看，能力与需求基本相符。这时可以采取一些临时性外协、加班加点等措施来解决。

第Ⅶ种情况，短期能力有富余，但长期来看，能力不足。应当利用当前任务较轻的有利时机，抽出力量进行技术改造、职工培训等，以扩大今后的生产能力。如尚有富余，也可以承接一些临时性协作任务或提前做一些生产准备工作。

第Ⅷ种情况，短期能力与需求基本相符，但从长期看将发生能力不足的情况。要早做准备，在完成当前任务的同时，挤出力量进行技术改造和职工培训。

第Ⅸ种情况，从短期和长期来看，能力都满足不了需求。可以采取组织专业化生产、进行技术改造、签订长期的外包协作合同等措施来解决。

5.2 能力方案的评估与选择

通常情况下，企业可以选择多种方案满足其能力需求。在固定资产方面，企业是通过自己新建厂房、购买设备形成产能，还是通过并购方式获得已有企业产能？是通过租赁方式获得已有企业产能使用权？还是通过外包的方式利用别人的产能？在人员方面，企业需要在正式工和临时工之间进行决策，还需要在不同技能类型之间进行决策。在应对市场需求波动时，企业需要在采用库存还是加班来满足高峰需要之间进行决策。这就涉及对能力方案的评估与选择问题。本节将涉及能力方案评估与选择的几种方法，主要包括最小费用法、盈亏平衡分析法、期望值法、决策树、学习曲线。

5.2.1　最小费用法

企业能力的形成必然会涉及成本费用。不同的能力方案，厂房、设备、设施、场地等一次性投资不同，方案实施运营后的年成本费用，包括年原材料消耗、燃料动力消耗、折旧摊销、人工费、维修费、资金成本、管理费用等必然也不同。其中，与企业能力（产出量）直接相关，随着企业产出变化而变化的成本费用叫可变成本，如年原材料、燃料动力、计件人工费等；而无论企业提供多少服务或生产销售多少产品，都必须支付的成本费用为固定成本，如年折旧摊销、维修保养费、固定工资、资金成本、管理费用等。

能力方案的年成本费用计算公式如下：

$$\mathrm{TC}=F+v\times Q \tag{5.4}$$

式中：TC 为年成本费用；F 为年固定成本；v 为单位产品（如客户、运输次数）可变成本；Q 为年产出量（如服务总客户量、运输总次数）。

一般来说，若不同能力方案产出相同，则把年成本费用作为判断标准，费用最小方案即最优方案。若不同能力方案产出不同，则可以计算各能力方案单位产品年成本费用，费用最小的能力方案即最优方案。甚至可以考虑资金时间价值后，计算并比较不同能力方案带来的净现值（将全部的未来收益或费用折算成现值，参看相关书籍）以确定各能力方案的优劣。

通常情况是计算不同能力方案的无差异点，即成本相等时对应的能力，并根据不同的工作量做出不同能力方案的判断决策。

5.2.2　盈亏平衡分析法

通常，对于能力方案的评估与选择可以运用盈亏平衡分析法。盈亏平衡分析也叫量本利分析，这种方法通过综合考虑不同能力方案的产量、成本和利润三者间的关系，计算出不同能力方案的盈亏平衡点（产量）。盈亏平衡点是多少对管理者来说很重要，因为一旦业务量超过盈亏平衡点，就表示公司开始挣钱了。

盈亏平衡点（break-even point ，BEP）的表达形式有多种。它可以用实物产量（规模）Q、单位产品售价 P、单位产品可变成本 v 以及年固定成本 F 等总量表示，也可以用生产能力利用率（盈亏平衡点率）等相对量表示。根据成本 C、收入 B 与产量 Q 之间是否呈线性关系，盈亏平衡分析可分为线性盈亏平衡分析和非线性盈亏平衡分析。

一般只进行简单的线性分析。线性盈亏平衡分析的假设是：

① 产量＝销量，用 Q 表示（生产多少就销售多少，即生产量等于销售量）；

② 总成本 TC 是产量的线性函数，即 $\mathrm{TC}=F+v\times Q$；

③ 一定条件下，产品销售单价 P 不变，产品总销售收入 TB 为产量的线性函数，即 $\mathrm{TB}=P\times Q$；

④ 一定条件下，单位产品销售税率 t 不变，总销售税金 TT 为产量的线性函数，即 $\mathrm{TT}=P\times Q\times t$。

具体关系如图 5-4 所示。

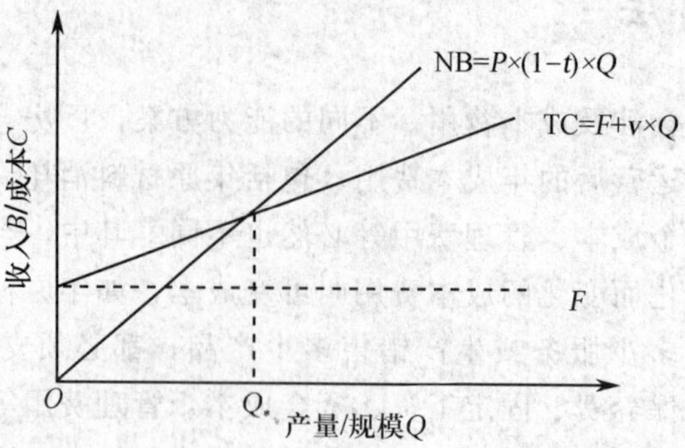

图 5-4 线性盈亏平衡分析示意图

因此，各能力方案的销售净收入 $NB=TB-TT=P\times Q-P\times Q\times t=P\times(1-t)\times Q$

故利润 $M=NB-TC=P\times(1-t)\times Q-(F+v\times Q)$

令利润 $M=0$，则：$Q_*=\dfrac{F}{P\times(1-t)-v}$

Q_* 即盈亏平衡产量，盈亏平衡点，项目不盈不亏的规模，是企业必须要达到的最低产量，否则就要亏本。一般可以根据不同方案的盈亏平衡点产量，并对比其市场需求及设计产能进行方案判断选择。设计产能达不到盈亏平衡产量的方案必须舍弃。

盈亏平衡点产量与设计产能的比率其实是用生产能力利用率表示的盈亏平衡点，即盈亏平衡的生产能力利用率。如果一个产能方案的盈亏平衡生产能力利用率越低，说明该方案越容易达到盈亏平衡产量，则风险越小。不同能力方案下的盈亏平衡点不同，也就说明不同的产能方案代表的风险和机会不同。

5.2.3 期望值法

在需求不确定的情况下，企业可以采用期望值法进行能力方案的决策。所谓期望值法是指根据未来几种需求可能发生的概率，计算出各能力方案的损益期望值，并以此作为方案比较选优的依据。具体步骤为：

① 调查分析出不同的可能需求情况；

② 确认各种需求情况的概率；

③ 计算各种方案的期望值。将各种需求情况的财务数据（成本、收入或利润）乘以对应情况的概率，然后加总就得到了期望值。各能力方案损益值的期望值可按下式计算：

$$E(A_i)=\sum_{j=1}^{k}R_{ij}\times P(S_j) \tag{5.5}$$

式中：$E(A_i)$ 为第 i 个能力方案损益值的期望值；R_{ij} 为第 i 个能力方案在第 j 种状态下的损益值；$P(S_j)$ 为第 j 种状态发生的概率。

计算出各能力方案损益值的期望值后，可根据决策目标来进行方案选择。当决策目标是收益最大时，应选 max ｛$E(A_i)$｝所对应的方案；当决策目标是损失最小时，应选 min ｛E

$(A_i)\}$所对应的方案。

5.2.4　决策树

作为一种可视化的决策工具，决策树经常用于企业能力方案的选择。简单说，决策树是把能力方案的一系列因素按它们的相互关系用树状结构（图 5-5）表示出来，再按一定程序进行优选和决策的方法。决策树最大的优点是能够让使用者看清楚决策和可能结果之间的相互关系。

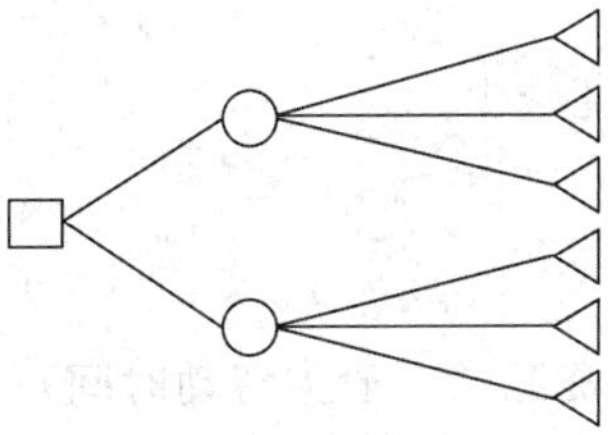

图 5-5　决策树示意图

图中：□为决策点，从它引出的分枝为策略方案分枝，分枝数反映可能的策略方案数；○为方案节点，节点上方注有该策略方案的期望值，从它引出的分枝为概率分枝，每个分枝上注明自然状态及其出现的概率，分枝数反映可能的自然状态数；◁为随机事件节点，又称“末梢”，它的旁边注有每一策略方案在相应状态下的损益值及其发生的概率。

采用决策树应遵循的基本原则如下：

① 从决策节点开始从左向右绘制决策节点、方案枝、方案节点、各种可能发生的随机事件、各随机事件的节点，并标明其可能发生的概率。

② 计算每一个小分枝的财务结果，然后根据各小分枝的概率，计算各节点所有分枝的加权平均值。计算过程从右向左依次进行，在策略方案节点上计算该方案的期望值，在决策点上比较各策略方案的期望值并进行决策。

5.2.5　学习曲线

学习曲线也叫经验曲线、学习效应等。当某人或某组织、某行业重复地完成某项产品生产（任务）或提供某种服务时，生产者或服务者就能更多地了解如何生产该产品或提供该服务，从生产或服务中获得的经验也就越多。完成单位产品或服务所需的时间会随着产品生产或服务数量的增加而逐渐减少，而且累计产量每增大一倍，生产这种产品或提供服务所需的直接劳动时间就减少一个固定的百分比（学习率），时间的减少服从指数分布然后趋于稳定，如图 5-6 所示。

例如，一个人在进行一项工作时第一次需要 10 min，第二次需要 8 min，则其学习率为 0.8。某制造企业的一条“80％学习曲线”说明，该公司生产第二件产品的时间是生产第一件产品时间的 80％，生产第 200 件产品的时间是生产第 100 件产品时间的 80％，生产第 400 件产品的时间是生产第 200 件产品时间的 80％。依此类推，随着累积产出每增加一倍，所

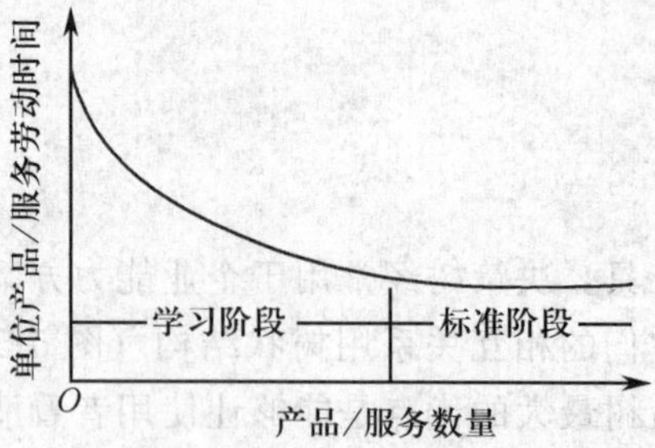

图 5-6 学习曲线示意图

需的投入时间以固定的 20%的幅度减少。

学习曲线的公式如下：

$$T_n = T_1 \times n^b \tag{5.6}$$

式中：T_n 为第 n 单位产出所需的资源（一般为劳动时间）；T_1 为第 1 单位产出所需的资源；b 为 ln(学习率) /ln2。

学习率即学习的速度，可以通过数学列表、数学对数或其他的一些曲线拟合方法得到，这取决于可利用数据的形式及多少。学习率为 1.0 等于没有学习。

学习率的估计方法：一是根据本企业过去生产过的类似产品进行估计；二是使用该产业的平均学习率。需要注意的是，不能盲目地接受产业平均学习率。另外，企业产品生产流程中人与设备的工作时间比例、产品的复杂性以及资本投入比率等因素也会对学习率有影响。

学习曲线理论表明，随着人员和系统通过学习提高了工作效率，生产率水平会以某种可预知的速度得到提高。由生产率=产出/投入可知，当企业资源投入保持不变时，提高生产率即可以同样数量的资源获得更多的产出，或者以更少的资源获得同样的产出，即提高了企业的有效能力。所以当企业中存在学习效应，管理者在制定能力方案决策时，必须对这些学习效应进行估计，否则管理者可能会过高估计满足未来需求所需要的能力。当然，不管某项工作重复多少遍，完成这项工作所需要的时间都存在一个最小值，因此学习曲线效应存在一个有效的范围。

5.3 流程能力分析

本节主要讨论业务流程对系统能力产生的影响问题。例如，考虑这样一个业务流程：服务加工对象（人或产品）在离开流程之前，必须经过几个不同的步骤，各步骤的能力如何影响总体流程的能力？到达时间和服务加工时间的变动对库存水平和服务加工对象在系统中停留的时间有何影响？库存水平、流程时间和流程能力之间存在什么样的关系？这些都是重要而复杂的问题。约束理论和排队理论可以用来分析这些问题。

5.3.1 约束理论的应用

约束理论（theory of constraints，TOC），也称制约理论或瓶颈理论，与精益生产、六西格玛并称全球三大管理理论，由以色列物理学家、企业管理大师艾利·高德拉特（Eliyahu M. Goldratt）博士与 20 世纪 80 年代提出。约束理论是基于这样的一种认识：许多产品和服务需要经过一系列相互连接的流程的处理，这些流程步骤可以存在于一个企业内部，也可以延伸到多个企业（即供应链）。每一个流程步骤都有其自身的能力水平。在任何情况下，总是存在一个流程步骤会制约整个链条的有效产出，这个流程步骤称为约束。在有约束流程的情况下，增大其他任何流程步骤的能力均不会提高整个流程链的产出水平。所以，可以立足于企业系统（或供应链系统），通过聚焦于瓶颈的改善达到系统各环节同步，以改善整体能力目标。

从图 5-7 简单的例子可以看出，流程 3 制约了整条链的产出水平。整条链的产出水平为 40 单位/h。流程 1 和流程 2 产出水平高于 40 单位，只会导致库存积压在流程 3 之前。而流程 3 的产出量制约了流程 4 的产出量，导致流程 4 每小时只能产出 40 单位。

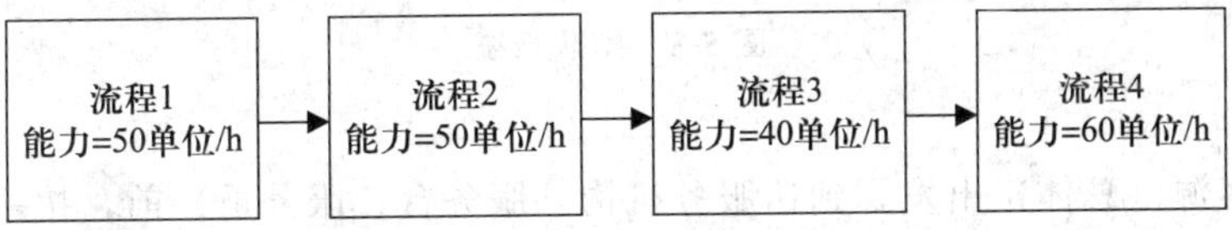

图 5-7　产出约束环节（流程 3）的控制

约束理论提出了管理流程约束和产出量的 5 个核心步骤：

第一步，找出系统中的约束。约束可能存在于链上的任何地方（企业内部、供应链上游或下游企业）。当约束出现在企业外部时，称之为外部约束，反之为内部约束。以图 5-7 为例，假设客户的购买速度为 30 单位/h，在这种情况下，约束是外部需求，而不是流程 3。按约束排序，更加快速找出约束流程或环节，确定核心（约束环节解决的优先序）。

第二步，最大限度利用约束，即决定如何挖尽约束。约束环节每小时的产出损失就是整个链条每小时的产出损失。因此，企业必须加强约束环节的管理，确保约束环节客户流或产品流的通畅。

第三步，使企业的所有其他活动配合、服从、迁就约束环节。如果在约束环节的能力利用和其他环节的绩效改善之间发生冲突（如降低上游环节的库存导致约束环节缺料），管理者必须清楚，因为约束环节决定产出水平，必须提出有针对性的措施来配合约束环节。

第四步，打破约束，提升约束的产能。如果企业想要提升产出水平，就必须想方设法提高约束环节的能力。

第五步，重返第一步，找出新的约束。当约束环节的有效能力得到了提升，该环节可能就不再是约束了（如果学过网络计划中的关键线路法，可以用此思路思考）。此时，管理的重点应该是转移和寻找新的约束，持续改善系统的有效能力。

5.3.2　排队理论的应用

生活中我们每个人可能都有很多排队的经历，如到医院就诊、购物收银、餐馆就餐、汽车加油，甚至打电话占线等，所以大家都能体会到服务系统的能力与排队之间的关系。如果顾客希望得到某种服务，但在某时刻要求服务的数量超过服务机构（服务台、服务员）的容量时，就会出现排队现象。出现了排队现象，如果增添服务设备，就要增加投资或发生空闲浪费；如果服务设备太少，排队现象就会严重，降低服务水平。因此很多企业会考虑如何在两者之间取得平衡，而排队理论可以解决这样的问题。

1. 排队过程的一般表示

排队过程一般可用图 5-8 表示。

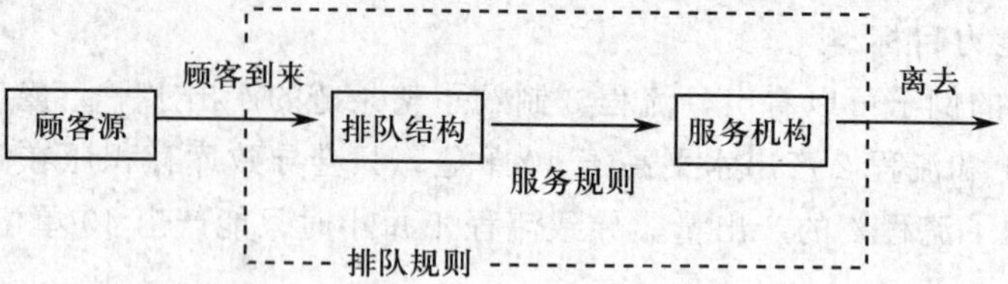

图 5-8 排队系统

顾客由顾客源（总体）出发，到达服务机构（服务台、服务员）前，按一定的规则、次序进行排队等候、接受服务，服务完了后就离去。表 5-4 列出了几种排队的例子。

表 5-4 几种排队的例子

到达的顾客	要求服务的内容	服务机构
不能运转的机器	修理	修理工
病人	诊断或手术	医生
电话呼唤	通话	交换台
到达机场上空的飞机	降落	跑道指挥机构
河水进入水库	放水，调整水位	水闸管理员

2. 排队系统的组成和特征

排队系统一般由输入过程、排队规则、服务机构组成。

（1）输入过程

排队系统的输入过程指顾客到达排队系统。顾客总体的组成可以是有限的，也可以是无限的；顾客到来的方式可以是逐个的，也可以是成批的；顾客相继到达的间隔时间可以是确定的，也可以是随机的；顾客到达可以是相互独立的，即到达的情况对以后顾客的到达没有影响，也可以是关联的；输入过程可以是平稳的，即描述相继到达的间隔时间分布和所含参数（期望值、方差）与时间无关，也可以是非平稳的。

（2）排队规则

服务系统提供服务一般有两种状况：一种是即时制，即顾客到达时，若所有的服务台都正被占用，顾客可随即离去（如市内电话呼唤）；另一种是等待制，即排队等候。对于等待制，一般有下列规则。①先到先服务：即按到达次序接受服务；②后到先服务：如乘电梯是后进先出，又如在情报系统中，最后到达的信息往往是最有价值的，常最先被采用；③随机服务：指服务员从等待的顾客中随机地选取其一进行服务，而不管到达的先后，如电话交换台接通呼唤的电话；④有优先权的先服务：如医院对重病患者给予优先治疗。

从占有空间看，有的队列是具体的，也有的是抽象的；有的系统要规定容量的最大限制，有的则认为容量可以是无限的。从队列的数目看，可以是单列，也可以是多列。

（3）服务机构

服务机构可以没有服务员，也可以有一个或多个服务员（如自选商场，选购时没有服务员，交款时有多个服务员）；在有多个服务台的情形，它们可以是平行排列的，也可以是前后排列的，还可以是混合的；服务方式可以是为单独顾客服务，也可以是为成批顾客服务（公共汽车或飞机对站台或飞机上的顾客成批服务）；服务时间可以是确定的，也可以是随机的；服务时间的分布可以是平稳的（即分布的期望、方差不受时间的影响），也可以是非平稳的。图 5-9 是不同类型的服务机构。

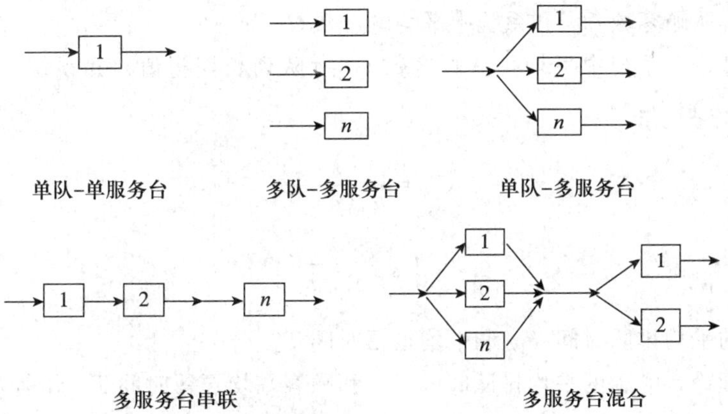

图 5-9　各种服务机构的情况

3. 单服务台（M/M/1）排队系统的主要数量指标

一般来说，企业管理者关注的排队问题重点包括：①服务窗口忙碌的时间在营业时间中占多大比例？②平均每个客人需要排队多长时间？③平均有多少客人处于排队状态？④这些平均数据如何受客人到达率和服务人员服务速度的影响？下面就一一进行分析。

（1）客户到达率 λ

在大多数排队模型中，假设客户按泊松分布随机到达。在 T 期内到达 n 位客户的概率计算如下：

$$P_n=\frac{(\lambda T)^n}{n!}\mathrm{e}^{-\lambda T} \tag{5.7}$$

式中：P_n 为在 T 期内到达 n 位客户的概率；T 为期数；λ 为客户到达率。

（2）服务时间 V 及平均服务率 μ

服务时间即在忙期相继离开系统的两顾客的间隔时间。在排队模型中一般假设服务时间是变动的。若假设每位客人需要的服务时间 V 服从指数分布，μ 表示平均服务率，即单位时间能被服务完的顾客数，$\mu=\frac{1}{E(V)}$，则 V 的分布函数 F_V 和密度函数 f_V 分别为：

$$F_V=1-e^{-\mu T} \quad (5.8)$$

$$f_V=\mu e^{-\mu T} \quad (5.9)$$

(3) 系统平均利用率 ρ

假设客户接受服务的顺序遵循先到先服务的原则；客户人数无限；一旦进入系统，不管队伍有多长或要等多久，客户都会留在系统内，直到接受服务为止。定义相同时间区间内顾客到达的平均数与能被服务的平均数之比为系统平均利用率或服务强度，则系统平均利用率 ρ 为：

$$\rho=\frac{\lambda}{\mu} \quad (5.10)$$

(4) 平均排队顾客数 C_W 和系统中平均顾客数 C_S

根据排队理论，系统中平均排队顾客数 C_W（队列长期望值）和系统中平均顾客数 C_S（队长期望值）分别为：

$$C_W=\frac{\lambda^2}{\mu(\mu-\lambda)} \quad (5.11)$$

$$C_S=\frac{\lambda}{\mu-\lambda} \quad (5.12)$$

(5) 顾客的平均排队时间 T_W 和平均逗留时间 T_S

根据排队理论，顾客的平均排队时间 T_W 和顾客平均逗留时间 T_S 分别为：

$$T_W=\frac{\lambda}{\mu(\mu-\lambda)} \quad (5.13)$$

$$T_S=\frac{1}{\mu-\lambda} \quad (5.14)$$

【例题 5-2】外卖服务系统

某快餐外卖窗口（只有一个）每分钟到达 4 位客人，每分钟服务 5 位客人。如果客人到达数服从泊松分布，试根据这些数据估算外卖窗口：

①系统中平均客人数；②系统中平均排队客人数；③客人在系统中的平均排队时间；④客人在系统中的平均时间；⑤系统平均利用率。

根据题意可知，平均到达率 $\lambda=4$，服务率 $\mu=5$

则：系统中平均的排队客人数$=\frac{\lambda^2}{\mu(\mu-\lambda)}=\frac{4^2}{5(5-4)}=3.2$(人)

系统中平均客人数$=\frac{\lambda}{\mu-\lambda}=\frac{4}{5-4}=4$(人)

客人在系统中的平均排队时间$=\frac{\lambda}{\mu(\mu-\lambda)}=\frac{4}{5(5-4)}=0.8(\text{min})$

客人在系统中的平均时间$=\frac{1}{\mu-\lambda}=\frac{1}{5-4}=1(\text{min})$

系统平均利用率$=\frac{\lambda}{\mu}=\frac{4}{5}=80\%$

说明外卖窗口 80%的时间是繁忙的（被利用的），有 20%的时间是空闲的。

4. 排队系统的经济分析

有时还需要对排队系统进行经济分析。定量上看，若增加人员和设施可以提升服务能力，但同时会增加成本，这些成本包括服务人员的工资、服务设施（如收款台、售票窗口、交通工具等）的折旧费、维修费、管理费。而放任排队等候，则会出现与等待服务有关的成本，包括：支付给等待服务员工（如等待卸货的卡车司机等）的工资；与预设等待空间（如银行的大厅、机场的候机室等）有关的费用；顾客在接受服务前离开队列，甚至拒绝等待所导致的业务流失；商誉的降低；排队对其他业务所造成的干扰。

企业应该权衡上述问题，进行能力增加与否的决策。

本章小结

本章主要阐述了企业能力的重要性、内涵、度量指标、分类及测度，分析了影响生产运作能力的因素、扩能时机的选择策略及能力平衡策略，并给出了确定企业生产运作能力的几种方法，包括最小费用法、盈亏平衡分析法、期望值法、决策树、学习曲线，最后论述了约束理论及排队理论在流程能力中的应用。通过本章学习，不仅要了解企业运营能力对初始投资及日常经营成本的影响，而且要熟悉掌握关于企业运营能力的评价、决策及调整、平衡的方法。

讨论题

1. 通过举例讨论企业能力管理的重要性。
2. 通过举例分析不同类型的企业能力的衡量标准和影响因素。
3. 你认为急救中心应该采用哪种能力策略？提前策略、滞后策略，还是同步策略？车管所驾照申领中心呢？为什么？
4. 物流配送（或快递分拣）中心如何进行能力与需求的平衡？
5. 结合实际谈谈教材中列示的几种能力评估方法的具体应用。
6. 如何用排队理论解释服务业中服务员忙闲不均的现象？如何解决？

习题

1. 爱深海鲜公司需要将新鲜的海鲜运往附近城市的客户。公司的物流经理提出了 3 种运输方案：第一种方案是每次运货时，打电话找公共承运商，每次运输支付的费用为750元；第二种方案是公司租用冷藏车，物流经理估算租用3辆冷藏车年支付的租金为21 000元（包括保险和维修费），且不管公司运多少货，都必须支付这笔租金，但每次只需支付燃油费和司机工资，为50元；第三种方案是与当地一家承运商签订服务合同，每年支付5 000元的固定费用，承运商可以每次300元的费用为公司提供送货服务。公司3种能力方案的年固定成本、每次运输变动成本见下表。该公司该如何决策？

成本	公共承运商方案	租赁方案	合约承运商方案
年固定成本/元	0	21 000	5 000
每次运输变动成本/元	750	50	300

2. 健力饮料公司欲在北京的亦庄开设一家新厂以满足市场对该公司某种产品的新增需求。运营能力规划方案有3个：新增1条、2条或3条生产线。测算结果表明：3个方案所对应的固定成本分别是960万元、1 500万元和2 000万元人民币。成本-收益分析显示，单位可变成本为10元/箱，单位价格为40元/箱。产量规模与生产线的数量呈简单的线性关系，即3种方案的最大产能分别是30万箱、60万箱和90万箱。根据销售部的调查结果，市场对健力饮料公司这种饮料的需求不会超过65万箱。试根据上述信息对3种运营能力规划方案做出评价，并选出最优方案。（不考虑销售税金）

3. 某医院经统计，得到病人到达数服从参数为2.1的泊松分布，手术时间服从参数为2.5的负指数分布，即$\lambda=2.1$，$\mu=2.5$。求：

（1）在病房中的病人数（期望值）；

（2）排队等待病人数（期望值）；

（3）病人在病房中逗留时间；

（4）病人排队等待时间；

（5）医院的服务强度或利用率。

案例分析：有机蔬菜生产决策

小李和小王是大学同学，考虑到当前人们对食品安全问题的关注以及自己所学的农学专业，他们毕业后就到郊区流转了部分土地开办了有机蔬菜生产销售公司。经过5年的发展，公司已小有名气，打开了当地市场，与当地几个大型超市和高档社区超市建立了合作关系。目前他们想再流转部分土地，扩大生产规模。现有3种建设方案可供决策：大型扩建、中型扩建、小型扩建。大型扩建，产品销路好可获利500万元，产品销路差则亏损220万元；中型扩建，产品销路好可获利300万元，产品销路差可获利40万元；小型扩建，产品销路好可获利200万元，产品销路差可获利60万元。根据以往经验，有机蔬菜销路好的概率为0.7，销路差的概率为0.3。

【问题】

1. 为 3 种能力方案绘制决策树，计算 3 种能力方案的期望值。

2. 在进行扩大生产规模前，他们还应该做哪些因素分析？

（目前市场需求、未来市场需求预测；不同方案的投资、成本费用）

参考文献

[1] 塞西尔·博扎思，罗伯特·汉德菲尔德．运营与供应链管理．3 版．邵晓峰，译．北京：中国人民大学出版社出版，2014.

[2] 虞镇国，严素静．生产管理．2 版．杭州：浙江大学出版社，2004.

[3] 陈荣秋，马士华．生产与运作管理．2 版．北京：高等教育出版社，2005.

[4] 黄娟．生产运作管理．成都：西南财经大学出版社，2010.

第 6 章　全面质量管理

引言

近一个世纪以来，质量始终是运营与供应链管理领域的主要支柱。质量是一个宽泛而又复杂的话题，涉及从企业实践到具体统计工具运用的所有方面。本章的目的在于，向读者介绍当今企业环境下的不同质量概念，以及企业用于提高和监控质量水平的一些工具和技术。

由于质量涵盖的内容十分广泛，因此我们对本章进行了精心安排，先从宏观层面对质量问题进行描述，然后详细介绍质量控制的具体工具和技术。当你阅读本章内容时，请注意从宏观层面的质量观念到具体的工具和技术的结构，不管将来在企业的哪个部门工作，你都应该能够讨论和理解这些层面的质量问题。或许你会发现，质量管理和第 4 章讨论的业务流程管理有很大的相似之处。其实，这并非偶然，业务流程管理所采用的许多观念、工具和技术最初都来源于质量管理。

6.1　质量管理基本概念

6.1.1　质量定义

我们在讨论质量时，首先必须了解两种不同但又相互依赖的质量观念：价值观念和一致性观念。美国质量学会对质量分两部分给出了定义，从中也可以看出该协会对这两种质量观念的认可：

① 产品或服务所拥有的，与满足明确需要的能力有关的特征（价值观念）。

② 没有缺陷的产品或服务（一致性观念）。

价值观念（value perspective）认为，在某种程度上，质量必须根据特定产品或服务的特征与具体使用者的需要之间的匹配程度加以判断。这与著名的质量管理专家约瑟夫·朱兰的观点一致，朱兰将质量定义为“适合使用”。

美国质量管理专家菲利普·克劳斯比从生产者的角度出发，曾把质量概括为产品符合规定要求的程度；美国质量管理大师德鲁克认为质量就是满足需要；全面质量控制的创始人菲根堡姆认为产品或服务质量是指营销、设计、制造、维修中各种特性的综合体。综上所述，质量有两个方面的含义，即使用要求和满足程度。

请思考，如何使用价值观念来评估快餐店的食物质量？你可能会考虑订单履行流程的正确性（是否吃到了自己以为会吃到的东西）、服务的速度、食物的新鲜程度、价格等因素。另外，你评估快餐质量所采用的指标会与评估四星级酒店的食物质量有很大的不同。构成质量的因素会随情况不同而不同，也会随个人的不同而不同。

哈佛商学院的戴维·加尔文提出了用户评估产品或服务质量的 8 个指标：

① 性能。产品或服务的基本运行特征是什么？

② 特性。除基本的性能运行特征外，产品或服务还具有哪些额外的特征？

③ 可靠性。产品在两次失效之间或维修之间能持续多长的时间？

④ 耐用性。产品的有效寿命是多长？在连续或过度使用的情况下，产品能否保持良好状态？

⑤ 一致性。制造的产品或提供的服务是否符合规格要求？

⑥ 美观。产品或服务在感官上是否有吸引力？

⑦ 可维修性。产品或服务是否容易维修、保养或提供支持？

⑧ 感知质量。产品或服务的口碑或形象怎样？

表 6-1 举例说明了这些指标既适用于产品，也适用于服务。

表 6-1　产品或服务的质量指标——以新汽车和报税服务为例

质量指标	新汽车	报税服务
性能	牵引能力、最大载客量	税收准备所需的成本和时间
特性	配置、质保	提前支付退款支票、自动归档
可靠性	行驶多少里程需进行大保养	—
耐用性	发动机、变速箱、车身的期望有效寿命	—
一致性	汽车的缺陷数	纳税申报单的差错数
美观	车型、内饰、仪表的视觉和触觉	申报单的整洁性、告知客户的方式
可维修性	本地区是否有合格的机修工，一般保养需要多长时间和多少费用	如果需要查账，税务筹划公司能否与国税局联络
感知质量	二手车的价格如何	公司的声誉如何

表 6-1 中，并非所有的指标在所有的情况下都相关，而且对于不同的客户来说，这些指标的相对重要性也会不同。加尔文提出的指标提供了基本的框架。对于具体的情况来说，可能还会存在一些独特的质量指标。

质量的价值观念关注准确抓住最终用户的需要，一致性观念（conformance perspective）则关注生产的产品或提供的服务是否符合预期要求。通常，一致性质量是通过将实际产品或服务与预先设置的标准进行比较来加以评价的。

表 6-1 中，“汽车的缺陷数”和“纳税申报单的差错数”是一致性质量的两个指标。根据定义，缺陷或差错指产品或服务不能满足要求。从这两种质量观念我们可以发现，为了给用户提供高质量的产品或服务，企业必须做哪些事情。具体来说，企业必须做到以下几点：

① 了解哪些质量指标对用户而言最重要。

② 开发能满足用户要求的产品或服务。

③ 实施能满足用户要求驱动的具体要求的业务流程。

④ 检查以确保业务流程能满足具体要求。

根据以上 4 点，对例题 6-1 进行案例分析。

【例题 6-1】迪凯特信托银行

最近，迪凯特信托银行的管理层决定各分支营业厅在周六上午对外营业，但只提供部分服务业务，包括存取款、新账户开户、定期存单、个人退休账户开户等。

某个周六的早上，史蒂夫·沃尔顿来到银行。他想要办的业务有：①将一张 2 000 美元的到期定期存单提现；②在某支票账户中支取 1 000 美元；③将以上 3 000 美元存入个人退休账户，抵扣 2012 年的税金。在银行营业厅，美元相关的指示信息说明哪个工作人员可以提供这些具体的服务。在史蒂夫·沃尔顿排队 10 min 之后，银行出纳员告诉他坐在办公桌那边的工作人员负责办理这些业务。而办理这些业务的区域没有设置正式的客户等待区。在两个客户插到他前面办理完业务之后，史蒂夫最终大声地抱怨，要求接下来马上为他办理业务。

坐下来之后，史蒂夫向工作人员尼娜解释他所需要办理的 3 项业务。尼娜犹豫了一下，告诉史蒂夫，她以前从来没有为客户办理过个人退休账户开户业务。当史蒂夫建议找其他的工作人员来办理时，尼娜觉得问题也不大，如果她办理时出了差错，银行顶多需要 7 d 来更正，而且会打电话给史蒂夫。

于是，尼娜开始填写各种文件，不停地咨询其他工作人员。在等待尼娜花 35 min 处理文件工作之后，史蒂夫一脸不悦。尼娜也变得很紧张，她向史蒂夫道歉，解释道："他们告诉我今天坐在这里，但没有告诉我应该做什么。"

最终，尼娜完成了文件工作，把相关文件递给了史蒂夫。史蒂夫仔细查看了文件，没有找到任何说明可以表明存入的钱是用来申报 2012 年税收的。他问尼娜为什么会遗漏这一信息，但是尼娜觉得没有关系。于是，史蒂夫坚持要求找其他的工作人员对文件进行核实。银行值班经理吉姆查看文件之后，指出应该在表格上方输入"IRA-2012"的字样。在折腾了 1 h 之后，史蒂夫起身准备离开时，尼娜再次向史蒂夫保证，不用担心差错，银行会在一周内更正。

周二，史蒂夫收到了来自尼娜的信函，称："12 月 8 日周六，您在办理上述个人退休账户业务时，由于疏忽，在单据上同时打印了您和您妻子的名字。在一个账户中，不允许同时出现两个人的名字。请携带原始的单据来银行，我们将为您打印新的单据。这不会对账户产生任何影响。"

案例分析：案例中记述了史蒂夫·沃尔顿在迪凯特信托银行的经历。通过周六营业，并提供多种客户服务，迪凯特信托银行似乎在前两点上做得很不错——了解用户最看重的质量指标、开发服务满足用户需求。但是，在另外两点上，迪凯特信托银行存在明显的短板。营业大厅没有指示信息引导客户前往正确的窗口或等待区域，另外，迪凯特信托银行也没有给在职员工提供足够的培训。因此，史蒂夫·沃尔顿不得不等待很长的时间，而且最后银行提供的个人退休账户证明还有差错。

6.1.2 质量成本

质量领域的开创者曾试图将与提升质量水平相关的好处进行量化，其中一位开创者是约瑟夫・朱兰，他撰写了著名的《质量手册》一书。朱兰认为有 4 种与质量相关的成本：内部失效成本、外部失效成本、评估成本和预防成本。

内部失效成本（internal failure cost）是指由产品在交付给客户之前出现的缺陷所引起的成本，包括修理产品或对缺陷产品（或报废产品）进行返工所产生的费用，以及在这些活动上消耗的时间。你可能会猜到，这项成本不低。《商业周刊》的一项研究发现，典型的美国工厂将 20%～50%的运营预算花在发现问题和解决问题上。实际上，平均每 4 名工厂雇员中就有 1 名并没有生产任何新产品，而是忙于对缺陷产品进行返工处理。

如果缺陷在产品或服务交付给顾客之后才被发现，企业就会产生外部失效成本（external failure cost）。外部失效成本难以估计，通常会很高，因为外部失效成本不仅包括质保成本，而且包括丧失未来业务的成本，在某些情况下，还涉及高昂的诉讼成本。

企业应就评估成本、预防成本和失效成本进行权衡。评估成本（appraisal cost）是指企业评估其产品质量水平所产生的成本。典型的评估成本包括检验成本、产品或服务的抽样分析成本、客户调查成本等。

评估质量与预防缺陷不同。例如，制造商在发货之前可能会对产品进行检验，但是，除非制造商采取措施改善生产流程，否则缺陷水平不会改变。相反，预防成本（prevention cost）是指企业为了避免缺陷的产生而实际发生的成本，如员工培训的成本、供应商认证产生的成本、新流程的投资，以及设备的维护费用等。图 6-1 显示了这些不同的成本与缺陷水平之间的关系。

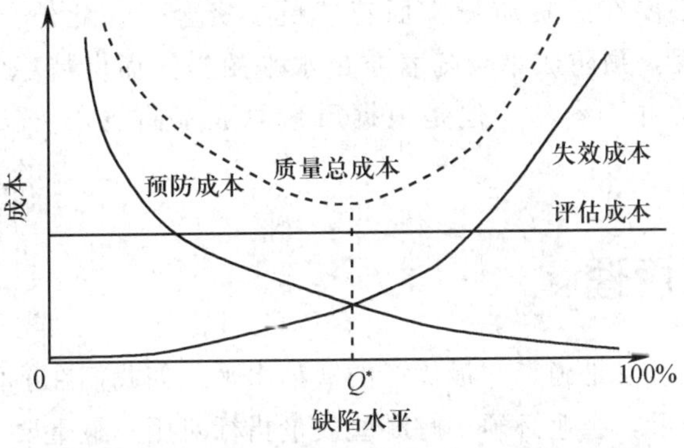

图 6-1　质量总成本（传统观念）

由图 6-1 可知，随着缺陷水平的下降，内部和外部失效成本逐渐降低，预防成本则以指数级的速度增加。预防成本快速增加的原因在于：随着缺陷水平的下降，发现并解决剩余的质量问题会变得越来越难。从图中可见，评估成本是一条水平直线，这是因为质量评估和缺陷水平之间没有直接关系。因此，尽管质量评估是必要的，但评估本身并不会提升质量。

将内部和外部失效成本、预防成本及评估成本相加，我们就可以得到质量总成本曲线（total cost of quality curve）。质量总成本曲线表明，存在某个最优的质量水平 Q^*，使质量总成本实现最小化。如果缺陷水平高于 Q^*，失效成本会急速增加，导致质量总成本上升；如果缺陷水平低于 Q^*，预防成本的增加幅度就会高于失效成本的下降幅度。

但是，随着研究的进一步深入，朱兰发现了与图 6-1 中的模式不符的现象，即随着企业流程改善到产品或服务无缺陷的点，评估成本会下降。实际上，此时已经没有必要对产品或服务进行缺陷检验。此外，当管理者和员工在发现问题和解决问题方面变得十分熟练时，预防成本会保持稳定（甚至会下降）。由于评估成本和预防成本曲线发生变化，质量总成本曲线会更像图 6-2 所示。在图 6-2 中，质量总成本最低时对应的缺陷水平为 0。

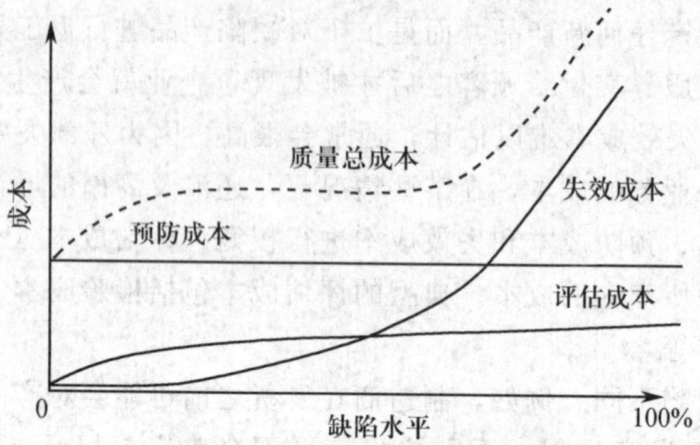

图 6-2　质量总成本（零缺陷观念）

但是，如何才能做到这一点呢？我们思考来自企业界的例子，许多公司都有供应商认证项目，企业通过与关键供应商合作来提高采购商品的质量。随着供应商供货质量的提高，采购企业就没有必要在进货质量方面花费更多资金了。此外，随着高质量标准逐渐融入供应商的业务流程，预防成本会随着质量水平的提升而保持稳定甚至下降。如图 6-2 所示，向图的左方移动并不容易，但是根据质量总成本曲线，从长期看，这必然会带来很高的回报。

6.2　全面质量管理

当然，质量管理不仅仅是确定“最优”的缺陷水平。如我们在前面提到的，从质量的价值角度和一致性角度来看，企业必须了解哪些质量指标对用户最重要；开发能满足用户要求的产品和服务；实施能满足由用户要求驱动的具体要求的业务流程；检查以确保业务流程确实能满足具体要求。

为了实现以上要求，企业内部的所有人员必须应对企业所有业务流程中的质量问题。从设计到制造、配送，企业必须具备能够交付优质产品和服务的流程和人员。

通常，这一管理方法称为全面质量管理。全面质量管理（total quality management, TQM）是对整个企业进行管理，从而实现企业在客户关注的所有质量指标方面都有卓越表现。全面质量管理是一个广义的概念，学生一般难以理解其含义。实际上，我们可以将全面质量管理看作一种企业哲理，以下列 7 条核心思想或原理为基础：

① 以客户为中心。

② 领导参与。

③ 持续改善。

④ 员工授权。
⑤ 质量保证。
⑥ 供应商合作关系。
⑦ 战略质量规划。

6.2.1　以客户为中心

全面质量管理首先需要员工从客户的角度来看问题。如果员工不了解客户对产品或服务的实际感觉，就会疏远客户。在某些情况下，员工可能并不会与外部客户直接接触。但是，每一位员工都有“客户”，其期望必须得到满足，即使这个客户可能是企业内部客户。

供应链链接

马尔科姆·鲍德里奇国家质量奖

马尔科姆·鲍德里奇国家质量奖（Malcolm Baldrige National Quality Award）由美国总统每年颁发给在以下几个方面表现杰出的企业、教育机构和医疗机构：

领导力；
战略规划；
客户和市场方面；
评估、分析和知识管理；
人力资源方面；
流程管理；
经营业绩。

1987 年，美国国会设立了这一奖项，用于嘉奖美国组织机构在质量和绩效方面所取得的成绩，提高社会对质量和绩效重要性的认识。美国商务部国家标准与技术协会（National Institute of Standards and Technology，NIST）负责马尔科姆·鲍德里奇国家质量奖的管理工作。鲍德里奇绩效标准可为组织提供改善总体绩效的框架。

6.2.2　领导参与

如果企业对全面质量管理思想予以重视，首先高层必须做出改变。管理者应该向所有员工传达质量依赖于企业每一位员工的思想。为了启发和引导管理者，爱德华·戴明（W. Edwards Deming）提出了“管理 14 条”，作为改善质量的指导原则：

① 持之以恒地改进产品和服务；
② 采用（持续改善）新的观念；
③ 停止依靠大规模检验去获得质量，采用统计方法；
④ 舍弃只以价格为基础的采购习惯；
⑤ 不断地发现和解决问题；
⑥ 实施现代培训方法；

⑦ 实施现代监管方法；

⑧ 排除恐惧——促进统一的企业态度；

⑨ 消除部门之间的障碍；

⑩ 取消不提供方法的目标管理；

⑪ 取消标准定额管理；

⑫ 取消打击员工工作情感的考评；

⑬ 鼓励学习和自我提高；

⑭ 采取行动实现转变。

为了推动其质量思想，戴明强调管理者应承担起质量问题的最终责任。为了获得成功，管理者必须关注整个组织，从而在客户关注的所有质量指标方面取得优异的结果。

6.2.3 持续改善

持续改善（continuous improvement）意味着永远不能满足于现状，并假设企业不论多么优秀，总会存在改善的空间。思考一个例子：尽管在2007—2010年，美国国内航班错误处理的行李数量有了显著减少，但是2010年前9个月，仍有150万件行李在托运过程中丢失了。如果每件行李的失效成本为100美元，那么航空公司的总损失高达1.5亿美元。

6.2.4 员工授权

传统的企业观念认为，公司的高层执行官负责战略思考，中层管理者负责监管，其他员工则负责具体工作，而不是思考。然而，在实施全面质量管理的企业中，质量是每一个人（从CEO到一线员工）的工作。员工授权（employee empowerment）意味着赋予员工管理质量所需的责任、权利、培训和工具。一个很好的例子是，对员工进行六西格玛方法和持续改善工具方面的培训（见第4章）。

6.2.5 质量保证

质量保证（quality assurance）指企业采取具体措施，确保公司的产品、服务和流程满足客户的质量要求。质量保证活动贯穿整个企业。质量保证的一种方法是，在产品设计阶段采用质量功能配置方法（quality function deployment，QFD），将客户要求转化为产品开发和生产各阶段的技术要求。

质量保证的另一种方法是统计质量控制（statistical quality control，SQC）。SQC采用基础的统计方法，辅助企业评估质量水平。其他的质量保证措施还涉及“防错”——对流程进行精心设计，消除错误产生的可能，以及采用训练有素的团队对供应商进行质量审查。

6.2.6 供应商合作关系

企业必须将全面质量管理工作延伸到供应链合作伙伴。如果供应链成员对全面质量管理缺乏共同的承诺，质量就会受到影响，因为供应商的物料和服务最终会成为公司产品或服务的一部分。为了确保供应商达到期望的要求，管理者必须对供应商的绩效进行严格监控，在必要时采取相应措施以确保质量得到改善。例如，沃尔玛采取的全球供应商管理方法。

6.2.7 战略质量规划

没有大量、持续的精力投入，全面质量管理不可能实现。精心制定的战略质量规划（strategy quality plan）可以为企业提供远景、指导和评估，驱动质量工作向前推进，在必要时进行方向性的调整。这样的规划一般涉及未来的几年时间，需制定一系列目标。然而，战略质量规划也应该确立短期可评估的季度（3 个月）目标。

每个季度，企业高层管理人员应检查企业的质量绩效是否达到目标，并采取措施，保持成绩和弥补失败。包括各流程负责人的跨职能团队负责实施行动计划。流程负责人应负责在具体日期实现具体目标，在每一次团队会议中，团队成员应评估进度，检查是否达到预先确定的目标、是否按计划时间完成。

6.3 统计质量控制

在本章开始的时候我们提到，企业必须：

① 了解哪些质量指标对用户而言最重要；

② 开发能满足用户要求的产品和服务；

③ 实施能满足由用户要求驱动的具体要求的业务流程；

④ 检查以确保业务流程确实能满足具体要求。

统计质量控制（SQC）的目标直接针对这 4 个问题——确保企业的现有流程满足具体要求。简单地说，SQC 是将统计技术应用于质量控制。在本节，我们介绍一些常用的 SQC 应用，并举例说明如何运用基本的统计概念分析质量问题。

6.3.1 流程能力

企业如何了解其业务流程能否满足特定的质量标准？其中一种方法就是将对流程提出的要求和流程的实际产出结果进行比较。评价流程能力的一个简单指标是流程能力比率（process capability ratio），用 C_p 表示：

$$C_p=\frac{UTL-LTL}{6\sigma} \tag{6.1}$$

式中：UTL 为偏差上限；LTL 为偏差下限；σ 为分析变量的流程标准差。

偏差上限（upper tolerance limit，UTL）和偏差下限（lower tolerance limit，LTL）表明分析指标可以接受的数值范围，如重量、温度或时间。通常，工程部、客户或其他方会设定 UTL 和 LTL 的值。分析变量的流程标准差 σ 的真实值很难知道，因此通常采用观察样本进行估计。估计值 $\hat{\sigma}$ 的计算如下：

$$\hat{\sigma}=\sqrt{\frac{\sum_{i=1}^{n}(\overline{X}-X_i)^2}{n-1}} \tag{6.2}$$

式中：$\overline{X}$ 为样本平均值；X_i 为第 i 个观察值；n 为样本数。

偏差上下限差距越大、σ 值越小，C_p 值就会越大；偏差上下限差距越小、σ 值越大，C_p 值就会越小。C_p 值越大，表明流程能力越强。

为了说明问题，假设某流程的产出值服从正态分布。在这种情况下，根据统计理论，观察值落入流程均值 μ 的 $\pm 3\sigma$ 区间的概率为 99.7%。图 6-3 给出的正态分布列举了这一现象。

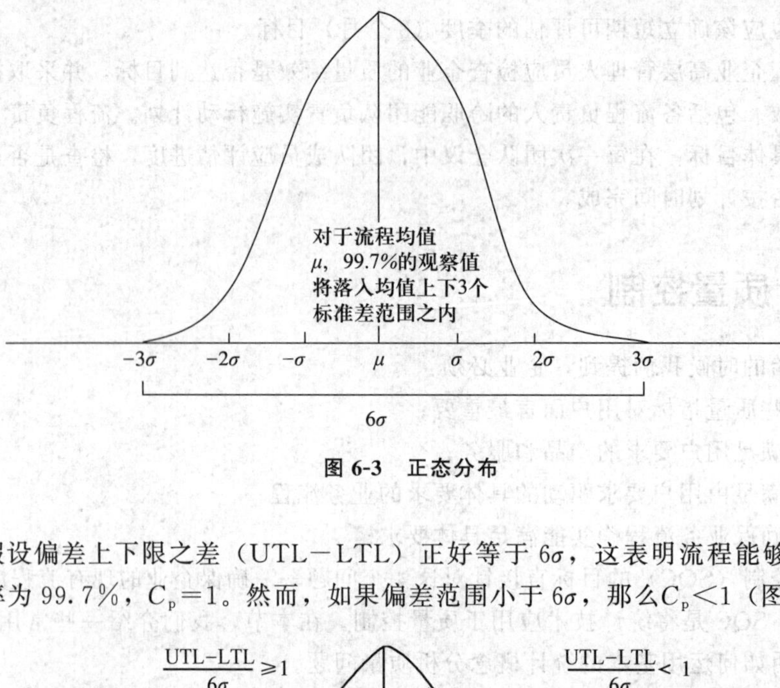

图 6-3 正态分布

现在假设偏差上下限之差（UTL－LTL）正好等于 6σ，这表明流程能够在偏差范围内运行的概率为 99.7%，$C_p=1$。然而，如果偏差范围小于 6σ，那么 $C_p<1$（图 6-4）。

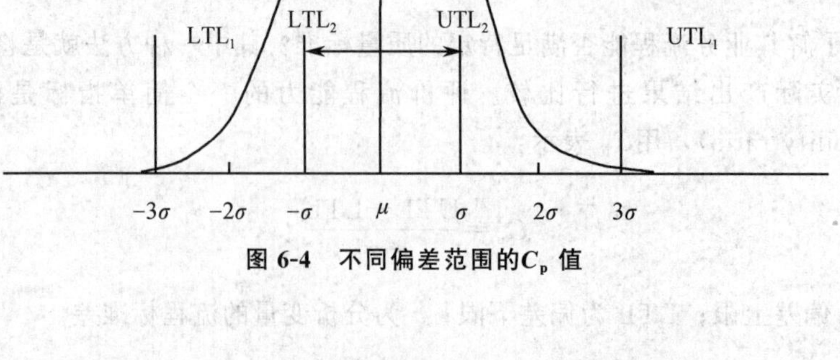

图 6-4 不同偏差范围的 C_p 值

有时流程均值并不恰好等于目标值。在这种情况下，我们采用流程能力指数（process capability index）C_{pk}，确定流程能否在 99.7%的时间内满足偏差范围的要求：

$$C_{pk}=\min\left(\frac{\mu-\mathrm{LTL}}{3\sigma},\ \frac{\mathrm{UTL}-\mu}{3\sigma}\right) \tag{6.3}$$

式中：μ 为流程均值；UTL 为偏差上限；LTL 为偏差下限；σ 为标准差。

【例题 6-2】博大轮轴公司的流程能力比率计算与分析

博大轮轴公司有一个客户需要直径为（25±0.02）cm 的轮轴。该客户提出，博大轮轴公司必须在 99.7%的情况下满足偏差范围要求。目前，博大轮轴公司生产的轮轴的流程均值为 25 cm ，标准差为 0.005 cm。博大轮轴公司能否满足该客户的要求？

UTL 和 LTL 分别为 25.02 cm 和 24.98 cm，因此，流程能力比率为：

$$C_p=\frac{\mathrm{UTL}-\mathrm{LTL}}{6\sigma}=\frac{25.02-24.98}{6\times0.005}=1.33$$

由于流程能力比率大于 1，博大轮轴公司实际上能够做到轮轴无缺陷的概率超过 99.7%。

【例题 6-3】美奂纺织公司的流程能力指数计算与分析

美奂纺织公司的工程师为关键的染色工艺流程提出了以下要求（1℉≈0.56 K）：

目标值=140℉，偏差上限（UTL）=148℉，偏差下限（LTL）=132℉。

偏差上限和下限的值是根据工程师的观察得到的，只要温度保持在 132～148℉，流程结果是可以接受的。目前，染色工艺的平均温度为 139.8℉，标准差为 2.14℉。由于流程的均值与目标值略微不一致，质量小组采用流程能力指数来评估流程能力：

$$C_{pk}=\min\left(\frac{\mu-\mathrm{LTL}}{3\sigma},\ \frac{UTL-\mu}{3\sigma}\right)=\min\left(\frac{139.8-132}{3\times2.14},\ \frac{148-139.8}{3\times2.14}\right)=1.21$$

即使流程均值偏离中心值，该流程仍能够在 99.7% 的时间内满足偏差范围要求。

6.3.2 六西格玛质量

我们之前已经讨论了六西格玛方法，现在来讨论六西格玛的质量指标。六西格玛质量（six sigma quality）的含义是将流程波动减小到流程能力比率大于或等于 2：

$$\text{六西格玛质量 } C_p=\frac{\mathrm{UTL}-\mathrm{LTL}}{6\sigma}\geqslant2$$

这相当于在偏差范围内涵盖 12 个或更多的标准差。对于产出结果服从正态分布的无偏离流程，相当于每 10 亿个产出中有 2 个缺陷（图 6-5）。

在现实中，大多数流程存在一定的偏离，会导致落在偏差范围之外的观察值的数量增加。因此，企业实践人员采用六西格玛质量的工作定义，允许偏离流程均值±1.5个标准差。这就导致允许缺陷水平上升到每百万个产出中有3.4个缺陷。不管怎样，你可以理解为什么这些企业喜欢将六西格玛质量水平作为企业的一个影响深远的量化目标。

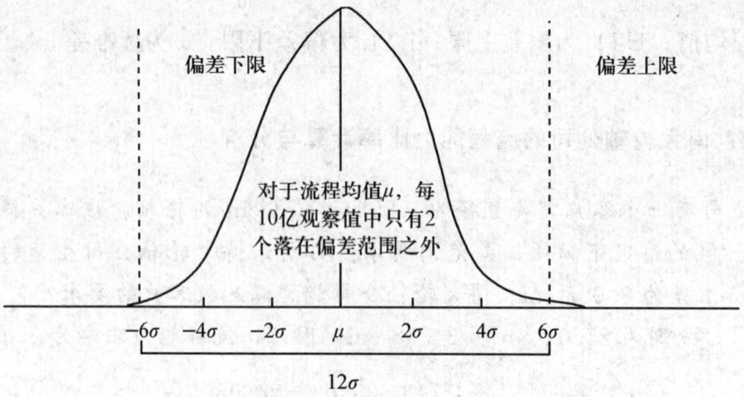

图 6-5 六西格玛质量

【例题 6-4】美奂纺织公司的六西格玛质量评估

美奂纺织公司对其染色工艺进行了重新矫正，现在，流程的均值正好为140℉，新的标准差为1.40℉。给定偏差上下限分别为148℉和132℉，染色工艺是否达到六西格玛质量水平？

流程能力比率的计算结果如下：

$$C_p = \frac{UTL - LTL}{6\sigma} = \frac{148 - 132}{6 \times 1.4} = 1.90 < 2$$

由于 $C_p < 2$，因此，该流程尚未达到六西格玛质量水平。为了实现六西格玛质量，公司需要进一步降低标准差。

6.3.3 控制图

与流程能力比率和流程能力指数相比，控制图（control charts）是专业的运行图，用于辅助企业跟踪关键指标随时间推移发生的变动。通过采用控制图，企业能够快速地确定流程是否处于"控制"状态，以便在失控状态下采取相应的措施。在详细介绍各类控制图之前，我们先回顾一下抽样和变量类型等概念。

1. 抽样

抽样的思想是，我们不需要对每一个流程结果进行检查来评估流程运行情况，只要利用选取的样本，就可以很好地了解流程运行情况。实际上，控制图以样本为基础。一般来说，好的样本具有以下特点：

① 每一个结果都有同等的被选为样本的机会。这通常通过随机取样来实现。

② 样本数应足够大，结果不会受单个观察值的过度影响。

2. 变量类型

大多数需要分析的测量值可以划分成两类：连续变量和属性。连续变量（continuous variables）是指能采用连续刻度测量的变量，如重量、长度、高度或温度。相比之下，属性（attributes）则是指具有或缺少某种特定特征。举例来说，假设某比萨连锁店承诺“在 30 min 之内，配送热的 16 in 大、1 in 厚的比萨”。前 3 个变量——温度、直径和厚度都可以采用连续刻度进行测量，因此这些变量是连续变量。准时配送则是一个属性，比萨要么在承诺的时间内配送到，要么没有准时配送到。

在对连续变量进行取样时，两个关键的指标是连续变量的样本平均值（sample average）$\overline{X}$ 和连续变量的取值幅度（range）R。$\overline{X}$ 和 R 的定义如下：

$$\overline{X}=\frac{\sum_{i=1}^{n}X_i}{n} \tag{6.4}$$

$$R=\text{样本最大值}-\text{样本最小值}$$

式中：n 为样本中观察值的个数；X_i 为第 i 个观察值。

样本平均值告诉我们变量的中心趋势，幅度则告诉我们有关变量的变动情况。

由于属性指具有或缺少某种特定特征，因此分析变量是具有某特定特征的样本比例。样本比例（proportion）p 计算如下：

$$p=\frac{\sum_{i=1}^{n}\alpha_i}{n} \tag{6.5}$$

式中：n 为样本中观察值的个数；$\alpha_i=0$（如果第 i 个观察值没有出现某种特征），1（如果第 i 个观察值出现了某种特征）。

【例题 6-5】迪诺洗发水公司连续变量的样本平均值和幅度的计算

迪诺洗发水公司抽取了 15 瓶洗发水，并测量了每瓶洗发水的容量（表 6-2）。

表 6-2　迪诺洗发水公司的样本结果

样本观察值	容量/UKfloz
1	16.41
2	16.21
3	16.57
4	16.88
5	16.86
6	17.02
7	15.85
8	16.43
9	16.83
10	16.17

续表6-2

样本观察值	容量/UKfloz
11	16.29
12	15.99
13	15.95
14	16.21
15	16.27
合计	245.94

注：UKfloz 为英液盎司的符号，1 UKfloz=2.841 3 mL。

样本平均值$\overline{X}=\frac{245.94}{15}=16.396$（UKfloz），幅度 $R=17.02-15.85=1.17$(UKfloz)

【例题 6-6】爱舒坦宾馆不满意客户的比例估计

爱舒坦宾馆的经理听到了一些客户的抱怨，说现在的服务不如以前了。宾馆经理想要估计不满意客户的比例。为了计算这一比例的值，宾馆经理随机挑选了 100 位客户，询问他们对宾馆的服务是否满意。14 位客户表示不满意。宾馆经理对不满意的客户赋予的值为 1。因此，估计的不满意比例为：

$$p=\frac{14}{100}\times 100\%=14\%$$

有了这个背景，我们可以开始详细介绍控制图了。我们在前面提到，控制图是专业的运行图，用于辅助企业跟踪关键指标随时间推移发生的变动。控制图有一条中心线，表示样本的期望值，同时还有上下控制界限。控制界限（control limits）可采用统计技术得到。如果样本结果落入控制界限内，我们称流程处于“控制”状态。如果样本结果落在控制界限之外，我们称流程处于“失控”状态。

下面，我们将讨论 3 种不同的控制图：$\overline{X}$ 图、R 图（针对连续变量）和 p 图（针对属性）。不管是哪种变量类型，控制图的绘制流程都是一样的：

① 选取 m 组样本数为 n 的样本，使流程保持控制状态；

② 根据提供的表格或公式，利用样本结果绘制控制图；

③ 继续抽取样本数为 n 的样本，并绘制在控制图中；

④ 解释结果，并采取合适的措施。

关于控制图，我们必须强调两点。首先，只有当流程能够提供可接受的绩效时才可以使用控制图。其次，控制图本身并不会提高质量水平。利用控制图的目的是在流程出现失控之前，尽早地发现质量问题。因此，控制图的使用属于企业质量管理中的评估活动（图 6-1 或图 6-2）。

3. $\overline{X}$ 图和 R 图

对于连续变量，我们需要两种类型的控制图。$\overline{X}$ 图（$\overline{X}$ chart）用于跟踪将来样本的平均值，R 图（R chart）用于跟踪样本中的观察值如何变动。表 6-3 总结了绘制这些图所需的计算，表 6-4 则包含了控制界限的计算所需的值。

表 6-3 $\overline{X}$ 图和 R 图的计算

控制图类型	中线	控制界限
$\overline{X}$ 图	$\overline{\overline{X}} = \frac{\sum_{j=1}^{m} \overline{X}_j}{m}$	上控制界限($UCL_{\overline{X}}$) $=\overline{\overline{X}}+A_2\overline{R}$
	式中：$\overline{\overline{X}}$ 为总平均值；m 为用于绘制图的样本组个数；$\overline{X}_j$ 为第 j 组样本的平均值	下控制界限($LCL_{\overline{X}}$) $=\overline{\overline{X}}-A_2\overline{R}$ (A_2 的值见表 6-4)
R 图	$\overline{R} = \frac{\sum_{j=1}^{m} \overline{R}_j}{m}$	上控制界限(UCL_R) $=D_4\overline{R}$
	式中：$\overline{R}$ 为平均幅度；m 为用于绘制 R 图的样本组个数；$\overline{R}_j$ 为第 j 组样本的幅度	下控制界限$(LCL)_R=D_3\overline{R}$ (D_3 和 D_4 的值见表 6-4)

表 6-4 绘制 $\overline{X}$ 图和 R 图的 A_2，D_3 和 D_4 的值

样本数 N	A_2	D_3	D_4
2	1.88	0	3.27
3	1.02	0	2.57
4	0.73	0	2.28
5	0.58	0	2.11
6	0.48	0	2.00
7	0.42	0.08	1.92
8	0.37	0.14	1.86
9	0.34	0.18	1.82
10	0.31	0.22	1.78
11	0.29	0.26	1.74
12	0.27	0.28	1.72

【例题 6-7】美奂纺织公司 $\overline{X}$ 图和 R 图的绘制与分析

美奂纺织公司给质量小组分配任务，要求绘制控制图，监控例题 6-3 和例题 6-4 中介绍的染色工艺。染色工艺的理想温度是 140℉。如果温度太高，布料的颜色会太深；如果温度太低，可能会出现条痕。任何一种情况都会毁坏大卷布料。由于温度是一个连续变量，质量小组决定绘制 $\overline{X}$ 图和 R 图来监控染色工艺的温度。第一步，质量小组测量了温度，在 10 d 内每天测量 5 次。由于这些样本数据要用于绘制控制图，质量小组确保了染色工艺在这 10 d 内保持正常状态。

表 6-5 给出了样本结果，10 组样本（$m=10$），每组 5 个观察值（$n=5$）。

表 6-5 染色工艺的温度样本结果

天	观察值/℉								
	1	2	3	4	5	样本最大值	样本最小值	$\overline{X}$	R
1	136	137	144	141	138	144	136	139.2	8
2	143	138	140	140	139	143	138	140.0	5
3	140	141	144	137	135	144	135	139.4	9
4	139	140	141	139	141	141	139	140.0	2
5	137	138	143	140	138	143	137	139.2	6
6	142	141	140	139	138	142	138	140.0	4
7	143	141	143	140	140	143	140	141.4	3
8	139	139	141	140	136	141	136	139.0	5
9	140	138	143	141	139	143	138	140.2	5
10	139	141	142	140	136	142	136	139.6	6
					合 计			1 398.0	53

质量小组为 10 组样本分别计算了 $\overline{X}$ 和 R 的值，然后计算了 10 组样本的平均值，得到 $\overline{\overline{X}}$ 和 $\overline{R}$ 的值。

$$\overline{\overline{X}}=\frac{1\ 398.0}{10}=139.8\ (℉),\qquad \overline{R}=\frac{53}{10}=5.3\ (℉)$$

接着，质量小组计算了 $\overline{X}$ 图和 R 图的上下控制界限，选择了样本观察数 5 对应的 A_2，D_3 和 D_4 的值（表 6-4）。最终的控制图如图 6-6 所示。

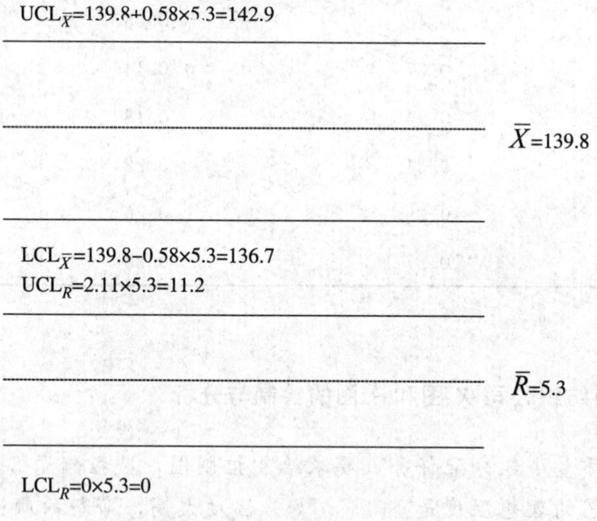

图 6-6 染色工艺的空白控制图

注意，A_2，D_3 和 D_4 的值是特定的，确保未来样本的 $\overline{X}$ 值和 R 值落在控制界限内的概率为 99.7%，前提是均值和标准差没有发生改变。换言之，只要染色工艺的温度与往常一样，那么，将来样本的 $\overline{X}$ 值和 R 值落在控制界限外的概率只有 0.3%。

因此，如果 $\overline{X}$ 值或 R 值落在了控制界限外，质量小组推断可能出现以下两种情况：

① 工艺流程没有发生改变，结果只是一个随机现象，尽管是小概率事件。

② 工艺流程确实发生了改变。

对于任何一种可能的情况，质量小组都应该展开进一步调查。绘制好控制图后，质量小组按照以上做法继续采样。图 6-7 给出了接下来 6 天的样本结果。

在第 13 天，$\overline{X}$ 值和 R 值都落在了控制界限外。由于这种情况由随机因素导致的概率极低，因此质量小组立即停止了流程，寻找原因。更换了温度调节器后，流程重新启动。第 14 天～第 16 天的结果表明，染色工艺又恢复了正常运行。通过较早地发现温度问题，质量小组能够在情况失控之前采取矫正措施。

样本结果（n=5）

天	$\overline{X}$	R
11	141.2	8
12	142.0	9
13	144.0	12
14	140.0	5
15	139.6	4
16	140.8	5

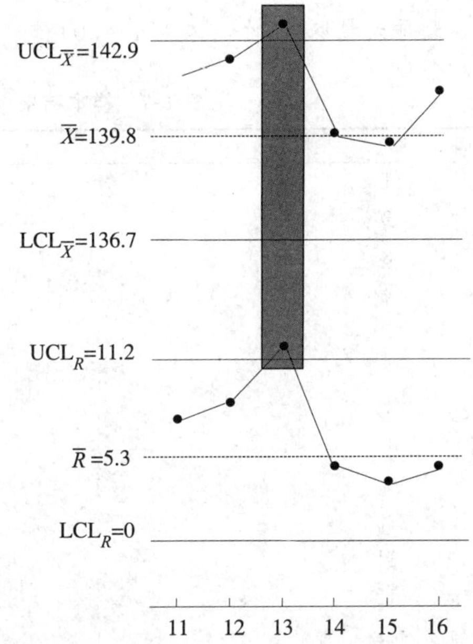

图 6-7　第 11 天～第 16 天的控制图结果

4. p 图

当变量是一个属性变量时，我们采用 p 图来跟踪样本比例。与 $\overline{X}$ 图和 R 图一样，p 图也有上下控制界限。如果样本的 p 值落在控制界限之外，管理者应该立即进行调查，确定对应的工艺流程是否已发生了改变。表 6-6 给出了绘制 p 图所涉及的主要计算。

表 6-6　p 图的计算

中线	控制界限
多组样本的 p 平均值： $\overline{p}=\frac{p_j}{m}$	上控制界限（UCL_p）$=\overline{p}+ZS_p$ 下控制界限（LCL_p）$=\overline{p}-ZS_p$ 或 0（小于 0 时）
式中：$\overline{p}$ 为第 j 组样本的 p 值；m 为用于绘制控制图的样本组个数	式中：$S_p=\sqrt{\frac{\overline{p}\ (1-\overline{p})}{n}}$，为属性样本的标准差；$n$ 为样本观察数；Z 为某一特定置信度所对应的标准差数（$Z=3$，置信度为 99.7%；$Z=2.58$，置信度为 99%）

【例题 6-8】金桥米线店 p 图的绘制与分析

随着快餐店外卖业务的兴起，准时配送成了快餐店赢得订单的最关键因素。因此，金桥米线店的经理决定绘制控制图，跟踪配送时间超过 30 min 的订单的比例。经理采用的第一步是，抽取正常情况下的配送样本。在抽取属性样本时，一般的规则是，样本量 n 应满足以下条件：

$$\min[n(p), n(1-p)] \geqslant 5$$

因此，如果金桥米线店的经理希望将配送不准时的米线订单的比例控制在 10%，那么，样本数至少要达到 50 个（50×10%=5），样本数越多越好（表 6-7）。假设金桥米线店经理在接下来的 15 天每天抽取 50 个样本（$n=50$）。

表 6-7 样本结果（$n=50$）

天	p
1	0.16
2	0.20
3	0
4	0.14
5	0.10
6	0.20
7	0.10
8	0.06
9	0.14
10	0.16
11	0
12	0.04
13	0
14	0.10
15	0.10
合计	1.50

金桥米线店经理在选取样本时是随机的，以确保样本数据具有代表性。15 组样本的最终 $\overline{p}$ 值和 S_p 值为：$\overline{p}=\frac{1.50}{15}=0.10$，$S_p=\sqrt{\frac{\overline{p}\,(1-\overline{p})}{n}}=0.042$。

根据 15 组样本的结果，金桥米线店的经理绘制了控制图，如图 6-8 所示。

与 $\overline{X}$ 图和 R 图相似，p 图的计算公式也是确保样本的 p 值落在控制界限内的概率为 99.7%，前提是流程本身没有发生改变。在本例中，下控制界限的计算值实际上为负，p 值为负没有实际意义，因此有效的下控制界限为 0。

只要样本中未准时配送的米线订单比例保持低于 22.6%，金桥米线店的经理就可以推断流程处于正常运行状态。然而，金桥米线店经理不应满足于这种“正常状态”的定义。实际上，他可以通过增加配送员的数量或缩小金桥米线店的配送区域，来提高准时配送的比例。不论金桥米线店的经理采取以上哪一种措施，他都需要根据新的 p 值重新计算。

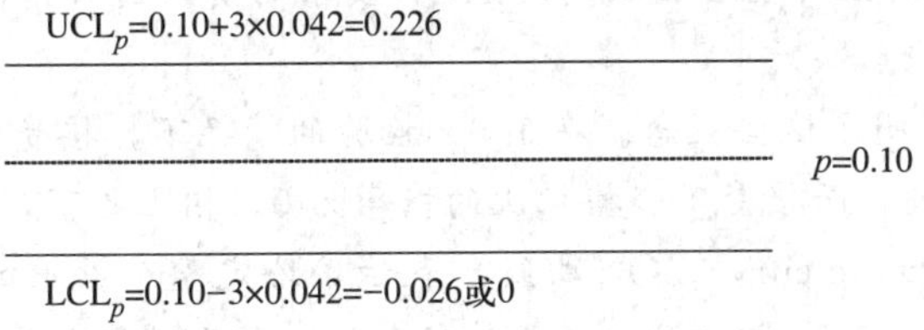

图 6-8 金桥米线店的控制图

以上讨论表明，结果落在控制界限外，可能是问题信号，也可能不是问题信号。即使这样，样本的 $\overline{X}$，R 或 p 值落在控制界限外的可能性仍非常小，除非流程的某些方面确实发生了变化。

此外，对某些落在控制界限内的情况也需要进行调查分析。如果连续两个样本值靠近一侧控制界限，表示流程很有可能会失控。同样，如果中线某侧的点数比另一侧多 5 个以上，变量可能出现了向上或向下的趋势。对这些情况进行分析的意义在于，管理者不必等到样本值落在控制界限外才开始采取措施。

5. 抽样检验

即使在最佳的环境下，缺陷也可能产生，有缺陷的产品可能会交付给客户。因此，企业必须采取某种方式，确定采购的原材料或产品的质量是否可以接受，并根据结果采取相应的措施。确定质量水平的一种方法就是进行 100%的检验（即逐一检验）。尽管在某些关键的环境下（如献血），100%检验是必要的，但是，100%检验也有其缺陷。

首先，100%检验的成本极高，并且很耗时，尤其是有成千上万件产品需要检查的情况下。其次，有些质量检验需要破坏产品或消耗产品，火柴就是一个典型的例子。当 100%检验不可行时，企业依赖抽样检验来确定进货批次是否满足要求。美国运营管理协会将抽样检验（acceptance sampling）定义为“抽取部分商品进行检验而非检查全部批次的流程。根据样本，决定接受或拒绝整个批次，尽管批次中的具体产品可能比样本要好或者差”。

在下面的例子中，我们会说明如何进行抽样检验，并给出运行特性曲线、生产商风险和消费者风险等定义。

【例题 6-9】德人工业公司的抽样检验

德人工业公司收到了一批含 5 000 个零部件的货，零部件可划分为“合格品”和“次品”两类。公司想随机检查 10 个零部件（$n=10$）来决定是否接受这批货。如果发现存在缺陷的零部件数大于 1（$c=1$），公司将拒收整批货。

此外，德人工业公司可以接受缺陷率小于等于 5%，这也就是合格质量水平（acceptable quality level，AQL）。然而，由于公司根据少量的样本进行决策，有可能偶然会接受一批缺陷水平较高的货。经过多次争论，管理层同意冒风险接受缺陷水平高达 30%的货，这一上界限称为批内允许次品率（lot tolerance percent defective，LTPD）。

利用随机样本对整个批次进行决策存在风险。一方面，德人工业公司可能接受一批缺陷水平高于 LTPD 的货，这种情况发生的概率称为消费者风险（consumer's risk）（β）。另一方面，德人工业公司实际上可能会拒收满足 AQL 要求的货，这种情况发生的概率称为生产商风险（producer's risk）（α）。

图 6-9 和图 6-10 说明了这些概念。在 100%检验的情况下，接受合格批次（缺陷水平低于 5%）的概率是 100%，而接受不合格批次的概率为 0。相比之下，图 6-9 中的运行特性曲线（operating characteristic curve，OC 曲线）表示了给定整个批次的实际不合格率和采用的抽样计划（$n=10$，$c=1$）。需要注意的是，不同的 n 值和 c 值会导致不同形状的曲线。

根据图 6-9 中的 OC 曲线，德人工业公司接受 90%无缺陷批次的概率为 80%，而接受 40%无缺陷批次的概率只有 10%。图 6-10 给出了在现有的抽样计划下，公司面临的实际的生产商风险和消费者风险。具体而言，在 AQL 为 5%的情况下，拒收合格批次的概率（生产商风险）约为 8%。从德人工业公司的角度来看，更重要的是，接受没有达到公司 LTPD 水平的批次的概率（消费者风险）大约为 20%。

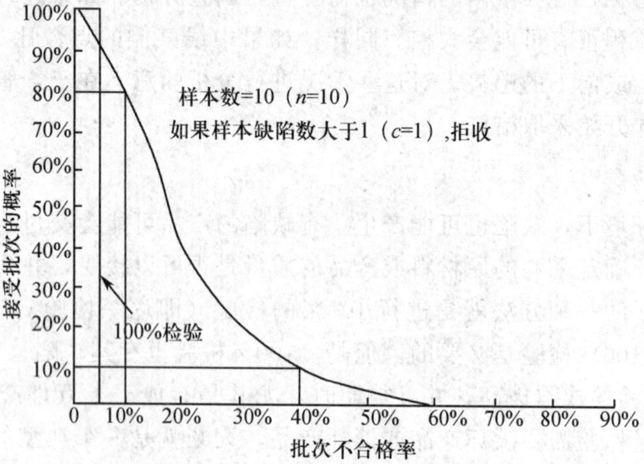

图 6-9　德人工业公司的 OC 曲线

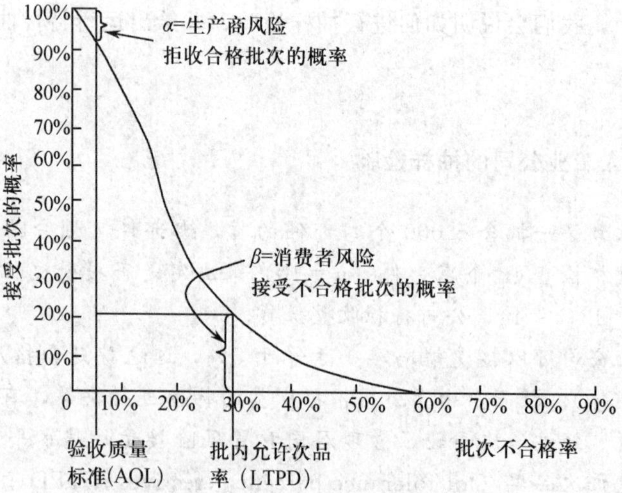

图 6-10　生产商风险和消费者风险

德人工业公司如何降低这些风险呢？在图 6-11 中，我们给出了样本数为 20（$n=20$）和 $c=2$ 的样本计划对应的新 OC 曲线。由于样本数越大，越能代表整个批次，受单个观察值的影响就越小，得到的 OC 曲线就越陡，从而降低了生产商风险和消费者风险。实际上，在新的 OC 曲线下，生产商风险降至 7%左右，消费者风险则急速下降，低于 5%。这一例子反映了抽样验收的一条基本规则：样本数越大，生产商风险和消费者风险越低。当然，准确性的提高会带来抽样成本的增加。

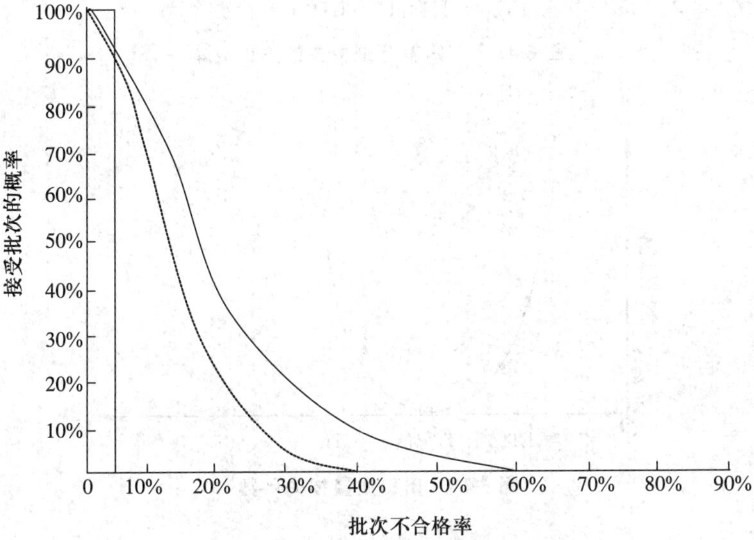

图 6-11　基于新抽样计划的新 OC 曲线

6. 田口质量损失函数

通过以上章节的学习，你可能会问："在偏差范围内靠近界限的产品质量是不是真的比在偏差范围外的产品质量好呢？"例如，在例题 6-2 中，直径为 25.019 cm 的轮轴（在偏差范围内）只比直径为 25.021 cm 的轮轴窄了一点点，但两者都比目标值 25 cm 大。

实际上，上下偏差界限只是为方便而做的假定。如果我们要用价值来表示偏差范围，必须假设落入偏差范围内的产品没有失效成本，而落在偏差范围外的产品会导致失效成本（图 6-12）。

实际情况是：一旦指标偏离目标值，任何产品或服务的质量就会开始下降，如一杯咖啡的温度、一条裤子的长度、胶囊中药剂的含量。

图 6-13 中给出的田口质量损失函数，体现了任何偏离目标值的情况都会产生失效成本的思想。抛物线形状表示，一旦偏离目标值，失效成本就会产生，并且失效成本会随着实际偏离程度的增加而快速增加。

我们为什么要提田口质量损失函数呢？首先，田口质量损失函数支持我们在本章前面所介绍的持续改善思想。如图 6-13 所示，只要流程中存在任何波动，就会存在改善的空间。另外，田口质量损失函数与我们讨论的质量总成本概念也是一致的：失效成本不会完全消失，除非缺陷水平为 0。

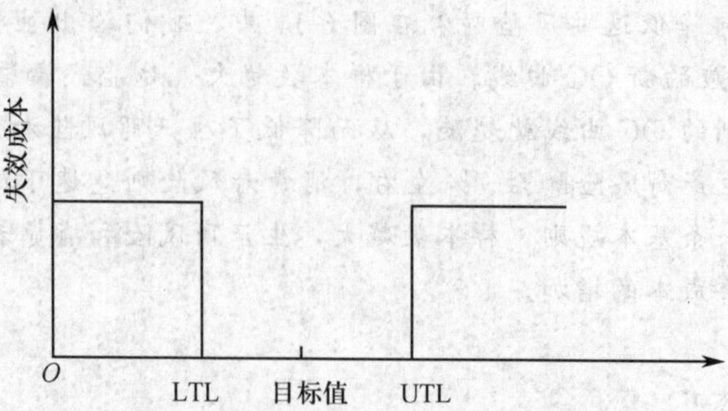

图 6-12 与偏差范围相关的失效成本

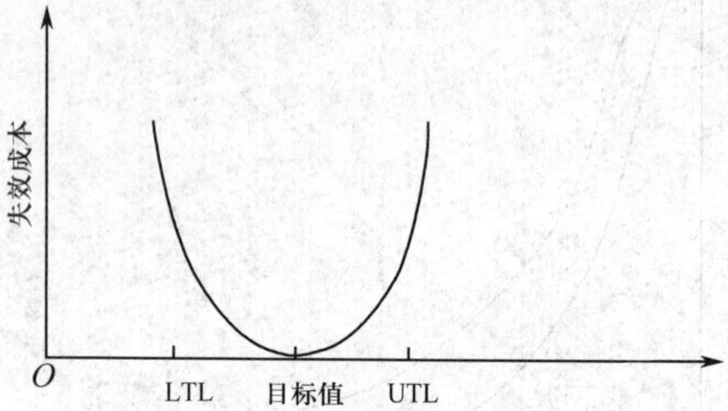

图 6-13 田口质量损失函数

6.4 供应链质量管理

到目前为止，我们将讨论的重点放在一个企业内部如何管理和提升流程、产品和服务的质量等方面。供应链相互依存的特性表明，质量管理必须延伸到供应链，而不能仅仅局限在企业内部。在本书中，我们讨论企业管理供应链质量的两种方式，其中第一种是 ISO9000。ISO9000 是一个十分成功的项目，将质量管理实践推广到了全球各地。企业申请通过 ISO9000 认证，一方面可以积极地解决质量问题，另一方面也可以向潜在的供应链合作企业发出信号——企业对质量管理很重视。接下来，我们分析企业如何应对来自供应链的外部失效问题。

6.4.1 ISO9000

基于国际标准化组织（International Organization for Standardization，ISO）的支持，ISO9000 标准体系包含国际公认的优秀管理实践的一系列标准。ISO9000 的目的在于帮助企业更好地提供产品或服务，能够满足客户的质量要求，满足监管要求，提高客户满意度，并在追求以上目标的过程中实现企业绩效的持续改进。

与传统的标准不同，ISO9000 更多地关注实践而非结果。对于实施 ISO9000 标准的企业而言，一般需要独立的认证机构对企业的业务流程是否符合 ISO9000 要求进行审查。在一些行业，通过 ISO9000 认证已成为企业经营的必要条件，此外，行业特定的标准也同样适用。在其他一些行业，企业实施 ISO9000 标准的目的在于向潜在的供应链合作企业表明，企业拥有良好的质量保证体系。

自 1987 年以来，ISO9000 标准体系定期进行更新，反映了管理思想的发展。例如，ISO9001：2008 用于企业建立管理体系，确保企业产品和服务与制定的要求相一致。ISO9004：2009 用于将从 ISO9001：2008 中获得的好处扩展到感兴趣的各方或受特定企业运营影响的各方。

6.4.2　供应链中的外部失效

即使有了最好的质量计划，企业仍需要一些流程，以便能够对已离开企业、进入供应链的缺陷产品进行跟踪。企业对缺陷产品的处理速度和有效性对最终的外部失效成本具有重要影响。质量跟踪系统、批次号码管理、明确的退货流程或对缺陷产品（具有潜在危险）予以销毁等是用来应对这类问题的一些措施。在下面的“供应链链接”专栏，我们讨论某制药企业如何应对由药品标签错误引起的潜在问题。

供应链链接

标签出错的药品

2004 年 5 月，M 公司发现公司犯了一个严重的错误：将成人用的泰诺药品装在了儿童用的布洛芬药剂的瓶子里。这一错误的严重性在于，药品已经出厂，进入了供应链。为了协助零售商和消费者追查问题药品，避免病人受到严重伤害，M 公司在本国食品与药品管理局的网页上发布了公告。公告提供了如下有关信息：

受影响的生产批次（可以在包装盒上查到的信息）；

药品发货的日期；

两种药品的区别（具体来说，儿童用的布洛芬药剂是圆形、紫色、葡萄味的，而泰诺药品是硬质、圆形的，有凝胶包裹，表面发亮）；

任何人如发现问题药品或有疑问，可以拨打的联系电话。

通过快速采取行动，M 公司希望将危害降至最低。显然，如果 M 公司没有跟踪问题药品的生产批次或发货日期，那么公司面临的工作难度会大得多。

本章小结

在本章，我们首先介绍了质量内容，分析了质量总成本模型；其次提出了全面质量管理（TQM）的基本内容，并介绍了统计质量控制（SQC）；最后讨论了企业如何管理供应链中的质量以及面临的一些问题。

讨论题

1. 为什么两个人对同样的产品或服务会有不同的感知质量？从企业的角度来看，为什么说“了解客户”十分重要？

2. 几年前，一家大型汽车制造企业被起诉，原因是一辆小型货车在时速 48.3 km 的行驶中发生侧面碰撞，结果后车门的门闩坏了。原告争辩说门闩的质量太差，无法支撑重力。制造商不同意，认为门闩符合政府规定的所有要求，并按规范生产。根据质量的定义，有没有可能双方都对呢？

3. 假设样本的实际幅度低于 R 图中的下控制界限。这是好事还是坏事？请解释。

习题

1. 香甜养蜂场销售蜜蜂和蜂产品。根据重量要求，蜜蜂（包括 1 只蜂王）采用特殊的箱子运输。蜂箱的目标重量为 1.4 kg。根据历史数据统计，该养蜂场运输的蜂箱平均重量为 1.4 kg，标准差为 0.15 kg。请计算流程能力比率，假设上下偏差界限分别为 1.1 kg 和 1.7 kg。目前，香甜养蜂场能否在 99.7%的情况下满足偏差界限的要求？

2. 参考习题 1。香甜养蜂场的蜂箱重量如果要达到六西格玛质量水平，标准差应该为多少？

3. 易得阁墨水公司有一条瓶装流水线，瓶装的平均容量为 64 mL，标准差为 8 mL。假设上下偏差界限分别为 71 mL 和 57 mL。流程能力比率为多少？流程的标准差为多少时，能在 99.7%的情况下满足偏差界限的要求？

4. 现在假设易得阁墨水公司对流程进行了改善，将流程的标准差从 8 mL 下降到了 1.5 mL。根据习题 3 中的数据和新的标准差数据，计算流程能力比率。瓶装流水线能否在 99.7%的情况下满足偏差界限的要求？流程能达到六西格玛质量水平吗？请解释。

案例分析：上汽通用汽车有限公司的质量管理①

1. 两个事件

事件一：2015 年 7 月 16 日，上汽通用汽车有限公司（简称“上汽通用”）向国家质检总局备案了召回计划，将自 2015 年 10 月 1 日起，召回部分进口 2009 至 2012 年款别克昂科雷汽车，生产日期为 2008 年 8 月 15 日至 2012 年 2 月 1 日。据该公司统计，在中国大陆地区共涉及 23 309 辆。本次召回范围内的车辆，在长期使用后，后举升门气压撑杆内可能有杂质颗粒进入，导致气压下降。由于后举升门的保护程序不够完善，极端情况下，气压撑杆不足以将后举升门维持在全开状态，若人员忽视或未注意到车辆的报警提示，并在后举升门开启区域内停留，会增加人员受伤风险，存在安全隐患。上汽通用汽车有限公司将对召回范

① 资料来源：周佳．上汽通用汽车有限公司质量管理案例分析．广东经济．2016.5.27．http://finance.sina.com.cn/roll/2016-05-27/doc-ifxsqxxu4547506.shtml，2018/2/26.

围内车辆的后举升门的保护程序进行升级并检修后举升门气压撑杆，以消除该隐患。

上汽通用汽车有限公司将通过别克特约售后服务中心主动与用户联系，安排免费检修事宜。用户可拨打免费客户服务热线、登录国家质检总局网站进出口商品检验栏目或缺陷产品管理中心网站，以及关注微信公众号来了解本次召回的详细信息。此外，用户还可拨打国家质检总局缺陷产品管理中心热线或地方出入境检验检疫机构的质量热线反映在召回活动实施过程中的问题或提交缺陷线索。

事件二：2015年10月23日，第十五届全国质量奖获奖名单揭晓，上汽通用汽车公司凭借业内领先的卓越绩效管理和企业综合质量与竞争能力，一举荣获第十五届全国质量奖，并在6家获奖企业中以优异的成绩名列首位。上汽通用的质量优势首先体现在通用汽车的全球体系中。当时，通用汽车全球169家工厂中有22家获得“BIQ Level 4 ”的精益制造最高级别认证，上汽通用的工厂就占据4席，还有两家上汽通用新工厂已经通过现场评审，正在终评的公示阶段。

本届全国质量奖评委从卓越绩效模式的各个维度全面考核了上汽通用汽车的质量管理体系，并高度评价了其所具有的六大优势，包括良好的战略管理机制和流程、具有特色的企业文化体系、优化组织结构和创新人才开发培养的长效机制、技术核心能力储备和提升、全公司制造系统的精益生产以及出色的信息化建设。这些优势正是上汽通用汽车卓越经营的集中体现。

2. 运用“5M1E”法对上汽通用汽车公司的质量分析

我们用“5M1E”法分析上汽通用汽车公司在“人、机、物、法、测、环”生产现场管理六要素中所做出的质量管理改进，探索上汽通用在质量管理过程中的秘诀。

(1) 优秀的企业文化体系

① 以客户为中心，以市场为导向。产品在使用过程中难免发生故障，产品发生故障后，消费者、产品生产者的利益都会受到损失。降低产品故障率的重要措施之一就是加强售后服务。在事件一中，为消除安全隐患，上汽通用积极召回范围内汽车，主动联系客户并安排免费检修事宜，公布本次召回详细信息并且通过质量热线接收反馈意见。这些行为体现了上汽通用完善的售后服务及其优秀的经营战略头脑——既增加商品信誉、提升用户信任度，又通过热线反馈，直接了解客户要求，从而设计出更好的产品。它体现了上汽通用高标准要求的售后服务与区域营销，反映出上汽通用“以客户为中心，以市场为导向”的经营理念。

② 企业质量文化建设。事件二中提到的上汽通用卓越经营管理中的企业文化较事件一具有更丰富的含义。经过多年发展，上汽通用已形成了其独有的、优秀的企业文化，如“三不”原则和“三全”质量文化。

“三不”原则指的是“不接受、不制造、不传递缺陷”的质量价值观，“三全”质量文化指的是“全员、全时、全程，追求卓越质量”的核心质量文化，再加上“人人都是质量第一责任人”的质量管理理念等思想，构成了上汽通用的优秀企业质量文化。此外，公司通过宣讲、培训、建言、激励等方式强化质量理念，让质量文化建设形成了长效机制。

这些企业文化思想加强了员工对质量的认识，激励着员工提升个人素质，从而推动了企业的产品质量和效益，为上汽通用竞争力的发展起到重要的支撑作用。

(2) 先进的生产设备

事件二中提到，上汽通用有4家工厂达到“BIQ Level 4 ”的精益制造最高级别认证，这与其先进的生产设备是分不开的。现代化厂房中先进的工艺装备、高自动化率的柔性生产线都是有效保证高质量制造的重要因素。

以通过“BIQ Level 4”认证的4家工厂之一的上汽通用沈阳北盛工厂为例，其先进的带有800 t压机、每分钟可冲压18次的全自动开卷落料生产线，拥有相当于“营级编制”的518台机器人的车身生产线、非接触式3D激光头检测，以及生产通用汽车全球新一代Ecotec小排量发动机的首个量产车间，都是国内先进、国际一流水平的制造设备和生产工艺。

先进的制造设备及生产工艺在提高生产效率与产品质量的同时，降低了对员工体力的消耗与产品质量成本，是企业进行生产和制造质量管理中的重要部分。

此外，生产设备达到先进水平后也为测量任务提供了便利，更容易达到所要求的测量准确度，以避免测量的异常波动导致质量问题。

(3) 全过程控制

产品正式投产后是否能达到设计质量标准，在很大程度上取决于制造部门的技术能力以及生产制造过程中的质量管理水平。由事件二可知，上汽通用具有良好的战略管理机制和流程。它将质量文化建设向供应链延伸，从源头上加强质量控制，进一步完善全业务链质量保障体系，不断提升产品的质量表现。

对于上汽通用而言，车辆生产制造环节是质量保证的重点。上汽通用以通用汽车全球制造系统（GMS）为基础，采用全球领先的精益生产制造系统。在生产过程中，生产部门通过自检、100%全检、过程抽检等多种手段实施全过程控制。

全过程控制加强了原材料的进厂检验和厂内自制零部件的工序和成品检验，从而在材料上保证了产品的质量。

此外，选择合适的供应商，与供应商建立战略合作伙伴关系，同时做好供应商的质量改进，也使得上汽通用减少了材料不合格导致的产品质量异常问题。

(4) 柔性化与制造质量

① 柔性化生产与柔性化质量管理。事件二中提到的信息化建设是上汽通用柔性化生产的一个必需条件，因为在柔性化生产中，需要清晰地定义不同系统间的信息流程，让各系统有效地协同运作。没有出色的信息系统建设，柔性化生产就无法发挥它应有的作用。上汽通用的柔性化生产，是指在同一条生产线上同时共线生产多种不同平台、不同车型的车辆，从而实现快速灵活地响应客户订单需求及贯彻精益生产。柔性化生产能够增加企业生产效率，具有时间和成本方面的优势，在日益激烈的企业竞争中，能让企业获得更强的竞争力。与柔性化生产相适应的是柔性化质量管理，柔性化质量管理将管理与技术充分结合，满足了消费者对产品质量的要求，并推动企业持续发展。

② 制造质量。结合事件二可以得知，上汽通用的精益制造是其质量管理体系的一大优势。上汽通用贯彻和实施精益制造的工具和体系是全球制造系统（GMS），而制造质量（BIQ）则是用来衡量GMS实施水准和制造质量水平的一种精益制造标准。BIQ是指在制造工序中求质量，将质量引入工序中的方法，通过这些方法可以检测到缺陷的存在，从而实施对策以防止同样的缺陷再次出现。

制造质量管理的系统化构成了“制造质量管理系统”，是质量管理中非常关键且实用的一种系统。

(5) 本质安全化

生产环境对于产品质量具有一定程度的影响。因为汽车生产工艺较为复杂，对环境有着更为严格的要求，如组装预测量精密汽车仪器时，需要质量高及中等湿度的空气。除了达到温度、湿度等一般汽车生产环境要求以及规范员工行为外，上汽通用还不断改善作业现场环境、完善设备本质安全化以降低事故发生概率与严重度。本质安全是指当操作失误时，设备能自动保证安全；当出现故障时，设备能自动发现并自动消除，以确保人身和设备的安全。本质安全化就是为使设备达到本质安全而进行的研究、设计、改造和采取各种措施的一种最佳组合。

本质安全化是对生产环境的一种改进，既保证员工人身安全，也确保设备的安全和企业产品质量的稳定。

3. 上汽通用全面质量管理的主要特点

(1) 全员性

上汽通用营造了一种优秀的企业文化体系，通过其中包含的“三不”“三全”等质量文化教育，提高了全体员工对于生产质量的关心程度和职业素养，人人关心质量，人人做好本职工作，这样生产出来的产品才能够让顾客满意、放心。

(2) 预防性

产品质量是制造出来的，而不是检验出来的，之前分析所提到的上汽通用的全过程控制和制造质量管理都体现出其“预防为主、不断改进”的思想。

(3) 服务性

该公司的服务性表现在它能够迅速识别客户需求，并满足客户的需求。“以客户为中心”的经营理念与柔性化生产等，都很好地表现出其为客户服务、对客户负责的态度。

(4) 全面性

从质量职能的角度看，要保证并提高产品质量，就必须将分散到企业各部门的质量职能充分发挥出来。上汽通用为了制造出高质量、令顾客满意的商品，一直在加强各部门的协调，不断地完善自己的质量管理体系以构成一个有效的整体。

(5) 科学性

上汽通用运用出色的信息化建设来进行质量管理，如其柔性化质量管理能充分地满足质量和消费者的要求。只有将先进的现代化科学技术与先进的科学管理方法相结合，才能进行真正高效、科学的管理。优秀的质量文化建设、有效的质量管理体系、专业的员工队伍建设与科学的技术和管理方法令上汽通用汽车有限公司的质量工作能够高效开展，极大地提高了该公司的质量管理水平，这些关键因素引领着上汽通用走向获得第十五届全国质量奖的荣耀之路。

然而奖项只是卓越经营旅途中的一个里程碑，质量管理的脚步不会停息。其他企业应积极借鉴上汽通用卓越经营的案例，充分地意识到产品质量的重要性，从而建立、健全自身质量管理体系，不断地学习质量管理思想和方法，完善自身产品质量。随着社会经济的发展，未来发展的立足点终将转到高质量和效益上去，质量将和平地占有市场，21世纪将是质量的世纪。

【问题】

1. 上汽通用质量管理成功的经验有哪些？

2. 上汽通用的质量管理对普通企业的质量管理有什么启示？

参考文献

[1] 塞西尔·博扎思，罗伯特·汉德菲尔德．运营与供应链管理．3 版．邵晓峰，译．北京：中国人民大学出版社，2014.

[2] 罗希特·维尔马，肯尼思·博耶．运营与供应链管理理论与实践．霍艳芳，李秉光，徐刚，译．北京：清华大学出版社，2010.

[3] 陈荣秋．现代生产运作管理．北京：北京师范大学出版社，2008.

[4] 马风才．运营管理．4 版．北京：机械工业出版社，2017.

[5] 陈志祥．生产与运作管理．3 版．北京：机械工业出版社，2017.

[6] 陈前维，王海霞，白亚斌，等．粗纺纯牦牛绒针织衫工艺设计与质量控制．针织工业，2021（03）：22-24.

[7] F. 罗伯特·雅各布斯，理查德 B. 蔡斯．运营管理．14 版．任建标，译．北京：机械工业出版社，2015.

第7章　销售与运营计划（S&OP）

引言

众所周知，当需求大于供应时：若企业不能在客户需要时供应，就会失去商机；而通过加班增加供应，就会额外增加费用；由于赶货，成品和原材料品质都得不到保证，会影响企业收益。而在供应大于需求时：企业增加库存，库存持有成本上升，现金流紧张；生产率下降，人员呈现低效率；企业获利下降，降价、折扣促销伴随而来。故企业利润最大化目标的实现需要对供需进行平衡，保障有限资源合理供应。而销售与运营计划（sales and operations planning，S&OP）的核心正是帮助企业保持需求与供应的平衡。

S&OP也称为综合计划（aggregate planning）。根据美国运营管理协会的定义，S&OP是通过将新产品或现有产品的营销计划与供应链管理集成，制订战术计划的流程。这一流程把所有的企业计划（销售、营销、研发、制造、采购和财务）整合为一套集成的计划。该计划是一个业务过程，至少每月执行一次，并由管理者从整体（产品大类、产品族）上进行评估，其显示的信息包括数量和金额。产品族总量的需求与供应平衡后，具体产品的需求与供应问题的解决才有可行性。

由此可见，S&OP是根据市场营销和销售计划，以及制造、研发、采购和财务方面的有效资源，进行市场目标、财务目标、库存目标、服务目标和生产目标的适时合理调整，以及企业各部门之间（跨部门）、企业与供应链合作伙伴之间（跨企业）的协同，并以此更新各部门业务运作计划，协调一致，实现供需链平衡及公司总体经营战略目标。因此，S&OP是供应链管理高级决策工具，是企业运营的最高协调、平衡和决策系统，是协调市场、销售、生产、采购、物流最高效的管理平台。

S&OP由美国人Dick Ling在1980年首次提出。随着S&OP的成熟，它的市场导向和动态平衡原理在帮助企业应对多变的供应链环境中的卓越成效不断显现，目前S&OP已得到广泛应用和普及。

7.1　企业的计划层次及S&OP作用

7.1.1　企业的计划层次

计划是企业管理的一个重要职能。企业的生产运营活动需要调配多种资源，在需要的时候，按需要的量，提供需要的资源、产品和服务，这就需要周密的计划体系。企业的计划体系一般是一个由粗到细、由远及近多层次的计划系统，包括战略层面的战略规划（strategic planning，SP）、经营计划（business planning，BP），战术层面的销售与运营计划（sales and operations planning，S&OP）、主生产计划（master production schedule，MPS）[①]、物料需求计划（material requirement planning，MRP），以及执行层面的作业计划与控制（operation scheduling and control，OSC）。企业计划体系的6个层次如图7-1所示。

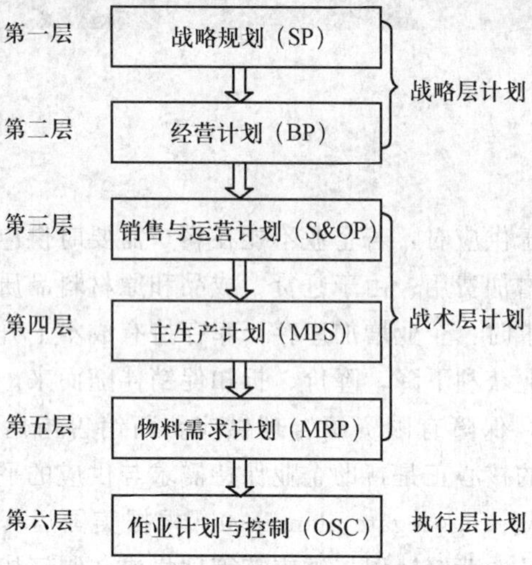

图7-1 企业计划体系的6个层次

SP是企业计划的最高层次，由企业高层决策。SP一般是在分析国家有关政策、市场调查和需求、同行竞争对手以及企业资源能力和历史状况等基础上，结合企业愿景和使命制定的企业未来3～5年甚至更长远的关于企业未来总体发展方向、市场定位、竞争战略以及各职能部门战略的设想，是企业长远发展的总体目标，是其他各层计划的依据。BP是根据SP，结合市场分析和预测，以及企业资源（人员、关键资源、资金、关键材料、能源、面积等）确定的企业年度经营目标，一般按金额来编制。要实现BP，就必须逐步分解BP，得到战术级的操作计划，指明为满足客户需求必须做什么及其优先级。S&OP[②]就是根据企业BP目标，把BP中用货币表达的目标转换为用产品系列（族）的销售量和生产量来表达，制订一个均衡的年度运作计划大纲，以便均衡地利用资源，也作为编制MPS的依据。MPS以生产运作计划大纲为依据，按时间段计划出企业应生产的最终产品的数量及交货时间，并在生产需求与可用资源之间做出平衡。MPS可以协调生产与市场，实现生产运作计划大纲中所表达的企业BP目标。MRP则是根据MPS对最终产品的需求数量和交货期的计划，推导出构成产品的零部件及材料的需求数量和需求日期，直至导出自制零部件的制造订单下达日期和采购件的采购订单发放日期，并进行需求资源和可用能力之间的进一步平衡。OSC是计划的最底层，是执行层面，它根据由MRP生成的零部件生产计划编制工序排产计划和日常调度控制。

由此可见，在上述6个计划层次中，SP、BP具有宏观性质，一般按年编制，属于战略

① 有时，也称为主计划（master scheduling planning，MSP）。

② 销售计划要反映季节性需求，而运营计划要考虑均衡生产，故销售计划不一定和运营计划完全一致。但在以销定产环境下，运营计划与销售计划一般保持一致。

层计划；S&OP、MPS、MRP 是宏观向微观的过渡性计划，一般按月编制，属于战术层计划，主要用来确定为了完成企业的生产经营目标，在现有资源条件下所进行的生产经营活动的具体计划进度安排，如生产和采购物料的品种、生产量和采购量、生产和采购完成的时间进度要求等；OSC 则根据 MPS 和 MRP 的要求，一般按周、日、小时编制生产作业计划和外购物料的采购计划并执行之，属于执行层计划。

上述 6 个计划层次的任何一个层次都包括需求和供给两个方面，也就是需求计划和能力计划。要进行不同深度的供需平衡，并根据反馈的信息加以调整或修订。上层计划是下层计划的依据，下层计划要符合上层计划的要求。如果下层计划偏离了企业的 SP，即使计划执行得再好也是没有意义的。

各计划的区别在于计划周期的长短、内容的详细程度、管理者调整计划的灵活度、计划的对象等方面。上述 6 个层次的计划实现了由宏观到微观、由战略级到战术级再到执行级、由粗到细的深化过程。越接近顶层的计划，需求预测成分越大，计划内容越概括，计划期也越长。越接近底层的计划，需求由预测变为实际的客户订单，计划内容就越具体、详细，计划期越来越短，计划的时间单位越来越细，覆盖的空间范围和计划中的不确定性越来越小。故 SP 是对企业未来 3～5 年长远发展方向的谋划，计划周期最长，能够获得的具体信息最少，赋予管理者调整能力的灵活度最大；OSC 涉及的计划周期很短，计划涵盖每周、每天甚至到每小时不等的活动。因此，负责实施 OSC 的管理者通常没有时间和机会调整计划，必须充分利用各种资源和能力把工作做好。战术计划处在两者之间。6 个层次的区别如表 7-1 所示。

表 7-1 企业计划 6 个层次的区别

计划层次		计划周期	计划内容	计划调整灵活性	计划对象
战略层计划（长期）	战略规划（SP）	3～5 年或更长	公司发展方向	很大	方向
	经营计划（BP）	1 年	销售与利润目标	较大	销售/利润额指标
战术层计划（中期）	销售与运营计划（S&OP）	3～6 个月	需求预测与供应能力匹配，企业经营目标分解与细化	大	产品族
	主生产计划（MPS）	1 个月	客户订单、安全库存	较小	最终产品
	物料需求计划（MRP）	1 个月	物料需求计划	小	物料、配件
执行层计划（短期）	作业计划与控制（OSC）	周、天或小时	生产投入与产出计划与控制	很小	工序控制

7.1.2 S&OP 作用

S&OP 属于战术层计划的一种，其作用在于以下几方面：

(1) S&OP 在企业计划体系中起到承上启下的作用

S&OP 是企业计划体系的第三层计划，它位于企业经营计划（BP）和主生产计划

(MPS) 之间，将企业经营计划（BP）的要求转化为企业具体的、细化的生产运作活动，即将企业经营计划（BP）规定的营业（销售）收入、利润等金额数据转变为企业产品系列（族）的品种、数量计划。可以说，S&OP 是企业战略规划（SP）与具体生产经营活动之间联系的桥梁，在企业计划体系中起承上启下作用，可使企业各个部门的运作协调一致，既不偏离企业的战略方针，又能满足市场和客户的需求，保证了企业市场和销售、产品研发、物资及设备供应、生产制造、资金管理、人力资源等各个环节达到供需平衡，进而保证了企业的生产经营活动能高效、健康地运行。

(2) S&OP 在企业计划体系中起着总协调的作用

根据企业经营计划（BP）以及企业可利用的资源能力（如厂房面积、设备能力、劳动力数量、轮班次数、库存数量、技术和资金等方面情况），S&OP 制订出了企业在计划期要生产哪类产品，生产多少，何时生产的计划，这是各部门编制专业计划的纲领，从而提高 MPS、MRP 的可执行性，保证了下层各级战术计划及执行计划既能不偏离经营计划的目标，又能在实施中切实可行。S&OP 在这里起到一个总协调的作用，而且在 S&OP 的实施过程中，所有相关部门都参与其中，将本部门的计划与其他部门进行沟通，使得各部门协调一致，避免了各个部门的单方面决定，保证了企业整体经营目标的实现。

(3) S&OP 是高层领导对企业的操纵杆

执行 S&OP 是一个双向的过程，向下可以推进日常运营中的销售、采购、生产和分销等活动，向上可以汇总提供反映企业当前经营状况的数据指标，如企业现金流、财务比率、盈利指标、销售量、市场份额以及当前库存等，故 S&OP 是企业高层领导的操纵杆，为高层领导提供了可见的控制手段。通过 S&OP 系统，企业高层领导可以发现企业各运营环节是否满足了企业总体战略目标，各项经济技术指标是否完成了计划要求，当前运营中还存在哪些矛盾和不平衡因素等，从而能提前发现问题，并做出及时、准确的决策，进而更有效地管理企业经营活动。

(4) S&OP 可实现供应链伙伴各种需求和约束之间的平衡

因供应链各环节是共同为客户提供产品或服务，故制订 S&OP 时，不仅要考虑客户的需求、企业自身生产能力，同时还应考虑供应商的能力、物流服务提供商情况，并权衡供应链各环节成本、交付时间、质量和柔性之间的关系；在 S&OP 实施过程中，营销、生产运营、财务、关键的供应商、物流服务提供商等均要达成一致意见来实现计划，这种一致意见可以使供应链参与方做出更详细的决策，同时确保决策与其他各方保持一致。所以，S&OP 是供应链伙伴之间的协调机制。

7.2 S&OP 制订的主要方法

制订 S&OP 有两种主要的方法：自上而下的计划和自下而上的计划。图 7-2 给出了企业在选择两种方法时要考虑的因素。

自上而下的计划最简单，一般由单一的综合销量预测驱动计划流程，其适用于各期产品或服务组合本质上是相同的，或者不同的产品或服务具有类似的资源需求。其基本假设是，管理者能够根据总体预测制订出精确的战术计划，然后在作业计划与控制阶段，可以将资源分配给各产品或服务。

自下而上的计划适用于产品或服务组合不稳定，以及资源需求变动剧烈的情况。在这种情况下，总体预测销量对于确定资源需求量作用不大，管理者需要分别估计每类产品或服务的资源需求，然后加总，形成总的资源需求估计量。

无论采用哪种方法，管理者都需要对计划值进行分析。计划值是通过分析或基于历史数据得到的数值。决策者根据这些数值将预测销量转换为资源需求，同时要确定销售与运营策略的可行性及其生产成本。

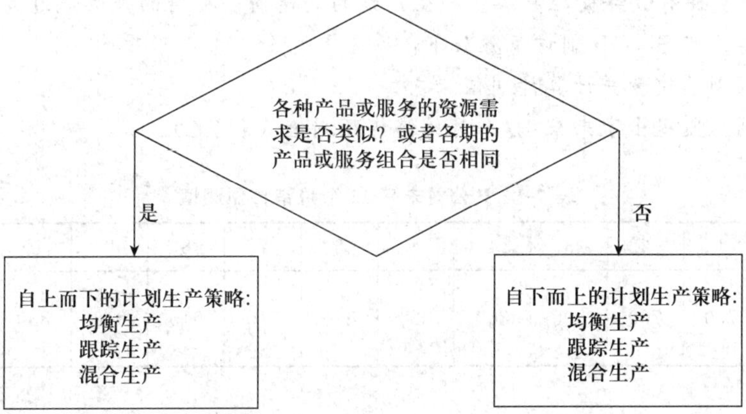

图 7-2　S&OP 的主要计划方法

7.2.1　自上而下的制订方法

自上而下的计划的制订过程包含三步：

第一步：预测总销量并计算计划值。预测总销量是指企业在计划期期望达到的各产品系列的整体销售水平，表示了对当前销售情况和对未来客户需求的预测，也就是给出某个产品系列（产品、组件、配件、专用件的组合）每个月的销售量和销售额。对于按库存生产的产品系列，这一步是对产品系列库存需求的表述；对于按订单生产的产品系列，这一步则是对产品系列所接到的客户订单的表述。这一步的主要作用是帮助管理者把销量预测转化为资源需求，并确定 S&OP 策略的可行性及产生的成本。

第二步：把预测的销量转化成资源需求。该步的目的是从分析“销售”数字转移到分析战术计划所需的资源数字，包括劳动工时、设备时间、原料成本等。这就要求在编制 S&OP 的时候必须关注资源的可用性。资源可包括劳动力、物料、设备、能源动力、加工或存储空间等，根据企业生产的产品和生产过程的不同，还可以有许多其他的资源。当确定了所要生产的产品，就要计算生产这些产品所需要的资源，并检查企业是否具备足够的资源，如果这些资源不足，就要考虑如何协调这些资源上的差距。

第三步：生成生产计划。生产计划主要包括 3 种类型：均衡生产计划、跟踪生产计划和混合生产计划。均衡生产计划是指生产量保持不变，通过库存量来调节生产量与预测量之间的差异。该方法非常适合产量无法调整或调整成本极高（如炼油行业）以及库存持有成本相对低的情况。跟踪生产计划则恰相反，为了与每期的预测销量匹配，生产量可以依此做出调整。这种方法非常适合持有成本极高或无法持有库存（如服务行业），或产量调整成本相对较低的情况。混合生产计划则介于两者之间，生产和库存都可以调整，其目的是制订最有效的计划。管理者需要根据不同生产计划的可行性及其成本，最终确定生产计划。

【例题 7-1】P 公司自上而下的计划

P 公司是一家拥有数条橱柜和浴室柜生产线的制造商。公司的产品通过大型的家居装饰零售商进行销售。其 S&OP 制订步骤如下：

第一步，预测总销量并计算计划值。

公司营销副总监提出了未来 12 个月的销售预测值（表 7-2）。

表 7-2 P 公司未来 12 个月销售预测值

月份	1	2	3	4	5	6	7	8	9	10	11	12
预测需求量（橱柜套数/套）	750	760	800	800	820	840	910	910	910	880	860	840

该公司根据以往的历史记录、详细分析和管理经验获得相关计划值（表 7-3）。

表 7-3 相关计划的经验值

每套橱柜的计划值	正常生产成本	2 000 元/套
	加班生产成本	2 062 元/套
	每月库存持有成本	40 元/套
	每套橱柜平均人工工时	20 h
生产计划值	每月正常生产的最大产量	848 套
	每月允许的加班产量	正常产量的 1/10
劳动力计划值	每月每个工人的工作时间	160 h
	雇用和培训一个工人的成本（估计值）	1 750 元
	解雇一个工人的成本（估计值）	1 500 元

根据销售预测，期望销量的高峰出现在 6—9 月。根据计划值，在正常生产时间内，公司每月最多生产 848 套橱柜。很明显，在正常生产条件下，公司无法满足销售高峰时的期望需求。

第二步，把预测销量转化为资源需求。

尽管公司要根据需求分析其他资源，但劳动力是其关键资源，把销量转化为劳工工时，并最终落实到工人的需要量。表 7-4 给出了分析过程。

表 7-4　资源需求的分析过程

月份	预测销量（橱柜套数/套）	换算为工时/h	换算为工人数/个
1	750	15 000	93.75
2	760	15 200	95.00
3	800	16 000	100.00
4	800	16 000	100.00
5	820	16 400	102.50
6	840	16 800	105.00
7	910	18 200	113.75
8	910	18 200	113.75
9	910	18 200	113.75
10	880	17 600	110.00
11	860	17 200	107.50
12	840	16 800	105.00

以 4 月为例。每套橱柜 20 工时×800 套＝16 000 h。若工人每月的工作时间为 160 h，就相当于需要 100（16 000/160）个工人。

第三步，生成生产计划。

第一种方案——均衡生产计划

若公司管理者决定制订均衡生产计划。期初（1 月）公司有 100 个工人和 100 套库存，公司希望在计划期末仍保持同样的水平。其完整的均衡生产计划如表 7-5 所示。

(1) 实际工人数和正常产量计算

公司预测销量为 10 080 套/年，按均衡生产计划，每月平均产量（即正常产量）为 10 080/12＝840（套）。

按每套橱柜需要 20 工时，每人每月可工作 160 h，则每月完成 840 套橱柜需要的实际工人数为 840×20/160＝105（个）。

按均衡生产计划，当销量小于生产量时，库存会增加；当销量大于生产量时，库存会减少。105 个工人时，公司已接近正常生产的最大值——848 套/月，但还没有超过这个数。

表 7-5　均衡生产计划表

月份	预测销量/套	换算为工时/h	换算为工人数/个	实际工人数/个	正常产量/套	允许的加班产量/套	加班产量/套	新增工人数/个	裁员数/个	库存或延期订单/套
				100			0			100
1	750	15 000	93.75	105	840	84	0	5	0	190
2	760	15 200	95.00	105	840	84	0	0	0	270
3	800	16 000	100.00	105	840	84	0	0	0	310
4	800	16 000	100.00	105	840	84	0	0	0	350
5	820	16 400	102.50	105	840	84	0	0	0	370

续表7-5

月份	预测销量/套	换算为工时/h	换算为工人数/个	实际工人数/个	正常产量/套	允许的加班产量/套	加班产量/套	新增工人数/个	裁员数/个	库存或延期订单/套
6	840	16 800	105.00	105	840	84	0	0	0	370
7	910	18 200	113.75	105	840	84	0	0	0	300
8	910	18 200	113.75	105	840	84	0	0	0	230
9	910	18 200	113.75	105	840	84	0	0	0	160
10	880	17 600	110.00	105	840	84	0	0	0	120
11	860	17 200	107.50	105	840	84	0	0	0	100
12	840	16 800	105.00	105	840	84	0	0	0	100
									5	
总计	10 080				10 080		0	5	5	2 870

(2) 新雇工人数和裁员数的计算

公司期初（1月）有工人100个，为保证840套/月生产量，必须新增工人5个。在12月末的时候，为了把工人降为原来的水平，必须裁员5个。这一做法可能不切实际，但主要目的是进行3种生产计划的比较。

(3) 库存水平的计算

月末库存可以按以下公式计算：

$$EI_t = EI_{t-1} + RP_t + OP_t - S_t \tag{7.1}$$

式中：EI_t 为第 t 期末的库存量；EI_{t-1} 为第 $t-1$ 期末的库存量；RP_t 为第 t 期正常产量；OP_t 为第 t 期加班产量；S_t 为第 t 期销量。

例如，1月末的库存为 $EI_1 = EI_0 + RP_1 + OP_1 - S_1 = 100 + 840 + 0 - 750 = 190$（套）。

由表7-5可以看出，在均衡生产计划中，每月的库存都大于零，在1—5月，库存不断增加，7—12月，库存不断减少。这种状况看似比较浪费，但保证了公司销售的正常进行，避免了缺货损失或延期交货损失。

(4) 计划成本计算

计算计划成本的目的是比较计划的优劣。该公司均衡生产计划成本如表7-6所示。

表7-6 均衡生产计划成本表 元

正常生产成本	10 080×2 000＝20 160 000
工人雇用和解雇成本	5×1 750＋5×1 500＝16 250
库存持有成本	2 870×40＝114 800
合计	20 291 050

第二种方案——跟踪生产计划

若公司管理者决定制订跟踪生产计划。期初（1月）公司有100个工人和100套库存。公司希望在计划期末仍保持同样的水平。其完整的跟踪生产计划如表7-7所示。

表 7-7　跟踪生产计划表

月份	预测销量/套	换算为工时/h	换算为工人数/个	实际工人数/个	正常产量/套	允许的加班产量/套	加班产量/套	新增工人数/个	裁员数/个	库存或延期订单/套
				100						100
1	750	15 000	93.75	94	752	75.20	0	0	6	102
2	760	15 200	95.00	95	760	76.00	0	1	0	102
3	800	16 000	100.00	100	800	80.00	0	5	0	102
4	800	16 000	100.00	100	800	80.00	0	0	0	102
5	820	16 400	102.50	103	824	82.00	0	3	0	106
6	840	16 800	105.00	105	840	84.00	0	2	0	106
7	910	18 200	113.75	106	848	84.80	62	1	0	106
8	910	18 200	113.75	106	848	84.80	62	0	0	106
9	910	18 200	113.75	106	848	84.80	62	0	0	106
10	880	17 600	110.00	106	848	84.80	32	0	0	106
11	860	17 200	107.50	106	848	84.80	12	0	0	106
12	840	16 800	105.00	105	840	84.00	0	0	1	106
									5	
总计	10 080				9 856		230	12	12	1 256

由表 7-7 可知，前 4 列的值与均衡生产计划相同，其余各列的数值差异较大。

① 不断调整正常产量和加班产量，使每个月的总产量能基本与销量匹配，因而库存不会出现均衡计划中的累积状况。

② 从 7 月到 11 月，月销量都高于最高 848 套的正常产量，因此公司需要利用加班生产弥补所产生的差额。

③ 虽然该生产计划保持了较低的库存水平，但会产生更高的雇用和解雇费用，以及加班生产成本。

④ 由于公司雇用工人只能是整数，故公司的产量并不能精确地与销量匹配，但相差不多。

由此可计算跟踪生产计划成本如表 7-8 所示。

表 7-8　跟踪生产计划成本表　元

正常生产成本	9 856×2 000=19 712 000
加班生产成本	230 ×2 062=474 260
工人雇用和解雇成本	12×1 750+12×1 500=39 000
库存持有成本	1 256×40=50 240
合计	20 275 500

第三种方案——混合生产计划

若公司管理者决定制订混合生产计划。期初（1月）公司有100个工人和100套库存，公司希望在计划期末仍保持同样的水平。由于混合生产计划对生产和库存水平都可以进行调整，故可以制订很多种调整方法。实际上，混合生产计划的可能数量是无穷的。假设该公司的工人对夏天加班非常抵触，只在10月和11月各加班生产12套。其完整的混合生产计划如表7-9所示。

表7-9 混合生产计划表

月份	预测销量/套	换算为工时/h	换算为工人数/个	实际工人数/个	正常产量/套	允许的加班产量/套	加班产量/套	新增工人数/个	裁员数/个	库存或延期订单/套
				100						100
1	750	15 000	93.75	100	800	80	0	0	0	150
2	760	15 200	95.00	100	800	80	0	0	0	190
3	800	16 000	100.00	103	824	82	0	3	0	214
4	800	16 000	100.00	106	848	84	0	3	0	262
5	820	16 400	102.50	106	848	84	0	0	0	290
6	840	16 800	105.00	106	848	84	0	0	0	298
7	910	18 200	113.75	106	848	84	0	0	0	236
8	910	18 200	113.75	106	848	84	0	0	0	174
9	910	18 200	113.75	106	848	84	0	0	0	112
10	880	17 600	110.00	106	848	84	12	0	0	92
11	860	17 200	107.50	106	848	84	12	0	0	92
12	840	16 800	105.00	106	848	84	0	0	0	100
									6	
总计	10 080				10 056		24	6	6	2 210

由此可计算混合生产计划成本如表7-10所示。

表7-10 混合生产计划成本表 元

正常生产成本	10 056×2 000＝20 112 000
加班生产成本	24×2 062＝49 488
工人雇用和解雇成本	6×1 750＋6×1 500＝19 500
库存持有成本	2 210×40＝ 88 400
合计	20 269 388

7.2.2 自下而上的制订方法

制订自下而上计划的步骤与制订自上而下计划的步骤类似，主要的区别在于各种产品或服务的资源要求必须单独计算，再把所有的结果加总，得到总的资源需求。

【例题 7-2】飞利浦玩具公司自下而上的计划

飞利浦玩具公司有夏季玩具和冬季玩具两条生产线。每条生产线的机器设备和劳动力需求如表 7-11 所示。

表 7-11　生产线的机器设备和劳动力需求表　h

生产线	机器单位工作时间	单位工人工时
夏季玩具	0.75	0.25
冬季玩具	0.85	2.00

由此可见，两条生产线对机器单位工作时间的要求非常接近，而对单位工人工时的要求差异却很大，冬季生产线对工人工时的要求是夏季生产线的 8 倍。

若两条生产线总预测需求量每月保持 700 件不变，产品组合会随季节而变化，如表 7-12 所示。从下表每个月人工工时的需求中可以看出产品组合变化对资源需求的影响。

表 7-12　产品组合变化对资源需求的影响

月份	预测		预测总量/件	机器工作时间/h	人工工时/h
	夏季生产线/件	冬季生产线/件			
1	0	700	700	595	1 400
2	100	600	700	585	1 225
3	500	200	700	545	525
4	700	0	700	525	175
5	700	0	700	525	175
6	700	0	700	525	175
7	700	0	700	525	175
8	500	200	700	545	525
9	400	300	700	555	700
10	200	500	700	575	1 050
11	0	700	700	595	1 400
12	0	700	700	595	1 400

描绘随着季节变化的机器工作时间和人工工时的负荷曲线，如图 7-3 所示。负荷曲线表明，全年机器工作时间需求相当稳定，这是因为两条生产线对机器工作时间的要求不多，而人工工时的负荷曲线在夏季剧烈下沉，反映出夏季生产线对工人工时的要求比较低。

为了制订 S&OP，该公司需要对每条生产线的计划值进行计算，然后把每条生产线的

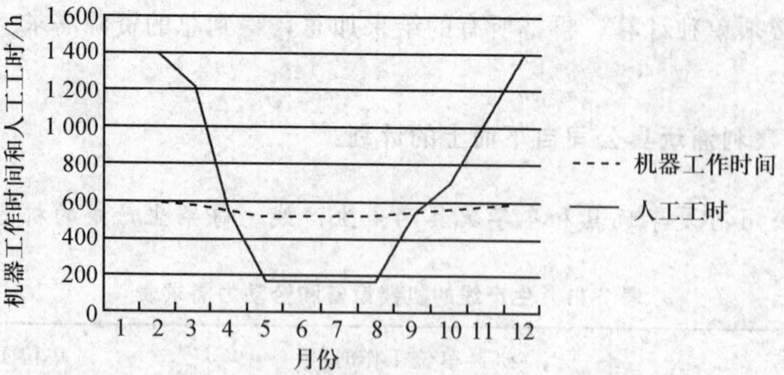

图 7-3　随着季节变化的机器工作时间和人工工时的负荷曲线

资源需求加总起来。剩余的计划制订过程与自上而下的计划相似。该公司可能不得不在调整劳动力数量以避免夏季产生超额劳动成本与寻找一些方法来缓和劳动需求之间做出抉择，也许可以采取夏季生产更多冬季玩具的方式，但这样会提高库存水平。

7.3　S&OP的组织和实施

7.3.1　制订 S&OP 的前期准备

在制订 S&OP 前，首先需要搜集经营计划、市场预测和客户订单、新产品开发资源状况、生产资源状况和财务状况等信息。

① 经营计划，包括产品开发方向及市场定位、销售目标、预期的市场占有率；营业额、销售收入、利润、资金周转次数、销售利润率和资金利润率、库存目标；长远能力规划、技术改造计划、企业扩建和基建计划；员工培训及职工队伍建设计划等。

② 市场预测和客户订单，包括各时间段各产品系列的销售预测数量；现有销售合同汇总数量；分销情况和对运输的要求等。

③ 新产品开发资源状况，包括资源清单（劳动力、设备能力、主要材料、能源动力等）；专用工装；影响资源计划的产品设计、工艺设计、材料或生产方式的改变。

④ 生产资源状况，包括主要可用生产资源方面的信息，如可用劳动力、可用机时或工作中心小时、当前库存水平、当前未完成订单的数量等。

⑤ 财务状况，包括单位产品的收入和成本；增加资源的财务能力；资金可用性等。

7.3.2　制订 S&OP 相关的参与方

制订 S&OP 涉及企业各相关部门甚至供应链合作伙伴，需要各部门协商，包括财务部门资金和盈利问题，销售部门市场客户问题，生产运营、采购及库存部门和人力资源部门的材料、设备、劳动力、技术等能力问题以及供应商、物流服务商等的衔接问题等。制订合适的 S&OP 是一个反复修改和调整的过程，且需要多部门的参与，最终实现各部门协调一致。图 7-4 体现了这一思想。

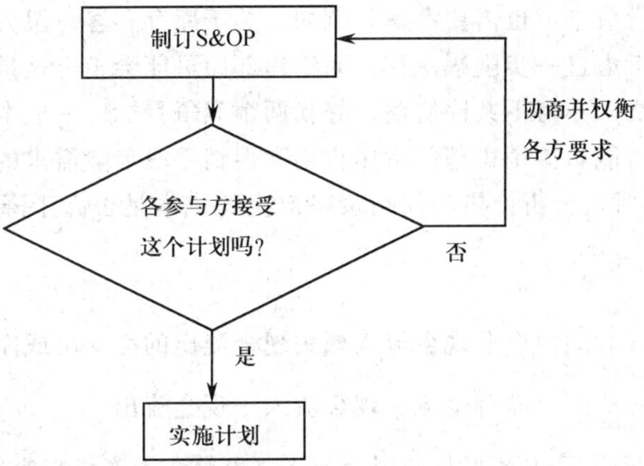

图 7-4　相关参与方对 S&OP 的影响

因此，S&OP 一般是通过 S&OP 会议的形式进行协商、沟通并最终决策的。S&OP 会议一般包括预备会议和正式会议。

预备会议的目的：一是就供需平衡问题做出决定；二是解决各个部门计划中存在的问题及差异，以便形成一套一致的建议计划，并提交正式的销售与运营计划；三是明确各个部门不能达成一致的问题，以及相关的背景和数据；四是分析各个可选方案的影响。参加 S&OP 预备会议的人员包括销售、市场、产品开发、财务、运营和生产的部门经理。预备会议输出包括一个更新的财务计划、分产品族的行动建议、新产品的开发计划、资源的调整建议、部门间不能达成一致的问题、替代方案和影响、供需策略的调整建议以及正式 S&OP 会议的议程。

正式会议一般都需要邀请 CEO 参加，以便快速决策。该会议的目的：一是批准 S&OP 预备会议的建议或制订新的替代方案；二是授权对生产或采购水平进行调整；三是将生产计划与运营计划进行对比，并且进行必要的调整；四是就 S&OP 预备会议没有达成一致的问题进行决策；五是审查那些低于计划水平的关键指标。会议的输出有：销售计划、生产计划、库存计划、未交订单计划、财务计划、产品与工艺开发计划、用工计划以及会议记录、所有决定的汇总、行动计划及完成日期和责任人。

通过审批的 S&OP，既体现了企业经营计划的目标和要求，又经过企业生产经营各职能部门认真的分析和调整，使其更具可行性。确定后的 S&OP 下发到企业各个职能部门和车间，作为编制他们部门各项工作计划的依据，有效地指导各部门的业务工作，将各部门的工作统一到企业总体目标上来。

7.3.3　计划选择

选择 S&OP 一般需要考虑的因素包括以下 3 个方面：

（1）成本

不同的 S&OP，生产率、设备工时、用工量、库存等均不同，产出计划成本也不同。因而，选择 S&OP 时优先考虑在完成经营目标前提下成本低的方案。另外，制订 S&OP 还涉及其他部门及其运行成本，也需要考虑。例如，关于库存和客户服务之间的关系。财务部门为了降低成本，会考虑进一步削减库存，而销售部门可能会担心这是否会影响到客户服务的质量，因此各部门之间不得不共同协商，寻找两个竞争目标——成本和客户服务之间的平衡。又如，运营部门可能希望销售部门运用价格和促销手段消除需求的高峰和低谷现象，这就需要在编制 S&OP 时，分析价格和促销策略产生的成本是否高于降低生产和库存成本策略产生的支出。

(2) 净现金流

净现金流是指一段时间内企业现金流入减去现金流出的净支出或净收入，即

$$净现金流=现金流入-现金流出$$

若能计算出不同 S&OP 方案每月的现金流入（可简化为产量与售价的乘积），结合每月的计划成本，就可以计算出不同 S&OP 方案每月的净现金流量，甚至可计算出每年的净现金流量。这是财务部门（经理）非常关注的指标，不仅可以衡量企业实施 S&OP 产生的现金及活力，而且可以看出抵消支出后的余额及用于其他商业投资的可能性。

不同的 S&OP 方案，产量安排每月不同，故不同的 S&OP 方案净现金流量的变化每年在各月的分布不同。某些计划方案在计划期末可能是盈利的，但在此期间仍可能出现现金支出大于现金流入的现象，如可能在前期出现负的净现金流或净支出。这就表明，前期必须要财务部门给予资金支持才行。如果没有财务部门的资金支持，则要考虑是否重新制订 S&OP 方案。

(3) 其他因素

在选择 S&OP 时，除了要考虑成本、净现金流外，管理者还必须考虑计划的其他方面。例如：

① 计划将会对供应链伙伴（如重要的供应商和物流服务提供商）产生什么影响？在各时期产量变化很大时，这一点很重要。

② 供应链伙伴和企业自身是否具有足够的空间存放计划库存？

③ 计划中劳动力有重要变化吗？如果有，哪些因素影响劳动者的满意度和产出能力？人力资源部门能否解决这些问题？

④ 计划有多大柔性？也就是说，当条件变化要求修改计划时，有多大难度？

表 7-13 列示了例题 7-1 中 P 公司 3 种计划的成本与优劣势。从实践的角度看，这些成本太接近，很难判断哪个计划更具成本优势。况且，这些计划是基于预测和计划值制订的，而预测和计划值也只是资源需求和成本的粗略估计。因此，要确保计划和实际结果没有差异是不可能的。为了选出一个适宜的计划，必须要考虑其他因素。

由于每月产量相同，故均衡计划具有稳定生产的优势，有利于减轻计划的压力，并能够保持公司及其合作伙伴的劳动力稳定性。此外，在均衡计划下，公司可以避免高昂的加班费用，但会产生额外的库存持有成本。尤其是年末需求突然下降时，库存的积累确实会给公司带来风险，这时公司将不得不大量消减生产或降低不必要的库存来降低风险。

跟踪计划则恰恰相反，库存增加较少，但生产水平从 1 月的 752 套到第三季度每月的 910 套，不断变化。生产和劳动力数量的不稳定性可能会导致难以预料的结果。

混合计划则在以上两种情况之间取得了某种平衡。混合计划每个月库存也会增长，但没有均衡计划时剧烈；混合计划也会产生加班，但加班时间比跟踪计划短。

表 7-13　3 种计划的成本与优劣势　元

比较项目	均衡计划	跟踪计划	混合计划
正常生产成本	2 016 000	19 712 000	20 112 000
加班生产成本	0	474 260	49 488
工人雇用和解雇成本	16 250	39 000	19 500
库存持有成本	114 800	50 240	88 400
总成本	20 291 050	20 275 500	20 269 388
优劣势	均衡生产，但橱柜库存水平最高，可达 370 套	库存最少，在高峰月份要求最多的加班	合理的稳定生产。库存会增加，但低于均衡生产时的水平，需适当加班

根据以上的结论，公司的管理者会选择其中一种计划，或者制订另外一种混合计划，也许会取得更好的结果。

7.3.4　计划实施

（1）定期更新 S&OP

为了保持 S&OP 的时效性，S&OP 必须定时更新。因而很多公司通过建立滚动计划期来达到这一目的。滚动计划期要求定期（通常是 1 个月）更新。例如，现在是 10 月初，公司能够制订出下一年度 1—12 月份的 S&OP，那么在 11 月初，公司的计划制订团队可能要聚在一起重新审查计划书，把计划往前推 1 个月，即制订明年 2 月份到后年 1 月份的 S&OP。通过滚动计划期，企业可以根据获得的信息对 S&OP 做出调整。

（2）不断提升完善

当实施 S&OP 时，其实这已经是组织日常计划活动的一部分。通过定期更新计划，管理者运用 S&OP 结果指导关键的需求和资源决策，不断推动企业发展。但实施中还需寻求更有效的方法进一步改进 S&OP。尤其在当前，完善和提升 S&OP 所需的管理支持和硬件条件，包括培训所有的参与者、找出需要计划的产品或服务类别、建立大数据库、建立能够提供精确计划值的信息系统、利用先进决策工具（包括预测模型）、通过网络共享 S&OP 的数据等，都非常重要。

7.4　服务运营中的 S&OP

在很多方面，S&OP 在服务运营中比在生产运营中更重要。服务既不可能提前生产，也不能储存。例如，飞机座位或者服务技术人员的工作时间如果没有得到很有效的利用，就会损失掉。正因为如此，服务的产出时间和需求时间必须紧密匹配，跟踪计划在大部分服务运营中会受到限制。也就是说，对于调整资源和需求之间的匹配，服务运营有多种选择，主要包括销量匹配能力和能力（主要是劳动力）匹配销量两类。

7.4.1 销量匹配能力

企业经常采用定价策略和促销手段来促使销量和生产能力保持一致。在服务行业，收益管理就是典型的销量匹配能力的一种方法，主要是用于生产“易腐产品”（如飞机座位和酒店客房）的企业。这些服务企业需要确保每单位产能（不论是下一班飞机的座位，还是今晚的酒店客房）都能够对公司的利润有所贡献。简而言之，收益管理的目标就是企业总利润最大化。其中：

$$总利润=单位服务的平均利润\times服务的销售量$$

收益管理又称价格弹性管理或“实时定价”，诞生于20世纪80年代，最早由民航开发。它主要通过建立实时预测模型和对以市场细分为基础的需求行为的分析，确定最佳的销售或服务价格。其基本理念是当实际需求低于期望水平时，收益管理系统会通过降价提高需求量，但前提必须是期望的结果能够增加总利润。相反，当需求高于期望水平时，收益管理系统会通过提升价格抑制需求量，前提是期望的结果会产生更高的利润。其基本特征是“精确的营销”和“以收益为中心”。其思想主要包括以下7个核心观念：

① 在平衡供给和需求时主要考虑的是价格而不是成本。

② 对市场进行精确的细分，并采用多种价格以满足每个细分市场的价格敏感性。

③ 用以市场为基础的定价代替以成本为基础的定价。

④ 为最有价值的旅客保留座位。

⑤ 根据所掌握的客观情况做出决策。

⑥ 开发产品价值链。

⑦ 持续地重新评估机会，科学地进行决策。

收益管理及对中国企业的启示：收益管理的理念虽然简单，但是实施过程中还是相当复杂的，尤其是对航空运输和酒店管理业的收益管理系统而言。为了实现总利润最大化，收益管理系统会定期自动调整尚未预订的服务价格。如果你预订了一张机票或一间客房，两天后发现价格又发生了变化，这实际上就是收益管理行为。

7.4.2 能力匹配销量

服务行业经常也会通过调整劳动力供给来匹配销量。

我们最常用的是延长工作时间，以提高产能，满足消费需求。另外，也可采用劳动力分层提高产能。例如，一些服务行业在需求旺季会额外雇用一些全职或兼职的临时工，而仅保留一定比例的固定员工。这种现象在零售业、餐饮业和农业等行业非常普遍。

其他一些服务企业还采用负荷转移的方式把部分工作转嫁给客户，尤其在人工智能不断发展的今天。比如一些公司让顾客自己运送并组装家具（如宜家），一些公司也会让顾客自己在网上进行货物、资金交易等（如目前出现的一些无人超市、自动售货机）。顾客扮演了临时工的角色，只在需求产生时才会出现。这样就减少了公司对劳动力的总体需求，同时也有助于解决劳动力需求的稳定性问题。

【例题 7-3】A 地毯清洁服务公司的服务负荷转移

A 地毯清洁服务公司完成一个客户的地毯清洗平均需要花费 4 h，包括 3 h 的清洗时间和 1 h 的挪动家具时间。公司正在考虑改变服务方式，让顾客自己挪动家具，这样可以减少 25% 的工作量。表 7-14 给出了服务方式变动对公司劳动时间的影响。

表 7-14　服务方式变动对公司劳动时间的影响

月份	服务需求预测值/个	所需要的劳动时间/h	
		没有负荷转移的情形	有 25%负荷转移的情形
1	60	240	180
2	55	220	165
3	50	200	150
4	50	200	150
5	30	120	90
6	30	120	90
7	25	100	75
8	30	120	90
9	40	160	120
10	40	160	120
11	45	180	135
12	55	220	165
	平均值	170	127.5
	最低值	100	75
	最高值	240	180
	差	140	105

由表 7-14 可知，每月的劳动力需求量减少了 25%，每月最高值和最低值的绝对差减少了 25%。当然，公司需要平衡节约的成本和降低的收益之间的关系，毕竟顾客不可能免费劳动。

本章小结

本章首先分析了销售与运营计划（S&OP）在企业计划层次系统中的地位及其核心作用；其次重点阐述了制订和选择 S&OP 的自上而下和自下而上的两种方法，以及企业实施 S&OP 的组织流程和策略；最后讨论了服务运营系统中 S&OP 实施的销售与能力匹配的两个关键问题。

讨论题

1. 谈谈企业计划体系的构成，并分析 S&OP 在企业计划体系中的作用和可能取得的成效。

2. 讨论 S&OP 的制订过程中自上而下的计划和自下而上的计划适应的条件和步骤。

3. 一般来说，企业在什么条件下更倾向于采用均衡计划？在什么条件下更倾向于采用跟踪计划？

4. 谈谈你对航空运输行业的收益管理的看法。

习题

1. 某公司生产一种产品，平均需要 0.9 h 的人工工时和 0.02 h 的机器加工时间。此外，每个工人和每台机器设备每月可用的工作时间为 160 h。利用这些计划值和以下的销量预测值估计：

(1) 每月所需的人工工时和机器加工时间。

(2) 每月所需的机器数和工人数。(将所估算的工人人数和机器数量取整)

月份	预测销量/件
10	44 000
11	52 000
12	68 000
1	69 000
2	58 000
3	46 000

2. 产品 A 和产品 B 预测销量如下表所示：

月份	产品 A/件	产品 B/件
1	3 500	700
2	3 300	1 000
3	3 200	1 200
4	3 000	1 500
5	2 700	1 900
6	2 600	2 100

若每单位产品 A 大概需要花费 2.5 h 的人工工时，每单位产品 B 大概需要花费 1.8 h 的人工工时。请问：

(1) 产品 A 和产品 B 的总预测销量是多少？如果只知道这一信息，你预测 1—6 月份的资源需求是增加还是减少？

（2）请根据计划值信息，计算出每月所需的人工工时。将计算结果与（1）的答案进行比较，并给出解释。

（3）在这种情况下，自上而下的计划和自下而上的计划，哪种更适合？

3. C 家居公司生产两种桌子：A 和 B。两种桌子的生产使用相同厂房，并需要相同数量的劳动力和设备。此外还知道如下信息：① 每张桌子的生产成本为 300 元，平均人工工时为 3.2 h；② 每位工人每月工作 160 h，对工人数量没有限制；③ 雇用和解雇每位工人的成本都为 300 元；④ 每张桌子每月的库存持有成本都为 15 元；⑤ 为了方便制订计划，C 家居公司期初和期末的工人数均为 20 人，库存为 0。

桌子的预测销量如下：

月份	A/张	B/张
2013 年 11 月	650	3 048
2013 年 12 月	676	2 899
2014 年 1 月	624	3 198
2014 年 2 月	624	2 671
2014 年 3 月	696	2 919
2014 年 4 月	475	3 102
2014 年 5 月	566	2 964
2014 年 6 月	819	2 409
2014 年 7 月	754	3 381
2014 年 8 月	982	3 965

（1）为 C 家居公司制订一份周期为 10 个月的自上而下的均衡生产计划，计算计划中的生产、雇用、解雇、库存总成本。

（2）制订跟踪计划。

（3）假设雇用和解雇成本大幅上升，此时均衡生产计划比跟踪计划是好还是差？请解释。

案例分析：销售与运营计划（S&OP）在上海庄臣的应用

上海庄臣有限公司（简称“庄臣公司”）成立于 1987 年，位于上海浦东区，是美国庄臣父子公司与上海日用化学工业开发公司共同投资的合资企业，在北京、广州设有分公司，并在全国许多大城市设有办事处。其产品主要包括六大系列，分别为雷达品牌的杀虫产品系列、佳丽品牌的空气清新产品系列、威猛先生品牌的清洁剂产品系列、碧丽珠品牌家具/皮革光亮剂产品系列，密报诺品牌的家庭储藏产品系列、红鸟品牌的鞋油产品系列。每个产品系列下又设分产品系列。

由于公司产品是日用快销品，品类多，市场多变难测，且许多产品具有季节性，公司的采购、生产和库存一直存在较大压力。1996 年，随着庄臣公司 ERP 管理系统的启用，公司也开始采用销售与运营计划（S&OP）体系对公司业务进行需求和供应平衡管理。

庄臣公司的S&OP以月为单位循环进行。建立之初，运作分为5个阶段：step 1——管理新行动；step 2——需求回顾；step 3——供应回顾；step 4——财务调和；step 5——S&OP会议。2004年，由于组织架构调整，S&OP流程变为4个阶段，即将step 1和step 2合并为step“2 in 1”，但其原有功能并不改变。以某年9月为例，庄臣公司S&OP的实际运行如下表所示：

阶段	时间	需要完成的主要工作
step“2 in 1” 管理新行动及需求回顾	9.1—9.12，9.12召开会议	①前期准备工作，包括收集year to date（YTD，本年迄今）的销售信息；以品牌为小组进行产品的销售和市场情况分析，并建议进一步的行动。②召开S&OP会议。包括各品牌小组回顾行动建议，确认新的销售目标（即预算）。③形成会议纪要，传到step 3
step 3 供应回顾	9.12—9.16，9.16召开会议	①根据step“2 in 1”的最新预测，更新短期产品需求，调整、落实主生产计划以及物料需求计划。②根据销售预测对长期产品供应能力进行分析调整。③召开会议，进行预测分析、客户服务和物流分析、长期生产计划的安排。④形成会议纪要，传到step 4
step 4 财务调和	9.17—9.23	将step“2 in 1”和step 3的所有S&OP数字进行财务的核算，并将财务核算结果与KPI进行比较，以评判业务运行良好与否，为step 5高层决策提出相应方案
step 5 S&OP会议	9月的最后一周	这是S&OP最高层会议，会议决议将作为庄臣公司的最高层指令，得以不折不扣地执行。一般是根据step 4的财务分析方案，做出生产与采购决策。会后相关材料及生产准备就开始运作了

总体而言，经过20余年的运营，S&OP在庄臣公司的运用是相当成功的，为其业务的快速发展起了相当大的作用，突出表现在公司生产效率、客户服务水平显著提高，采购成本、库存水平显著降低。

【问题】

1. 庄臣公司实施S&OP体系的背景及有利条件。

2. 根据案例讨论，为什么采用滚动计划期法每月更新S&OP很重要。如果预测发生变化，S&OP还存在优势吗？

3. 讨论案例企业S&OP运行各阶段一般有哪些人员参与。

4. 在供应回顾、财务调和方面一般要考虑哪些因素？

5. 你认为实施S&OP体系应注意哪些关键因素？

参考文献

[1] 塞西尔·博扎思，罗伯特·汉德菲尔德．运营与供应链管理．3 版．邵晓峰，译．北京：中国人民大学出版社出版，2014．

[2] 马威，王晓梅．现代企业管理概论．北京：中国农业大学出版社，2005．

[3] 蒋惠明．销售与运营计划（S&OP）及其在上海庄臣的应用．上海：复旦大学，2005．

第 8 章　供应管理

引言

在第 1 章我们提到，供应链是由制造商和服务提供商构成的网络，他们通过合作为终端客户提供产品和服务。这些制造商和服务提供商通过物流、信息流和资金流紧密地连接在一起。对于特定企业来说，什么时候应该与外部制造商或服务提供商建立合作关系？与哪家企业建立合作关系？当采购方企业找到潜在的合作企业后，建立正式的合作关系以及对这种关系进行管理涉及哪些步骤呢？

这些问题以及其他类似相关问题是供应管理的核心问题。供应管理（supply management）是指企业在分析采购货源、制定采购策略、选择供应商、采购产品和服务时所执行的一系列活动。本章的目的在于介绍供应管理的重要性和战略采购流程。

供应链链接

循环再利用材料的供应短缺现象

“节约、再利用、废物回收”这一流行的宣传语表明，如果能够对金属、玻璃、塑料等废弃物进行回收，那么工业界就可以对这些废弃物进行再利用。然而迄今为止，废物回收再利用的实践发展并不顺利，其中一个很重要的原因是，某些循环再利用材料的供应严重不足。

汽车蓄电池含有铅、镍、钴等金属，重量高达 550 lb（1 lb＝0.453 6 kg）。即使在被拆除后，电池仍存在电击危险或着火危险。此外，某些部件（如锂）回收再利用的成本很高，因此汽车制造商在是否回收再利用电池方面存在分歧。与此同时，世界各地政府支持电池生产企业快速扩能，以提高节能汽车的产量。行业分析人士预测，在未来几年里可能会出现电池产能过剩现象。

根据相关法规的要求，即使自身不从事电池生产制造，不生产电池，汽车制造商也必须负责对电池进行合理的处理和再利用。因此，本田和丰田积极地寻找全球性的再制造企业开展合作，通用和日产则与一些能源企业合作，设法将回收的汽车电池进行再制造，用于风能和太阳能发电。遗憾的是，能够返回制造装配线的金属比例仍然很低。

在软饮料行业，在塑料瓶的回收利用方面，美国要落后于欧洲（美国的回收率维持在 28%，欧洲则达到 50%）。由于塑料的回收量不足，其再制造的成本要比初始原料生产的成本高出 10%，可口可乐的瓶子回收再利用的比例从 5 年前的 10%下降到了 5%。可口可乐公司在南卡罗来纳州斯帕坦堡投资 6 000 万美元建了一家回收再利用工厂，公司希望最终能够对其所有的塑料瓶子进行回收再利用，但由于回收量不足，工厂的回收能力只发挥了 1/3。

最近经过调整后，工厂计划将投放使用1/2的产能。

一些人士认为，如果软饮料行业支持收取瓶子押金的做法，那么聚酯的回收量会逐步上升。在美国10个强制实行瓶子押金制的州，聚酯的回收率是全美平均水平的两倍。

8.1 供应管理的重要性

供应管理，也称采购管理，是企业中非常重要但又往往被忽视的一项职能。由于受多个因素的共同推动，供应管理活动受到了越来越多的关注。这些因素具体包括全球采购趋势的发展、采购的财务影响、产品和采购服务对其他绩效指标（包括质量和交付）的影响等。

8.1.1 全球采购

企业不仅需要与全球的竞争对手竞争，而且需要和竞争对手的供应链竞争。原本满足于本地采购的企业，现在开始在全球范围内寻找一流的供应商。管理者开始认识到，要参与全球市场竞争，企业需要进行全球采购。

为了参与全球竞争和利用全球一流供应商的资源，许多企业实施了全球采购系统，通用汽车就是一个典型的例子。每周五早上6:30，负责全球采购的副总裁亲自主持召开全球视频会议，与分布在全球各地的高级采购经理分享信息和协调策略。曾经，通用汽车的一个采购团队执行了一项历时12 d的任务，他们一行访问了泰国、中国、韩国和日本，访问的主要目的是评估十几家模具制造商，选取潜在的冲压模供应商，此外，还利用这次机会发掘了新的有价值的供应商。

信息系统的发展对全球采购起到了催化作用。分布在全球的工程师和供应商可以瞬间分享电子版的设计图。同样，企业可以通过将分布在全球各地的采购需求合并成采购大单来提高公司的采购地位。此外，企业可以与关键供应商随时共享预期需求，以便供应商做好相应的计划安排。

除了制造产品外，全球采购同样适用于服务和业务流程。例如，现在有许多企业将诸如票据处理、文件核查、日常财务分析、呼叫中心、信息系统处理等日常业务流程外包到全球的低成本地区。在最近的一项业务流程外包趋势的研究中，研究人员发现，有约50%的企业已经外包了公司后台运作的某些活动，约40%的企业已经开发了整合的、技术支持的服务中心，特别是针对信息技术、票据服务、会计、人力资源和法律事务等职能。

8.1.2 财务影响

如果查看企业的财务报表，你能大致估算企业在产品和服务采购方面会支出多少。在制造行业，这一数据大得惊人。对于制造企业来说，产品销售额中物料成本约占53%（表8-1）。对于某些服务企业（如零售或批发企业）来说，这一数据会更大。

表 8-1 各行业物料成本占销售额的比例[①]

行业	物料成本占销售额的比例
食品	53.5%
家具制造	45.8%
化学	46.2%
橡胶和塑料	49.0%
金属制品	45.3%
计算机和电子	42.8%
运输设备	60.5%
所有制造商	52.5%

当企业的大部分收入花在物料和服务上时，供应管理具有利润杠杆效应，成为提升企业利润的一个重要来源。

【例题 8-1】T 公司的利润杠杆

T 公司是一家全球领先的零售商。表 8-2 给出了 T 公司 2010 年度的利润数据，以及 2011 年 1 月资产负债表的主要数据。

表 8-2 T 公司的财务数据 亿元

利润和费用（2010 年度）	
销售额	657.86
销售成本	457.25
税前利润	46.29
资产负债表项目（2011 年 1 月 29 日）	
商品库存	75.96
总资产	172.13

在这里，销售成本（cost of goods sold）指公司从外部供应商处采购商品支出的采购成本，表示公司在销售给客户的商品上所支出的费用。商品库存（merchandise inventory）指在财务报告披露时，公司为现有库存所支出的费用。

有了以上财务数据，可以计算 T 公司的一些基本财务绩效指标。利润率（profit margin）是指给定时期内利润与销售额的比例：

$$利润率=\frac{利润}{销售额}\times 100\% \tag{8.1}$$

① 资料来源：General Summary-1997 Economic Census，Manufacturing. U. S. Census Bureau，ECM315GS，June 2001.

T 公司的税前利润率为：

$$\frac{46.29}{657.86}\times 100\%=7.0\%$$

T 公司的税前利润率意味着 1 元的销售额产生 7 分的税前利润。另一个常用的财务指标是资产收益率（return on assets）。资产收益率是企业财务绩效的一个度量指标，通常定义为利润与总资产的比值。资产收益率越高越好，因为资产收益率高表明企业可以用同样的资产获得更高的利润：

$$资产收益率=\frac{利润}{资产}\times 100\% \tag{8.2}$$

T 公司财务年度的资产收益率为：

$$\frac{46.29}{172.13}\times 100\%=26.9\%$$

T 公司如何改善这些数据呢？有两个方面需要注意：

① 采购每节约 1 元，相当于降低了 1 元的销售成本，增加了 1 元的税前利润。由式（8.1）可得，目前的税前利润率为 7.0%，要实现同等的税前利润增加效果，T 公司需要增加销售额：

$$1.00/7.0\%=14.29（元）$$

这就是利润杠杆效应。利润杠杆效应（profit leverage effect）表明，成本节约 1 元可以使税前利润增加 1 元。这意味着销售额的增加值等于税前利润的增加值 1 元与税前利润率的乘积。对于那些利润率比较低的企业（如零售企业）而言，利润杠杆效应尤其重要。

② 采购每节约 1 元，相当于降低了 1 元的商品库存成本，减少了 1 元的存货资产，在销售额不变的情况下，意味着资产收益率得到了提高。

为了更好地说明这些要点，假定 T 公司能够将其商品库存降低 3%，分析一下将带来什么样的结果。注意，商品销售成本和商品库存同时降低 3%（可以在 Excel 中计算）。

$$\begin{aligned}成本降低后的商品销售成本&=原来的销售成本\times（100\%\quad 3\%）\\&=457.25\times 0.97=443.53（亿元）\end{aligned}$$

$$\begin{aligned}商品销售成本的节约额&=原来的销售成本-成本降低后的商品销售成本\\&=457.25-443.53=13.72（亿元）\end{aligned}$$

$$商品库存的降低额=原来的商品库存\times 3\%=75.96\times 3\%=2.28（亿元）$$

$$\begin{aligned}现有的总资产&=原来的总资产-商品库存的降低额\\&=172.13-2.28=169.85（亿元）\end{aligned}$$

更新后的财务数据如表 8-3 所示。

表 8-3　更新后的财务数据

亿元

更新后的利润和费用	
销售额	657.86
成本降低后的销售成本	443.53
原来的税前利润	46.29

续表8-3 亿元

更新后的利润和费用	
+3%销售成本节约额	+13.72
税前利润	60.01
更新后的资产负债表项目	
现有的商品库存	73.68
原来的总资产	172.13
-3%商品库存降低额	-2.28
总资产	169.85

以上结果表明，税前利润增加了近30%，从原先的46.29亿元上升到了60.01亿元。按原先的税前利润率计算，销售额要增加（60.01-46.29）/7.0%=196（亿元），才能达到同样的利润影响效果。

最后，现有的税前利润率和资产收益率分别为：

$$现有的税前利润率=60.01/657.86\times100\%=9.1\%$$

$$现有的资产收益率=60.01/169.85\times100\%=35.3\%$$

8.1.3 绩效影响

供应管理不是仅考虑成本因素，采购的商品和服务还会对其他的绩效维度（包括质量和交付绩效）产生重要影响。下面的例子说明了供应管理如何影响其他绩效指标。

【例题8-2】S医院的阀门采购

S医院有两台透析设备，每台设备都有一个特殊的阀门，一般每两周就要更换。因此，S医院大概每年需要使用50个阀门。医院有两家供应阀门的供应商可供选择。这两家供应商的采购价格和质量数据如表8-4所示。

表8-4 供应商的采购价格和质量数据

比较项目	供应商A	供应商B
价格	10元	2元
合格率	99.8%	95%

阀门是否存在缺陷，通常只有在治疗开始之后才能发现。阀门出现质量缺陷会导致病人的治疗过程中断，这又导致需要重新安排计划，降低透析设备的有效能力，有时甚至可能引起医疗突发事故。很显然，如果S医院选择供应商B，医疗的服务质量会下降。

现在假设S医院的管理层估算阀门出现质量问题所产生的成本约为1 000元。在计算各供应商有关的总成本之前，我们首先要清楚地认识到，接受供应商B的供货可能会严重影响S医院的运营。表 8-5 对供应商的成本进行了估算。比较一下结果，你当然会选择供应商 A。

表 8-5　供应商成本估算　　元

成本	供应商 A	供应商 B
阀门成本	50×10=500	50×2=100
故障成本	0.2%的阀门故障率：	5%的阀门故障率：
	0.2%×50×1 000=100	5%×50×1 000=2 500
总成本	600	2 600

8.2　战略采购流程

在本节中，我们介绍战略采购流程。战略采购关注的是通过更好地了解采购需要、制定长期的采购战略、选择和管理好供应商等方式来挖掘改善企业长期绩效的途径。

战略采购流程的 6 个步骤如图 8-1 所示。在讨论战略采购流程时，需要记住两点。首先，企业在各步骤需要投入多少精力，因企业所掌握的资源水平不同会有很大的差异。例如，一架价格昂贵的飞机的战略采购流程比办公用品的战略采购流程要更加复杂和详尽。其次，在讨论战略采购流程的不同步骤时，值得一提的是，企业可以通过更好地执行这些步骤获取竞争优势。

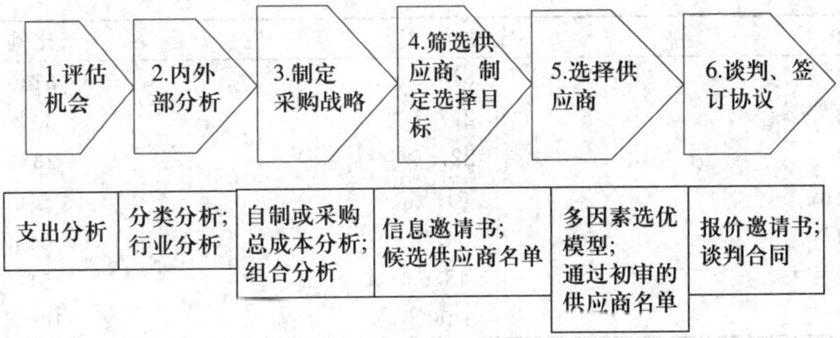

图 8-1　战略采购流程

8.2.1　评估机会

尽管战略采购流程主要适用于企业内部全新的采购需要，但是在大多数情况下，战略采购流程常常用于改善企业现有采购业务的绩效。

企业评估采购绩效最常用的一种工具是支出分析。支出分析（spend analysis）是指运用定量分析技术分析采购数据，更好地了解采购支出的方式，并寻找改善的机会。支出分析可用于回答很多问题。例如，管理层希望知道：

哪些种类的产品或服务占公司采购支出比例较大？

向各供应商采购的支出分别为多少？

公司不同区域的支出方式怎样？

由于涉及的问题变化很大，实际上不存在唯一正确的支出分析方法。因此，采用什么样的方法取决于所分析的问题。这也意味着负责支出分析的人员必须具备分析大量数据所需的灵活性和技能。支出分析采用的分析工具，可以是相对比较复杂的统计技术，如回归分析，也可以是简单的图形分析工具，如帕累托图。此外，有些企业拥有完善的支出分析软件，可以从公司的财务会计系统中获取相关数据，也有一些企业利用简单的 Excel 电子表格或 Access 数据进行支出分析。

例题 8-3 说明了如何采用支出分析评估 E 咨询公司的一项主要支出（办公用品）的采购机会。

【例题 8-3】E 咨询公司的采购机会评估

弗雷德是一名运营与供应链管理专业的应届毕业生，他得到了 E 咨询公司提供的一份工作，担任公司的商品经理。E 咨询公司的办公地点分布在 6 个城市，负责采购的副总裁告诉弗雷德，公司以前从未关注过办公用品的消费支出情况，她觉得在办公用品这一块可能存在为公司节约成本的机会。采购副总裁要求弗雷德评估一下这个机会，并给出相关建议。

为了更好地了解改进的机会究竟有多大，弗雷德决定开展一些简单的支出分析。首先，弗雷德根据能够获取的 E 咨询公司的采购记录，对上一年度公司 6 个区域的办公用品消耗进行了分析。表 8-6 给出了分析结果。图 8-2 给出了按办公区域划分的帕累托图。

表 8-6　E 咨询公司按区域划分的办公用品支出分析

区域	金额/万美元	比例
伦敦	310.5	31%
纽约	297.1	30%
巴黎	227.5	23%
旧金山	61.8	6%
芝加哥	54.5	5%
亚特兰大	48.6	5%
合计	1 000	100%

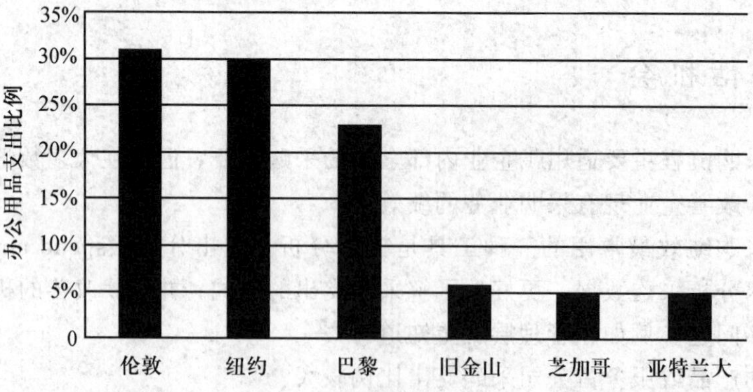

图 8-2　E 咨询公司按区域划分的办公用品消耗情况

支出分析给弗雷德提供了一些有用的信息。首先，去年公司办公用品总消耗约 1 000 万美元。如果能将这笔支出减少 10%～20%，那么 E 咨询公司每年可以节省 100 万～200 万美元的开支。其次，E 咨询公司 6 个办公区域中的 3 个区域（伦敦、纽约、巴黎）的办公用品支出金额占公司办公用品支出总额的 84%。为了在办公用品开支方面有显著的财务改善，新的办公用品采购战略应该从这 3 个区域着手。

8.2.2 内外部分析

在战略采购流程的第 2 步，决策者一般需要更加详细地描述企业的内部需要，以及外部供应源的特点。在这一步，采购经理常用的分析方法主要有分类分析和行业分析。

分类分析的主要目的是了解某特定采购项目最终对采购战略有影响的所有方面。分类分析涉及将某一采购类别按子类、供应商和地区进行分解。分类分析还涉及了解采购的部件或服务是如何使用的，以及企业的需求量如何随时间的推移而变化等信息。例如，某涉及全球业务的制造商在分析“零部件采购”支出类别时，可以将这一类别分解为电子零部件、机械零部件、注塑件等，或分解为亚洲工厂、美国工厂、加拿大工厂采购的零部件，或分解为用于生产的零部件和用于维修的零部件，或分解为公司内部生产的零部件和向外部供应商采购的零部件。此时，通过与企业其他相关部门人员讨论，可能会了解到注塑件的需求增长速度比其他两类零部件要快得多。所有这些因素都会影响制造商的零部件采购战略。

分类分析的目的是更好地了解企业内部的需求状况，行业分析（industry analysis）则描述影响一个行业的主要因素和趋势，包括定价、竞争力、调控因素、替代性、技术变化和供应需求趋势等。例如，存在多少潜在的供应商？谁是主要的供应商？供应商的数量在增加还是减少？行业面临的技术发展趋势是什么？谈判权掌握在谁手里？

行业分析需要很强的专业知识。因此，采购方企业可以通过与行业关键供应商进行沟通了解相关知识，或聘用对特定市场（如化学品、树脂、IT 服务等市场）有深入研究的外部咨询师。此外，还可以通过一些数据库、研究报告和网站获取第二手数据。

例题 8-4 说明如何利用分类分析更详细地了解 E 咨询公司办公用品的采购情况。

【例题 8-4】E 咨询公司的内部分析

弗雷德的初步分析指出，E 咨询公司每年在办公用品方面的支出约为 1 000 万美元。为了更好地了解这笔费用是如何使用的，弗雷德决定对办公用品进行更加详细的分类分析。首先，弗雷德分析了各区域在 5 个子类别上的消耗情况：①纸张和便笺本；②基础办公用品（如钢笔和订书机）；③墨水和墨粉；④邮件和快递；⑤其他项目。

表 8-7 和图 8-3 给出了相关结果。弗雷德发现，消耗金额最高的两个子类别——纸张和便笺本、基础办公用品占到办公用品消耗总金额的 63%。

表 8-7 E 咨询公司按区域、子类别划分的办公用品分类分析 万美元

区域	办公用品子类别						
	纸张和便笺本	基础办公用品	墨水和墨粉	邮件和快递	其他项目	合计	占合计区域比例
伦敦	128	84	32	20	46.5	310.5	31%
纽约	101	75	45	32	44.1	297.1	30%
巴黎	74	60	35	13	45.5	227.5	23%
旧金山	20	18	8	4	11.8	61.8	6%
芝加哥	20	16	6	3	9.5	54.5	5%
亚特兰大	16	17	7	2	6.6	48.6	5%
合计	359	270	133	74	164	1 000	
占合计类别比例	36%	27%	13%	7%	17%		

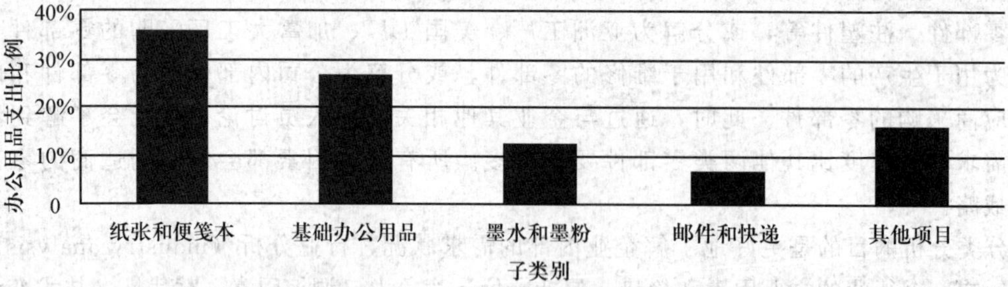

图 8-3 E 咨询公司按子类别划分的办公用品消耗情况

接下来，弗雷德决定分析各区域向哪些供应商采购办公用品。通过浏览 E 咨询公司的采购记录，弗雷德发现在上一年度，E 咨询公司从 150 家供应商采购办公用品，然而，其中前 7 家供应商的采购金额占到总采购金额的 73%。表 8-8 和图 8-4 给出了相应的统计结果。

表 8-8 E 咨询公司按区域、供应商划分的办公用品分类分析 万美元

区域	供应商									
	World Office	Clips	Opti-Office	Print-Max	Boundaries	Tendex	Proteus	其他（$n=143$）	合计	占合计区域比例
伦敦	71	61	38	16	18	14	—	92.5	310.5	31%
纽约	58	74	64	44	—	—	—	57.1	297.1	30%
巴黎	64	56	24	10	—	—	6	66.5	226.5	23%
旧金山	14	10	8	3	—	—	—	26.8	61.8	6%
芝加哥	20	12	5	2	—	—	—	15.5	54.5	5%
亚特兰大	8	6	16	6	—	—	—	13.6	59.6	5%
合计	235	219	155	81	18	14	6	272	1 000	
占合计类别比例	23.5%	22%	15.5%	8%	2%	1%	1%	27%		

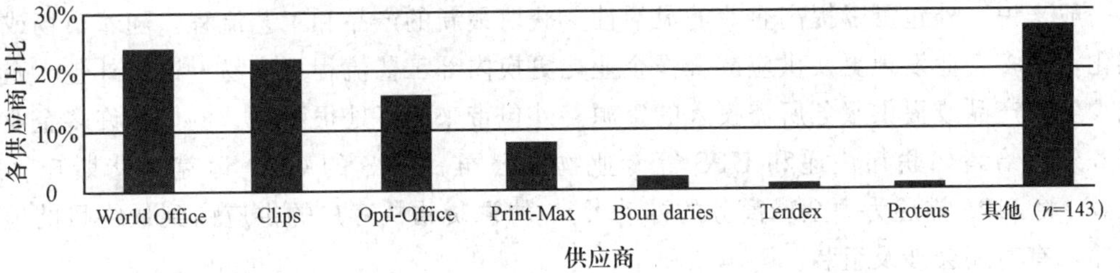

图 8-4　E 咨询公司按供应商划分的办公用品消耗情况

按照供应商划分来分析办公用品的消耗情况，给弗雷德提供了更多的信息。首先，E 咨询公司 62%的办公用品采购集中在 3 家供应商。弗雷德认为这种采购策略是合理的，因为办公用品属于日用品，将采购集中在少数几家供应商可以获得优惠的价格和交付条件。但是，E 咨询公司还有另外 27%的采购分散在 143 家供应商。这些采购业务几乎不可能获得优惠的价格折扣，还给 E 咨询公司增加了额外的管理负担，因为每一家供应商都需要公司处理相关的合作关系。此外，弗雷德怀疑这些少量的采购很可能是违规采购（maverick spending）所致，也就是说，企业内部客户未遵循规范的采购程序，直接从不合格的供应商处进行采购。

8.2.3　制定采购战略

战略采购流程的前两步——评估机会和内外部分析，为第 3 步制定采购战略提供了动因和信息。我们将这一关键步骤分成两部分加以讨论：自制与外购决策；总成本分析。

（1）自制与外购决策

在制定采购战略时，企业通常会面临的问题是：公司内部自己生产某些产品或服务，即自制（insource），还是从供应链外部合作企业采购，即外包（outsource）？这一问题称为自制或外购决策（make-or-buy decision）。几乎每一个企业在某种程度上都会依赖采购，产品或服务的外包决策提出了许多战略问题，具体包括：

自制与外包的优缺点是什么？

供应商能否满足我们的需要？哪家供应商最好？

为确保连续供应、持续竞争、稳定供应带来的好处，应该采用多少家供应商？

自制与外包的优缺点。通常在自制的情况下，企业对其运营活动具有更强的控制能力。企业拥有专有设计或流程时，特别适合采取自制的方式。如果企业面临的需求大，能够实现规模经济，那么自制还可以降低成本。例如，在决定将其运动鞋的制造外包时，耐克公司同时也决定保留运动鞋的设计和营销业务，这是因为耐克公司擅长产品创新和营销。耐克公司的例子指出了一个重要的理念：企业应该自己掌控具有核心竞争力（core competence）的业务或流程——经过长期培养发展起来的、客户认为有价值而竞争对手难以或无法复制的企业强项或能力。已发展成为企业核心竞争力的产品或流程是自制的首选对象。

另一方面，自制也有风险，可能会降低企业的战略灵活性。企业自己生产产品或提供服务，通常需要进行长期的能力投资。如果供应商能够更有效地提供产品或服务，管理者必须决定是将已有的资源用于自身生产流程的更新，还是将产品或服务外包。在生产技术方面进行更新，一方面成本很高，另一方面会限制公司在其他项目上的投资，甚至会影响公司的财务健康。

一般来说，外包可以提高企业的灵活性，获取最新的产品和工艺流程。随着市场或技术的变化，许多企业发现更换供应链合作企业比更换内部工艺流程更容易。通过外包，企业可以减少生产产品或提供服务所需投入的资源。外包带来的好处很明显。例如，许多企业将物流业务外包给诸如联邦快递和 UPS 等专业物流公司。UPS 的 CEO 迈克·艾斯丘（Mike Eskew）将 UPS 描述为“全球商务的推动者”，协调货物从客户的供应商到最终目的地之间的运输，有时还会涉及组装。

当然，外包也有风险。供应商可能夸大自身的能力，其工艺流程技术可能已经落后，或其运营绩效可能无法达到采购方的期望。在有些情况下，供应商可能无法达到所要求的质量水平。

控制和协调问题也是外包面临的问题。采购方企业可能需要花费高额成本制定防范措施，确保外包产品或服务的质量、及时供应、可靠性。协调企业之间的物流也是一项很大的挑战，尤其是当企业之间存在时差、语言障碍、系统信息差异等情况时。

采取外包策略的企业还会面临丧失核心竞争力的构成要素——关键技能和技术的风险。为了应对这些潜在的威胁，许多企业加强对关键设计、运营与供应链活动的监控，保持及时了解客户的需要以及企业产品或服务满足客户需要的程度。

表 8-9 总结了自制与外包的优缺点。

表 8-9　自制与外包的优缺点

采购战略类型	优点	缺点
自制	较强的控制能力 具有监控整个流程的能力 规模经济或者范围经济效应	降低战略灵活性 需要大量投资 供应商可能提供更好的产品或服务
外包	较强的战略灵活性 较低的投资风险 改善现金流 获取最新的产品和服务	可能会遇到糟糕的供应商 对流程和核心技术缺乏控制 面临沟通/协调问题 可能会“挖空”企业 有供应链中断的风险

表 8-10 从另外一个角度分析了自制与外包问题，即哪些因素会影响自制与外包决策。从表中可知，自制更加适合于环境不确定性小（因此，能力投资的风险相对较小）、供应商市场尚未成熟、产品或服务与企业的核心竞争力直接相关的情况。相反，当供应商市场竞争加剧、产品或服务不直接影响企业的核心竞争力、环境不确定性使得企业竞争投资具有很高的风险时，外包是比较合适的选择。根据以上分析，许多高科技企业由于产品生命周期短、市场存在很大的不确定性，通常会将更多的业务外包。

表 8-10　自制或外包决策的影响因素

影响因素	适合自制	适合外包
环境不确定性	小	大
供应商市场的竞争程度	弱	强
监控供应商绩效的能力	弱	强
产品或服务与企业核心竞争力之间的关系	强	弱

（2）总成本分析

管理者必须搞清楚自制与外包决策相关的成本问题。确定产品或服务的实际成本是一项复杂的任务，需要有很强的判断能力和运用定量分析技术的能力。接下来，我们首先分析管理者在自制与外包决策中必须考虑的各种成本。

总成本分析（total cost analysis）是指找出和量化企业各种采购方案的主要成本项的过程。表 8-11 列举了一些典型的成本，这些成本一般可划分为直接成本和间接成本。直接成本（direct cost）是指与运营或供应链活动水平直接关联的成本，如产品的生产或服务的提供、运输等。例如，如果某产品生产需要 1.3 m^2 的金属板，金属板的成本为 0.90 元/m^2，那么单位产品金属材料的直接成本为：

$$0.90\times1.3=1.17(\text{元})$$

顾名思义，间接成本（indirect costs）是指与运营或供应链活动水平没有直接关联的成本。例如，建筑物的租金和员工工资属于典型的间接成本项目。为了准确了解自制和外包的总成本，管理者需要将间接成本分摊到生产的单位产品中。例如，假设管理者正在考虑是公司自己设计生产某种产品，还是将其外包。管理者估计新产品设计需要花费 60 万元。如果计划生产 20 万单位，每单位产品分摊的设计成本为：

$$\frac{600\,000}{200\,000}=3.00(\text{元})$$

但是，假如产品设计还可以应用到未来的产品中，那么结果会怎样？是否可以将一部分设计费用分摊到未来的产品中？如果可以，该如何分摊？与自制成本相比，外包成本通常比较容易确定。在外包方案中，间接成本已包含在采购价格中。一般来说，在外包决策中需要考虑的其他成本包括运费（属于直接成本项目）、与供应商管理相关的管理费用（如采购费用和质量控制成本）。反之，自制成本中的大部分项目属于间接成本项目，因此，总成本的估算工作难度相对较大。

表 8-11　自制和外包成本

成本类型	自制	外包
直接成本	直接材料	价格
	直接人工	运费
	运费	
	可变管理费用	
间接成本	生产管理人员工资	采购
	行政支持费用	收货
	日常用品	质量控制
	装修成本	
	设备折旧	
	水、电、煤等公共事业费	
	建筑物租金	
	固定管理费用	

在确定总成本时，管理者还必须考虑自制与外包决策的时间表。如果某自制项目预期持续的时间相对较短，如某种生命周期比较短的产品，此时，只需考虑直接成本和部分间接成本。在短期内，企业只需考虑项目能否弥补直接成本和部分间接成本，以避免业务大幅度下滑的风险。然而，如果管理者期望将自制作为长期的运营方式，就需要考虑长期内可能会产生的所有相关成本，包括所有间接成本。

【例题 8-5】ABC 公司的总成本分析（课堂练习）

ABC 公司的一家供应商投标了注塑件新生产线项目。目前，ABC 公司在自己的工厂装配注塑件。在给定第 1 年预测需求为 20 万件、第 2 年预测需求为 30 万件、第 3 年预测需求为 50 万件的条件下，供应商的报价为每件 0.10 元。从供应商工厂发货，估计运费为每件 0.01 元。库存搬运费用大概为每件 0.005 元。其他的管理费用估计为每月 20 元。

尽管 ABC 公司能够生产这种零部件，但是公司需要再投资 1 台机器，成本大概为 1 万元，在产品生命周期内提取折旧。直接材料以每件 0.05 元的价格采购。直接人工成本估计为每件 0.03 元，再加 50%的额外福利；间接人工成本为每件 0.11 元，再加 50%的额外福利。初始工程设计成本为 3 万元。此外，ABC 公司的管理层认为管理费用（间接成本项目）应按照直接人工成本的 100%的费率进行分摊。试填表 8-12 进行分析。

表 8-12 ABC 公司采购决策的总成本分析

自制方案	
运营费用	
	直接人工
	福利
	直接材料
	间接人工
	福利
	设备折旧（需分摊）
管理费用	
	工程/设计成本（需分摊）
单位总成本	
外包方案	
采购价格	
运输费用	
库存费用	
管理费用（求全部，需分摊）	
单位总成本	
每单位节约额	
总节约额	

本章小结

如前文所述，供应链是由制造商和服务提供商构成的网络，他们通过合作为终端客户提供产品和服务。这些制造商和服务提供商通过物流、信息流和资金流紧密地连接在一起。对于特定企业来说，如何与外部制造商或服务提供商建立合作关系，以及当采购方企业找到潜在的合作企业后，建立正式的合作关系并进行管理，都是供应管理的核心问题。本章对供应管理的重要性和战略采购流程进行了比较详尽的解释，并探讨了供应管理如何对企业成功发挥关键作用。

讨论题

1. 以大学咖啡馆里的服务为例。在许多情况下，大学咖啡馆都是外包给私人企业的。解释为什么会是这种情况。

2. 在什么样的情况下，企业更倾向于采用协商谈判的方式而不是竞争性招标的方式来选择供应商？

3. 在本章中，我们提到先进的信息系统将一些日常的采购活动实现了自动化。这对于采购专业人员来说意味着什么？现在是不是选择采购职业的良好时机？请给出解释。

4. 在第 4 章，我们讨论了流程改善的六西格玛方法，包括 DMAIC 流程（定义—测量—分析—改进—控制）。请举例说明，如何采用这一流程来开展分析工作。

习题

1. 选购零件时不同因素影响下的成本核算如下表所示：

零件名称	价格/元	合格率/%	交货提前期/d	提前期的安全期/d	最小采购批量/件
A	9.5	88	6	2	2 500
B	10	97	8	3	5 000
C	10.5	99	1	1	200

年需求量 10 000 件，缺陷返修成本 6 元。

(1) 计算仅价格因素影响下的零件选择排序。

(2) 计算在价格和质量水平因素影响下的零件选择排序。

(3) 计算在价格、质量水平和交货时间因素影响下的零件选择排序。

2. 某企业生产小型螺栓，有 A 与 B 两种材料可供选择，问应选 A 还是 B?

材料差异	A	B
每千克材料价格/元	0.4	0.8
每个产品需材料/kg	0.05	0.04
每个产品加工费/元	0.004	0.003
产品的小时产量/个	50	100
生产工人小时工资/元	2	2
设备小时维护费/元	3	3

案例分析：海尔的采购管理

与大型国有企业相比，一些已经克服了体制问题、全面融入国际市场竞争的企业，较容易接受全新的采购理念，这类型的企业中，海尔走在前沿。

海尔采取的采购策略是利用全球化网络集中购买，以规模优势降低采购成本，同时精简供应商队伍。据统计，海尔的全球供应商数量由原先的 2 336 家降至 840 家，其中国际化供应商的比例达到了 71%，目前世界前 500 强企业中有 44 家是海尔的供应商。

对于供应商关系的管理方面，海尔采用的是 SBD 模式，即共同发展供应业务。海尔有很多产品的设计方案直接交给厂商来做，很多零部件是由供应商提供今后两个月市场的产品预测并将待开发的产品形成图纸，这样一来，供应商就真正成为海尔的设计部和工厂，加快发展速度。许多供应商的厂房和海尔的仓库之间甚至不需要汽车运输，工厂的叉车直接开到海尔的仓库，大大节约运输成本。海尔本身则侧重于核心的买卖和结算业务。这与传统的企业与供应商关系的不同在于，它从供需双方简单的买卖关系，成功转型为战略合作伙伴关系，是一种共同发展的双赢策略。

1999 年海尔的采购成本为 5 亿元，由于业务的发展，到 2000 年，采购成本为 7 亿元，但通过对供应链管理优化整合，2002 年海尔的采购成本控制在 4 亿元左右。可见，利益的获得是一切企业行为的原动力，成本降低、与供应商双赢关系的稳定发展带来的经济效益，促使众多企业以积极的态度引进和探索先进、合理的采购管理方式。

企业内部尤其是大集团企业内部的采购权往往比较集中，海尔在进行采购环节的革新时，也遇到了涉及“人”的观念转变和既得利益调整的问题。然而与胜利油田不同的是，海尔在管理中已经建立起适应现代采购和物流需求的扁平化模式，在市场竞争的自我施压过程中，海尔已经有足够的能力去解决有关人的两个基本问题：一是企业首席执行官对现代采购观念的接受和推行力度；二是示范模式的层层贯彻与执行，彻底清除了采购过程中的“暗箭”。

【问题】

1. 海尔采取的采购策略是什么？
2. 海尔是如何控制采购成本的？
3. 海尔是如何适应现代采购和物流需求的扁平化模式的？

参考文献

[1]百度文库. 三个采购案例的对比分析. https://wenku.baidu.com/view/f46c63b8dc3383c4bb4cf7ec4afe04a1b071b074.html.

[2] Blackstone J H. APICS Dictionary, 13th ed. Chicago, IL: APICS, 2010.

[3] Dobler D, Lee L, Burt D. Purchasing and Materials Management. Homewood, IL: Irwin, 1990.

[4] Monczka R, Trent R, Handfield R. Purchasing and Supply Chain Management, 5th ed. Cincinnati, OH: Southwestern College Publishing, 2011.

[5] Simison R L. Buyer's Market: General Moter Drives Some Hard Bargains with Asian Suppliers. Wall Street Journal, April 2, 1999: A1.

第9章　供应链库存管理

引言

库存（inventory）有时被称为“存贮”或“储备”，是为了满足未来需要而暂时闲置的资源，人、财、物、信息各方面的资源都有库存问题。

本章将分析库存的利弊、独立需求库存与非独立需求库存、定期检查系统、连续检查系统、单周期库存系统和供应链库存。

9.1　库存的作用与危害

库存既有利也有弊。戴尔公司创始人迈克尔·戴尔曾经提到，戴尔公司将零部件在戴尔公司运营管理中的移动速度看作衡量其公司绩效的一个关键指标，在戴尔看来，企业的库存越少越好。但是如果超市的商品脱销了，又会给人们的生活带来一系列不便。

库存既可能是一种有价值的资源，也可能是一种巨大的危害。

9.1.1　库存是一种有价值的资源

库存在企业的经营管理中发挥着4个方面的作用。

（1）平衡需求与最优产量或最优运量的不匹配

库存最直接的价值是平衡需求与最优产量或最优运量的不匹配。以纸巾为例：如果你要擦鼻涕，需要多少张纸巾？大多数人会说1张，而1盒纸巾通常有200张以上。显然，你每次需要的纸巾数量和你每次购买的数量之间存在不匹配。原因很简单，每次1张纸巾的包装、运输和销售是极其低效率的，而持有一个周期的库存纸巾的成本微乎其微。从企业的角度来说，需求与最优产量或最优运量的不匹配是周期库存的主要驱动因素。

（2）平衡供给或需求的不确定性

库存的第二大价值是平衡供给或需求的不确定性。

在上游（供应端），企业面临供给的不确定性（supply uncertainty），或内部运营所需零部件的供应中断的风险。在评估供给不确定性时，管理者需要回答下列问题：

采购产品的质量稳定性如何？

供应商的交付可靠性如何？

产品是否会出现无法预期的价格上涨或者产量不足的情况？

在下游（客户端），企业面临需求的不确定性（demand uncertainty），或不可预计的产品需求波动带来的风险。例如，许多汽车零部件的供应商会抱怨整车制造商的预测很不可靠，订单的数量时常改动，而且常常到了最后时刻还在调整。在这种情况下，供应商不得不持有大量安全库存，来应对需求的剧烈变化或订单数量的调整。

处理供应和需求的不确定性的关键在于确认不确定性的类型，并尽量减小不确定性。例如，质量不稳定是一种供给的不确定性，可以通过业务流程或者质量改善项目有效降低甚至完全消除。此外，预测可以降低需求的不确定性，但不能完全消除不确定性。

(3) 平衡需求与生产能力的不匹配

库存的第三大价值是平衡需求与生产能力的不匹配，即调节上游生产量和下游需求量之间的差异。这类库存被称为平滑库存（smoothing inventory）。

(4) 平衡需求时间与供应链提前期的不匹配

库存的第四大价值是平衡需求时间与供应链提前期的不匹配。

当你去超市购物时会希望有新鲜的商品可以购买，也会希望等待时间为零。但是，商品可能来自全球各地，并且常常会因季节变化而有所不同，超市需要数周进行供应链物流的安排，并且确定预期库存的数量。

当客户的最大等待时间小于供应链的提前期时，为了确保给客户提供及时的服务，企业需要运输库存（transportation inventory）和预期库存（anticipation inventory）。运输库存是指处于从供应链中一个地点运往另一个地点的运输途中的库存。预期库存是指针对预期到的客户需求所持有的库存。预期库存可以使企业在客户需要时立即提供产品，满足客户需求。为了减少预期库存的数量，企业可以采用压缩自身的提前期和说服客户等待这两种方式。例如，过去个人电脑的供应链提前期长达数周，因此厂商不得不持有预期库存来应对客户的需求。而现在，一台定制的电脑从厂商组装到运送到客户手中，只需要几天的时间。这样，顾客可以享受快速而便利的商品购买和快递服务；同时，厂商也可以大幅降低甚至消除预期库存。

表 9-1 总结了各种库存驱动因素，并根据企业对库存驱动因素的管理和控制程度，给出了相应的库存类型。

表 9-1　库存驱动因素及相应的库存类型

库存驱动因素	库存类型
下游需求与上游最优产量或运量的不匹配	周期库存
供给或需求的不确定性	安全库存、避险库存
下游需求与上游生产能力的不匹配	平滑库存
需求时间与供应链提前期的不匹配	预期库存、运输库存

接下来，我们以万板公司为背景，讨论库存的价值，并分析万板公司供应链中存在的各种库存在企业的经营管理中发挥的 4 个方面的作用。

【例题 9-1】万板公司的库存价值

万板公司是一家虚构的台式电脑和服务器生产商，图 9-1 给出了其供应链。万板公司从全球不同的企业采购组装其产品所需的零配件，图中给出了其中 3 种配件：供应商 1 生产显

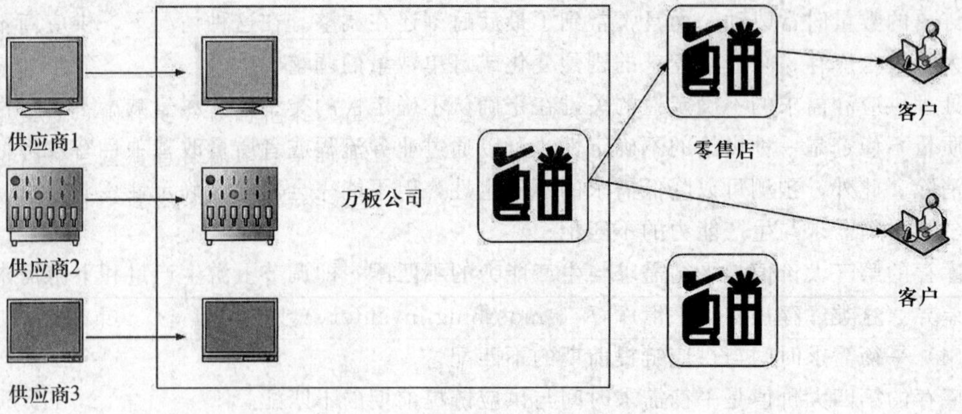

图 9-1 万板公司的供应链

示器，供应商 2 生产集成电路板（IBC），供应商 3 生产鼠标。

往供应链下游看，万板公司通过独立的零售店及自己的网站销售电脑。在零售店中，顾客可以直接购买货架上存放的电脑，也可以定制电脑并由万板公司直接发货。通常，万板公司的电脑从组装工厂运送到零售店或客户手中大约需要一周的时间。万板公司及其零售店都持有相关的配件库存，以满足顾客的维修需要和其他服务要求。

(1) 平衡需求与最优产量或最优运量的不匹配

用以平衡需求与最优产量或最优运量不匹配的库存被称为周期库存（cycle stock）。周期库存是指下游企业批量采购、逐渐消耗，再由上游企业批量补货的零部件或产品。

比如，假设供应商 3 向万板公司一次性运送了 20 000 个鼠标。显然，万板公司无法一次性用完这么多鼠标。因此，可能出现的情况是，工人将这些鼠标存放到仓库，根据需要领取使用。最后，当这些库存将要消耗完时，万板公司再向供应商发出采购订单。当新的订货送达时，库存水平再次升高，开始新的循环。图 9-2 给出与周期库存有关的经典的锯齿形曲线。

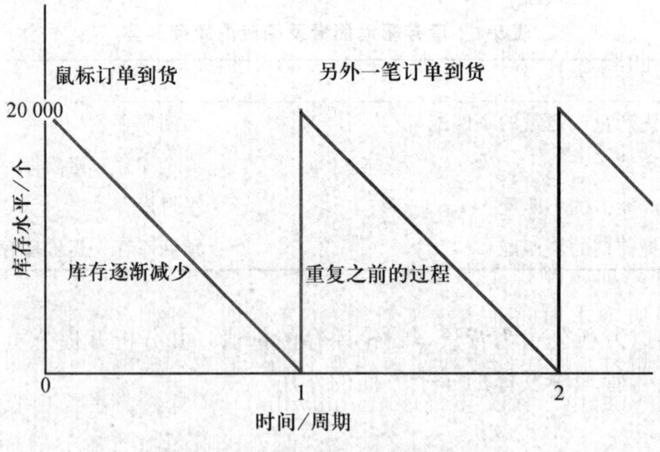

图 9-2 万板公司的周期库存

万板公司供应链的其他环节也存在周期库存。可以肯定的是，从供应商 1 到供应商 3，在制造产品时需要相应原材料的周期库存。此外，零售商也需要持有电脑和零配件的周期库存来为客户提供服务。

周期库存通常被认为是一种流动性较强的库存，企业会不断地使用周期库存，而供应商也会不断地对周期库存进行补货。

(2) 平衡供给或需求的不确定性

不能完全消除的不确定性将迫使企业持有安全库存（safety stock）或避险库存（hedge inventory）。安全库存是一种应对市场需求或补货时间的不确定性的额外库存，就像汽车的备用轮胎一样，企业并不计划使用安全库存，而只是用来以防万一。

回到图 9-2 中鼠标的例子。万板公司会安排订货时间，确保在前一批库存鼠标用完时，后一批订货会及时运到。但是，假如供应商 3 没能准时发货，会怎样呢？假如市场需求高于预期，会怎样呢？如果上述两种情况发生了，万板公司可能会在下次订货到达之前就已经用完鼠标库存。可以想象由此带来的混乱：组装生产线会被迫停产，客户订单需求无法得到满足，而万板公司不得不通知客户、零售商以及运货方有关产品延误的情况。

对于上述情况，一种解决办法就是持有一些额外的鼠标库存（即安全库存），来应对市场需求突然增加或补货时间不确定所带来的问题。图 9-3 给出了万板公司持有 1 000 个鼠标安全库存的情况下的库存水平。从图中可以看到，安全库存提供了有效的保护，但也会提高库存水平。

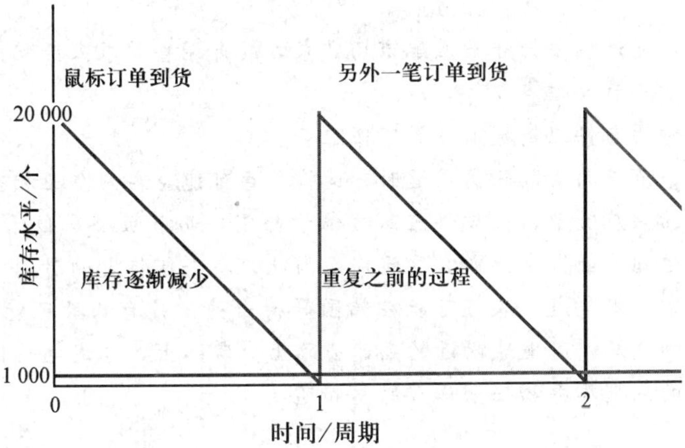

图 9-3 万板公司的安全库存

根据美国运营管理协会的定义，避险库存是指“用来缓和一些不常发生情况的库存类型。避险库存计划需要考虑诸如潜在的工人罢工、价格上涨、政局不稳定等会严重影响企业战略活动的特殊事件”。从这个意义上来说，避险库存可以视为一种特殊形式的安全库存。如管理层听说供应商 2 可能在未来几个月内出现工人罢工的情况，万板公司为此持有满足 3 个月生产需求的集成电路板库存量。

(3) 平衡需求与生产能力的不匹配

假设万板公司的管理层确定，当装配工厂一天组装生产 3 000 台电脑时，生产率最高（生产率＝产出/投入）。可是零售商和客户的需求每天都不同。平滑库存的作用在于连接供应链的两端，以便将生产维持在效率最高的产出水平，并避免由于劳动力水平或生产率变化带来的额外成本和相关问题。图 9-4 给出了万板公司的平滑库存。

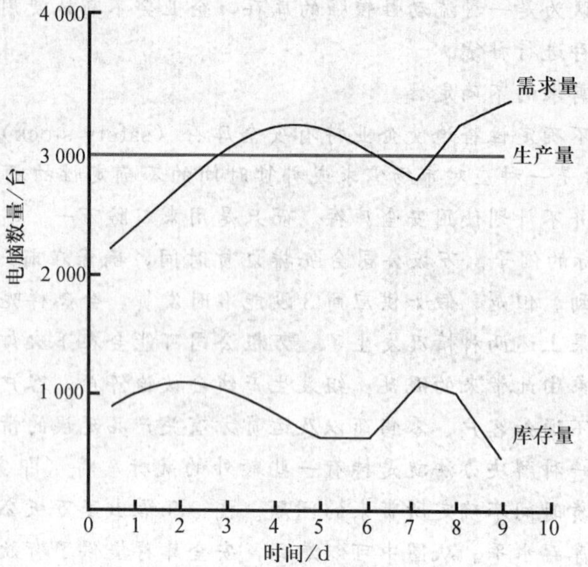

图 9-4 万板公司的平滑库存

企业管理者可以通过调整产能来匹配市场需求，或者调整需求来匹配产能，从而降低平滑库存。这两种方法各有优缺点。

(4) 平衡需求时间与供应链提前期的不匹配

当供应链中两个节点的实际距离很远时，运输库存可能会占用企业相当多的资金。

例如，在全球的供应链中，假设供应商 2 位于韩国，而万板公司位于美国得克萨斯州。集成电路板从韩国运到美国得克萨斯需要几周。因此，在任何特定的时间，都会有多批订货处于运输途中。其中一批集成电路板可能在韩国等待出关；另有两批可能正在跨越太平洋；第四批可能正在亚利桑那州凤凰城附近的高速公路上。实际上，集成电路板的运输库存可能比供应链其他部分的周期库存和安全库存的总和还要多。

9.1.2 库存是一种巨大的危害

精益思想认为，库存是“万恶之源”，主要表现为 3 个方面：库存是企业最大的浪费；库存提高了企业的经营成本；库存掩盖了企业的管理问题。

(1) 库存是企业最大的浪费

精益思想认为，库存将产生不必要的搬运、堆积、放置、防护处理、找寻工作；占用厂房空间，造成多余的工厂、仓库建设投资。

(2) 库存提高了企业的经营成木

精益思想认为：

第一，库存占用了企业的现金，影响企业的资金周转，并产生额外的管理费用。

第二，长期存储使物品价值衰减，变成呆料、废料。比如万板公司持有了过多的英特尔芯片，当英特尔宣布推出新一代的芯片时，万板库存的芯片都将成为废料。

(3) 库存掩盖了企业的管理问题

库存经常掩盖许多管理中应解决的问题（图 9-5）。从这个意义上讲，库存只是一种“止痛药”，治标不治本。基于上面关于安全库存的讨论——假设万板公司的管理层基于对供应商 2 存在产品质量问题的考虑，而持有额外的集成电路板的安全库存，这些安全库存也许可以帮助万板公司减少质量问题，但会增加成本。解决这一问题的一个更好的办法是提高集成电路板的进货质量，从而减少质量问题带来的成本和降低额外的安全库存。

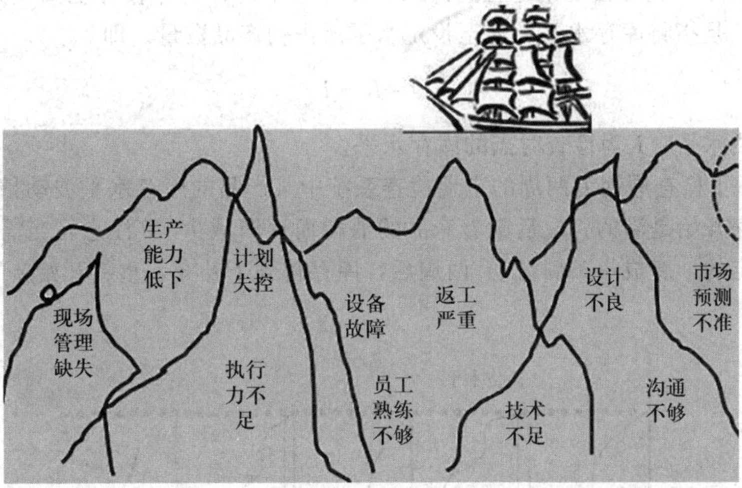

图 9-5　库存掩盖了管理中的问题

9.2　独立需求库存与非独立需求库存

下面将讨论管理各种库存类型的库存系统。在详细讨论库存管理工具和技术之前，首先需要区分两种基本的库存：独立需求库存和非独立需求库存。对二者进行区分很关键，因为这两类库存所用的管理工具和技术是截然不同的。

一般而言，独立需求库存（independent demand inventory）是指需求水平超出企业完全控制范围的库存项目。而非独立需求库存（dependent demand inventory）是指需求水平与企业生产计划直接关联的库存项目。非独立需求库存的数量和时间可以精确预测，因此，非独立需求库存是企业可以完全控制的库存项目。

例如，餐桌就是一个简单的独立需求库存的例子。尽管家具厂商可能会使用预测模型来预测餐桌的市场需求，也可能会采用定价和促销策略来控制需求，但餐桌的真实需求通常是不可预测的。实际上，客户才是决定需求的主体，因此，餐桌符合独立需求库存的定义。

餐桌生产所需的部件，比如桌腿呢？假设厂商决定在未来 5 周生产 500 张桌子。根据这一信息，管理者可以快速计算所需的桌腿数量：500×4＝2 000（个）。

根据公司的生产计划，管理者可以进一步精确地确定需要桌腿的时间。桌腿需求的时间和数量完全可以预测，并受管理者的完全控制，因此，桌腿符合非独立需求库存的定义。非独立需求库存和独立需求库存的分析方法完全不同。

接下来，详细讨论管理独立需求库存的 3 种基本方法：定期检查系统、连续检查系统和单周期库存系统。

9.3 定期检查系统

最简单的独立需求库存管理方法就是定期检查库存水平。在定期检查系统（periodic review system）中，企业会定期地检查产品的库存水平，并将库存补足到预先设定的水平。实际订货量 Q，是指将库存水平补充至设定水平所需的产品数量。即

$$Q=R-I \tag{9.1}$$

式中：R 为补货水平；I 为检查时点的库存水平。

图 9-6 列举了检查周期为两周的定期检查系统中某产品的库存水平波动情况。图中下降的曲线表明库存开始是满的，之后随着产品的消耗而逐渐减少。（注意，当需求稳定时，曲线的斜率是恒定的，变成一条斜线。）两周后，库存得到了补充，重新开始新的周期。

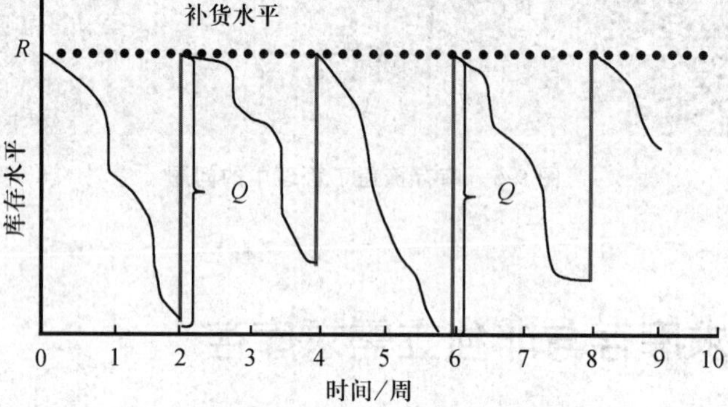

图 9-6 定期检查系统

定期检查系统恰好说明了周期库存和安全库存的作用。每两周补货一次，而不是每天或每小时补货，企业可以将周期性的补货成本分摊到更多的产品中；同时，安全库存的设置也有助于确定补货水平。提高补货水平可以有效提高安全库存。补货水平越高，企业在下一次补货前出现缺货的可能性就越小。此外，由于库存是定期检查的，企业也有可能在补货前就已经消耗完库存。实际上，在图 9-6 中，第 6 周前就出现了这种缺货情况。假如你在自动售货机中发现所想要的产品卖光了，你就遇到了定期检查系统的缺货情况。

对于定期补货比较经济、库存成本不高的产品，定期检查系统是十分合适的。比较典型的例子是超市中的零食。对于像饼干、薯片这类价值不高的商品，进行实时的库存监控并不可取。相反，企业采用定期的方式对这些产品项目进行补货，通常设置足够的库存，满足下个补货周期之前的需求。

建立定期检查系统的关键是确定补货水平 R。一般来说，R 应能满足订货周期（RP）和订货提前期（L）内的需求。即

$$R=\mu_{RP+L}+z\sigma_{RP+L} \tag{9.2}$$

式中：μ_{RP+L} 为订货周期与订货提前期内的平均需求；σ_{RP+L} 为订货周期与订货提前期内需求的标准差；z 为高于平均需求的标准差量（z 值越大，则补货水平越高，缺货概率越小）。

式（9.2）假设订货周期与订货提前期内的需求服从正态分布。通过将 R 设为高于平均需求的特定标准差量，企业可以确定服务水平（service level）——在订货周期内，不发生缺货现象的百分比。例如，如果要求 R 能够在 99%的情况下满足期望需求（服务水平为 99%），则 $z=2.33$。表 9-2 列举了不同的 z 值和对应的服务水平。（更详细的数据可查阅正态分布表）

表 9-2 z 值对应的服务水平

z 值	服务水平
1.28	90%
1.65	95%
2.33	99%
3.08	99.9%

【例题 9-2】某薯片公司的定期库存检查系统

某薯片公司通过大型超市销售罐装薯片产品。公司的工作人员每 10 d 到超市检查库存，并下达补货订单。订货通常在 3 d 后送达，订货周期与订货提前期内（总计 13 d）的平均需求为 240 罐，标准差为 40 罐。超市希望有充足的库存能满足需求，要求服务水平达到 95%，即超市可以接受的缺货概率为 5%（平均需求的标准差量 z 值为 1.65）。

基于上述信息，公司计算补货水平如下：

$$R=\mu_{RP+L}+z\sigma_{RP+L}=240+1.65\times 40=306\text{（罐）}$$

假设工作人员下次来检查库存时，发现还剩 45 罐薯片。根据上述信息，他应下达的订货量为：$Q=306-45=261$（罐），这些产品会在 3 d 后送达超市。

9.4 连续检查系统

尽管定期检查系统很简单，但并不适用于关键的或成本高昂的库存项目。这两类产品库存需要更精确的管理方法。连续检查系统（continuous review system）会不间断地监控库存水平，当库存降至订货点时，系统就会下达补货订单。

连续检查系统具有以下几个关键特征：

① 对库存水平进行实时监控，一旦库存降至订货点，就下达补货订单。

② 补货批量根据库存持有成本与订货费用权衡确定。

③ 订货点的确定需综合考虑需求和供应因素，同时考虑安全库存的持有数量。

为了简化讨论，对连续检查系统，我们先假设下列变量为常量：

① 在各周期内，产品有稳定的需求水平（需求速率）d。这表明，各期的需求相同。产

品的年需求量为 D。

② 提前期为 L，即新订单到货需要的周期数。L 也是定值。

③ H 是指单位产品的年库存持有成本。H 包括存储空间成本、潜在报废成本，以及库存占用资金的时间成本。H 已知，并且也是固定的。

④ S 指订货费用，与订货批量无关。例如，每次订货发生的费用为 100 元，不管采购量是 2 件还是 2 000 件。S 也是已知的，并且也是固定的。

⑤ P 指单位产品的价格，也是定值。

在上述假设下，库存水平的波动情况如图 9-7 所示。库存水平起始为 Q，即初始订货批量，以固定的斜率 $-d$ 下降。由于这是连续库存检查系统，当库存降至订货点，即库存水平为 R 时，就需要发出订单。如何确定订货点？在这个简单模型中，需求速率和提前期是固定的，应该在剩余库存刚好能满足下一订单到货前的需求时下达订单。

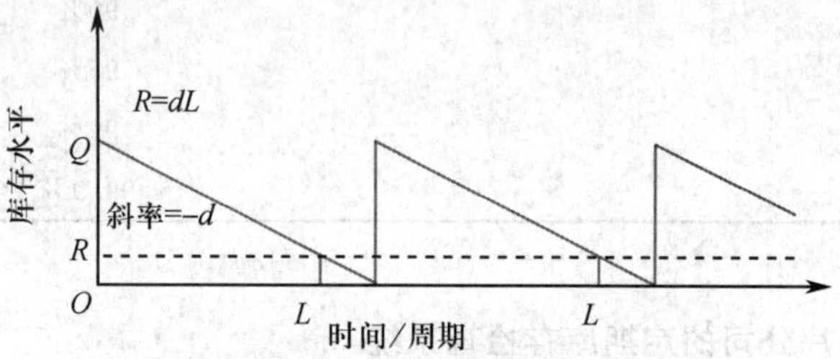

图 9-7　连续检查系统（需求速率为定值 d）

例如，假设需求速率为 50 单位/周、提前期为 3 周，管理者应该在库存为 150 单位时下达新的订单。如果一切都按计划进行，在新订单到货时，企业刚好用完剩余库存。在这个模型中，库存水平在 Q 与 0 之间循环，平均库存水平为 $Q/2$。

9.4.1　经济订货批量

在连续检查系统中，应如何确定经济订货批量 Q 呢？是否存在最优的订货批量？如果有，库存持有成本 H 和订货费用 S 会如何影响订货批量？为了理解库存持有成本和订货费用在连续检查系统中的作用，我们先来分析当订货批量减少一半（Q'）时的情形（图 9-8）。结果表明，当订货批量为 Q' 时，订货频率会增加一倍，相应的订货费用也会增加一倍。另外，订货批量减少一半，相应的平均库存也减少了一半，从而降低了库存成本。

库存持有成本与订货费用之间的关系可以用如下等式表示：

$$\text{年库存持有成本与订货费用之和} = \text{年库存持有成本} + \text{年订货费用}$$

$$= \frac{Q}{2}H + \frac{D}{Q}S \tag{9.3}$$

年库存持有成本是平均库存水平（$Q/2$）与单位库存持有成本的乘积；年订货费用是年订货次数（D/Q）与单次订货费用的乘积。

式（9.3）表明，年总库存持有水平与年总订货费用之间存在权衡问题。降低订货批量 Q 会降低库存持有成本，但会增加订货次数；相反，提高订货批量 Q 会减少订货次数，但

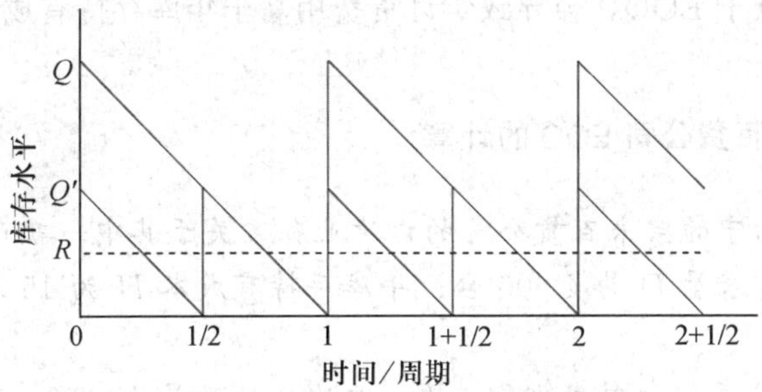

图 9-8　1/2 的订货批量效应

会导致平均库存水平的提高。

图 9-9 显示了年总库存持有成本和订货费用随着订货批量 Q 变化的情况。除了年库存持有成本曲线和年订货费用的成本曲线，图 9-9 还显示出了总成本曲线。如图所示，当年库存持有成本与年订货费用相等时，二者之和达到最小值。

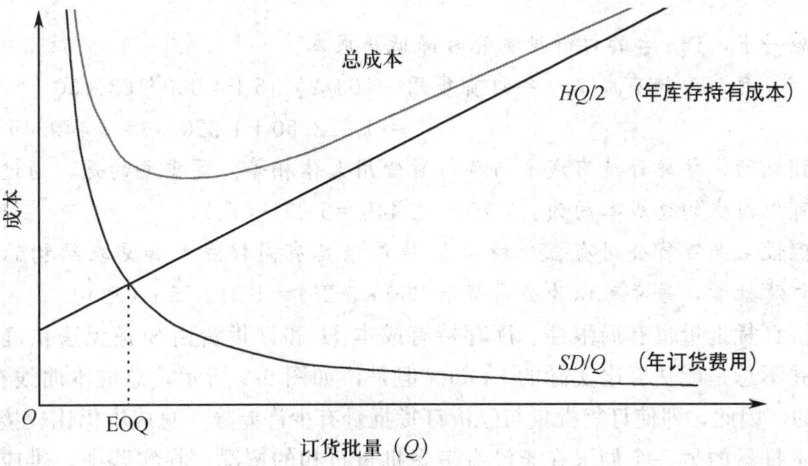

图 9-9　年库存持有成本、年订货费用与订货批量之间的关系（EOQ 模型）

图 9-9 给出了经济订货批量（economic order quantity，EOQ），即使年库存持有成本与年订货费用之和达到最小时的订货批量。当年库存持有成本与年订货费用相等时，订货批量即 Q 的最优值计算如下：

$$\frac{Q}{2}H=\frac{D}{Q}S$$

$$Q^2=\frac{2DS}{H}$$

$$Q=\sqrt{\frac{2DS}{H}} \tag{9.4}$$

式中：Q 为订货批量；H 为单位产品的年库存持有成本；D 为年需求量；S 为订货费用。

如图 9-9 所示，如果订货批量持续高于 EOQ，会导致年库存持有成本高于年订货费用；

相反，如果订货批量低于 EOQ，会导致年订货费用高于年库存持有成本。

【例题 9-3】宝来百货公司 EOQ 的计算

假设有一笔位于西宁的宝来百货公司的订货业务。关于其中一款产品——Y 牌吊扇，你了解到如下信息：年需求量 D 为 4 000 台；年库存持有成本 H 为 15 元/台；订货费用 S 为 50 元/次。

对于 Y 牌吊扇，公司以往每年订货 4 次，每次订货数量为 1 000 台。年库存持有成本与订货费用为：

$$\begin{aligned}年库存持有成本+年订货费用 &= 1\,000/2\times 15+4\,000/1\,000\times 50\\ &=7\,500+200=7\,700\ (元)\end{aligned}$$

由于年库存持有成本远大于年订货费用，EOQ 应远小于 1 000 台。实际上，

$$\text{EOQ}=\sqrt{\frac{2\times 4\,000\times 50}{15}}\approx 163\ (台)$$

需要检验一下，163 台的订货批量能否降低总成本：

$$\begin{aligned}年库存持有成本+年订货费用 &= 163/2\times 15+4\,000/163\times 50\\ &=1\,222.50+1\,226.99=2\,449.49\ (元)\end{aligned}$$

正如所预期的，年库存持有成本与年订货费用大体相等。更重要的是，通过确定合理的订货批量，可以减少的总成本约为：7 700－2 449＝5 251（元）。

现在，假设宝来百货公司有 250 种与 Y 牌吊扇具有同样成本和需求结构的产品。通过制定合理的订货批量，每年可以为公司节省 250×5 251＝1 312 750（元）。

当然经济订货批量也有局限性。库存持有成本 H 和订货费用 S 是无法精确估算的，因此，管理者并不总是能估算出实际的 EOQ。但是，如图 9-9 所示，总成本曲线在 EOQ 附近是相对平缓的，因此，即使订货批量与经济订货批量有少许差异，总成本仍比较接近最小值。

经济订货批量的另一个局限在于没有考虑批量折扣的情况。在实践中，供应商为了鼓励客户大批量订货，会对批量采购给予折扣。在本章的后续部分，我们会讨论批量折扣对订货决策的影响。

限制 EOQ 模型应用的其他因素还包括：订货费用并不总是固定的；需求速率在不同时间段会发生变化。但不管怎样，EOQ 模型为分析订货批量对库存相关成本的影响提供了良好的基础。

9.4.2 订货点与安全库存

经济订货批量告诉管理者采购多少产品，但并没有告诉合适不合适。在式（9.3）中，当需求速率 d 与提前期 L 为定值时，订货点（re-order point，ROP）可以进行如下简单计算：

$$\text{ROP}=dL$$

但实际上，d 和 L 很少是固定的值。表 9-3 列举了 10 种不同的需求速率与提前期的组合

情况。平均需求速率 $\overline{d}=50$ 件/周，平均提前期 $\overline{L}=3$ 周。首先，将补货点设置为 $\overline{d}\,\overline{L}=150$ 件。但 10 种组合中有 5 种情况下，dL 超过了 150（件）。因此，需要寻找更好的解，能够充分考虑需求速率与提前期的变动问题。

表 9-3　需求速率与提前期变动示例

需求速率 d（周需求件数）/（件/周）	提前期 L/周	提前期内的需求件数 dL/件
60	3	180*
40	4	160*
55	2	110
45	3	135
50	3	150
65	3	195*
35	3	105
55	3	165*
45	4	180*
50	2	100
平均值＝50	平均值＝3	平均值＝148

* 表示需求量大于 $\overline{d}\,\overline{L}$。

当需求速率与提前期变动时，补货点应该大于 dL，即

$$\mathrm{ROP}=\overline{d}\,\overline{L}+\mathrm{SS} \tag{9.5}$$

式中：SS 为安全库存。

在图 9-3 所示的例子中，万板公司持有 1 000 个鼠标安全库存。安全库存 SS 是指满足提前期内平均需求外的额外库存量。这些增加的库存量主要用于应对需求和提前期的变动问题。安全库存提高了订货点，促使企业比通常情况提前订货，因此可以确保订货在现有库存耗尽之前送达。

图 9-10 反映了在需求速率和提前期变化情况下安全库存的作用。如图所示，初始库存为 Q 加上安全库存，即 $Q+\mathrm{SS}$。当库存水平降至补货点 $\overline{d}\,\overline{L}+\mathrm{SS}$ 时，就需要发出补货订单。在第一个订货周期，需求超过了 $\overline{d}\,\overline{L}$，企业需要动用安全库存。如果此时没有安全库存，则会出现缺货现象。在第二个订货周期，虽然提前期比通常长，但需求平缓了很多，企业并不需要动用安全库存。

总的来说，安全库存量的设置取决于需求的变动程度、提前期的变动程度、平均提前期、服务水平要求、平均需求水平 5 个因素，下面分别讨论。

首先，需求水平和提前期变动越大，库存越容易出现缺货现象。因此，当需求和提前期变动很大时，企业需要持有更多的安全库存。此外，平均提前期越长，企业受变动影响的时间会越长。当提前期非常短时，如在准时制环境下，可以设置较少的安全库存。

服务水平是一个管理决策问题。服务水平通常采用统计术语表述，如“在订货周期内，需要确保 90％的时间内有库存”。一般来说，管理层能够接受小的缺货概率，在现实中，不

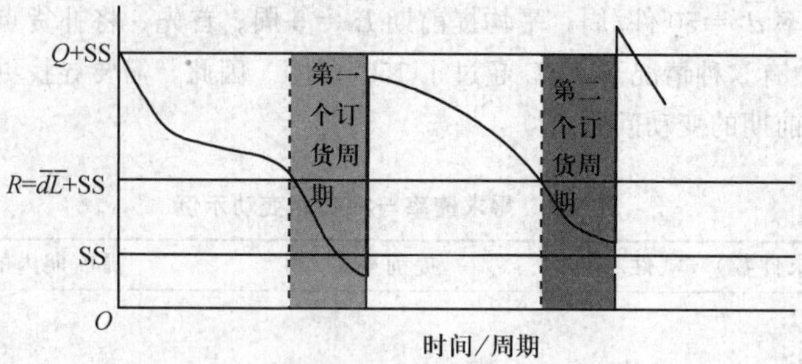

图 9-10 需求速率和提前期变动的影响

论安全库存有多大，当需求和提前期存在变动并引起平均需求变动和提前期变动情况时，缺货的概率总是存在的。当理想的服务水平越高时，企业越不允许出现缺货，从而安全库存就应越大。

下面学习包括安全库存补货点的计算方法。与其他方法一样，这种方法以简单的统计为基础。以宝来百货公司的 Y 牌吊扇为例。

【例题 9-4】宝来百货公司补货点与安全库存的计算

宝来百货公司平均每天能卖出 16 台 Y 牌吊扇，即 $\bar{d}=16$，标准差为 3，即 $\sigma_d=3$。这些统计信息可以从历史销量数据中估计得到。

假设百货公司从生产商处直接订货，吊扇平均需要 9d 才能送达，即 $\bar{L}=9$，标准差为 2，即 $\sigma_L=2$。百货公司的管理层设定 95%的服务水平，也就是说，百货公司可以接受的缺货概率为 5%。

基于以上信息，可以得到：

$$\text{订货周期内的平均需求}=\bar{d}\,\bar{L}=144\ (\text{台})$$

进一步统计分析，得：

$$\text{订货周期内需求的标准差}=\sigma_{dL}=\sqrt{\bar{L}\sigma_d^{\ 2}+\bar{d}^2\sigma_L^{\ 2}}=\sqrt{9\times 9+256\times 4}=33.24$$

为了确保宝来百货公司达到所要求的服务水平，我们需要设置足够高的补货点，来满足订货周期内 95%的服务水平。也就是说，补货点（ROP）对应的库存量应能满足订货周期内 95%的需求。通常，假设补货周期内的需求服从正态分布，基于统计分析：

$$\text{补货点(ROP)}=\text{订货周期内 95\%的需求水平}=\bar{d}\,\bar{L}+z\sigma_{dL}=144+1.65\times 33.24=198.8$$

在上述等式中，1.65 代表高于平均值的标准差数，对应正态分布 95%的服务水平。（z 值可以在表 9-4 中查到）

补货点的通用计算公式为：

$$\text{ROP}=\bar{d}\,\bar{L}+z\sqrt{\bar{L}\sigma_d^{\ 2}+\bar{d}^2\sigma_L^{\ 2}} \tag{9.6}$$

式中：$\bar{d}$ 为单位周期内的平均需求；$\bar{L}$ 为平均提前期；$\sigma_d^{\ 2}$ 为单位周期内需求的方差；$\sigma_L^{\ 2}$ 为

提前期的方差；z 为提前期内高于平均需求的标准差量（z 值越大，表明缺货的概率越小）。

表 9-4　用于计算安全库存的 z 值

z 值	对应的服务水平
0.84	80%
1.28	90%
1.65	95%
2.33	99%

式（9.6）的第一部分 $\bar{d}\,\bar{L}$，表示订货周期内的平均需求水平；第二部分 $z\sqrt{\bar{L}{\sigma_d}^2+\bar{d}^2{\sigma_L}^2}$ 表示安全库存。对于宝来百货公司来说，所需的安全库存为：

$$z\sqrt{\bar{L}{\sigma_d}^2+\bar{d}^2{\sigma_L}^2}=1.65\times 33.24=54.846\approx 55\text{（台）}$$

当然，安全库存的确定还有其他一些方法。一些企业会同时考虑提前期和需求速率的变动；也有一些企业所采用的服务水平定义中会考虑补货频率（补货频率低的企业，通常面临的缺货现象也少）。实践中，许多企业采取了不科学的方法来设置安全库存，如将补货点设为期望需求的 150%。总之，安全库存量受需求和提前期的变动程度、平均提前期以及服务水平要求等因素的影响。

9.4.3　批量折扣

在介绍经济订货批量时，假设产品的单位价格 P 是固定的。这是一种简化的假设，有了这一假设，我们可以只关注库存持有成本和订货费用来求解最小化问题［式（9.3）］。但是，如果供应商针对批量采购提供价格折扣，情况会如何呢？这会如何影响 EOQ 呢？

在存在批量折扣的情况下，当分析总成本时，必须考虑年库存持有成本、订货费用和产品采购成本：

$$\text{年库存持有成本、订货费用以及产品采购成本的综合}=\frac{Q}{2}H+\frac{D}{Q}S+DP \qquad (9.7)$$

式中：Q 为订货批量；H 为单位产品的年库存持有成本；D 为年需求量；P 为单位产品价格（现在是可变的）；S 为订货费用。

由于 EOQ 方程［式（9.4）］只考虑了库存持有成本和订货费用，在存在批量折扣的情况下，EOQ 计算得到的并不是总成本最低的订货批量。为了说明问题，假设如下信息：

D=1 200 件/年，H=10 元/（件・年），S=30 元/次，P=35 元/件（批量小于 90 件）或 32.50 元/件（批量大于 90 件）。

如果忽略批量折扣，可以计算 EOQ，得：

$$\text{EOQ}=\sqrt{\frac{2\times 1\,200\times 30}{10}}\approx 85\text{（件）}$$

订货批量为 85 件时，包括年库存持有成本、订货费用、产品采购成本的总成本为：

85/2×10+1 200/85×30+35×1 200=425+424+42 000=42 849（元）

订货批量为 91 件时，包括年库存持有成本、订货费用、产品采购成本的总成本为：

91/2×10+1 200/91×30+32.5×1 200=455+396+39 000=39 851（元）

因此可以选择订货批量为 91 件，总成本最小。

当存在批量折扣时，应按照以下两步计算订货批量：

① 计算 EOQ。如果按照 EOQ 计算得到的订货批量可以获得最低折扣，则计算结束——我们已经得到最优的订货批量。否则，进入第二步。

② 比较 EOQ 下包括库存持有成本、订货费用、产品采购成本在内的总成本和按最低折扣对应的订货批量进行采购的总成本。此时，不需要分析低于 EOQ 的批量，因为其对应的库存持有成本、订货费用和产品采购成本会更高。

【例题 9-5】某商店的批量折扣

某商店从一厂商采购面具。该厂商提供给商店的产品价格如表 9-5 所示。

表 9-5　厂商的产品价格表

订货批量/件	面具单价/元
1～100	15.00
101～200	12.50
201 或以上	10.00

商店每年可以卖出 1 000 件面具。每次订货的费用为 20 元，单件产品的年库存持有成本约为 3 元。那么商店每次该向厂商订购多少件面具呢？

求解 EOQ 公式，商店应订购：

$$\mathrm{EOQ}=\sqrt{\frac{2\times 1\,000\times 20}{3}}=115\ （件）$$

但是，如果订购批量为 115 件，就无法获得 10 元/件的最低折扣。因此，商店需要比较 $Q=115$ 和 $Q=201$ 时的总成本。

订购批量为 115 件时的年总成本

=115/2×3+1 000/115×20+12.50×1 000=172.50+173.91+12 500=12 846.41（元）

订购批量为 201 件时的年总成本

=201/2×3+1 000/201×20+10.00×1 000=301.50+99.50+10 000=10 401.00（元）

因此，虽然订购批量为 115 件时，库存持有成本与订货费用之和可以实现最小化，但订购批量为 201 件时，批量折扣可以节约更多的成本。商店应选择的订货批量为 201 件。

9.5　单周期库存系统

以上关于库存管理的讨论都是假设任何多余的库存最终都可以在未来被消耗，但实际情况并不总是如此。在某些情况下，库存具有很短的生命周期，如果没有在生命周期内销售出去，就必须报废、亏本出售，处理时甚至还会发生额外的成本。相关的例子包括鲜鱼、杂志、报纸、圣诞树等。在其他情况下，库存可能具有专门用途（如某些机器的特殊零部件），且不能用于其他地方。当遇到这样的情况时，企业必须对库存缺货带来的成本与库存过量带来的成本进行权衡，即

$$\text{缺货成本}=C_{\text{缺货}}=\text{产品价值（售出或使用时）}-\text{产品成本} \tag{9.8}$$

$$\text{过量成本}=C_{\text{过量}}=\text{产品成本}+\text{处理成本}-\text{残值} \tag{9.9}$$

例如，假设产品的售价为 200 元，成本为 50 元，而未售出的处理成本为 5 元，则其缺货成本与过量成本为：

$$C_{\text{缺货}}=200-50=150\text{（元）}$$

$$C_{\text{过量}}=50+5=55\text{（元）}$$

单周期库存系统（single-period inventory system）的目标是，建立一个可以在期望缺货成本与期望过量成本之间取得最佳平衡的库存水平。建立单周期库存系统涉及以下两个步骤：

① 确定可以在缺货成本与过量成本之间取得最佳平衡的目标服务水平（target service level），用 SL_T 表示。

② 根据目标服务水平，确定产品的目标库存量（target stocking point），用 TS 表示。

下面将详细讨论这两个步骤。

9.5.1　目标服务水平

对于单周期库存系统，服务水平是指库存产品满足需求的概率。不同于定期和连续性检查系统，单周期库存系统没有补货，只存在有货或缺货两种情况。目标服务水平是指期望缺货成本与期望过量成本相等时的服务水平。

$$\text{期望缺货成本}=\text{期望过量成本}$$

或

$$(1-p)C_{\text{缺货}}=pC_{\text{过量}} \tag{9.10}$$

式中：p 为有足够库存满足需求的概率；（$1-p$）为缺货的概率；$C_{\text{缺货}}$ 为缺货成本；$C_{\text{过量}}$ 为过量成本。

目标服务水平（SL_T）是指满足式（9.10）的 p 值：

$$(1-SL_T)C_{\text{缺货}}=SL_TC_{\text{过量}}$$

$$SL_T=\frac{C_{\text{缺货}}}{C_{\text{缺货}}+C_{\text{过量}}} \tag{9.11}$$

式中：$C_{\text{缺货}}$ 为缺货成本；$C_{\text{过量}}$ 为过量成本。

用式（9.11）来验证自己的直觉。假设单位产品的缺货成本和过量成本均为 10 元。在这种情况下，缺货和库存剩余二者的结果并没有差别，因此可设置库存水平，使这两种结果

的概率相同。式（9.11）验证了推理：

$$SL_T=\frac{C_{缺货}}{C_{缺货}+C_{过量}}=\frac{10}{10+10}=0.5\text{（或者 50\%）}$$

但如果缺货成本高很多呢？比如单位产品的缺货成本为 90 元。在这种情况下，希望提高服务水平，因为缺货造成的损失远大于囤积过量产品的成本。同样，式（9.11）的计算结果支持了推理：

$$SL_T=\frac{C_{缺货}}{C_{缺货}+C_{过量}}=\frac{90}{90+10}=0.9\text{（或者 90\%）}$$

9.5.2 目标库存量

为了建立单周期库存系统，可将目标服务水平（概率）转化为目标库存量。为此，必须知道需求的概率分布情况。根据具体情况，可以基于历史数据估计需求分布，或者采用正态分布或泊松分布等理论分布函数。此外，需求分布可能是连续的（如需求量可以是分数值）或者离散的（如需求量只能是整数）。

【例题 9-6】T 公司柠檬水售货亭的目标服务水平与目标库存量的计算

T 公司负责人想知道公司应该生产多少升柠檬水。公司面对的是单周期库存管理问题，因为考虑到健康因素，每天剩下的柠檬水都必须丢弃。调制每升柠檬水需要 2.50 元，每卖出 1L，公司将获得 10 元的收益。

（1）目标服务水平的计算

在此单周期库存系统中，T 公司的缺货成本和过量成本分别为：

$$C_{缺货}=\text{每升的收益}-\text{每升的成本}=10-2.50=7.50\text{（元）}$$

$$C_{过量}=\text{每升的成本}=2.50\text{（元）}$$

基于上述两个等式，T 公司可以计算目标服务水平：

$$SL_T=\frac{C_{缺货}}{C_{缺货}+C_{过量}}=\frac{7.50}{7.50+2.50}=0.75\text{（或者 75\%）}$$

也就是说，T 公司应该调制足够多的柠檬水，在 75%的情况下满足顾客需求。

（2）正态分布需求的目标库存量的计算

T 公司基于过去的经验，了解到每天的需求服从正态分布。因此，T 公司需要设置目标库存量（TS），高于正态曲线约 75%的区域。图 9-11 给出了这一思路。

当需求为正态分布时，目标库存量的计算公式为：

$$TS=\mu+zSL_T\times\sigma \tag{9.12}$$

式中：μ 为单位时期内需求的均值；zSL_T 为满足目标服务水平的标准差量；σ 为单位时期内需求的标准差。

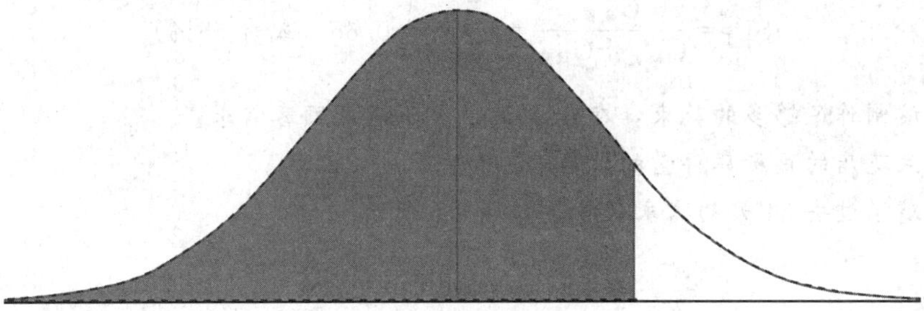

图 9-11　T 公司柠檬水售货亭的目标库存量

考虑更复杂的情况，T 公司还知道一周中每天的均值和标准差（表 9-6）。因此，可以计算出从周一到周日每天不同的目标库存量。

表 9-6　T 公司柠檬水售货亭的需求值

日期	平均需求/L	需求的标准差/L
周一至周五	422	67
周六	719	113
周日	528	85

根据式（9.12）以及正态分布表，T 公司可以快速计算出在 75％的服务水平下，上述需求均值的标准差为 0.68。因而，目标库存量如表 9-7 所示。

表 9-7　T 公司柠檬水售货亭的目标库存量

日期	目标库存量/L
周一至周五	422＋0.68×67＝467.56
周六	719＋0.68×113＝795.84
周日	528＋0.68×85＝585.80

【例题 9-7】婉兰花店的目标服务水平与目标库存量的计算

每天，婉兰花店的婉兰都要扎花束，在当地的医院销售。每束花的成本约为 12 元，如果售出，婉兰可以获得收益 25 元。每天没有卖出的花，到了第二天只能以 5 元的低价销售。婉兰想知道应该设定多高的目标服务水平。

（1）婉兰花店的目标服务水平的计算

婉兰的缺货成本和过量成本分别为：

$$C_{缺货}=每束花的收益-每束花的成本=25-12=13\text{（元）}$$

$$C_{过量}=每束花的成本-每束花的残值=12-5=7\text{（元）}$$

因此，婉兰的目标服务水平为：

$$SL_T=\frac{C_{缺货}}{C_{缺货}+C_{过量}}=\frac{13}{13+7}=0.65\ (或者 65\%)$$

婉兰应该制作足够多的花束，在65%的情况下满足顾客需求。

(2) 婉兰花店的目标库存量的计算

婉兰跟踪了过去 34 天的需求数量，如表 9-8 所示。

表 9-8 婉兰花店的历史需求

日需求量/束	出现次数/次	所占比例	累积百分比
≤10	0	0/34=0	0
11	2	2/34=5.9%	5.9%
12	5	5/34=14.7%	20.6%
13	5	5/34=14.7%	35.3%
14	6	6/34=17.6%	52.9%
15	7	7/34=20.6%	73.5%
16	5	5/34=14.7%	88.2%
17	3	3/34=8.8%	97.0%
18	1	1/34=3.0%	100%
≥19	0	0/34=0	100%

由表 9-8 可知，如果婉兰想满足 65%的目标服务水平，公司需要每天备 15 束花。因为 15 是第一个能满足大于目标服务水平（65%）的库存量。如果婉兰只备了 14 束花，那么公司只能实现 52.9%的服务水平。

9.6 供应链库存

前面已经讨论了库存的作用和驱动因素，分析了独立需求库存管理的基本方法。本节进一步讨论供应链其他环节的库存决策的影响。

9.6.1 长鞭效应的解释

EOQ 模型的一个主要局限在于，只考虑单一企业的成本影响，而没有考虑订货数量决策对供应链其他企业的影响。因此，即使 EOQ 能使某一企业的成本实现最小化，也可能给其他合作企业带来问题，可能实际上导致整个供应链的成本的增加。长鞭效应就是其中一个例子。美国运营管理协会将长鞭效应（bullwhip effect）定义为“由供应链下游需求端的一个微小变动导致供应链上游产生的剧烈变动”。

为了说明这一现象，假设 ABC 工厂生产泳池清洁器，通过 6 家分销商进行销售。这些分销商有着类似的需求类型以及相同的 EOQ 和 ROP 数量：

平均每周需求量=500（标准差=100）

订货批量＝1 500

订货点＝750

图 9-12 给出了 6 家分销商 50 周需求的模拟结果。虽然 6 家分销商的总需求在 2 392～3 569 范围之内，但向生产工厂的订货量的变化范围却是 0～9 000。

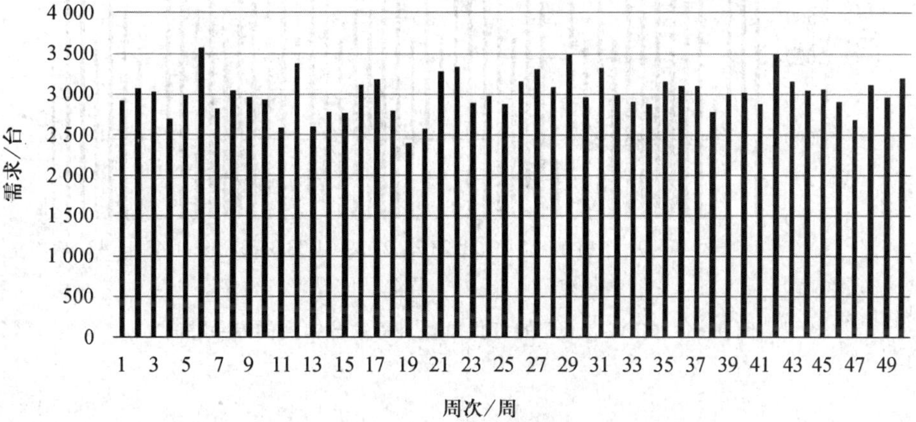

(1) 50周的需求

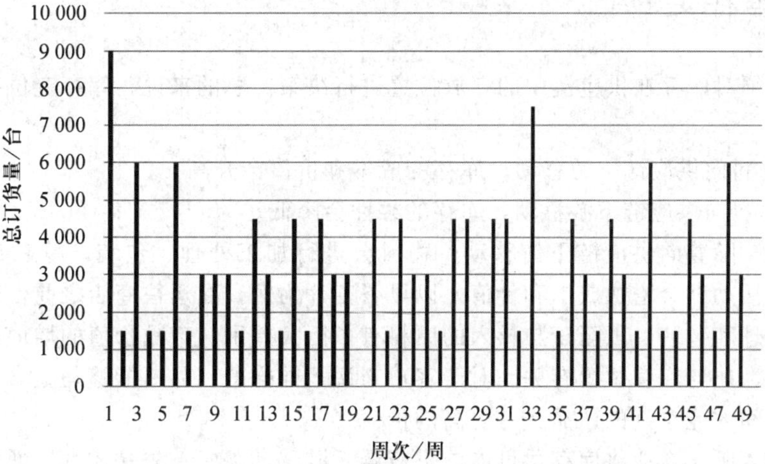

(2) 50周的总订货量

图 9-12　6 家分销商 50 周需求的模拟结果

是什么导致了这样的结果呢？很简单，如果某分销商的库存降至订货点，就会下一个订单；否则，就不下订单。因此，产品需求数量的变动可能决定分销商是否下订单。即使分销商制定了合理的库存策略，将订货批量设为 1 500，但是对整个供应链的影响却增大了工厂需求的波动程度。最终，这种需求波动程度会导致工厂的成本上升，进而也会使分销商的成本部分上升。

为了削弱牛鞭效应，许多供应链合作企业开展合作，通过取消数量折扣和降低订货费用等措施来降低订货批量。图 9-13 给出了订货批量减少一半的情况下（为 750），工厂的订单情况。此时，订单变动范围是 750～4 500。这虽然不完美，但相对于之前的订单波动程度来说，已经是一个很大的进步了。

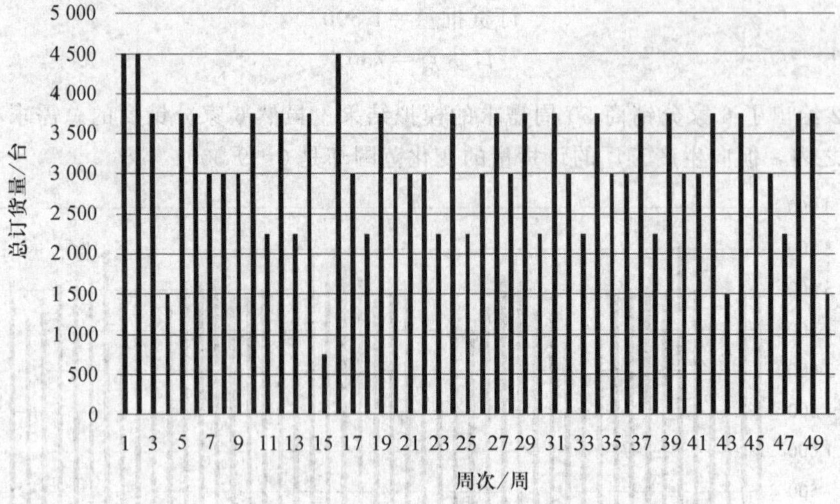

图 9-13 向 ABC 工厂的订货总量（每家分销商的 $Q=750$）

9.6.2 库存定位

管理者必须对库存在供应链中的存放位置进行决策。总的来说，库存定位决策应遵循以下两个事实：

① 随着物料向供应链下游移动，库存的成本和价值会升高；

② 随着物料向供应链下游移动，库存的柔性会降低。

也就是说，随着向供应链下游移动，物料会进行加工处理、包装，越来越接近终端市场。所有这些活动都会增加成本和价值。以早餐麦片为例，在运往商店之前，麦片经过了较复杂的加工处理和包装，以至于与投入的原料有了巨大差别。产品价值的增值，不仅来自加工处理和包装，还与库存位置有关。对于客户来说，同样的产品，能够马上拿到的产品总是比要等一段时间才能拿到的产品具有更高的价值。

是什么因素阻止企业将库存尽可能向供应链下游移动呢？首先是成本。通过延缓物料的加工和运输，企业可以推迟相关成本的产生。其次是柔性。一旦物料已经加工处理、进行包装、运往供应链下游，流程的逆转就会变得非常困难，甚至不可能。例如，已经被加工成早餐麦片的小麦，无法再被加工成做蛋糕用的面粉。同样，把已经装到瓶中的洗发水重新装到另一种规格的容器中是不切实际的。对于运输也是一样，与在需求明确之前先暂缓运输的策略相比，将产品从一个地点重新运输到另一个地点，其成本非常高。缺乏柔性通常会阻止物料向供应链下游转移。简而言之，在库存定位决策中，供应链管理者需要对成本和柔性进行权衡。

【例题 9-8】某百货公司的安全库存共享

将所有的安全库存放在统一的中心仓库，是企业控制库存的一种做法。这里举一个库存共享（inventory pooling）的例子，多个地区共享安全库存，可以降低总的库存成本。假设某百货公司在芝加哥地区有 8 家分店，每家店平均每天售出 10 台吊扇。假设每家分店每天需求的标准差为 3（$\sigma_d=3$），平均提前期为 9d（标准差为 2d）。在例题 9-4 中，在服务水平为 95%（$z=1.65$）的情况下，每家分店需要持有的安全库存为 55 台吊扇。因此，8 家分店的安全库存为 8×55＝440（台）。

然而，如果百货公司将 8 家分店的安全库存集中到 1 家，并为其他 7 家分店提供当天配送服务，那么情况会怎样呢？由于总体的需求方差等于单店需求方差的 n 倍（n 为分店数），故：

$$\text{提前期内总体需求的标准差（包括 } n \text{ 个地区）} = \sqrt{n}\times\sigma_{dL}$$

对于百货公司来说，按上式计算，得：

$$\sqrt{8}\times\sqrt{\bar{L}\sigma_d{}^2+\bar{d}^2\sigma_L{}^2}=\sqrt{8}\times 33.24\approx 94\text{（台）}$$

集中安全库存为：

$$z\times 94=1.65\times 94=155.1\approx 155\text{（台）}$$

采取集中安全库存方式，百货公司可以减少安全库存水平 440－155＝285（台），即约减少 65%。百货公司的 8 家分店中有上千种产品，因此集中安全库存可以极大地降低成本。

9.6.3　关于运输、包装以及物料搬运的考虑因素

最后，我们讨论库存决策问题（尤其是订货批量）应如何与运输、包装及物料搬运等问题结合起来考虑。讨论的关键在于指出，在现实中，制定订货批量的决策不能仅仅考虑库存的持有成本、订货费用和采购成本等因素。

【例题 9-9】宝华实业公司的库存决策

宝华实业公司向某关键供应商采购特殊用途的化学品，化学品有以下两种包装规格（表 9-9）。

表 9-9　两种包装规格

规格	数量	重量	尺寸（长×宽×高）	每包价格
纸盒装	144 包	218 lb	2 ft×2 ft×1 ft	25 元
货盘装	12 盒，1 728 包	2 626 lb	4 ft×4 ft×3.5 ft	18 元

注：1 lb＝0.453 6 kg，1 ft＝0.304 8 m。

首先，化学品可以按 144 包（纸盒装）或 1 728 包（货盘装）的规格进行采购。宝华实业公司计算得到的 EOQ 值很难完全符合这两种包装规格。

如果一次性采购一整货盘的量，宝华实业公司可以获得一个价格折扣。如果宝华实业公司一次性采购 5 个或 5 个以上货盘，供应商可以派一辆卡车送货，这可以使提前期由 15 d 缩短到 5 d。但是，货盘要求搬运设备能承重 3 000 lb，且需要足够大的存储空间。此外，

纸盒体积要小得多，但仍需要一些特殊的搬运处理。在选择最佳的订货批量时，宝华实业公司不仅需要看每包的价格，而且需要考虑物料搬运能力、运输成本以及库存持有成本等因素。

本章小结

库存是供应链中非常重要的资源，具有多种作用和多种形式。与其他资源一样，如果企业想保持竞争力，就必须对库存进行良好的管理。本章首先介绍了简单供应链中各种类型的库存，讨论了库存的驱动因素。企业可以通过对库存驱动因素加以管理，降低供应链有效运转所需设置的库存量。

之后，介绍了独立库存管理的一些基本方法。这些方法为管理者提供了确定订货量和订货点的一些简单模型。最后，分析了库存决策与牛鞭效应之间的关系、供应链中库存定位的决策问题，以及运输、包装、物料搬运可能对库存决策的影响等内容。

讨论题

1. 有人说："任何库存都是一种浪费的标志。"你认同这一观点吗？管理者是否可以在认可库存必要性的同时，寻求降低库存水平的途径？

2. 请用你自己的语言回答：什么是库存驱动因素？可控库存驱动因素与不可控库存驱动因素之间有何区别？举例说明。

3. 下列情况哪些是独立需求库存？哪些是非独立需求库存？

玩具店里的自行车

自行车工厂里的车轮

供血站里的血液

快餐店里的汉堡

速冻食品工厂里用于制作汉堡的面包圈

4. 当你想降低企业的库存成本时，你能够改变哪些变量？你更倾向于改变其中哪些变量？为什么？(使用 EOQ 及 ROP 公式来回答这一问题)

习题

1. 帕姆经营一家从事健身器材邮购零售的企业。市场对该产品的年需求量为 16 000 件。单位产品的年库存持有成本为 2.50 元，每次的订货费用为 50 元。经济订货批量是多少？

2. 某商店销售服装，每月平均销售 400 件，每件 180 元，每次订购费用 100 元，单件年库存保管费用是单价的 20%，为了减少订货次数，现在每次订货量是 800 件。试分析：

(1) 该商店现在的年库存总成本是多少？

(2) 经济订货批量 (EOQ) 是多少？

(3) 经济订货批量 (EOQ) 的总成本是多少？

(4) 年节约额和节约幅度是多少？

3. K 是一家经营电动工具和其他五金器材的零售店。公司经营多种商品，其中一种商品是 KM 工作台。有关该商品的信息如下：年需求量为 1 200 个；库存持有成本为每年 15 元；订货费用为每次 200 元。该商品的 EOQ 是多少？

4. 奥拉的有机宠物店每年售出大约 4 000 包天然狗粮。固定的订货费用为 15 元，每包狗粮的库存持有成本为 2 元。求 EOQ。

案例分析：低库存助力 ZARA 规避时装业风险

时装经销商一直有三大难题。①价格先虚高后跳水。时装刚上市的时候价格极高，但是一旦过时，价格就会迅速跳水。所以服装圈内有句话："先赚的钱是纸，后赚的钱才是钱。"②难以确定进货量。如果进货少，不够卖，该赚的钱就没赚到；如果进货多，时装过时了还没卖完，就会赶上价格跳水，因而赔本。③过时时装影响资金周转。过时货卖不出去，却占用着经销商的运营资金，使经销商无力购进流行时装，开展下一轮经营。

西班牙时装品牌 ZARA，采用低库存战术成功规避了上述风险，打破了时装价格"虚高—跳水"的怪圈，成为"买得起的流行时装"；而且专卖店商品每周可以更新两次，保证了运营资金和存货周转率，是时装企业争相学习的榜样。

ZARA 实现低库存的关键在于：极速运转，款多量少，频繁配货。

(1) 极速运转

ZARA 斥资 3 000 万美元建设信息系统，并在巴黎、米兰、纽约等时装时尚发布地建立了完备的时尚情报站；招募了 480 人的庞大的设计师队伍，迅速对世界各地最新款式进行调查；通过收购，将 1 200 家生产企业变为自己的战略联盟；在全球 50 多个国家拥有 2 000 多个销售商店。

在这一体系下，当全球任何一个地方有最时尚的时装款式出现时，ZARA 都可以在 5 d 内生产出产品，推向市场。这大大降低了 ZARA 的库存风险。因为对每一个时装款式而言，竞争对手的时装还没上架，ZARA 就已经卖出了很多。

另外，在竞争对手推出同样款式的 5 d 内，ZARA 可以把所有的同类产品全部下架。这意味着 ZARA 永远引领着时尚潮流，而竞争对手则时刻面临着过时风险。

(2) 款多量少

款多量少的品牌管理模式，保证了 ZARA 的供应链能极速运转，持续开发新款式，快速推出新产品。

ZARA 连锁店的存货水平非常低，每种款式在每个专卖店推出的数量都只有几件，换句话说，这几件库存通常都是摆在展览的橱窗里的。对于顾客来说，他们可以在 ZARA 公司的连锁店找到最新的、限量供应的"时装"。

ZARA 还用"饥饿营销"的销售策略吊足消费者的胃口。"已确定下架的衣服，即使店内还有存货，消费者想买，也不会提出来卖。这就给消费者造成稀缺感，让他们感觉到 ZARA 的衣服过了这个村就没这个店。"

(3) 频繁配货

由于低库存的方针，ZARA 的店每天营业后经常可以看到空空的货架，连锁店非常依赖有序而又迅速上市的新产品来补充货源。ZARA 可以实现主动配货、精准配货、频繁配货。

主动配货。从副店长的描述来看，ZARA 有别于多数传统服装企业采用的订货制，而是总部根据每个店的销售情况主动配货，规避牛鞭效应。

精准配货。ZARA 具备信息反馈系统，总部可以随时查看到每个地区、每个城市、每个单店、每款衣服的销售情况和现时库存。这保证了 ZARA 在生产和配货数量上有所根据，结合店长对销售报表的分析进行配货，不会盲目地向店内压货。

频繁配货。专卖店商品每周可以更新两次。

上述 3 点成功保证了 ZARA 的低库存，规避了价格波动和低周转率。

但是 ZARA 并不是零库存，它同样有卖不出去的款式，只是采取款多量少的策略，有效分解了库存风险。即便是一件卖不掉的款式，也不会造成太多库存积压；反之，即便是前景再好的款式，宁可不赚爆款的钱，也不大量生产、大量补货。总结而言，ZARA 的指导思想是：不追求在某些款式上获得大的收益，而是在所有款式上尽量做到“勤进快销”，从而分摊行业风险和收益。

【问题】

1. 结合案例，分析库存决策在供应链管理乃至公司战略中的影响和作用。
2. 有人认为库存不可或缺，也有人认为库存是“万恶之源”。结合案例谈谈你的看法。
3. ZARA 的低库存战术有一系列优势，但也承担了缺货损失。对此你怎么看?

参考文献

[1] MBA 智库百科. 库存. http://wiki.mbalib.com/wiki/%E5%BA%93%E5%AD%98.

[2] MBA 智库百科. ZARA 品牌简介 . http://wiki.mbalib.com/zh-tw/ZARA.

[3] 第一营销网 .【案例】ZARA 怎么做自己的库存管理? http://www.iheima.com/news/2014/0316/59560.shtml.

第 10 章　供应链生产管理

引言

本章主要介绍制造企业用于管理生产和协调供应链中生产活动的一些方法。

计划与控制（planning and control）可看作包括主进度计划、物料需求计划、生产活动控制和采购订单管理等在内的一系列策略层面和执行层面的业务流程。如图 10-1 所示，第 7 章谈到的销售与运营计划（S&OP）结束的环节，也就是计划与控制开始的环节。计划与控制的第一步是主进度计划，销售与运营计划所确定的总资源水平在这一步得到具体落实。主进度计划确切地说明具体生产什么产品、何时生产、生产多少。主进度计划将生产与具体的客户订单联系起来，企业可以明确地告知客户订单何时可以得到满足。此外，主进度计划可以为运营经理提供用来满足新的需求的库存或资源信息。其中，确定可承诺量是主进度计划的一项重要作用。

物料需求计划（MRP）则将流程推进一步：将最终产品的主进度计划转化为详细的物料需求。例如，假设主进度计划要求在第 5 周完成 500 张椅子，MRP 则需要确定各部件（坐面、椅腿、靠背等）何时进行生产和采购。

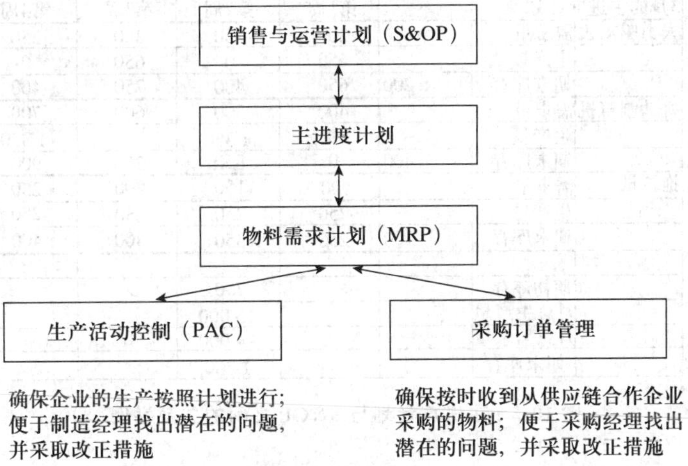

图 10-1　制造的计划与控制系统总体模型

在制造计划与控制系统最低层是两大系统：生产活动控制（production activity control，PAC）和采购订单管理。至此，所有的计划已经制订完毕，剩下的主要任务是确保计划的执行。物料最终来自企业自制或者外部供应商，因此对应地有两种不同类型的控制系统。

以上计划与控制系统体现了自上而下的过程，由较高层次的计划输入更加详细的下一层计划系统。那么为什么图 10-1 中的箭头是双向的呢？理由很简单：下一层的企业环境或其他条件会发生变化，需要企业实时地调整其计划和措施。

本章我们将详细介绍从主进度计划开始到生产活动控制、采购订单管理系统所涉及的计划与控制工具，讨论分销需求计划（DRP）——一种协同供应链计划与控制的工具，对计划与控制系统及其所涉及的活动有较为全面的认识。

10.1 主进度计划

主进度计划（master scheduling）是跟踪生产产出、将产出与实际的客户订单匹配的详细计划流程。我们已经提到，主进度计划开始于销售与运营计划（S&OP）结束的环节。图 10-2 举例说明了主进度计划与 S&OP 之间的联系。图 10-2 的上半部分表示的是某除草设备制造企业 4 个月的销售与运营计划。管理层确定了需求量、生产量和期末库存的总体目标，以便做出公司的战术性决策，包括计划的劳动力水平、存储空间需求以及现金流需求。图的下半部分表示公司生产的 3 种产品的 3 月份主进度计划。图中具体显示了 3 月份各周的期望需求、各产品的生产量、预测的期末库存。

销售与运营计划

月份	需求量	生产量	期末库存
1月	1 500	1 500	700
2月	2 500	2 500	700
3月	4 000	5 000	1 700
4月	5 000	6 000	2 700

3月的主进度计划			第1周	第2周	第3周	第4周
人力驱动式	需求量		200	250	300	350
	生产量		650	0	650	0
	期末库存	200	650	400	750	400
机动割草机	需求量		400	500	600	700
	生产量		0	1 350	0	1 350
	期末库存	400	0	850	250	900
拖拉机	需求量		100	150	200	250
	生产量		250	250	250	250
	期末库存	100	250	350	400	400
	期初库存			700		
	月总生产量			+5 000		
	月总需求量			−4 000		
	期末库存			1 700		

图 10-2 主进度计划与 S&OP 之间的关系举例

3 个主进度计划中的生产量、需求量和期末库存的累加，就是销售与运营计划中的数据。同样，3 月份的主进度计划第 4 周的期末库存数据加总，就是销售与运营计划中的期末库存数据。只要销售与运营计划中的数据（如单位产品所需的工时数）是正确的，企业就应该执行这些主进度计划。然而在实践中，主进度计划中的需求量和生产量数据不可能同销售与运营计划完全一致，实际的能力需求和计划也可能不匹配。例如，计划可能按照平均单位产品需要 4.5 个工时进行计算，但实际情况可能平均需要 4.7 个工时。在这种情况下，企业需要动用安全库存、安排加班或采取其他措施弥补计划与实际之间的差异。只要销售与运营计划中的数据和主进度计划中的数据相对接近，企业就会比较容易控制存在的差异。

10.1.1　主进度计划记录

在了解销售与运营计划和主进度计划之间的关系后，下面详细分析主进度计划记录。由于企业一般根据自身的制造环境和产品特点调整主进度计划记录，要给出主进度计划的精确表格有一定的难度。一般地，大多数的主进度计划记录跟踪几种关键信息，包括需求预测、订单量、预计库存水平、生产量、可用于满足客户需求的数量（可承诺量）。

下面以生产除雪机的 S 制造公司为例，分析制订其主进度计划记录（图 10-3）。

第 44 周末的库存量	100							
MeltoMatic 除雪机								
月份	11 月				12 月			
周次	45	46	47	48	49	50	51	52
预测需求	150	150	150	150	175	175	175	175
订单量	170	165	140	120	85	42	20	0
主生产计划	300	0	300	0	350	0	350	0

图 10-3　MeltoMatic 除雪机的主进度计划

（1）预测需求与订单量

11 月（第 45 周），S 制造公司的管理层正在检查公司最新产品——MeltoMatic 除雪机的主进度计划。图 10-3 中的主进度计划记录给出了 11 月和 12 月的预测需求（forecasted demand）——各时期公司的需求估计值。图 10-3 还给出了订单量（booked orders），表示已经确认的需求。从图中可知，预测需求小于订单量。例如，在第 45 周，除雪机的预测需求是 150 台，然而 S 制造公司已经确认了 170 台的订单量。

再分析 12 月的预测需求和订单量，订单量看起来比预测需求要小。之后，如果订单量不增加，管理者需要采取一些措施，要么降低生产量，要么降低 MeltoMatic 除雪机的价格。主进度计划的一个优点是，可以让管理者在需要时采取修正措施。

主进度计划记录的另外一行称为主生产计划（MPS），表示每周完工、可用的产品数量。在上例中，S 制造公司每隔一周生产足够的除雪机来满足预测需求。

（2）期末库存

到目前为止，有了以上基本数据可以了解总体库存的情况，更重要的是可以了解销售多少除雪机。图 10-4 增加了新的一行——预期期末库存（projected ending inventory），即根据现有信息对每周末的库存情况进行预估的值。

预期期末库存计算如下：

$$\mathrm{EI}_t = \mathrm{EI}_{t-1} + \mathrm{MPS}_t - \max(F_t, \mathrm{OB}_t) \tag{10.1}$$

式中：EI_t 为第 t 期的期末库存；MPS_t 为在第 t 期可用的主生产计划量；F_t 为第 t 期的预测需求；OB_t 为第 t 期的订单量。

第 44 周末的库存量	100							
MeltoMatic 除雪机								
月份	11 月				12 月			
周次	45	46	47	48	49	50	51	52
预测需求	150	150	150	150	175	175	175	175
订单量	170	165	140	120	85	42	20	0
预期期末库存	230	65	215	65	240	65	240	65
主生产计划	300	0	300	0	350	0	350	0

图 10-4 MeltoMatic 除雪机的主进度计划记录（新增一行）

预期期末库存是每周末库存水平的保守估计值。在上例中，第 44 周的期末库存为 100 台。因此，第 45 周的预期期末库存为 100＋300－170＝230（台），第 46 周的预期期末库存为 230＋0－165＝65（台）。在两种情况下，我们都采用了订单量，这是因为订单量比预测需求值大。这是合理的，因为如果采用相对较低的预测需求值，将高估库存水平。

在预测需求大于订单量的各周（如第 47 周），情况会如何？在这种情况下，假设订单量（140 台）没有反映出这一周最终会产生的所有需求量（150 台）。保守起见，我们在计算期末库存时，减去两者中较大的值：65＋300－150＝215（台）。

（3）可承诺量

假设你在 S 制造公司的销售部工作，现在是第 45 周的期初。你拿到了图 10-4 中提供的信息。某客户打电话来询问你在第 45 周期初和第 47 周期初可以卖给他多少台除雪机。为了回答这一问题，你需要知道除雪机的可承诺量是多少。可承诺量（available to promise，ATP）代表的是在完成订单产品的情况下，各周可用于销售订单外的产品数量。

下面计算可承诺量。先看图 10-5，该图表示的是第 45 周期初 MeltoMatic 除雪机的主进度计划。在供给方面，前一周剩余的库存有 100 台。第 45 周，有另外 300 台产品计划完工。因此，除雪机的总供给量为 400 台。在需求方面，S 制造公司在第 45 周和第 46 周已经有订单量，分别为 170 台和 165 台。供给量（400 台）减去需求量［170＋165＝335（台）］，得到 65 台。这表示在下一次主生产计划量产出之前可以额外销售的产品数量，即可承诺量。

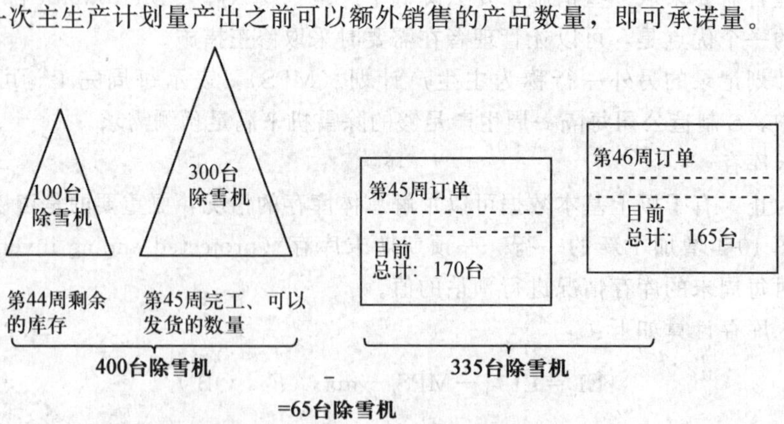

图 10-5 第 45 周可承诺量的计算

图 10-5 给出了两周的可承诺量，那么第 47 周的情况会如何？

图 10-6 给出了逻辑计算过程。由于第 47 周是两周后，不能确定第 46 周后会剩余多少产品。因此，我们唯一可以指望的供给量是第 47 周完工的 300 台。在需求方面，第 47 周要满足第 47 周和第 48 周两周的需求。这两周的订单量是 140＋120＝260（台）。因此，第 47 周的可承诺量为 300－260＝40（台）。

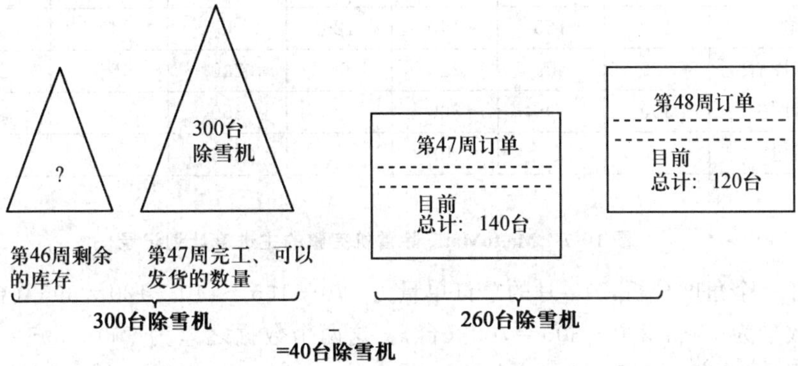

图 10-6　第 47 周可承诺量的计算

因此，主进度计划记录的第 1 周的 ATP 公式为：

$$ATP_t = EI_{t-1} + MPS_t - \sum_{i=t}^{z-1} OB_i \tag{10.2}$$

对于后续 MPS＞0 的各周，ATP 的计算公式为：

$$ATP_t = MPS_t - \sum_{i=t}^{z-1} OB_i \tag{10.3}$$

式中：ATP_t 为第 t 周的可承诺量；EI_{t-1} 为第 $t-1$ 周的期末库存量；MPS_t 为第 t 周的主生产计划量；$\sum_{i=t}^{z-1} OB_i$ 为从第 t 周到第 z 周（下一个主生产计划量大于 0 的周）前的订货量之和。

由于第 45 周是主进度计划记录的第 1 周，我们采用式（10.2）计算可承诺量：

$$ATP_{45} = EI_{44} + MPS_{45} - \sum_{i=45}^{46} OB_i = 100 + 300 - (170 + 165) = 65(台)$$

主进度计划记录中的第 1 周 ATP 数据必须进行计算，不管这一周有没有完工的产品。如图 10-7 所示。第 47 周的 ATP 按式（10.3）计算，假设不存在延期库存：

$$ATP_{47} = MPS_{47} - \sum_{i=47}^{48} OB_i = 300 - (140 + 120) = 40(台)$$

第 44 周末的库存量	100							
MeltoMatic 除雪机								
月份	11 月				12 月			
周次	45	46	47	48	49	50	51	52
预测需求	150	150	150	150	175	175	175	175
订单量	170	165	140	120	85	42	20	0
预期期末库存	230	65	215	65	240	65	240	65
主生产计划	300	0	300	0	350	0	350	0
可承诺量	65		40		223		330	

图 10-7 MeltoMatic 除雪机完整的主进度计划记录

从另外一个角度分析，11 月的总订单量为 170＋165＋140＋120＝595（台），而能够销售的产品数量为 100＋300＋300＝700（台）。这两个数据之差为 700－595＝105（台）；11 月的前两周为 65 台，后两周为 40 台。

总之，式（10.2）用于计算主进度计划记录中第 1 周的 ATP，式（10.3）用于计算 MPS 为正的后续各期的 ATP。在计算 ATP 时，管理者必须明白在下一批产品完工之前需要经历多少个时期。

【例题 10-1】卡拉姆登山装备公司的主进度计划记录

丽莎·卡拉姆经营卡拉姆登山装备公司。丽莎已为其最受欢迎的热销产品——艾格峰 1 号背包建立了主进度计划记录表（图 10-8），现需要完成预期期末库存和可承诺量的计算。

第 36 周末的库存量	2 000							
艾格峰 1 号背包								
月份	9 月				10 月			
周次	37	38	39	40	41	42	43	44
预测需求	1 500	1 500	1 500	1 400	1 400	1 250	1 250	1 250
订单量	1 422	1 505	1 471	1 260	980	853	534	209
预期期末库存								
主生产计划		4 500			4 000			3 700
可承诺量								

图 10-8 艾格峰 1 号背包的主进度计划记录

采用式（10.1），第 37 周至第 39 周的预期期末库存量的计算如下：

$$EI_{37}=2000+0-\max(1\,500,\ 1\,422)=500$$
$$EI_{38}=500+4\,500-\max(1\,500,\ 1\,505)=3\,495$$
$$EI_{39}=3\,495+0-\max(1\,500,\ 1\,471)=1\,995$$

其余各周的预期期末库存量的计算与上述计算过程相同。主进度计划记录有 4 个 ATP 需要计算：主进度计划记录第 1 周的 ATP（第 37 周）、MPS 大于 0 的各周的 ATP（第 38 周、第 41 周和第 44 周）。

$$ATP_{37}=2\,000+0-1\,422=578$$
$$ATP_{38}=4\,500-(1\,505+1\,471+1\,260)=264$$
$$ATP_{41}=4\,000-(980+853+534)=1\,633$$
$$ATP_{44}=3\,700-209=3\,491$$

图 10-9 给出了完整的主进度计划记录。分析这些结果，丽莎发现第 37 周的预期期末库存不低于 500 个。此外，在当前周，丽莎有 578 个背包可供销售。如果在进入第 38 周时库存一件不剩的话，在接下来的 3 周，丽莎只有 264 个背包可供销售。因此，丽莎应该尽量让那些不急需订货的客户在 10 月下订单，10 月的 ATP 相对比较高。

第 36 周末的库存量	2 000							
艾格峰 1 号背包								
月份	9 月				10 月			
周次	37	38	39	40	41	42	43	44
预测需求	1 500	1 500	1 500	1 400	1 400	1 250	1 250	1 250
订单量	1 422	1 505	1 471	1 260	980	853	534	209
预期期末库存	500	3 495	1 995	595	3 195	1 945	695	3 145
主生产计划		4 500			4 000			3 700
可承诺量	578	264			1 633			3 491

图 10-9　艾格峰 1 号背包完整的主进度计划记录

（4）计划期

以上讨论的主进度计划恰好都涉及 8 周。在实践中，计划期（planning horizon）的长度取决于企业采购零部件和生产产品时所需的提前期。提前期短的产品的计划期一般只需要几周，复杂产品的计划期则可能长达几个月甚至更长。

随着时间的推移，企业需要修正主进度计划记录中的数据，这项工作也称为“滚动”计划。例如，图 10-7 中的当前周是第 45 周。在第 45 周末，主进度计划记录将往前滚动，新的当前周将变成第 46 周。

10.1.2　主进度计划的应用

现实中企业如何应用主进度计划这些计算结果呢？再一次以图 10-7 为例。设想 S 制造公司接到了一家以前从未有过交易的大型连锁零售企业的电话。采购方需要 150 台除雪机，交货越快越好。S 制造公司希望能与这个客户建立业务往来，但是管理层没有预料到这样一个大订单。S 制造公司何时能够运出这批除雪机？会给生产带来什么影响？

利用正式的主进度计划，管理者能够快速回答这些问题。根据图 10-7 中的 ATP 数据，S 制造公司当前可以发货 65 台，在第 47 周可以再发货 40 台，在第 49 周可以发运剩余的 45 台［65＋40＋45＝150（台）］。如果 S 制造公司决定接受这一订单，管理者则需要重新计算预期期末库存和 ATP 数据。图 10-10 给出了更新后的主进度计划记录。

第 44 周末的库存量	100							
MeltoMatic 除雪机								
月份	11 月				12 月			
周次	45	46	47	48	49	50	51	52
预测需求	150	150	150	150	175	175	175	175
订单量	235	165	180	120	130	42	20	0
预期期末库存	165	0	120	0	175	0	175	0
主生产计划	300	0	300	0	350	0	350	0
可承诺量	0		0		178		330	

图 10-10 MeltoMatic 除雪机更新后的主进度计划记录

现在，第 45 周、第 47 周和第 49 周的订单量分别为 235 台、180 台和 130 台。由于新订单量很大，因此预期期末库存有大幅度下降。实际上，计算结果表明在正常情况下库存将降至 0，除非管理层通过改变生产量来增加安全库存。此外，零售商的大订单将消耗 11 月的所有 ATP。除非取消其他订单，否则在 12 月之前，S 制造公司将无法接受新的订单——销售部门应该注意到接受该零售商的订单所带来的这一变化。

主进度计划的计算看起来很复杂，但是如果没有这些信息，可以想象企业会面临多少问题：销售人员将无法确定能否满足客户的订单，以及何时能够满足；生产经理不能及时清楚地了解新需求，也就不能采取有效措施；销售人员可能会继续向客户承诺及时供货，而不知道所有的产出都已经被预订了。总之，没有主进度计划，企业的运营就会出现混乱局面。运行良好的主进度计划可以使企业避免这些问题，更好地匹配供给与需求、预测客户需要，并对企业计划进行相应调整。

【例题 10-2】卡拉姆登山装备公司的新增订单

在完成了图 10-9 中的主进度计划记录之后，丽莎接到了蒙大拿州的一家户外运动用具商的订货电话。该客户希望丽莎在 9 月份的第三周（第 39 周）交付 50 个艾格峰 1 号背包。丽莎能够做到吗？丽莎更新了主进度计划记录。图 10-11 给出了更新后的结果。

在比较更新后的主进度计划记录和图 10-9 中原来的记录后，丽莎发现新增订单使第 39 周的订单量增加了 50，使第 38 周的 ATP 减少了 50。第 39 周的预期期末库存也下降了，但下降幅度不是 50，而只有 21——新订单量和预测需求量之差（1 521－1 500）。

第 36 周末的库存量	2 000							
艾格峰 1 号背包								
月份	9 月				10 月			
周次	37	38	39	40	41	42	43	44
预测需求	1 500	1 500	1 500	1 400	1 400	1 250	1 250	1 250
订单量	1 422	1 505	1 521	1 260	980	853	534	209
预期期末库存	500	3 495	1 974	574	3 174	1 924	674	3 124
主生产计划		4 500			4 000			3 700
可承诺量	578	214			1 633			3 491

图 10-11　艾格峰 1 号背包更新后的主进度计划记录

10.2　物料需求计划

通过学习战略能力规划、S&OP 和主进度计划等内容，我们对高层计划工具已有全面的了解。其中主进度计划尤其重要，因为通过主进度计划，管理者可以将生产数据与实际的客户需求进行匹配。此外，一些企业利用主生产计划来监控关键的资源需求，这一活动称为粗能力计划（rough-cut capacity planning）。例如，当看到在第 49 周要完成 350 台除雪机的计划时，S 制造公司的管理者需要确保公司具备满足这一生产目标的能力。粗能力计划用来核实主进度计划的可行性。

物料需求计划（MRP）将工作计划推进了一步，把主生产计划转化为产品生产所需的实际零部件的计划订单。MRP 方法进行库存管理的逻辑与独立需求库存管理方法完全不同。这是因为 MRP 是用来管理非独立需求库存的。例如，假设 S 制造公司生产的每一台 MeltoMatic 除雪机需要 3 只轮胎。一旦管理者知道需要制造多少台除雪机，就可以准确地计算出所需的轮胎数量，轮胎的需求完全取决于除雪机的生产量。因此，与独立需求项目不同，企业对非独立需求项目中所需的数量以及何时需要都是可知的。于是，MRP 采用完全不同的库存管理方法，与基于经济订货批量的库存管理系统相比，其效率更高。

MRP 建立在物料清单（BOM）、逆推计划（BOM 分解）等概念的基础上。

以下采用 K 椅子的组装生产例子来说明这些概念。

【例题 10-3】K 椅子的物料清单

物料清单（bill of material，BOM）是构成产品的所有组件、中间件、零部件和原材料的清单，表示产品生产对各种物料所需的数量。K 椅子的物料清单涉及 10 个不同的零部件，包括 3 个后背板，2 个后腿（可认定为侧扶手），2 个前腿（椅腿），2 个横杆，1 个椅面（坐面）。K 椅子示意图如图 10-12 所示。

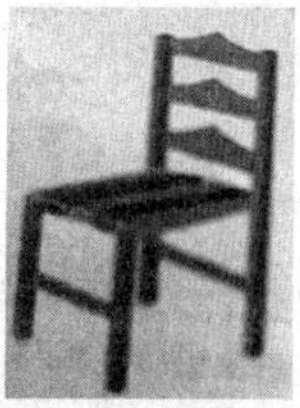

图 10-12　K 椅子示意图

图 10-13 给出的产品结构树（product structure tree）表示

BOM 中的零部件是如何组装成椅子的。椅子的组装需要 1 个椅腿构件、1 个椅背构件和 1 个坐面；椅腿构件和椅背构件又是由诸如椅腿、后背板、横杆等零部件组装而成的。在 MRP 的术语中，完整的椅子是第 0 层项目，椅腿构件、椅背构件和坐面是第 1 层项目，其他零部件则属于第 2 层项目。在实践中，产品结构可以深达几十层。

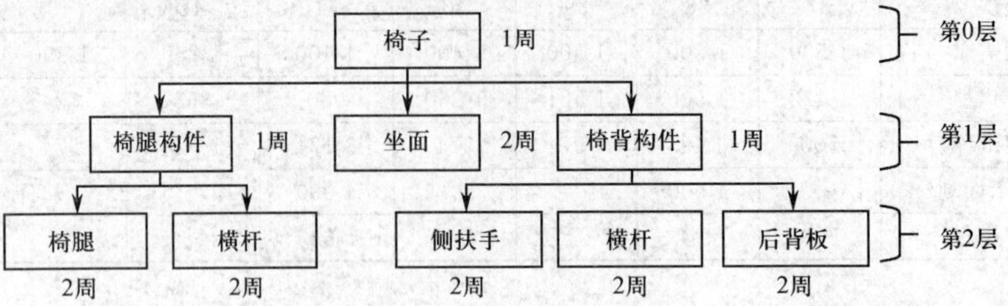

图 10-13　K 椅子的产品结构树

产品结构树还列示了各零部件的计划提前期。计划提前期（planning lead time）是指从零部件或物料下单到零部件到达、可以使用之间的时间。例如，完工椅子的计划提前期为 1 周，即工人采用第 1 层项目组装生产一批椅子所需的时间。坐面的计划提前期为 2 周，这一提前期体现了外部供应商履行坐面订单所需的时间。本章后面将详细讨论计划提前期。

【例题 10-4】K 椅子的逆推计划（BOM 分解）

下面分析在 MRP 中如何进行逆推计划（BOM 分解）。图 10-14 中的主进度计划表示在第 5 周初有 500 张椅子生产完工可供销售。管理者如何确保这一任务的完成？

12 月底的库存量	600							
K 椅子								
月份	1 月				2 月			
周次	1	2	3	4	5	6	7	8
预测需求	100	100	100	100	100	100	100	100
订单量	100	90	85	80	70	85	80	90
预期期末库存	500	400	300	200	600	500	400	300
主生产计划	0	0	0	0	500	0	0	0
可承诺量	245				175			

图 10-14　K 椅子的主进度计划记录

为了保证在第 5 周期初完成 500 张椅子的生产，工人必须在第 4 周初开始组装椅子。（由图 10-13 可知，椅子组装生产的计划提前期为 1 周。）这一生产期限能够满足的条件是，在第 4 周初，椅腿构件、椅背构件、坐面都备有充足的库存。继续往后推，为了在第 4 周初有充足的库存，工人必须在第 3 周初开始椅腿构件和椅背构件的生产。坐面的提前期是 2

周，因此，坐面必须在第 2 周初之前进行采购。如果想要在第 5 周完工 500 张椅子，后背板、横杆、侧扶手、椅腿等零部件必须在第 1 周初采购。

图 10-15 中的时间线表明了逆推计划背后的逻辑。对于第 5 周 500 张椅子的订单，我们进行逆推，首先针对第 1 层项目，接着再针对第 2 层项目。这一过程称为 BOM 分解（exploding the BOM）。

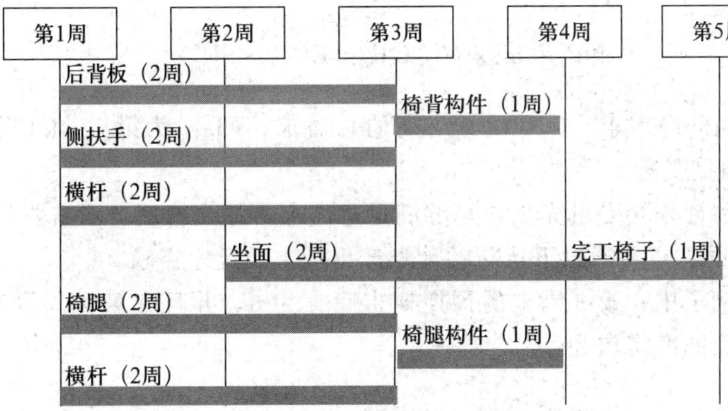

图 10-15　K 椅子的 BOM 分解

10.2.1　MRP 记录

简单的 MRP 记录建立在逆推计划的逻辑的基础上。与主进度计划相同，MRP 记录在不同的企业会有不同的格式，但是其基本原理是一致的——从最终产品的计划完工日期逆向运算。

图 10-16 给出了 MRP 记录计算的一个例子。查看图中 A 点，管理层计划在第 5 周的期初产出 500 张椅子。根据图 10-13 中给出的计划提前期，工人需要在第 4 周（B 点）开始装配。这一装配任务引发了对第 1 层项目（如坐面）的需求。

		周次						
		1	2	3	4	5	6	7
成套椅子	MPS 产出日期					500A	400	300
LT（周）=1	开始装配				500B	400	300	
坐面	总需求	C	C	C	500D	400	300	
LT（周）=2	计划接受量							
	预期期末库存：0	0	0	0	0H	0	0	0
最小订货量=1	净需求				500E	400	300	
	计划产出量				500F	400	300	
	计划订货量		500G	400	300			

图 10-16　坐面 MRP 记录的计算（K 椅子）

图 10-16 下半部分表示的是坐面的 MRP 记录。第一行表示的是总需求——各周需要多少坐面。由于第 1 周到第 3 周没有装配椅子，因此，这几周的总需求为 0（C 点）。在第 4 周，坐面的总需求为 500（D 点）。这一数据直接来自 B 点的“开始装配”数量。

总需求可以通过 3 个来源得到满足：前一周持有的库存，或预期期末库存；已订购的量，指计划接受量；下达新订单，称为计划产出量。为了确定是否需要下新订单，首先必须计算净需求。

$$NR_t = \max(0, GR_t - EI_{t-1} - SR_t) \tag{10.4}$$

式中：NR_t 为第 t 期的净需求；GR_t 为第 t 期的总需求；EI_{t-1} 为第 $t-1$ 期的期末库存量；SR_t 为第 t 期的计划接受量。

如果坐面库存和计划接受量充足，足够满足总需求，那么管理者不需要订购坐面（即净需求量等于 0）。否则，需要通过下达新的计划产出量来满足净需求。

在上述椅子的例子中，第 3 周末的预期期末库存为 0，并且在第 4 周没有计划接受量。因此，在第 4 周坐面的净需求为：

$$NR_4 = \max(0, GR_4 - EI_3 - SR_4) = \max(0, 500 - 0 - 0) = 500$$

图 10-16 的 E 点给出了这一结果。图 10-16 左下，你可以发现坐面的最小订货量为 1。通常，企业的采购量不会大于必要的量，因为过量采购会增加库存和成本。因此，管理者应该只下达满足净需求的库存数量（F 点）。如果计划在第 4 周产出 500 个坐面，那么必须不迟于第 2 周下达订单，因为坐面的计划提前期为 2 周。最后，第 4 周的预期期末库存（H 点）的计算如下：

$$EI_t = EI_{t-1} + SR_t + PR_t - GR_t \tag{10.5}$$

式中：EI_t 为第 t 期的预期期末库存；EI_{t-1} 为第 $t-1$ 期的预期期末库存；SR_t 为第 t 期的计划接受量；PR_t 为第 t 期的计划产出量；GR_t 为第 t 期的总需求。

$$EI_4 = EI_3 + SR_4 + PR_4 - GR_4 = 0 + 0 + 500 - 500 = 0$$

为了测试你是否理解 MRP 的运算，试着计算第 5 周至第 6 周的数据。图 10-17 给出了第 1 层项目完整的 MRP 记录，包括坐面、椅腿构件和椅背构件。计算逻辑是相同的，但需要注意以下几点。首先，第 1 周开始的时候，工厂有 25 个椅腿构件库存（I 点）。由于在前 3 周总需求为 0，因此，这些构件存放到了第 4 周才被使用。尽管第 4 周的净需求量只有 475，管理者还是下达了数量为 1 000 的订单（J 点），因为 1 000 是要求的最小订货批量。结果导致了第 4 周末的多余库存。

在第 5 周，工厂椅腿库存充足（525），可以满足总需求（400）。因此，管理者不需要下达额外的订单（K 点）。最后，对于椅背构件，工厂在第 1 周有 250 单位的计划接受量（L 点）。这些构件将以库存的形式存放到第 4 周。

第 1 层项目的总需求由椅子的生产量决定，同样，第 2 层项目的总需求取决于第 1 层项目的计划订货量。

		周次						
		1	2	3	4	5	6	7
K 椅子	MPS 产出日期	0	0	0	0	500	400	300
LT（周）=1	开始装配：0	0	0	0	500	400	300	0

坐面	总需求	0	0	0	500	400	300	0
LT（周）=2	计划接受量	0	0	0	0	0	0	0
	预期期末库存：0	0	0	0	0	0	0	0
最小订货量=1	净需求	0	0	0	500	400	300	0
	计划产出量	0	0	0	500	400	300	0
	计划订货量	0	500	400	300	0	0	0

椅腿构件	总需求	0	0	0	500	400	300	0
LT（周）=1	计划接受量	0	0	0	0	0	0	0
	预期期末库存：25I	25	25	25	525	125	825	825
最小订货量=1 000	净需求	0	0	0	475	0	175	0
	计划产出量	0	0	0	1 000	0	1 000	0
	计划订货量	0	0	1 000 J	0 K	1 000	0	0

椅背构件	总需求	0	0	0	500	400	300	0
LT（周）=1	计划接受量	250 L	0	0	0	0	0	0
	预期期末库存：0	250	250	250	0	0	0	0
最小订货量=250	净需求	0	0	0	250	400	300	0
	计划产出量	0	0	0	250	400	300	0
	计划订货量	0	0	250	400	300	0	0

图 10-17 第 1 层项目完整的 MRP 记录

图 10-18 给出了 K 椅子所有零部件的完整 MRP 计算。从图中可知，在第 3 周，管理者计划组装 1 000 个椅腿构件（计划订货量为 1 000）。由于每一个椅腿构件需要 2 个椅腿（图 10-12），因此，第 3 周椅腿的总需求量为 2 000 个（M 点）。类似地，每个椅背构件需要 2 个侧扶手件。因此，第 5 周 300 单位的椅背构件计划订货量导致了该周侧扶手件 600 单位的总需求（N 点）。

物料	项目	周次 1	2	3	4	5	6	7
成套椅子	MPS 产出日期					500	400	300
LT（周）=1	开始装配				500	400	300	
坐面	总需求				500	400	300	
LT（周）=2	计划接受量							
	预期期末库存：0	0	0	0	0	0	0	0
最小订货量=1	净需求				500	400	300	
	计划产出量				500	400	300	
	计划订货量		500	400	300			
椅腿构件	总需求				500	400	300	
LT（周）=1	计划接受量							
	预期期末库存：25	25	25	25	525	125	825	825
最小订货量=1 000	净需求				475		175	
	计划产出量				1 000		1 000	
	计划订货量			**1 000**		**1 000**		
椅背构件	总需求				500	400	300	
LT（周）=1	计划接受量	250						
	预期期末库存：0	250	250	250	0	0	0	0
最小订货量=250	净需求				250	400	300	
	计划产出量				250	400	300	
	计划订货量			250	400	300		
椅腿	总需求			**2 000** M		**2 000**		
LT（周）=2	计划接受量							
	预期期末库存：25	25	25	0	0	0	0	0
最小订货量=1	净需求			1 975		2 000		
	计划产出量			1 975		2 000		
	计划订货量	1 975		2 000				
侧扶手	总需求			**500**	**800**	**600** N		
LT（周）=2	计划接受量	500						
	预期期末库存：100	600	600	100	0	0	0	0
最小订货量=500	净需求				700	600		
	计划产出量				700	600		
	计划订货量		700	600				

图 10-18

后背板	总需求			750	1 200	900		
LT（周）=2	计划接受量				75			
	预期期末库存：0	0	0	0	0	0	0	0
最小订货量=1	净需求			750	1 125	900		
	计划产出量			750	1 125	900		
	计划订货量	750	1 125	900				

横杆	总需求			1 250	400	1 300		0
LT（周）=2	计划接受量							
	预期期末库存：0	0	0	0	600	300	300	300
最小订货量=1 000	净需求			1 250	400	700		
	计划产出量			1250	1 000	1 000		
	计划订货量	1 250	1 000	1 000				

续图 10-18　K 椅子的完整 MRP 记录

现在，试问图 10-18 中横杆的总需求来自哪里？由于横杆用于两种不同的第 1 层项目，必须根据椅腿构件和椅背构件的计划订货量计算总需求量。因此：

横杆的总需求=椅腿构件的计划订货量+椅背构件的计划订货量

第 3 周：1 000+250=1 250；第 4 周：0+400=400；第 5 周：1 000+300=1 300。

一旦对总需求有了计算，MRP 记录的填写只需遵循上文概括的原则就可以了。

【例题 10-5】卡拉姆登山装备公司的 MRP 应用

图 10-19 给出了艾格峰 1 号背包的产品结构树和相关的计划提前期信息。

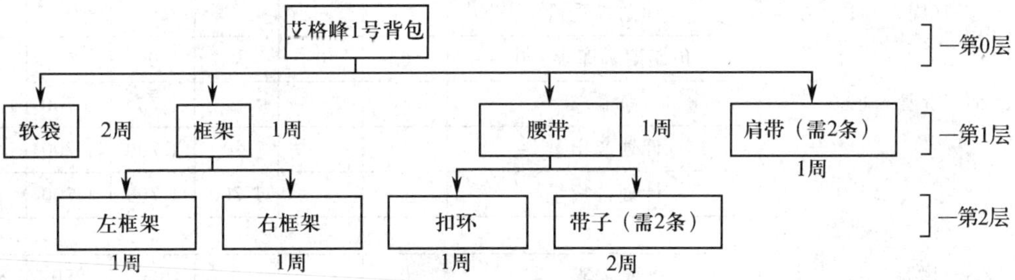

注：为了节约运输和组装成本，艾格峰 1 号背包在销售时不进行组装。

图 10-19　艾格峰 1 号背包的产品结构树

经销商将第 1 层的零配件在店里现场进行组装。

丽莎需要为所有零部件建立接下来 6 周的 MRP 记录。丽莎还有以下信息：

① 根据主生产计划，卡拉姆公司计划在第 4 周、第 5 周和第 6 周的期初备好 850 个背包，可供销售。

② 目前，工厂没有任何零部件库存。

③ 软袋、肩带和带子的最小订货批量为 1 500 件。其他零部件没有最小订货批量要求。

④ 目前，计划接受量只有第 1 周的 50 件左框架（这是由于上一次采购，零部件供应商分批发货导致的）。

图 10-20 给出了完整的 MRP 记录。

		周次					
		1	2	3	4	5	6
艾格峰 1 号背包	MPS 产出日期				850	850	850
LT（周）=0	开始装配				850	850	850
软袋	总需求	0	0	0	850	850	850
LT（周）=2	计划接受量						
	预期期末库存：0	0	0	0	650	1 300	450
最小订货量=1 500	净需求				850	200	
	计划产出量				1 500	1 500	
	计划订货量		1 500	1 500			
框架	总需求	0	0	0	850	850	850
LT（周）=1	计划接受量						
	预期期末库存：0	0	0	0	0	0	0
最小订货量=1	净需求				850	850	850
	计划产出量				850	850	850
	计划订货量			850	850	850	
肩带	总需求	0	0	0	1 700	1 700	1 700
LT（周）=1	计划接受量						
	预期期末库存：0	0	0	0	0	0	0
最小订货量=1 500	净需求				1 700	1 700	1 700
	计划产出量				1 700	1 700	1 700
	计划订货量			1 700	1 700	1 700	
腰带	总需求	0	0	0	850	850	850
LT（周）=1	计划接受量						
	预期期末库存：0	0	0	0	0	0	0
最小订货量=1	净需求				850	850	850
	计划产出量				850	850	850
	计划订货量			850	850	850	

图 10-20

左框架	总需求	0	0	850	850	850	
LT（周）＝1	计划接受量	50					
	预期期末库存：0	50	50	0	0	0	0
最小订货量＝1	净需求			800	850	850	
	计划产出量			800	850	850	
	计划订货量		800	850	850		

右框架	总需求	0	0	850	850	850	0
LT（周）＝1	计划接受量						
	预期期末库存：0	0	0	0	0	0	0
最小订货量＝1	净需求			850	850	850	
	计划产出量			850	850	850	
	计划订货量		850	850	850		

扣环	总需求	0	0	850	850	850	0
LT（周）＝1	计划接受量						
	预期期末库存：0	0	0	0	0	0	0
最小订货量＝1	净需求			850	850	850	
	计划产出量			850	850	850	
	计划订货量		850	850	850		

带子	总需求	0	0	1 700	1 700	1 700	0
LT（周）＝2	计划接受量						
	预期期末库存：0	0	0	0	0	0	0
最小订货量＝1 500	净需求			1 700	1 700	1 700	
	计划产出量			1 700	1 700	1 700	
	计划订货量	1 700	1 700	1 700			

续图 10-20　艾格峰 1 号背包的 MRP 记录

有几点值得关注：

① 在当前周，唯一需要做的是下达采购 1 700 条带子的订单。

② 由于艾格峰 1 号背包不必组装，最终组装的计划提前期为 0。

③ 肩带的总需求是其他第 1 层项目的两倍，因为每一个背包需要两条肩带。

④ 左框架的 MRP 记录与右框架的 MRP 记录基本一致。其中的差异是由第 1 周到达的 50 个额外的左框架导致的。这些额外的左框架使第 2 周下达的计划订货量减少 50 单位。

10.2.2 MRP 的优势

与主进度计划一样，MRP 的计算过程也很复杂。图 10-16 和图 10-18 给出的是两个非常简单的产品的 MRP 记录。想象一下，一家公司生产几百种产品，BOM 有几十层、零部件涉及成千上万种，其 MRP 记录会复杂到什么程度！

因此，现在我们应该思考 MRP 带来的好处：

① MRP 与主生产计划直接联系在一起，确定所有零部件订单的准确期限和数量。通过消除库存管理中的很多不确定问题，MRP 可以降低库存水平，同时又使企业能够满足主进度计划的要求。

② MRP 允许管理者追踪底层项目的任何一个订单，通过 BOM 的层级关系，可一直追踪到主生产计划。BOM 中较高层与较低层之间的逻辑联系有时也称母/子关系（parent/child relationship）。如果由于某些原因，低层项目的供应被中断，管理者能够快速地检查 BOM，分析缺料对生产的影响。

③ MRP 能够精确地告诉企业及其供应商何时需要生产何种产品。这一信息对于制订工作计划或发货计划，甚至预算和现金流计划都是十分重要的。实际上，MRP 运算逻辑常常被称为计划与控制系统的“发动机”。在许多企业资源计划（ERP）系统中，MRP 是一个非常重要的模块。

10.2.3 MRP 中的特殊考虑因素

MRP 的复杂性要求这些系统实现计算机化。但是，即使有了计算机的辅助，MRP 仍需要组织规则。这就好比电子备忘记事本，如果使用者能够花些时间来阅读使用指南并合理使用，电子备忘记事本就能提供惊人的功能。MRP 对于那些不了解系统的人来说会显得没有好处。

MRP 系统要正常运转，必须有准确的信息。MRP 需要的关键数据包括主生产计划、BOM、库存水平、计划提前期。如果信息存在任何差错，零部件就无法在正确的时间订货或无法达到正确的订货量。因此，许多企业发现，要想实施 MRP 系统，首先必须确保计划信息的准确性。

MRP 系统还必须考虑许多因素的不确定性问题，包括提前期的变动可能性、运输量和质量水平，甚至主生产计划中的数量变动。通常，企业可以通过延长计划提前期或持有安全库存等方式来应对不确定性问题。当然，这种缓冲措施会增加系统中的库存数量。因此，许多企业会尽力消除系统中的不确定性因素。例如，选择能够提供可靠提前期和高质量水平的供应商及流程，保持主生产计划中数量的稳定。减少不确定性需要严格的组织纪律，但其回报也会很高。

实施 MRP 系统需要考虑的另外一个因素是 MRP 灵敏现象（MRP nervousness）。在 MRP 系统中，高层项目驱动低层项目的需求，因此，上层项目的任何变动，甚至是一个微小的变动，都会对物料清单下层项目产生显著影响。例题 10-6 说明了这种变动是如何影响 MRP 记录的。

【例题 10-6】K 椅子的 MRP 灵敏现象

完成了 K 椅子的 MRP 记录后（图 10-18），管理层决定将第 7 周完工椅子的数量从 300 调整到 125。图 10-21 给出了这一变化对 MRP 记录产生的影响。从图 10-21 中可知，所有的 MRP 记录都受到了影响。

		周次						
		1	2	3	4	5	6	7
成套椅子	MPS 产出日期					500	400	125
LT（周）=1	开始装配				500	400	125	
坐面	总需求				500	400	125	
LT（周）=2	计划接受量							
	预期期末库存：0	0	0	0	0	0	0	0
最小订货量=1	净需求				500	400	125	
	计划产出量				500	400	125	
	计划订货量		500	400	125			
椅腿构件	总需求				500	400	125	
LT（周）=1	计划接受量							
	预期期末库存：25	25	25	25	525	125	0	0
最小订货量=1 000	净需求				475	400	125	
	计划产出量				1 000			
	计划订货量			1 000				
椅背构件	总需求				500	400	125	
LT（周）=1	计划接受量	250	0					
	预期期末库存：0	250	250	250	0	0	125	125
最小订货量=250	净需求				250	400	125	
	计划产出量				250	400	250	
	计划订货量			250	400	250		
椅腿	总需求			2 000				
LT（周）=2	计划接受量							
	预期期末库存：25	25	25	0	0	0	0	0
最小订货量=1	净需求			1 975				
	计划产出量			1 975				
	计划订货量	1 975						

图 10-21

侧扶手	总需求			500	800	500		
LT（周）＝2	计划接受量	500						
	预期期末库存：100	600	600	100	0	0	0	0
最小订货量＝500	净需求				700	500		
	计划产出量				700	500		
	计划订货量		700	500				

后背板	总需求			750	1 200	750		
LT（周）＝2	计划接受量				75			
	预期期末库存：0	0	0	0	0	0	0	0
最小订货量＝1	净需求			750	1 125	750		
	计划产出量			750	1 125	750		
	计划订货量	750	1 125	750				

横杆	总需求			1 250	400	250		
LT（周）＝2	计划接受量							
	预期期末库存：0	0	0	0	600	350	350	350
最小订货量＝1 000	净需求			1 250	400	250		
	计划产出量			1250	1 000			
	计划订货量	1 250	1 000					

注：横杆需求量＝（1 000，0，0）椅腿构件需求＋（250，400，250）椅背构件需求＝（1 250，400，250）。

续图 10-21　K 椅子的 MRP 灵敏影响

与图 10-18 相比，这一变动导致了第 5 周的 1 000 单位椅腿构件订单的取消，进而又影响到椅腿和横杆的总需求。计划生产量的变动还影响到坐面、椅背构件、侧扶手、后背板的记录，尽管影响并不是非常大。由此可知，上层的微小变动会导致下层的巨大变动。计划制定者在进行计划调整时，尤其是调整上层项目的计划时，必须考虑 MRP 灵敏现象。计划制定者还必须谨慎确定最小订货批量。例如，在本例中，椅腿构件最小订货批量的影响为：在第 5 周，公司原本下达 1 000 单位椅腿构件的订单，变成下达 0 单位。由于批量越大 MRP 越敏感，企业采用 MRP 方法进行库存管理，通常会尽量降低最小订货批量，尤其对于那些可能导致下层需求中断的上层项目。

10.3　生产活动控制与采购订单管理系统

本章目前一直在讨论计划方法：用于总体资源规划的 S&OP；用于最终项目生产和发

货计划的主进度计划；用于零部件生产和采购计划的 MRP。对于生产活动控制（production activity control，PAC）与采购订单管理系统，关注的重点从计划转移到了执行问题，这些系统能够：

① 对供应链中的作业进行优先级排序；

② 协调企业与供应链其他合作方之间的商品流和物料流；

③ 为供应链合作方提供关于运营与供应链活动的绩效数据。

10.3.1　作业排序

生产活动控制与采购订单管理所采用的方法和技术，随运营环境的不同而不同。这些工具和技术可以很简单，如决定工件加工顺序的决策原则；也可以很复杂，如跟踪供应链中物流的高科技软件或硬件解决方案。作业排序规则（job sequencing rules）已被应用了几十年，用于确定资源有限、多个工件等待处理情况下的工件加工顺序。如例题 10-7 所示，作业排序在服务环境下同样有效。

【例题 10-7】C 修复服务公司的作业排序

C 修复服务公司提供古书画修复服务。修复流程包括 3 个步骤，每幅古书画必须在前一个步骤完成之后才能转移到下一个步骤。此外，每次每一个步骤只能做一项修复工作。

公司现在有 4 项修复工作。表 10-1 给出了这些修复工作的信息，其中修复工作是按照到达的先后顺序排列的。

表 10-1　C 修复服务公司的工作需求信息

工作	估计天数/d			总任务时间/d	到期天数/d	关键比率
	步骤 1	步骤 2	步骤 3			
上城画廊	3	2	3.5	8.5	21	2.47
海伊博物馆	5	2	1	8	20	2.50
切斯特学院	3	2	5	10	10	1.00
史密斯	6	4	1	11	15	1.36

各项修复工作的总任务时间在 8～11 d。切斯特学院要求修复工作在 10 d 内完成，上城画廊则可以等到 21 d。确定工作处理顺序的方法之一是根据关键比率指标进行排序。关键比率（capital ration）的计算如下：

$$关键比率=\frac{到期天数}{剩余的总任务时间} \tag{10.6}$$

关键比率为 1 表示任务时间等于剩余的时间。因此，任何等待时间都会导致工作延期。关键比率小于 1 表示工作一定会延误，除非改变某些条件。在采用关键比率进行工作排序时，关键比率最低的工作应该排在最前面。C 修复服务公司决定比较 3 种常用的作业排序规则——先到先服务（FCFS）、最早到期时间（EDD）和关键比率，看哪一种排序规则的结果最好。表 10-2 给出了比较结果。

表 10-2 C 修复服务公司 3 种常用作业排序规则的比较

先到先服务规则	步骤 1		步骤 2		步骤 3		延期天数/d
	开始	结束	开始	结束	开始	结束	
上城画廊	0	3	3	5	5	8.5	0
海伊博物馆	3	8	8	10	10	11	0
切斯特学院	8	11	11	13	13	18	8
史密斯	11	17	17	21	21	22	7
							平均延期时间：3.75 d
最早到期时间规则	**步骤 1**		**步骤 2**		**步骤 3**		**延期天数/d**
	开始	结束	开始	结束	开始	结束	
切斯特学院	0	3	3	5	5	10	0
史密斯	3	9	9	13	13	14	0
海伊博物馆	9	14	14	16	16	17	0
上城画廊	14	17	17	19	19	22.5	1.5
							平均延期时间：0.375 d
关键比率规则	**步骤 1**		**步骤 2**		**步骤 3**		**延期天数/d**
	开始	结束	开始	结束	开始	结束	
切斯特学院	0	3	3	5	5	10	0
史密斯	3	9	9	13	13	14	0
上城画廊	9	12	13	15	15	18.5	0
海伊博物馆	12	17	17	19	19	20	0
							平均延期时间：0 d

按先到先服务的规则对修复工作进行排序，看起来是最公平的，但在这个案例中，排序结果是有两项工作在到期日之前早已完成，其他两项工作则延期了相当长的时间。根据最早到期时间规则对修复工作进行排序，排序结果相对较优，只有上城画廊的修复工作延期完成(1.5 d)，平均延期时间为 0.375 d。

接着，C 修复服务公司按照关键比率值从高到低对修复工作进行排序。在这种情况下，所有的工作都能够在到期日之前完成。根据以上结果，C 修复服务公司决定采用关键比率规则确定修复工作的顺序。

10.3.2 监控和跟踪技术

近年来，射频识别（RFID）、条形码、在线订单跟踪系统等技术已被开发应用于供应链中物料的移动跟踪和定位，以及具体工作的进展报告。这类系统需要依赖能够对系统收集到的信息进行分析和解释的计算机硬件和软件。例如，哈曼密勒公司（Herman Miller）——一家高端办公家具的设计和制造商，实施了生产活动控制和采购订单管理工具。除了辅助公司控制运营与供应链活动外，这些系统还能够提醒管理者注意潜在的问题。例如，分布在哈曼密勒公司工厂的计算机终端可以给使用者提供关于制造工作状态和所需物料的实时信息。如果缺料可能导致工作延误，系统会把问题反映出来，显示哪些工作将会受到影响。根据系统提供的信息，哈曼密勒公司或供应链合作企业的管理者就可以采取相应的纠正措施。

10.4　供应链协同计划与控制

本书始终强调供应链协同决策的重要性。在计划与控制中，协同决策尤其重要。本节介绍一种协同计划与控制决策技术：分销需求计划。分销需求计划有助于供应链合作企业在主进度计划层面上的协同，看板系统则在生产活动控制和采购订单管理层面上促进企业之间的协同（图 10-22）。

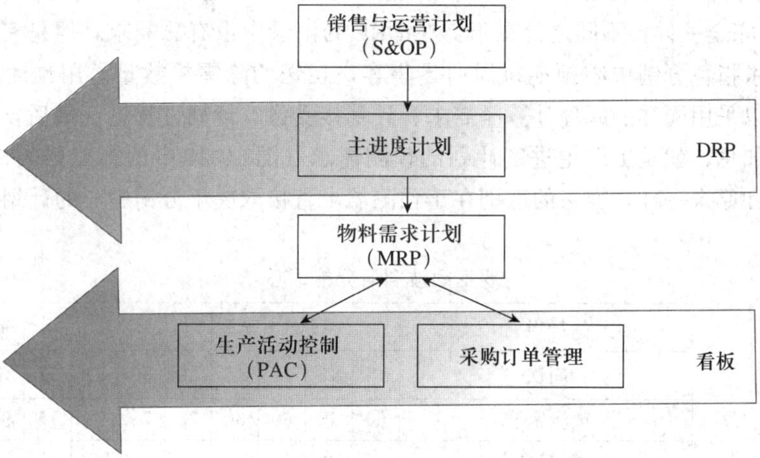

图 10-22　协同的计划与控制

分销需求计划（distribution requirements planning，DRP）是一种类似于 MRP 的按时间段划分的计划方法，利用需求点（客户、仓库等）的计划订货量来确定供货点（通常是工厂）的预测需求。DRP 是供应链合作企业之间协同主进度计划工作的众多方式之一。通过 DRP 确定的预测需求数据是主进度计划流程的重要输入信息。

为了说明 DRP 的工作原理，我们以 S 制造公司的 MeltoMatic 除雪机为例。当第一次看到图 10-7 给出的主进度计划记录时，你可能会想这些预测需求数据是从哪里来的。毕竟，主进度计划中的很多数据取决于预测的准确程度。通常，管理者是根据历史数据或经验进行预测的，但 DRP 预测值是根据下游供应链企业的需求直接计算的。也就是说，DRP 采用与 MRP 类似的逻辑为主进度计划输入准确的需求信息。

假设 MeltoMatic 除雪机通过两大区域分销中心进行销售，一家位于明尼苏达州的明尼阿波利斯市，另外一家位于纽约州的布法罗市。这两大分销中心将产品直接销售给零售商。图 10-23 给出了 S 制造公司下游供应链的结构。

每一个分销中心都有自己的需求预测、库存数据、订单提前期和最小订货批量。分销中心利用这些信息来估计何时需要向制造工厂下达订单。

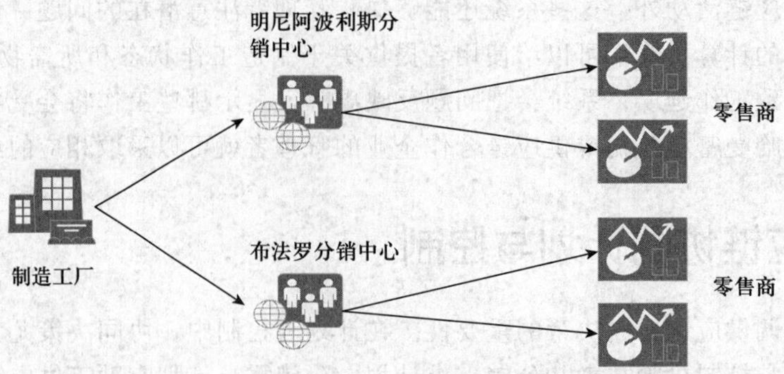

图 10-23 MeltoMatic 除雪机的下游供应链

图 10-24 中的前两张表格给出了两个分销中心的 DRP 记录。从图中可知，这些记录与 MRP 记录几乎完全一样，不同之处在于：在 DRP 的记录中没有总需求，但是有预测需求。在这里，预测需求指各分销中心预期每周向零售客户运送的除雪机数量。用预测需求代替总需求，管理者可以采用同样的原理计算净需求、计划接受量、计划订货量。最后，将两个分销中心的预测需求加总，就是工厂主进度计划的预测需求（图 10-24 中的第三张表格）。主进度计划的计算过程和原来一样，唯一的区别在于预测需求直接取决于分销中心的计划订货量。

明尼阿波利斯分销中心

	月份	11 月				12 月				1 月			
	周次	45	46	47	48	49	50	51	52	1	2	3	4
	预测需求	60	60	60	60	75	75	75	75	90	90	120	120
LT（周）＝2	计划接受量		120										
	预期期末库存：75	15	75	15	75	0	45	90	15	45	75	75	75
	净需求	0	0	0	45	0	75	30	0	75	45	45	45
最小订货量＝120	计划产出量	0	0	0	120	0	120	120	0	120	120	120	120
	计划订货量	0	120	0	120	120	0	120	120	120	120	0	0

布法罗分销中心

	月份	11 月				12 月				1 月			
	周次	45	46	47	48	49	50	51	52	1	2	3	4
	预测需求	80	80	85	85	90	90	95	95	100	100	105	105
LT（周）＝1	计划接受量	100											
	预期期末库存：25	45	65	80	95	5	15	20	25	25	25	20	15
	净需求	0	35	20	5	0	85	80	75	75	75	80	85
最小订货量＝100	计划产出量	0	100	100	100	0	100	100	100	100	100	100	100
	计划订货量	100	100	100	0	100	100	100	100	100	100	100	0

图 10-24

主进度计划：MeltoMatic 除雪机

月份	11 月				12 月			
周次	45	46	47	48	49	50	51	52
预测需求	100	220	100	120	220	100	220	220
订单量	100	0	0	0	0	0	0	0
预期期末库存：37	257	37	157	37	137	37	257	37
主生产计划	320		220		320		440	0
可承诺量	257		220		320		440	

续图 10-24　MeltoMatic 除雪机的 DRP 记录

现在，从第 49 周开始，明尼阿波利斯分销中心的预测需求有大幅度增加。这一变化会对主进度计划产生什么影响呢？下面分析分销中心的预测需求变化对 DRP 记录的影响（图 10-25）。

明尼阿波利斯分销中心

LT（周）＝2

最小订货量＝120

月份	11 月				12 月				1 月			
周次	45	46	47	48	49	50	51	52	1	2	3	4
预测需求	60	60	60	60	90	90	90	90	110	110	130	130
计划接受量		120			0							
预期期末库存：75	15	75	15	75	105	15	45	75	85	95	85	75
净需求	0	0	0	45	15	0	75	45	35	25	35	45
计划产出量	0	0	0	120	120	0	120	120	120	120	120	120
计划订货量	0	120	120	0	120	120	120	120	120	120	0	0

布法罗分销中心

LT（周）＝1

最小订货量＝100

·月份	11 月				12 月				1 月			
周次	45	46	47	48	49	50	51	52	1	2	3	4
预测需求	80	80	85	85	90	90	95	95	100	100	105	105
计划接受量	100											
预期期末库存：25	45	65	80	95	5	15	20	25	25	25	20	15
净需求	0	35	20	5	0	85	80	75	75	75	80	85
计划产出量	0	100	100	100	0	100	100	100	100	100	100	100
计划订货量	100	100	100	0	100	100	100	100	100	100	100	0

主进度计划：MeltoMatic 除雪机

月份	11 月				12 月			
周次	45	46	47	48	49	50	51	52
预测需求	100	220	220	0	220	220	220	220
订单量	100	0	0	0	0	0	0	0
预期期末库存：37	257	37	37	37	257	37	257	37
主生产计划	320		220		440		440	0
可承诺量	257		220		440		440	

图 10-25　预测需求变化对 DRP 记录的影响

事实上，为了满足增加的需求，S制造公司的管理者需要在第49周将除雪机的主生产计划增加到440。DRP可以快速地将下游需求转化为上游的生产决策。

图10-26给出了DRP协同S制造公司供应链的最终示意图。零售订单不仅驱动S制造公司的计划，而且驱动上游供应商的计划，上游供应商根据S制造公司的物料采购订单制订自身的活动计划。实际上，任何一个MPS数据或MRP计划订单都可以追踪到零售商的需求。

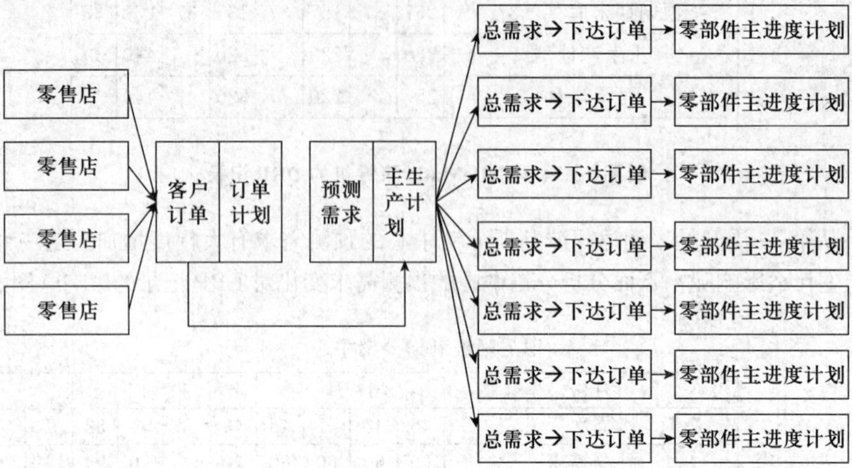

图10-26 供应链协同计划

本章小结

本章综合介绍了企业生产管理所采用的各种方法，从主进度计划开始，到MRP和作业排序，再到DRP，给出了具体的计算步骤。计划与控制系统对于制造企业和服务企业同样适用，可以用来辅助企业确定活动的数量和期限。从另一方面来讲，生产管理不仅对于制造型企业来说非常重要，而且对于几乎所有涉及实体产品流的企业来说同样重要。

如今，信息技术的进步从两方面对计划和控制系统带来了巨大的改变。首先，计算机运转速度的加快和通信网络的发展扩展了计划与控制活动的深度与广度。企业可以快速调整计划，几乎可以实时地与供应链合作企业共享更新的信息。其次，计划与控制软件工具越来越完善。一些企业拥有先进的决策支持工具，可以用来快速评估多种计划方案，甚至可以生成最优计划。即便如此，计划与控制系统价值的发挥仍然取决于系统的使用者能否理解系统的运行原理并正确地加以使用。

值得一提的是，尽管本章主要关注的是实物产品，许多服务企业同样也需要由这些系统生成的信息。例如，分销商和运输商需要利用惠普公司的系统生成的信息来进行运营活动计划。

讨论题

1. 某人告诉你："如果企业已经采用销售与运营计划来协调营销与运营，那么企业就不需要主进度计划了。"这一观点正确吗？S&OP与主进度计划在哪些地方相似？在哪些地方不同？主进度计划提供哪些 S&OP 不能提供的信息？在未实施 S&OP 的情况下，制订主进度计划的难度有多大？

2. 企业能否在制订主进度计划之前完成物料需求计划？请给出解释。

3. 讨论预测的准确性对计划与控制系统的重要性。如果某个企业的计划能力很强，而预测能力较弱，情况会如何？

习 题

1. 完成以下主进度计划记录：

第 1 周末库存量	65							
周次	2	3	4	5	6	7	8	9
预测需求	45	50	55	60	65	70	75	80
订单量	15	100	48	25	72	22	67	10
预期期末库存								
主生产计划	150			200			150	
可承诺量							73	

2. 完成以下主进度计划记录：

第 1 周末库存量	100							
周次	2	3	4	5	6	7	8	9
预测需求	250	250	300	300	350	350	250	250
订单量	265	255	270	245	260	235	180	100
预期期末库存								
主生产计划	500		600		700		500	
可承诺量							220	

3. 完成以下 MRP 记录。最小订货量为 900 单位。请问 6 周的平均期末库存为多少？

周次		1	2	3	4	5	6
* * * B 3 * * *	总需求	0	400	400	400	0	400
LT（周）＝1	计划接受量						
	预期期末库存：0						
	净需求						
最小订货量＝900	计划产出量						
	计划订货量						

案例分析：供应链协同助力宝马公司生产管理①

汽车制造工业对物流供应要求相当高，其中最难的地方在于有效提供生产所需的千万种零件器材。居世界汽车领导地位的德国BMW公司，针对顾客个别需求生产多样车型，其3个在德国境内负责3、5、7系列车型的工厂，每天装配所需零件的运输容器多达4万个，供货商上千家。面对如此庞大的供应链，非有一套“锦囊妙计”不可。

BMW供应链管理的三大秘籍：

1. 在订单方面，BMW挖掘“当日需求量”潜力

在汽车组装零件的送货控制中，最重要的是提出订货需求，也就是把货物的需要量和日期通知物流采购中心。与丰田公司、戴尔公司等全球知名企业施行JIT相比，BMW在生产规划过程中，可以针对10个月后所需提出订货需求，供货商也借此预估本身对上游供货商所需提出货物的种类及数量。当然，随着生产日期的接近，双方才会更明确地知道需要量。

针对送货控制而言，一般可以分为两种不同形式：一种为根据生产步骤所需提出订单，另一种为视当日需求量提出需求。

前者为由生产顺序决定需要量，其零件大多在极短时间内多次运送。此种提出订单方式对整个送货链的控制及时间要求相当严格，因此适用于大量、高价值或是变化大的零件。

对于大多数的组装程序而言，只要确定当日需求量就够了。区域性货运公司在前一天从供货商处取货，隔天就抵达BMW组装工厂。在抵达BMW组装工厂的先前取货并停放在运转点的过程称为“前置配送”，而第二阶段送达BMW工厂的步骤称为“主要运送”。

过去几年里，BMW公司已把根据生产步骤所需提出订货的方式最佳化，视当日需求量提出需求的方式仍有极大发展潜能，所以BMW公司目前积极对后者的最优化进行研究。

2. 在仓储方面，BMW积极处理低存货所带来的运输成本

为了降低BMW的仓储设备成本，公司向来积极减少本身存货数量，如此导致供货商送货频率的提高，造成货运成本提高。

“前置配送”及“主要运送”的费用计算有所不同：前者是把转折点到供货商的路程、等待及装载时间都列入计算，与运送次数成正比，但与装载数量的多少无关；而后者的费用计算是与货物量成正比，不受送货次数影响。

大多数供货商接到BMW不同工厂的订单，可由同一个货运公司把货物集中到统一的转运站，然后由此再配送到各所需工厂。这样由产地安排取货路径，降低前置配送所需成本。同时也考虑各工厂间整合性仓储设备及运送的供应链管理、各个价值创造的部分程序及层次系统，使其产生互动影响，出发点不再只限于局部最优化，而是以整体成本为决定的依据。

3. 在供应链方面，BMW已将合作伙伴作为评价指标

现代企业的竞争已不是企业与企业之间的竞争，而是供应链与供应链之间的竞争。BMW公司很审慎地选择自己的合作伙伴，纳入成本节约的考量因子，这也是物流管理的意义所在。

---

① MBA智库文档．宝马公司供应链管理案例分析［EB/OL］．http://doc.mbalib.com/view/d573672d9242ad22273e8dd216cb80c3.html. 2020/11/30.

在此基础上，他们建立成本方程式，如在一次前置配送中，安排替几个 BMW 工厂同时取货。这个成本方程式是建立在最优化计算法的基础上的，考虑因素为对供货商成本最低化的送货频率、与实务相关的不同附加条件等，如尽可能让运输工具满载、每周固定时间送货等。如果同一货运公司替多个 BMW 工厂送货，则必须安排送货先后次序，以达到成本最小化。此外，运送货量最好一星期内平均分配，让运输工具及仓储达到最高使用率，这样就不会影响等待进货时间。

【问题】

1. BMW 公司为什么要分析“当日需求量”？如果对需求量没有良好的估算和掌握，会是什么情况？结合案例谈谈你对物料需求计划的理解。

2. BMW 公司的生产计划与供应链上其他公司的生产计划间是什么关系？结合案例谈谈你对供应链协同控制的理解。

3. 结合案例，谈谈供应管理、库存管理以及生产管理三者之间的关系。

参考文献

[1] Federal Reverse Bank of Dallas. Supply Chain Management: The Science of Better, Faster, Cheaper, 2005. www.dallasfed.org/research/indepth/2005/id0501.html.

[2] Blackstone, J H. APICS Dictionary, 13th ed. Chicago, IL: APICS, 2010.

[3] Supply-Chain Council, 2011. www.supplychain.org.

[4] Stalk G, Evans P, Shulman L E. Competing on Capabilities: The New Rules of Corporate Strategy. Harvard Business Review 70, no. 2 (March-April 1992): 57-69.

第 11 章　物流与配送服务

引言

本章主要介绍物流、运输与配送服务的相关知识。企业生产的产品最终将会运送到客户手中，在此期间涉及的物流、运输、配送都是至关重要的，也是复杂多变的。如何设计一个完善的机制，提高运送效率，是本章的立足点。

11.1　物流

物流运作跨越了相当广阔的地理区域，比任何一种业务运作都更为复杂。物流时时刻刻都在世界的各个角落不停地运转着，它根据客户的要求将产品或服务准时送往目的地。如果缺少了物流，我们难以想象市场营销、生产和国际贸易将如何进行。尽管自从人类文明出现以来物流就始终存在着，但是如何按照最优模式开展物流运作，仍然是 21 世纪供应链管理研究中具有挑战性和吸引性的领域之一。

物流涉及一系列的流程管理，包括订单处理、库存管理、运输管理以及对仓储、物料及包装的一体化管理。物流设施网络将上述所有过程有机地结合在了一起。如何协调企业各职能部门之间的冲突，使它们形成一个以满足客户服务为目标的有机整体，是进行企业内部管理时存在的主要问题。在广阔的供应链环境中，运作的同步化能够实现企业内部和外部运作流程的一体化，对原材料供应商、服务供应商以及消费者都非常有利。

物流是指以总成本的最小化为目标对系统进行设计和管理，控制原材料、在制品和产成品在整个供应链运作中的流动状况并提供库存定位管理。要实现总成本的最小化，就意味着企业必须最大限度地减少与物流相关的财务费用和劳动力数量，并且必须在实现客户服务目标的同时将运作费用控制在尽可能低的水平上。如何将物流运作所需的资源、技能和系统三者有效地融合在一起，是一个非常棘手的问题，但是一旦实现之后，这种一体化优势就很难被竞争对手模仿。

11.1.1　物流的重要意义

1. 物流业务的重要性

通过物流运作，企业将原材料送往制造厂进行加工，然后经过配送将产成品运到客户手中。现阶段全球业务的快速发展扩大了物流运作的规模，同时也使物流活动变得更加复杂。

当产品实现销售时，物流就在供应链的各个环节中增加了产品的价值。尽管物流费用难以衡量，但是大多数专家一致认为，2010 年美国的物流费用约占国内生产总值的 8.3%，当年的国内生产总值为 145 900 亿美元，因此物流费用约为 12 110 亿美元。其中，运输费用为 7 690 亿美元，约占物流费用的 63.5%。

虽然物流费用的数目大得惊人，但是物流所具有的吸引力并不仅仅在于控制和削减物流成本，同时也在于如何帮助企业充分利用物流能力获得竞争优势和实现资源的跨时空配置。

2. 物流的价值构成

迄今为止，我们已经完全了解了必须要对物流进行一体化管理，从而以最低的总成本实现客户满意度。在这种方式下，物流运作才能够创造价值。我们将讨论物流价值的构成要素——服务收益和成本最小化。

(1) 服务收益

我们可以通过可得性、运作效率和服务的可靠性这 3 个指标对基本物流绩效进行衡量。基本物流服务是指企业为所有客户提供的服务水平。

可得性是指企业通过维持一定的库存量，稳定地满足客户对产品或物料的需求。在传统模式下，可得性越大，相应的库存成本就越高。信息技术实现了系统的灵活性，也提供了一种在不增加库存投入的情况下提高客户可得性的新方法。因此，信息是企业实现物流运作的关键要素之一。

运作效率与完成客户订单所需的时间相关，它涉及交货速度和交货的一致性。为了确保运作的通畅，企业通常首先关注交货的一致性，然后再想方设法提高交货速度。运作效率还涉及企业如何处理与客户日常需求相关的各个方面，其中也包括服务失误等。

服务的可靠性反映了物流的根本特性，需要对可得性以及运作效率进行准确的衡量。只有全面衡量了运作效率之后，才能判断出物流的整体运作是否实现了预期的服务目标。实现服务可靠性的关键在于确保库存的可得性以及确定衡量物流运作效率的方法。企业如果希望物流运作能够持续地满足客户期望，就必须对管理方法进行不断的完善。因为物流是一个综合产物，所以实现高质量的物流并非易事。为了提高服务水平，企业必须有选择性地设定目标。由于客户之间存在差异，必须针对不同客户的特殊要求和购买能力提供具有差异化的服务。

(2) 成本最小化

1956 年，一篇有关空运经济学的经典专论提出了一种有关物流总成本的新观点。当刘易斯、卡利顿以及斯蒂尔解释在什么情况下利用高成本的航空运输是合理时，他们使用了总成本物流模型这个概念，认为总成本包括执行物流活动所需要的全部费用。他们通过一个电子部件的分销策略，指出了在工厂与客户之间进行直接空运所创造的经济效益将远远超过库存和仓库管理成本的减少，并得出结论：将库存集中在一个仓库并采取空运的方式，可以提供较为满意的客户服务，同时实现物流总成本的最小化。

然而，这种关于总成本的观点并没有被广泛运用到物流运作中。后来总成本概念的提出和发展，为审视各职能部门之间的联系和相互影响提供了依据，这类影响被称为"成本间均衡"(cost-to-cost tradeoffs)。随着总成本概念的不断完善，企业对物流成本的组成要素也有了更深刻的认识，为物流成本优化提供了思路。然而，进行有效的物流运作成本核算仍然是企业在 21 世纪所面临的主要挑战之一。许多长期存在的会计制度阻碍了总成本物流方案的全面实施。

(3) 物流价值的产生

从成本结构的角度分析，客户承诺就等同于物流的价值观，它是企业对单个客户或客户群体做出的一项特殊承诺。

企业往往希望通过发展和实施综合物流能力，以切实可行的总成本费用满足客户的服务要求。为了对成本和服务之间的均衡点进行测定，涌现出了大量的辅助管理工具。一个完善的运作战略公式，必须可以估算出实现不同的服务水平时所需的物流运作成本分别是多少。同理，如果企业不从客户服务、制造和采购策略等角度进行宏观分析，那么衡量不同物流系统的运作效率就变得毫无意义了。优秀的企业早已意识到，一个设计精良且运作良好的物流系统有助于提高企业的竞争实力。事实上，企业依靠物流能力获得战略优势，从而成为该行业的“领头羊”，已经成为一种普遍规律。

11.1.2 物流的基本内容

1. 物流过程

在供应链管理中，物流的作用在于以最低的总成本移动库存，在规定的时间内将其送往指定地点，并实现库存的定位，库存才具有了真正的价值。如果供应链希望借助物流来实现最大的战略收益，那么就必须将供应链中的各种活动高度集成起来。这是因为供应链任何一个运作环节中的决策都和其他节点成本相联系，但是各运作环节之间的高度相关性却为实施一体化物流管理带来了极大的困难。图 11-1 直观地描绘了物流的 5 个运作环节之间的相互关系。下面，我们将具体地介绍这些环节是如何有机地结合在一起，从而具备了创造物流价值的能力。

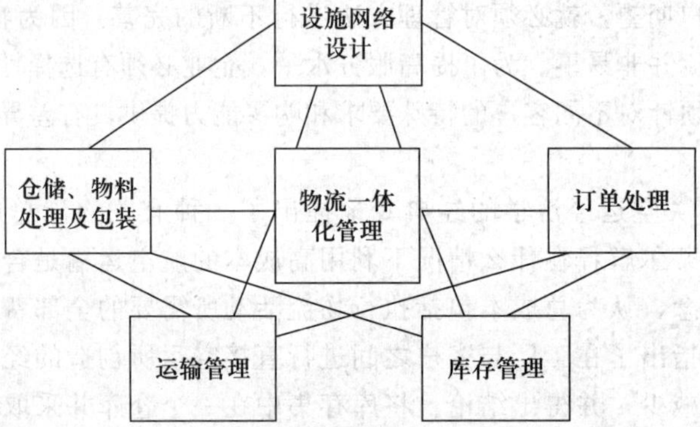

图 11-1 物流的集成

(1) 订单处理

信息流的快速传递有助于实现各运作环节之间的平衡。供应链设计的响应性越高，信息的重要性就越大，企业就必须更及时、更准确地获得有关客户采购行为的信息。企业处理订单的能力直接反映了企业物流能力的高低。

(2) 库存管理

企业的库存需求与它的网络布局设施和预期的客户服务水平直接相关。库存战略的目标是在实现高质量客户服务的同时，尽可能降低库存量。过量的库存也许能够弥补物流系统中的某些不足，却会导致完全不必要的物流总成本。

因此，在制定物流战略时，目标就是要实现库存周转率的最大化，成本最小化。要实现物流战略目标就必须将关键客户细分、产品的盈利能力、一体化运输、基于时间的运作和竞争能力 5 个方面有机地结合在一起。

(3) 运输管理

运输是物流运作中的一个操作环节，它实现了物品在地理位置上的移动以及库存定位。为了更好地控制运输成本，管理者们在运输管理上投入了大量精力。一般而言，无论企业的规模有多大，绝大多数企业都设有专门的运输部门及管理人员。

运输需求能够通过以下 3 种基本的方式得以实现：第一，企业自身拥有运输车队；第二，企业与专业运输公司签订合同，将运输转包出去；第三，企业与大量运输公司签订服务协议，根据客户对交货的具体需求，要求运输公司有针对性地提供不同的服务。从物流系统的观点来看，成本、速度和稳定性是影响运输管理的 3 个关键因素。

运输成本包括两部分：将货物从甲地运往乙地的运输费用以及维持在途库存所需的费用。企业的物流系统应该致力于优化运输过程，实现系统总成本的最小化。也就是说，最便宜的运输方式并不一定意味着物流系统的总成本最低。

运输速度是指完成某项特定运输任务所花费的时间。运输速度和成本之间有着紧密的联系：一方面，如果企业愿意支付高额费用，那么运输企业就能够实现快速送货；另一方面，运输速度越快，就意味着库存滞留在运输过程中的时间越短。因此，企业在选择最理想的运输方式时，需要考虑如何实现运输速度与运输成本之间的均衡。

运输稳定性指的是当企业完成相同的运输任务时，所需的运输时间是否会发生变化。运输的稳定性越高，则运输的可靠性越大。不过，随着新信息技术的出现，企业能够对运输状况进行实时控制与监测。因此，在维持运输稳定性的同时，物流管理者们开始积极寻求更迅捷的运输方式，尝试着将运输速度和运输可靠性有机地结合起来，提供更高质量的运输服务。根据客户要求选择合适的供应链运输策略，是物流管理的一项关键职责。

(4) 仓储、物料处理及包装

物流过程的前 3 个环节——订单处理、库存管理和运输管理，组合成多种不同的运作模式，每一种模式都对应着不同的总成本以及一定的客户服务水平。将上述 3 个环节有机地结合起来，才能够为实现一体化物流提供有效的解决方案。物流的第四个运作环节是仓储、物料处理及包装，它同样也是物流运作方案中一个必不可少的组成部分。然而，仓储、物料处理及包装等功能紧密相关，并非彼此独立。当需要在物流系统中建立分销设施时，企业既可以委托专业的仓储公司提供服务，也可以自己投资建设配送中心。在做出上述决策时，企业需要考虑的远不只是选择一个地方存放库存那么简单。这是因为，在产品的存储期间内，企业可以从事多种增值活动，如产品分拣、产品排序、订单的挑选、集中运输，以及在某些情况下根据延迟策略对产品进行改装和装配等。

物料处理是仓储管理中一项重要的活动。企业需要对产品进行接收、运送、储存、分拣以及组装，以满足客户的要求。大量的机械设备以及自动化设备都能辅助企业对物料进行妥善处理。总之，仓库以及它所具备的物料处理能力构成了整个物流体系中的一个小型系统。

为了提高物料处理的效率，企业通常将听装、桶装和盒装产品集中到更大的包装单元中。这种大型的包装单元被称为马斯特箱，它有两个主要特点：第一，它能保护产品在物流过程中免遭损坏；第二，大纸箱使物料处理变得更简单，因为它将产品集中了起来，使企业不用费时费力处理那些小型的单件产品。为了提供更高效的物料处理，同时方便运输，企业还可以进一步将大纸箱集中起来，组成更大的包装单元。

（5）设施网络设计

古典经济学往往忽略了设施的位置以及网络的整体设计对于提高商业运作效率所具有的重要影响。然而，在商业运作中，开展物流活动所需的设施数量、大小以及所处的地理位置，将直接影响企业的成本以及提供客户服务的能力。物流设施通常包括生产厂、仓库、接驳式作业设施以及零售商店。

进行设施网络设计时，企业首先要确定完成物流运作所需的各种设施的数量、地理位置及所有权，然后还需要确定每个设施中存储产品的种类、存储数量以及如何将库存分配给客户。设施网络为物流运作的开展建立了一个总体架构，实现了信息与运输能力的集成。也就是说，与客户订单处理、库存存储以及物料处理相关的各种具体业务都可以在设施网络中进行。

不同地域的市场之间存在着明显区别，因此在设计设施网络时需要对地理环境和人口数量分布的差异性进行细致的分析。由此可见，当企业参与全球物流运作时，与设施网络有关的问题将会变得更加复杂。物流是个动态的过程，因此一个动态优化的设施网络能够帮助企业赢得竞争优势。

2. 物流运作

图 11-2 的中间部分表明了一体化物流的内部运作过程。当客户信息从客户端流出后，以销售行为、供应链协作预测以及订单等形式在企业中流动。企业从中提取关键信息，组织相应的制造、销售以及采购活动。当产品和物料的采购活动完成之后，企业开始管理具有增值作用的库存流，并最终将成品的所有权转移给客户。因此，我们可以从相互联系的库存流和信息流这两个角度来分析物流过程。内部流程的一体化对企业的成功固然有着重要影响，但同时，企业也必须对供应链进行一体化管理。为了在当今高度的竞争环境中取胜，企业必须扩充一体化管理的范围，将客户和供应商也囊括到一体化管理中来，这种协作式扩展反映了物流在广义的供应链管理中的重要地位。

（1）库存流

物流的运作管理涉及库存的移动和存储。在流动过程中，库存通常表现为原材料、在制品或产成品。物流运作的起点是从供应商处购买原材料或部件，终点是将经过加工或制造后的产品配送到消费者手中。

从原材料和部件的采购开始，根据特定需要，物流活动应当在合适的时间将库存运送到正确的地点，从而实现价值的增加。当所有运作环节都不存在问题时，在将原材料和部件加工为产品的过程中，原材料和部件在每一个步骤上都获得了更大的价值。换句话说，当一个部件经过加工成为成品的一部分，其价值将增加。同样地，将成品交付给客户后，也能实现价值的增加。

为了辅助生产活动，企业必须对在制品库存进行妥善管理。每种原材料或部件的成本及其在供应链中的运动都是增值活动的组成部分。为了便于理解，我们将物流运作分成客户关系管理、生产和采购 3 个部分。这些部分组成了企业的物流运作单元，如图 11-2 所示。

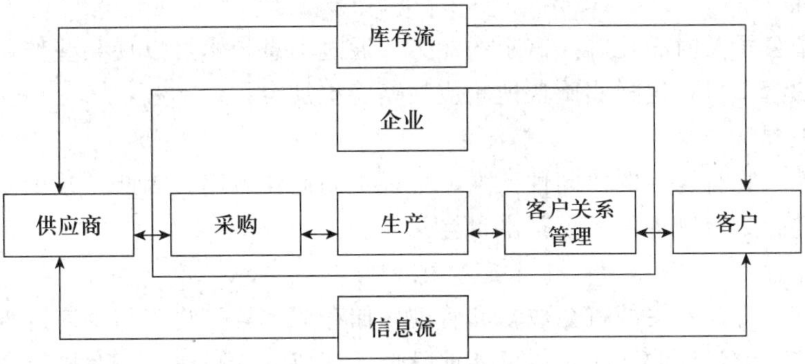

图 11-2　物流的一体化

客户关系管理：指有关客户关系管理的行为活动。客户关系管理在供应链中执行订单的接收和处理、库存调配、存储和物料处理、运输货物等活动，主要包括：协助市场计划部门制定价格、支持促销活动、维持客户服务水平、确定发货标准、处理退货商品以及提供产品生命周期支持等。它从战略角度出发，以最低的总成本提供较高的客户服务水平，满足主要客户的需求，从而创造利润和价值。

生产：指有关规划、计划以及支持生产运作的行为活动。生产主要包括制订主计划表，执行在制品的存储、物料处理、运输、分拣、排序等运作以及对部件按时间进行分段管理。它在生产地存储产品，协调生产和客户服务之间的装配延迟活动，具有非常大的灵活性。

采购：指从外部供应商处获取产品和物料的行为活动。采购主要包括制订资源计划、组织货源、谈判、下达采购订单、进货运输、接收、检测、存储和物料处理以及质量保证工作等。它与供应商在计划安排、供应连续性、套头交易、投机买卖等方面进行协同合作，并且与供应商一起从事新项目和新货源的研发工作。采购的主要目标是以最低的总成本实现及时采购，从而支持企业的生产以及转售业务。

在典型的企业中，物流运作的上述 3 个环节有时候会相互重叠，可以把它们都看成是所有增值流程中不可缺少的组成部分，这样就为总体流程中各个组成部分的投资创造了机会，同时也有利于流程的专业化。供应链面临的挑战在于如何有效地整合各个参与企业的物流过程，从而提高整体的运作效率。

（2）信息流

信息流反映了物流系统中特定环节上的需求情况。信息同样也有助于实现物流运作 3 个环节的集成。在单个物流环节中，根据订单大小、库存的可得性以及紧急程度的不同，需求情况也会有所不同。信息流管理的主要目标是调和不同需求之间的差异，从而提高供应链的整体绩效。需要强调的一点是，信息流与客户关系管理、生产以及采购这些实际工作是平行的，它实现了计划与日常操作控制两者之间的协调，如果缺少了准确的信息，物流系统中的所有工作都无法正常进行。

3. 物流整合目标

为了在供应链中实现物流整合，必须同时达到响应性、减少差异、降低库存、集拼运输、质量保证、生命周期支持 6 个运作目标。每个目标的相对重要性与各个企业的物流战略直接相关。

(1) 响应性

响应性是指公司及时满足客户需求的能力。通过信息技术可以使某些作业在最后一刻进行，然后进行快速交付，这样实施快速响应战略将更加容易。

(2) 减少差异

降低差异性，物流链条的协同性变强，可以提高运作效率。因此，减少差异、消除系统运作的中断是整合物流管理的一个基本目标。

(3) 降低库存

过多的库存会带来相关的机会成本和管理、储存成本等，物流与供应链管理的目标是在实现供应链总体绩效目标的同时，尽可能地降低库存成本。高效的库存周转和满足需要的库存可用性，就意味着库存占用的资金被有效使用，同时也说明支持整合运作的总投入资产达到了最低水平。

(4) 集拼运输

物流成本中最重要的成本之一就是运输成本。运输成本与货物种类、货物批量大小以及运输距离有直接关系。许多物流系统通过高频率、小批量运输进行直接补货，这种补货方式的成本很高。系统目标是通过集拼运输来降低运输成本。一般来说，货物的批量越大、运输距离越长，那么每单位货物的运输成本就越低。集拼运输要求运用创新的方法将小批量货物集拼后进行及时的统一运输，并且要求多个企业之间相互协调。成功的电子商务直接完成向客户的配送，这就需要创新的方法来实现有效的集拼运输。

(5) 质量保证

持续提高质量是企业的根本运作目标之一。质量保证是企业生存的生命，全面质量管理（TQM）是贯穿于行业大多数方面的主要质量措施。物流运作中的一个主要目标是实现订单到交付过程的零缺陷。

(6) 生命周期支持

最后的整合目标是生命周期支持。如果产品达不到广告中承诺的标准，那么就不会有人购买，物品就失去了使用价值。在某些情况下，已经送达客户的产品由于没满足客户要求而必须返回，因此产生了逆向物流。当企业被要求召回产品时，设计良好、协调运作的逆向物流尤为重要。逆向物流的运作目标很广泛，从总成本最低（当回收饮料瓶时）到对有缺陷产品的最大限度地控制。设计有效逆向物流的企业通过减少产品生产数量来收回部分价值，否则这些生产出来的产品将被废弃或者打折销售。只有仔细地评估了逆向物流需求，才能制定出正确的整合战略。

对于生产耐用消费品或工业设备的公司来说，生命周期支持的承诺形成了一个多用途、高需求的市场机会，同时也是物流运作成本中的一个很大的组成部分。生命周期支持需要“从摇篮到摇篮”的物流服务，该物流支持除了提供逆向物流和物料的循环使用，还包括售后服务、产品回收和产品处理。

4. 物流的运作模式

物流运作需求表现在许多不同的方面，从而大大增加了设计运作系统的难度。物流运作都有两个共同的特点：第一，均被用于库存定位；第二，物流的发展受到了现有技术的影响。这两个特点决定了物流运作系统在结构的设计上必然具有相似之处。当前使用最为广泛的 3 种物流运作系统结构分别是多阶式结构、直接式结构以及混合式结构。

(1) 多阶式结构

在多阶式结构系统中，仓库的作用是进行库存的分拣以及实现大批量集中运输带来的经济利益。企业对仓库中的库存产品进行快速调配，以满足客户需求。典型多阶式结构供应链的构成如图 11-3 所示。

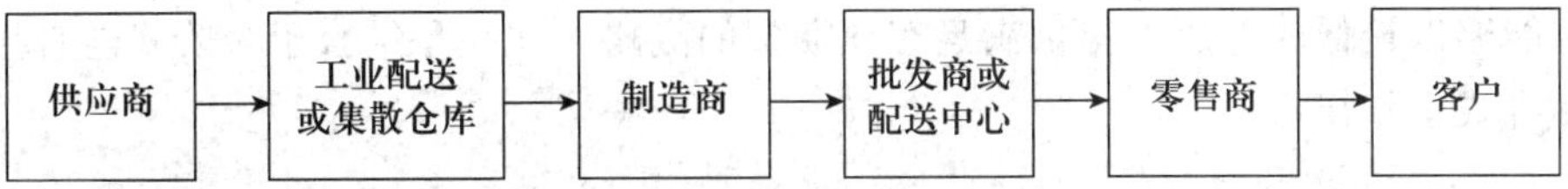

图 11-3　多阶式结构供应链

典型的多阶式结构系统通常使用杂货仓库或者集散仓库。杂货仓库通常接收来自多个供应商的大批货物，然后基于对消费者需求的预测情况，进行库存分类和存储。这种杂货仓库最典型的例子就是由主要的食品供应商和批发商管理的食品配送中心。主要的消费品制造商是使用多阶式结构系统实现全部产品集拼运输的典型代表。集散仓库在入站式生产中十分常见，供应商的零部件及组件按需依次运往工厂，支持生产运作。

(2) 直接式结构

与多阶式结构系统构成对比的是一种将产品从一个或几个库存集中地直接运送到最终消费者手中的方式，这种方式被称为直接式结构。它将高质、高效率的运输服务与信息技术结合起来，快速完成客户订单的处理以及相应的产品配送。这种方式将各种能力有机地结合在一起，既减少了时间延迟，又克服了由于客户地理位置的分散带来的问题。应用直接式结构运输的例子很多，例如，将产品从工厂送往客户所在地的货车运输，直接在商店发货，以及通过各种方式将网购商品直接发送给消费者等。同样，直接式物流结构在制造厂的物料采购活动中也非常普遍，这是因为每次采购的平均批量都非常大，所以进行直接运输比较有利。

当经济实力允许时，物流设计者通常倾向于采用直接式结构，因为这有助于降低库存，简化相关产品的处理环节，但直接式物流结构的局限在于运输成本过高。一般而言，大多数企业现在已经不再使用以前惯用的仓库管理方式了，它们对多阶式结构进行了逐步调整，并且把直接式运作模式融入其中。图 11-4 显示了如何将直接式物流能力融入多阶式物流结构中。

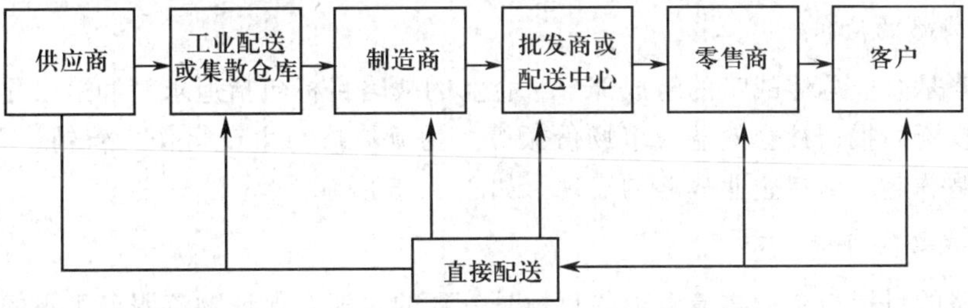

图 11-4　多阶式物流与直接配送相结合

(3) 混合式结构

最理想的物流运作模式是将直接式和多阶式物流结构各自的内在优势有机结合在一起，

构成一种混合式结构。在理想的情况下，企业应该尽可能长时间地实施延迟策略以应对产品的预期承诺。企业在运用库存战略时，通常将移动迅速的产品或物料存放在靠近客户端的仓库中，而把那些高成本或高风险的物品存储在中心仓库，采取直接配送的方式将其发送给客户。基本的服务承诺和订单大小的经济效益决定了企业向特定客户提供最合适、最经济的物流运作模式。举例来说，企业通常采用混合式的物流策略将汽车备件配送给客户。

所有企业都面临着特殊的客户需求，为了在竞争中获胜，它们必须使用不同的物流策略。那些能够以最低的总成本提供满足客户期望的战略，往往是结合了多阶式与直接式两者优点的混合式运作模式。

11.1.3 物流战略

1. 物流战略的含义

企业物流战略是指针对企业内部物流的目标、任务和方向而制定的政策和措施。企业物流战略是企业为了更好地开展物流活动而制定的行动指南，是企业为实现经营目标，通过对企业的外部环境和内部资源的分析而制定的较长期的全局性重大物流发展决策，是企业战略的组成部分，必须服从企业战略的要求，并与之一致。选择好的物流战略和制定好的企业战略一样，需要很多创造性过程，创新思想往往带来更有力的竞争优势。

企业物流战略具有四大特征：目的性，就是使现代企业在变化的竞争环境里能够生存和发展；长期性，就是在环境分析和科学预测的基础上，展望未来，为现代企业谋求长期发展的目标与对策；竞争性，就是指企业物流战略必须面对未来进行全局性设计和谋划，设计现代企业的竞争战略以保持企业竞争优势；系统性，就是指企业物流战略要构成一个战略网络体系。

2. 物流战略的分类

物流战略的分类主要依据功能、流程、企业业态和管理重点 4 个方面。物流战略按照功能可分为仓储战略、运输战略、配送战略、物流信息化战略、流通加工战略等；按照流程可分为供应物流战略、生产物流战略、销售物流战略、逆向物流战略等；按照企业业态可分为制造企业物流战略、批零企业物流战略和物流企业物流战略等；按照管理重点可分为库存战略、时间战略、客户服务战略、成本战略等。

3. 物流战略的地位

物流战略是企业总体战略的组成部分。企业的战略目标包括追求利润最大化、企业的生存与发展、投资回报、社会效益或市场份额等。物流战略与生产运作、营销、财务、研发、人力资源战略一起，支持企业战略的实现，如图 11-5 所示。

4. 物流战略的目标

物流战略的目标与企业物流管理的目标是一致的，即在保证物流服务水平的前提下，实现物流成本的最低化。具体而言，可以通过 4 个目标的实现来达到：维持企业长期物流供应的稳定性、低成本和高效率；为企业产品谋求良好的竞争优势提供支持；为企业整体战略提供预警和功能范围内的应变能力，以适应环境变化；以企业整体战略为目标，追求与生产销售系统良好的协调性。

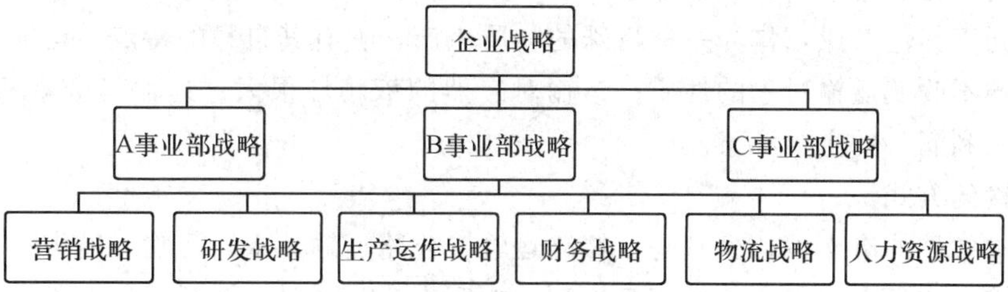

图 11-5　企业物流战略的地位

基于以上 4 个目标，可以提出企业物流战略的 3 个目标：

① 提高服务水平。一般情况下，物流服务水平越高，企业销售收入越高。尽管提高物流服务水平将会增加物流成本，但收入的增长可能会超过物流成本的上涨。

② 降低成本。物流战略实施的目标是将总成本降到最低。通常要评价各备选方案，比如在不同的仓库之中进行选择或者在不同的运输方式中进行选择，以形成最佳战略。服务水平保持不变的情况下，找出成本最低的方案。

③减少资金占用。物流战略实施的目标是物流系统的投资最小化。该战略的根本出发点是投资回报的最大化。例如，为避免仓储而直接将产品送达客户，放弃自有仓库选择公共仓库，选择及时供应的办法而不采用储备库存的办法，这些战略可能导致可变成本增加。尽管如此，资金占用少了，投资回报率也会提高。

11.2　运输管理

11.2.1　运输基础知识

1. 运输概述

(1) 运输定义

运输活动是指在物流过程中，运用多种设备和工具，将物品在不同地域间进行运送，以改变“物”的空间位置，包括集货、分配、搬运、中转、装卸、分散等一系列操作。运输是物流系统的一个重要组成部分，针对运输所做的决策要纳入整个物流系统之中，必须适应这一系统。

对于货物而言，运输是指利用运输工具和运输设施，实现货物长距离空间位置转移的活动。这里，运输工具主要是指汽车、火车、轮船、飞机等载体；运输设施主要指“路”，如公路、铁路、水路、航空路线、管道等。“车”“路”“长距离”“空间位置转移”构成运输定义的 4 个关键词。

企业众多的运输活动中，最重要的是原材料的购进运输和产品的分销运输。购进运输是为了满足企业的生产生活需要，从供应商处运输采购的原材料、零配件、设备、工具等；分销运输是为了满足社会对企业产成品的需要向外运输，将企业的产成品运输到社会的各个市场。

(2) 运输的特点

运输不同于其他产业，作为一种特殊的物质生产，它有其自身的特点：运输不产生有形的产品；运输不改变运输对象的性质；运输对自然的依赖性很大；运输是资本密集型产业；运输是“第三利润”的主要源泉。

(3) 运输的方式

运输方式常见的有5种，分别是：铁路运输、公路运输、水路运输、航空运输、管道运输。这些运输方式各有特点，它们相互协调、相互配合，同时也展开竞争。不同运输方式的优缺点如表11-1所示。

表11-1 不同运输方式的优缺点

运输方式	优点	缺点
铁路运输	可以满足大量货物一次性高效率运输；铁路运输网完善，可以将货物运往各地；轨道运输事故相对较少，安全性高；运输受天气影响小	近距离运输时费用较高；机动性差、装卸残损率高；投资大，建设周期长
公路运输	可以进行“门到门”的运输；适合近距离运输，比较经济；灵活、方便，能满足不同用户的需求；汽车购置费用较低，公路建设周期短、初始投资较低	运输量小；单位运费高于水路、铁路运费；耗能多，对环境污染较大；易发生交通事故，安全性较低
水路运输	运费低于航空运输、铁路运输和公路运输；运输量大，适合宽大、重量大的货物运输；投资小，水路通道主要是天然的	运输速度较慢；港口的装卸费用较高；航行受天气影响较大；运输的正确性和安全性较差
航空运输	运输速度快；不受地形条件的限制	运费高，货物体积、重量受限制；飞行受气候影响大；机动性、灵活性差，须与公路运输相配合；机场、飞机的造价高
管道运输	运输效率高；适合于气体、液体货物的运输；货物无须包装，占用土地少；安全，有利于环境保护	运输对象受到极大限制；灵活性差；初始的投资较大

2. 运输的空间效用

运输作为物流的基础、核心模块，是使用者以一定的成本从供应商那里购买“一揽子服务”(bundle of services)，通过集货、分配、搬运、中转、装入、卸下、分散等一系列操作，将物品从一地点运送到另一地点的活动。在运输过程中，需要注意运输速度、运输包装、运输环境等因素，保证物品完好无损地出现在效用价值高的时刻。由于运输需要时间，运输还具有临时储存的功能。而运输最基本、最重要的功能，就是实现了物品的空间位移，创造了空间效用。

(1) 空间效用的概念

空间效用(place utility)，又称“场所效用”，是指通过运输实现“物”的物理性位移，消除“物”的生产与消费的位置背离，使“物”的使用价值得以实现。

（2）空间效用的原理

运输成本的下降创造了空间效用。如果通过运输系统的优化而降低了运输成本，则可以将市场拓展到更远的地方，而生产地不变，获得规模化的效益；同样，市场也可以出售来自更远地方生产的产品。而随着运输批量的增大，长途运输的成本比短途运输的成本更低，从而激励了更长距离的运输。运输距离的增加意味着产品市场范围会以更大比例增加。因此，更高效率的运输方式、更低的运输成本创造了新的空间效用。

（3）空间效用的意义

运输的空间效用使地域分工、大规模生产和竞争实现最好的效果：地域分工专业化；土地价值提高；市场竞争加剧。

3. 物流运输的功能与原理

物流运输的功能为物品移动和短时储存。从企业物流管理的角度，运输成本、运输速度和运输可靠性是运输作业的 3 个至关重要的因素，因此，运输管理中的基本原理是规模经济和距离经济。

4. 物流运输系统的构成

运输管理是基于运输系统进行的一种综合管理。运输系统作为物流系统的最基本系统，是指由运输活动相关的各种因素（如运输方式及其组合）组成的一个整体，它的构成如下：

（1）运输节点

运输节点是指以连接不同运输方式为主要职能，处于运输线路上的，承担货物的集散、运输业务的办理、运输工具的保养和维修的基地与场所。

（2）运输线路

运输线路是供运输工具定向移动的通道，也是物流运输赖以运行的基础设施，是构成物流运输系统的最重要的因素。主要的运输线路有公路、铁路、航线和管道。各种运输线路相互补充、相互协调，共同完成运输过程。

（3）运输工具

运输工具是指在运输线路上用于载重货物并使其发生位移的各种设备装置，它们是物流运输能够进行的基础设备。

（4）运输参与者

① 货主。货主是货物的所有者，包括托运人（或委托人）和收货人，有时托运人和收货人是同一主体，有时不是同一主体。

② 承运人。承运人指运输活动的承担者。承运人一般由各种运输公司、物流公司和个人组成。

③ 货运代理人。货运代理人指根据用户要求，并为获得代理费用而招揽货物、组织运输和配送的人。

④ 运输经纪人。运输经纪人指替托运人、收货人和承运人协调运输安排的中间商，协调的内容包括装运装载、费率谈判、结账和跟踪管理等。运输经纪人也属于非作业中间商。

⑤ 政府。由于运输也是一种经济行业，政府要维持交易中的高效率水平。

⑥ 公众。公众关注物流运输的可达性、费用和效果以及环境上和安全上的标准。公众按合理价格产生对商品的需求并最终确定运输需求。

11.2.2 运输管理基础

1. 运输管理的定义与原则

(1) 运输管理的定义

运输管理是指在一定的环境下，按照现代化的管理思想，运用科学方法，对物流运输活动进行计划、组织、领导、控制，实现运输经营目标的过程。运输管理是基于运输系统的特征进行的综合管理。运输管理强调的是在公司取得物流服务的过程中，对这种移动服务的购买和控制。在进行物流系统设计和组织物流活动时，一项最基本的任务就是实现合理化运输。

(2) 运输管理的原则

做好运输管理的工作，是保证高质量物流服务的重要环节。就物流而言，组织运输应该贯彻“及时、准确、经济、安全”的基本原则。

① 及时。及时性原则是指按照商品产、供、运、销的流通规律，根据市场需要，及时发运商品，做好车、船、货的衔接，尽量缩短商品待运和在途时间，加速商品和资金的周转。

② 准确。准确性原则是指商品在整个运输过程中切实防止各种运输事故的发生，做到“不错、不乱、不差”，交接手续清楚、责任明确、准确无误地完成商品的运输任务。

③ 经济。经济性原则是指在商品的运输过程中要采取经济合理的运输方案，合理选择运输路线和运输工具，合理利用一切运输设备，节约人力、物力、财力，减少运输费用开支，提高运输效益。

④ 安全。安全性原则是指商品在整个运输过程中不发生霉烂、残损、丢失、污染、渗漏、爆炸和燃烧等事故，保证人身、商品、设备的安全。

2. 运输合理化

所谓运输合理化，是指在实现货物从生产地到消费地转移的过程中，充分有效地运用各种运输工具的运输能力，以最少的人、财、物消耗，及时、准确、经济、安全地完成运输任务。其标志是：运输距离最短、运输环节最少、运输时间最省、运输费用最低和运输质量最高。

运输合理化的影响因素很多，起决定性作用的有5个方面：运输距离、运输环节、运输工具、运输时间、运输费用，称为合理运输的“五要素”。

3. 运输合理化管理

(1) 不合理运输的表现形式

不合理运输是指在现有条件下可以达到的运输水平未达到，从而造成运力浪费、运输时间增加、运费超支等问题的运输形式。目前我国存在的不合理运输形式主要有以下几个方面。

① 空驶。空车无货载行驶，可以说是不合理运输的最严重形式。造成空驶的不合理运输主要有3种原因：a. 没有充分社会化的运输体系，却依靠自备车送货提货，这往往出现单程重车、单程空驶的不合理运输；b. 由于工作失误或计划不周，造成货源不实，车辆空

去空回，形成双程空驶；c. 由于车辆过分专用，无法搭运回程货，只能单程重车，单程回空周转。

② 对流运输。对流运输也叫“相向运输”“交错运输”。我们将同一种货物或彼此间可以相互代用而又不影响管理、技术及效益的货物，在同一线路上或平行线路上做相对方向的运送，而与对方运程的全部或一部分发生重叠交错的运输，称作对流运输。已经制定了合理流向图的产品一般必须按图中的流向运输，如果与合理流向图指定的方向相反，也属对流运输。在判断是否为对流运输时需要注意隐蔽的对流运输。

③ 倒流运输。倒流运输是指货物从销地或中转地向产地或起运地回流的一种运输现象。其不合理程度要高于对流运输，原因在于，往返两程的运输都是不必要的，形成了双程的浪费。倒流运输也可以看作隐蔽对流的一种特殊形式。

④ 迂回运输。迂回运输是舍近求远的一种运输。它是指本可以选取短距离进行运输而不为之，却选择路程较长的线路进行运输的一种不合理形式。

⑤ 过远运输。过远运输是指调运物资时舍近求远，即近处有资源不调而从远处调。过远运输占用运力时间长、运输工具周转慢、物资占压资金时间长，同时，远距离自然条件相差大，易出现货损、货差，增加费用支出。

⑥ 重复运输。重复运输的一种形式是本来可以直接将货物运到目的地，却在未达目的地之处，或目的地之外的其他场所将货物卸下，再重复装运送达目的地。另一种形式是同品种货物在同一地点一边运进，同时又向外运出。重复运输的最大弊病是增加了非必要的中间环节，这就延缓了流通速度，增加了费用开支，增大了货损率。

⑦ 运力选择不当。运力选择不当是指未考虑各种运输工具的优缺点而没有正确地选用运输工具造成的不合理运输现象。运力选择不当常见的几种形式：弃水走陆；铁路、大型船舶的过近运输，即不是铁路及大型船舶的经济运行里程，却利用这些运力进行运输的不合理做法；运输工具承载能力选择不当。

⑧ 托运方式选择不当。对于货主而言，本可以选择最好的托运方式而未选择，造成运力浪费及费用支出加大的一种不合理运输。

⑨ 超限运输。超过规定的长度、宽度、高度和重量运输，容易引起货损、车辆损坏和路面等设施的损坏，还有可能造成严重的安全事故。超限运输是当前表现最为突出的不合理运输。

（2）运输合理化的有效措施

所谓运输合理化，是指合理地组织物质资料的运输，以节省运力，缩短运输时间，节约运输费用，提高运输效率。一般可以采取以下措施：

① 提高运输工具实载率。

② 减少动力投入，增加运输能力。

③ 发展社会化的运输体系。

④ 开展中短距离铁路公路分流，“以公代铁”的运输。

⑤ 尽量发展直达运输。

⑥ 配载运输。

⑦“四就直拨”运输。“四就直拨”，即就站、就港、就厂、就仓直拨，是减少中转运输环节，力求以最少的中转次数完成运输任务的一种形式。

⑧ 发展特殊运输技术和运输工具，依靠科技进步是运输合理化的重要途径。

⑨ 通过流通加工，使运输合理化。

4. 运输质量管理

管理机构进行货运质量管理的主要任务是制定道路货物运输质量管理规章制度和办法，组织、指导、考核、监督全行业货运质量管理工作，处理货运质量纠纷，使全行业的货物运输达到安全优质、准确及时、经济方便、热情周到、完好送达。

(1) 公路货物运输质量考核标准

① 货运质量事故的分类。按货运质量事故造成货物损失金额不同划分，货运质量事故有以下几种类别：a. 重大事故，即货损金额在 3 000 元以上的货运质量事故，以及经省级有关部门鉴证为珍贵、尖端、保密物品在运输过程中发生灭失、损坏的事故；b. 大事故，即货损金额在 500～3 000 元的货运质量事故；c. 一般事故，即货损金额在 50～500 元的货运质量事故；d. 小事故，即货损金额在 20～50 元的货运质量事故。此外，货损金额在 20 元以下的货运质量事故不做事故统计上报，但企业要做内部记录和处理。

② 货运质量考核指标。目前，我国汽车货物运输质量考核的指标主要包括以下几项：

a. 重大货运质量事故次数。国家要求汽车运输经营户杜绝发生重大货运质量事故。

b. 货运质量事故频率。这是指每完成百万吨千米发生货运质量事故的次数，以一次为计算单位，全国平均考核标准一般为每百万吨千米 0.7 次。其计算公式如下：

货运质量事故频率＝货运质量事故÷完成货运周转量

c. 货损率。这是指运输统计报告期内，发生货运质量事故造成货损吨数占货运总吨数的比例。其计算公式如下：

货损率＝（货损吨数÷货运总吨数）×100％

d. 货差率。这是指运输统计报告期内，发生货运质量事故造成货差货物的吨数占货运总吨数的比例。其计算公式如下：

货差率＝（货差吨数÷货运总吨数）×100％

e. 货运质量事故赔偿率。这是指运输统计报告期内，发生货运质量事故所赔偿的金额占货运总收入金额的比例。其计算公式如下：

货运质量事故赔偿率＝（货运质量事故赔偿金额÷货运总收入金额）×100％

f. 完成运量及时率。这是指运输统计报告期内，按托运要求的时间完成的货运吨数占完成货运总吨数的比例。完成运量及时率考核标准暂无统一规定，由各地根据实际情况自定标准。其计算公式如下：

完成运量及时率＝（按规定要求的时间完成吨数÷完成货运总吨数）×100％

(2) 水路货物运输质量考核标准

从事营业性的内、外贸货物运输及相关的港口装卸、储存、驳运等作业的企业、单位和个体联户适用以下标准。

① 水路货物运输重大事故认定标准。发生以下任何一种事故，皆为重大货运事故：

a. 内贸货物每一运单的货物损失赔偿金额达 30 万元以上或外贸货物每一提单的货物损失赔偿金额达 250 万元以上的货运事故（一票整船货物除外）；b. 同一事故或同一航次内涉及一票以上的内贸货物的货物损失赔偿金额达 200 万元以上或外贸货物的货物损失赔偿金额达 500 万元以上的货运事故。发生重大货运事故，应在事故发生后两个工作日内上报行业主管部门。

② 水路货运质量考核指标。水路货运质量考核指标有：a. 无重大货运事故；b. 货物赔偿率不得超过 1%。

5. 绿色运输管理

(1) 绿色物流的产生

经济、社会、资源和环境保护要协调发展，在达到发展经济目的同时，又要保护好自然资源和环境，使子孙后代能够持续发展。绿色革命也正是基于可持续发展战略，对消费、生产、流通等环节提出的要求。这种绿色革命的可持续发展战略同样适用于物流活动，于是绿色物流理念应运而生。

(2) 绿色运输概念

绿色运输是指以节约能源、减少废气排放为特征的运输。其实施途径主要包括：合理选择运输工具和运输路线，克服迂回运输和重复运输，以实现节能减排的目标；改进内燃机技术和使用清洁燃料，以提高能效；防止运输过程中的泄漏，以免对局部地区造成严重的环境危害。

(3) 绿色运输的实现方式

借鉴发达国家的经验，可以从以下几个层面入手，实现我国由传统运输向绿色运输方式转变。

① 政府层面。a. 实施环境立法，制定绿色物流运输标准。制定绿色物流运输标准包括下面两个内容。Ⅰ. 最低排放标准，主要包括运输工具的废气排放标准和噪声标准。其中，废气排放最低标准须针对不同的污染物制定；噪声标准包括运输工具的噪声标准和装卸机械的噪音标准。Ⅱ. 交通工具技术标准，包括速度标准、安全标准、设备规格、使用的燃料标准等。b. 实施奖惩制度。对积极采用先进环保设备、清洁能源以及积极实施资源循环利用的企业实施“绿色补贴”政策或税收优惠。补贴的方式包括物价补贴、企业亏损补贴、财政贴息、税收优惠、对无污染或减少污染的设备实行加速折旧等。同时，对没有很好地实施绿色物流的企业实行排污收费。c. 实施强有力的行政管理。政府对绿色运输的行政管理主要体现在发生源管理、交通流管理和交通量管理等方面。

② 企业层面。a. 切实树立起绿色物流的理念。b. 积极推进运输设备的改进或改良。c. 大力优化运输方式。d. 发展共同配送。e. 建立信息网络。采用和建立库存管理信息系统、配送分销系统、用户信息系统、EDI/Internet 数据交换、GPS 系统、决策支持系统、货物跟踪系统和车辆运行管理系统等，对提高物流系统的运行效率起着关键作用。同时要更好地建立和运用企业间的信息平台，将分属于不同所有者的物流资源通过网络系统连接起来，进行统一管理和调配使用，放大物流服务和货物集散空间，使物流资源得到充分利用。

③ 公众层面。作为公众，要树立起绿色物流的概念，要认识到绿色物流给环境及社会带来的好处，并积极响应政府的号召；在日常的消费活动中，要将企业是否实行了绿色物流来作为对企业的运输服务或运输产品认可的一个重要的参考依据。

(4) 推行绿色物流运输的技术措施

优化物流运输设备技术是实现绿色物流运输、节能减排、降低污染等的最直接的技术方法，主要包括以下几个方面：

① 从运输设备制造的技术源头上改进车辆的传动系统技术。提供更强大的发动机、更低的传输损失，减少滚动阻力和空气阻力，从而提高燃油经济性，实现低排放。

② 使用混合动力型汽车，加长整车拖挂并最大化货运空间，提高货运能力。采用排污最小的货车车型，提高其运输的经济性和环保性。

③ 利用先进技术改造汽车发动机，利用替代性、可再生性能源，如燃料电池、化学蓄电池、太阳能电池，实现能源清洁化。

④ 调整汽车的驱动系统技术，提高能源利用率。作为汽车重要的驱动设备，轮胎对提高能源利用率有着不可忽视的作用，这是由于汽车的滚动阻力消耗的燃料约占整车使用成本的30%。适当的胎压和轮胎尺寸能够优化滚动阻力，从而降低能源的消耗。

11.2.3 运输规划

1. 物流运输规划的任务

运输规划在物流管理中具有十分重要的地位，因为运输成本要占到物流总成本的35%～50%，也就是说，运输成本占物流总成本的比重比其他物流活动大。

运输规划的任务，是根据物流运输的自身客观要求，安排好运输网建设，通过各种运输方式的发展与彼此协调，加强合理运输的组织工作，提高运输能力与效率。物流企业应合理组织商品运输，节约运力，降低费用，确保运输任务的完成。

2. 物流运输规划的原则

物流运输规划的主要原则有合理运输、先急后缓、重点明确和均衡运输。

3. 物流运输规划的程序

(1) 确定货运计划指标

货运计划指标主要有两个：货运量和货物周转量。

确定货运量的方法有：系数法、平衡法和比重法。

① 系数法。系数法是在分析计划期影响运输系数的各种因素作用效果的基础上估算运输系数，据以测算计划期货运量的方法。计划期货运量＝计划期生产量×运输系数。由于运输系数在一定时期内是比较稳定的，用系数法计算货运量比较简便易行。

② 平衡法。平衡法是通过编制主要货物的运输平衡表来确定货运量的方法。运输的货物种类繁多，不可能也不必要逐一编制平衡表来测算货运量。实际计划工作中将货物分为大类，各种货物按大类分别编制平衡表。

③ 比重法。比重法是根据某类货物在货运量中所占比重及其变化趋势，估算计划期货运量的方法。它适用于估算运输量较小且变化不大，有关的经济情况和数据又难以查清的小宗货物的货运量。

货运量确定后，确定货物周转量指标的关键在于确定平均运程。

确定平均运程的方法：首先，按照合理运输的原则，根据资源分布状况和各地区、各部门、各企业的生产经营需要，正确划分物资的供应范围；其次，在此基础上，充分利用现有的运输线路和运输工具，选择合理的运输路径；最后，根据货物调运方案，确定各种货物的运输距离。

（2）选择运输路线

运输路线的选择可运用运筹学中的方法，如线性规划法、表上作业法、图上作业法等。

① 线性规划法。线性规划法是在运价已知、路程已知的条件下，对 m 个商品生产地和 n 个商品销售地的商品运输建立数学模型，利用单纯形法求解，以使满足条件的总运费最小。

② 表上作业法。表上作业法是已知各地单位运价和各产销地供应量，在表上标注出货物运出地、运入地、调运量及两地距离。再根据就近供应原则，在表上求解使总运费最低的调运方案。

③ 图上作业法。图上作业法是将配送业务量反映在交通图上，通过对交通图初始调运方案的调整，求出最优配送车辆运行调度方法。运用这种方法时，要求交通图上没有货物对流现象，以运行路线最短、运费最低或运程利用率最高为优化目标。

（3）选择运输方式

选择适宜的运输方式是进行运输规划的重要内容。一个现代化的物流运输体系是由铁路运输、公路运输、水路运输、航空运输及管道运输 5 种运输方式组成的。运输方式的选择就是按照成本、方式、距离的最佳组合，在能充分发挥各种运输方式作用的原则下，统筹兼顾，权衡利弊，对运输方式做出合理的选择。

（4）确定运输工具的需要量

运输路线及运输方式确定之后，就要确定物流运输对各种运输工具的需要量。

① 确定铁路运输车数的需要量。有以下两种方法：

a. 以铁路整车物流运量除以货车标准重求得。铁路整车运输的物流运量，可从前期实际资料中计算各类整车运量占铁路物流运量的百分比，再结合计划期的变动因素，确定计划期整车运输物流运量占铁路运输物流运量的百分比，然后根据已确定的计划期铁路运输物流运量，计算计划期铁路整车运输物流的运量。

b. 以历史同期的某类物流运输计划金额与铁路整车完成数据的比值，再依据计划期物流运输计划金额，来计算铁路整车车数的需要量。

② 确定汽车运输的需要量。凡确定由汽车运输的物流，则需要确定物流运输对于汽车的需要量。目前，物流运输系统大都自备车辆，故汽车运输计划主要由系统内制定、执行。物流运输对于汽车的需要量取决于需要由汽车运输的货物周转量和每辆汽车的年产量。

③ 确定船舶需要量。凡确定由水路运输工具运输的物流，需要确定计划期水路物流运输对船舶的需要量。船舶的需要量按吨位计算，物流运输对于水运工具的需要量，取决于需要水路运输的物流的货物周转量和每吨生产量。

（5）预测运输成本

运输成本是物流成本的主要组成部分，因此，控制运输成本越来越成为降低物流成本、获得更多利润的重要途径。

① 运输成本的构成。运输成本通常可根据成本的特性划分为变动成本、固定成本、联合成本和公共成本 4 个部分。

a. 变动成本。变动成本是指与每一次运输配送直接相关的费用，包括与承运人运输每一票货物有关的直接费用，如人力成本、燃料费用和维修保养费用等。

b. 固定成本。固定成本包括端点站、运输设施、运输工具、信息系统的设立和购置成本等。

c. 联合成本。联合成本是指决定提供某种特定的运输服务所发生的费用。例如，当承运人决定装载一卡车的货物从 A 地运往 B 地时，卡车从 B 地返回 A 地的费用是不可避免的，这部分费用就称为“联合成本”。联合成本对运输收费有很大的影响，因为承运人所要的运价中必须包括隐含的联合成本，运价的确定一般都会考虑托运人有无适当的回程货。

d. 公共成本。公共成本是指承运人代表所有的托运人或某个分市场的托运人支付的费用，包括诸如端点站或管理部门之类的费用。

② 影响运输成本的主要因素。运输量、运输距离、运输的速率是影响运输成本的主要因素。除了这些因素之外，运输成本还与运输工具的积载能力、搬运方式、物品易损性以及市场因素有密切关系。

a. 积载能力。积载能力是指产品的具体尺寸、密度及形状等导致的产品对运输工具的空间利用程度。某些物品由于尺寸、密度、形状等比较特殊，使运输工具不能很好地积载，浪费了工具的空间，从而增大了运输配送成本。

b. 搬运方式。物品在运输过程中通常要用刚性容器或承载工具进行成组，形成运输单元（集装单元），以提高搬运效率，同时也能保护商品，减少货损货差，降低运输成本。

c. 物品易损性。有些物品具有易损、易腐、易自燃、易爆炸等特性，容易造成损坏风险和导致索赔事故。运输这些商品除需要特殊的运输工具和运输方式外，承运人还必须通过货物保险来预防可能发生的索赔，从而增加了运输成本。

d. 市场因素。市场因素是指物流运输的起点与终点之间相向运输的货物量是否平衡，如果不平衡，必然会出现返空的现象，这就会造成运力的浪费。

③ 运输成本预测。成本预测是指在正式编制成本计划之前，根据预计计划期的各种变化情况，发动群众和各部门，收集资料进行分析研究，对成本降低幅度和成本目标进行预测。运输成本预测，就是要确定运输成本降低的目标，即成本降低率。

11.3 配送服务

从整个物流活动来看，配送几乎涵盖了所有的功能要素，是物流的一个缩影，在小范围内体现了物流的全部活动。

11.3.1 配送概述

1. 配送的概念及特点

(1) 配送的概念

配送是一种特殊的、综合的物流活动形式，是商流与物流的紧密结合，包含了商流活动和物流活动，也包含了物流中若干功能要素。顾名思义，配送是需要“配”和“送”两个环节有机结合才能完成的。“配”是在经济合理区域范围内，根据客户要求，对物品进行拣选、加工、包装、组配，而后按时送达指定地点是“送”的过程。

（2）配送的特点

① 配送是物流和商流有机结合的一种商业流通模式。

② 配送是现代物流的一个最重要的特征。

③ 配送是“配”与“送”的有机结合形式。

④ 配送是以现代送货形式实现资源最终配置的经济活动。

⑤ 配送是在一定区域范围内进行的经济合理的送货。

2. 配送的作用

① 配送优化和完善了运输系统。

② 配送是降低物流成本的有效途径。

③ 配送创造时间和空间价值，提高产品的附加值。

④ 配送能更好地满足用户需求。

⑤ 配送能够促进物流资源的合理配置。

11.3.2　配送的基本业务流程

配送活动一般主要由订单处理、配送加工、分拣及配货、配装、配送运输、送达服务、回程、信息处理、结算作业等几个基本功能要素组成。配送业务流程标准化即把工艺流程较为复杂、具有典型性的多品种、少批量、多批次、多用户的货物配送流程，确定为一般的、通用的、标准的配送业务流程（图 11-6）。

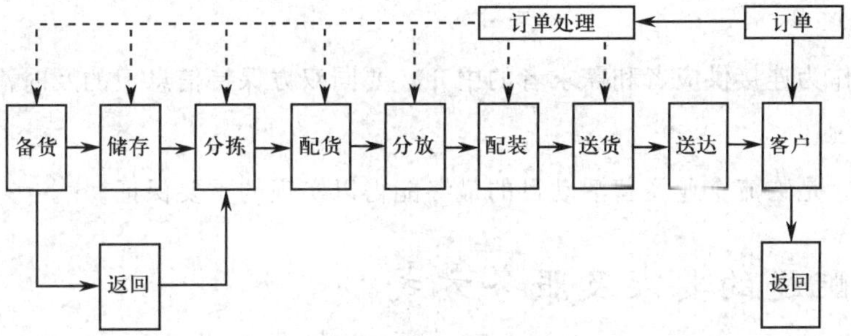

图 11-6　配送业务标准流程

1. 订单处理

订单处理是指从收到客户的订单起，到开始拣货之间的作业阶段。订单处理包括接受用户订货或配送要求，审查订货单证，核对库存情况，下达货物分拣、配租、输送指令，填制发货单证，登记账簿，回应或通知用户，办理结算，退货处理等一系列与订单密切相关的工作活动。

2. 配送加工

配送加工是根据客户的要求，对货物施加包装、分割、计量、分拣、刷标志、拴标签、组装等简单作业。配送加工通常可以大大提高客户的满意程度。配送加工不改变货物的基本形态和功能，只是完善货物的使用功能，方便客户使用，提高货物的附加价值。

3. 分拣及配货

分拣及配货是完善送货、支持送货的准备性工作，是不同配送企业在送货时进行竞争和提高自身经济效益的必然延伸。

4. 配装

在单个用户配送数量不能达到车辆的有效运载负荷时，就存在如何集中不同用户的配送货物进行搭配装载，以充分利用运能、运力的问题，这就需要配装。

5. 配送运输

配送运输属于运输中的末端运输、支线运输。如何组合成最佳路线，如何使配送和路线有效搭配等，是配送运输的特点，也是难度较大的工作。配送运输管理的重点是合理做好配送车辆的调度计划。

6. 送达服务

将配好的货运输到用户那里还不算配送工作的完结，真正的完结是客户签收了货物。因此，要圆满地实现运到货物的移交，并有效地、方便地处理相关手续完成结算，必须提高配送管理水平，严格执行订单有关要求。

7. 回程

在执行完配送的任务之后，车辆返回。在进行稳定的计划配送时，回程车可将包装物、废弃物、残次品运回集中处理，或将用户的产品运回配送中心，作为配送中心的配送货源，也可以在配送服务对象所在地设立返程货物联络点，顺路带回货物，提高车辆利用率。

8. 信息处理

配送中心作为连接供应者和需求者的中介，要同双方保持信息上的及时沟通。

9. 结算作业

结算作业，是物流企业经营活动目的最终能得以实现的重要保证。

11.3.3 配送的要求及服务方式

1. 配送的基本要求

作为配送物流员，应该明确配送应实现的目标，知道如何组织有效的配送服务，以便于更好地开展工作。配送的基本要求包括时效性、准确性、安全性和经济性。

2. 配送的服务方式

由于市场需求、产品特性和物流环境的不同，人们对配送服务的要求也不一样。本节介绍以下几种常见的配送服务方式。

（1）按配送时间及数量分类

① 定时配送：是指按照规定的时间间隔进行配送。

② 定量配送：是指按照规定的批量进行配送，但不严格确定时间，只是规定在一个指定的时间范围内配送。

③ 定时、定量配送：是按照规定准确的配送时间和固定的配送数量进行配送。这种方式在客户较为固定，又都有长期的稳定计划时采用有明显优势，综合了定时、定量两种方式的优点。这种方式虽较理想，但特殊性强，计划难度大，适合于生产和销售稳定、产品批量较大的生产企业和大型连锁商场的部分产品，但由于其"固定性"，往往难适应多变的市场环境，不是一种固定和普遍的配送方式。

④ 定时、定路线配送：是指在确定的运行路线上指定到达时间表，按运行时间表进行配送。客户可以在规定路线站及规定时间接货，可按照规定路线及时间表提出配送要求，进行合理选择。

⑤ 即时配送：是指不预先确定配送数量、配送时间及配送路线，完全按客户要求的时间、数量进行配送的方式。

（2）按配送商品的种类和数量分类

① 单（少）品种大批量配送：企业的货物需要量较大，单独一个品种或仅少数品种就可达到较大输送量，可实行整车运输。

② 多品种、少批量配送：按客户要求，将所需的各种商品（各种需要量不大）配备齐全，凑整装车后由配送据点送达客户。

③ 成套、配套配送：按企业生产需要，尤其是装配型企业生产需要，将生产所需的全部零部件配齐，按照生产节奏定时送达生产企业指定地点，生产企业随即可将此成套零部件送入生产线装备产品。

（3）按配送专业化程度分类

① 综合配送：这种配送的特点是配送的商品种类较多，且来源渠道不同，是在一个配送据点中组织不同专业领域的产品向客户配送，因此综合性强。

② 专业配送：按产品性质和状态划分专业领域的配送方式。

（4）按经营形式分类

① 销售配送：这种配送的主体大多是销售企业，配送的对象一般是不固定的，客户也不固定，配送的时间及数量往往取决于市场的占有情况。大部分商店配送就属于这一类。

② 供应配送：这是企业为了自己的供应需要而采取的配送方式，它往往是由企业及企业集团组建的配送据点集中组织大批量进货，再向本企业或企业集团内若干成员配送。商业经营中的连锁商店广泛采用这种方式。

③ 销售供应一体化配送：这种配送方式是销售企业对需求基本固定的客户进行销售的同时，还承担客户有计划的供应者的职能，起到既是销售者同时又是客户的供应代理人的双重作用。

④ 代存、代供配送：这种配送是客户把属于自己的货物委托配送企业代存、代供或代订，然后配送。

（5）共同配送

共同配送是为了提高物流效益，对许多客户一起配送，以追求配送的合理化。共同配送可分为以下几种形式。

① 系统优化型共同配送：这是指一个配送企业综合各客户的要求，在客户可以接受的前提下，对配送时间、数量、次数、线路等方面的安排做出全面规划，并科学、合理地加以实施，以便实现配送的优化。

② 车辆利用型共同配送：这是指由一辆配送车辆混载多位货主货物的配送，是一种较为简单易行的共同配送方式。

③ 接货场地共享型共同配送：在客户集中的地区，交通拥挤，各客户单独准备接货场地或货物处置场地有困难，由此而产生多个客户联合起来设立配送的接收点或处置点。

④ 物流场地和设施设备共同利用型共同配送：这是指在同一城市或同一地区中有数个不同的配送企业，各配送企业可以共同利用配送中心、配送机械装备或设施，对不同配送企业的客户共同实行配送。

本章小结

电商的快速发展离不开物流业的高速发展，物流管理环节中最为关键的运输和配送环节需要严格的控制与调配以达到物流的最终目的。本章主要介绍了物流的一系列概念，从容易混淆的物流的基本内容，细化到物流中的运输与配送服务，描述了配送的基本流程以及具体要求。

讨论题

1. “物流就是货运和仓储”，解释说明为什么这种观点是片面的。
2. 为什么物流战略对于企业来讲很重要？
3. 物流可以成为一个企业的核心能力吗？请举例说明。

习题

1. 物品从______向______的实体流动过程叫作物流。
2. 常见的运输方式：______、______、______、______、______。
3. 电子商务对物流有哪些影响？
4. 在配送系统中，线路划分需要考虑到哪几点原则？
5. 下列哪项不是物流配送中心的主要作用？

A. 储存功能　B. 分拣功能　C. 配送功能　D. 计划功能

6. 详细说明和解释按配送时间和数量划分的配送类型。
7. 某项物流服务费用的标准成本为：工时消耗 3 h，每小时变动服务费用分配率为 5 元。本月实际提供 500 次服务，实际使用工时 1 400 h，实际发生变动物流服务费用 7 700 元。试分析变动物流服务费用的耗费差异和效率差异。
8. 某物流中心 2017 年 7 月共发生经济业务如下：①7 月 5 日，为甲购物中心配送货物取得收入 40 万元；②7 月 15 日，为乙购物广场配送货物取得收入 20 万元；③7 月 23 日，为丙批发公司配送货物取得收入 40 万元。全月发生包装材料费 28 万元、电话及网络通信费 12 万元，设备折旧费 26 万元，其中运输车辆折旧 18 万元，搬运设备折旧 8 万元。发生各项工资、福利费 40 万元，其中驾驶人员工资及福利费 12 万元，搬运工人工资及福利费 10 万元，保管人员工资及福利费 4 万元，管理人员工资及福利费 14 万元。请按收入比例计算甲购物中心的物流包装成本、配送成本、保管成本、搬运成本、信息成本和物流管理及物流总成本。

9. 采用 3 种方案给出供应商路线的选择。

P1、P2 为制造商；C1、C2、C3 为零售商；W1、W2 为分销商。其他条件缺省，左边括号中的数字为产量，右边括号中的数字为需求。运费如下：P1W1＝0，P1W2＝5，P2W1＝4，P2W2＝2，W1C1＝3，W1C2＝4，W1C3＝5，W2C1＝2，W2C2＝1，W2C3＝2。

①逐级选择成本最低的供应商（自下而上的选择），前提条件是每层之间的信息不对称，仅知道离自己最近的供应商的信息；②针对每个目标市场，选择成本最低的路线（分销商为主导），前提条件是分销商 W 知道制造商 P 与零售商 C 的情况，C 不知道 P 的信息；③供应链总成本最低（目标函数、需求约束、供应约束、缺省条件），前提条件是供应链上的信息共享。

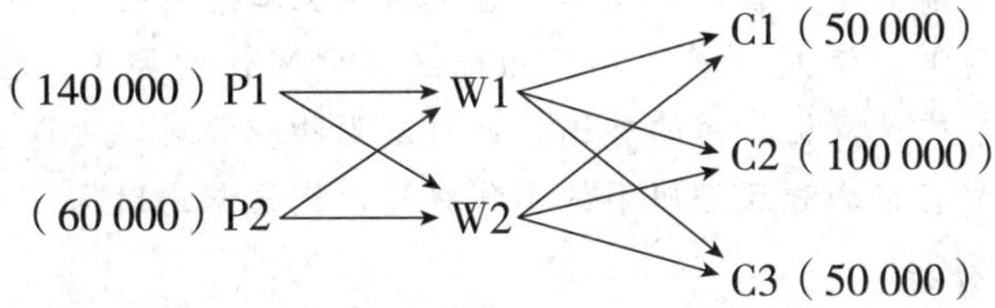

10. 采用 3 种方案求解供应商路线选择的最优结果。

R1、R2、R3、R4 为供应商；S1、S2、S3 为零售商；W 为最终顾客。其他条件缺省，左边括号中的数字为产量，右边括号中的数字为需求。运费如下：R1S1＝4，R1S2＝6，R2S1＝4，R2S2＝5，R2S3＝8，R3S2＝3，R3S3＝2，R4S2＝4，R4S3＝6，S1W＝5，S2W＝3，S3W＝2。

①逐级选择成本最低的供应商（自下而上的选择），前提条件是每层之间的信息不对称，仅知道离自己最近的供应商的信息；②针对每个目标市场，选择成本最低的路线（分销商为主导），前提条件是零售商 S 知道供应商 R 与顾客 W 的情况，W 不知道 R 的信息。③供应链总成本最低（目标函数、需求约束、供应约束、缺省条件），前提条件是供应链上的信息共享。

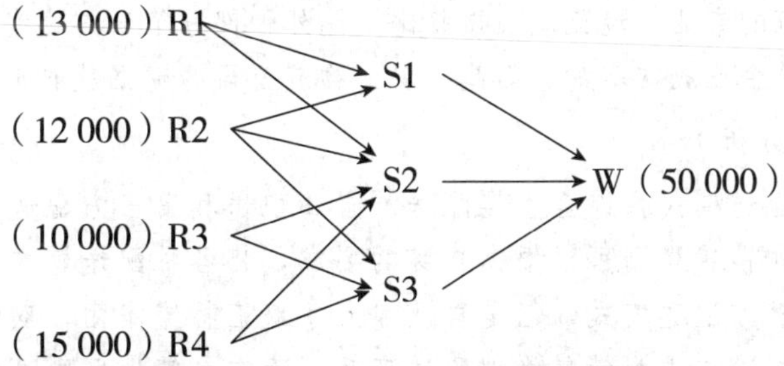

案例分析

案例一 河南双汇集团物流配送模式

河南双汇集团是中国知名的以肉类加工为主的大型食品集团，集团旗下包括肉类制品加工、双汇物流、化工产品包装、养殖业、药业和软件业等，总资产超过200亿元。在2010年中国企业500强排名中，双汇集团排在第160位，品牌价值为196亿元。在工业方面，双汇集团拥有自己的工业园区，在18个省份拥有独立加工基地，是目前中国最大的肉类产品加工基地。在商业方面，双汇集团旗下的双汇商业连锁有限公司以销售冷鲜肉和肉制品为主，截至2010年，在全国已经有超过400家连锁店。

1. 供应商直接配送模式分析

供应商直接配送模式适用于超市和服装商店等零售终端。各个零售店可以自由选择供应商，产品的配送是由供应商完成的。从供应链管理的角度来看，供应商直接配送模式减少了零售终端的配送环节，降低了零售商的成本，也使得供应商可以控制库存。最重要的是，这种方法可以缩短配送时间，满足一些生鲜产品配送速度较快的要求。在双汇集团配送模式中，供应商直接配送模式是双汇集团的首选。通过双汇物流公司，可以直接将产品配送到各大城市的生鲜超市、零售市场和双汇旗下的零售终端，缩短配送时间，节约成本。

2. 自营配送模式分析

自营配送模式指一些规模较大的连锁销售终端，根据各店面的销售情况、销售种类等多种因素，建立统一的配送中心。例如，建立总部管理配送中心，完成各个销售终端的配送业务。配送中心是销售企业的一个部门，二者有着共同的目标，建立自主配送中心可以强化物流服务的自主性，其服务质量也是最好的。此外，自营配送模式的成本较低，成本优势可以使大型企业拥有更多的资金用于自身其他项目的发展。双汇集团物流就是采用自营配送模式，创立了双汇物流公司。以往的配送模式主要为第三方配送，通过建立双汇物流公司，企业逐渐将直接配送和自营配送相结合，能更好地加快运营速度、节约运行成本。

3. 第三方配送模式分析

第三方配送模式指销售终端将配送业务委托给其他专门的物流企业。第三方配送模式不要求销售终端有较大的规模，物流企业自身专业性较强，具有优质的设备、人才和信息系统，其专业化程度是自建配送中心难以达到的。但是，第三方配送模式的灵活性较差，并且在一些较小的城市中，其第三方物流公司的水平参差不齐，尤其是冷链物流配送方面，技术水平和设备性能都无法和大中城市的专业物流配送公司相比。此外，部分第三方物流公司还存在着收费较高的问题，这导致配送企业成本增加。因此，双汇物流公司的建立就非常必要了。

4. 共同配送模式分析

顾名思义，共同配送模式指综合直接配送、自营配送和第三方配送中的一项或者几项的配送模式。生产企业和销售终端可以根据自身的要求，将各种配送模式灵活组合。例如，以往双汇集团只采用第三方配送模式，但是自从建立了双汇物流集团，双汇集团在省会城市通过双汇物流建立自营配送方式为销售终端配送产品，而在乡镇地区则可以采用第三方配送模式，以提高配送速度，降低配送成本。

【问题】

比较河南双汇集团不同物流配送模式的优缺点。

案例二　基于物联网的烟草专卖物流配送业务流程

我国烟草行业实行统一领导、垂直管理、专卖专营的管理体制。这种体制和经营模式在一定时期给烟草业带来了经济效益与社会效益的双丰收，使该行业成为国家和地方财政收入的支柱产业。但随着近年来物联网技术的发展和供应链管理思想的成熟，烟草行业管理模式存在的问题也日益暴露出来，严重制约其发展。烟草企业要想在越来越激烈的市场竞争中生存和发展，就必须借助互联网技术，对物流配送业务流程进行重组，彻底改变原有的组织机构和业务流程，才能使企业获得新的活力。基于物联网的烟草配送业务流程如下：

① 配送部门根据采供部提供的信息，通过系统平台及时将库存容量信息反馈营销管理部门，以便相互协调。

② 采供部根据配送部门反馈的库存信息及时安排采购，并填写调拨进度安排表传送给配送部门，配送部门调整库容，安排保管员做好入库的准备工作。

③ 采购商品抵达仓库，保管员检查各种单据，对卷烟进行扫码、验收、入库。填制验收单，和其他票据一并交采供部。采供部进行确认到货，然后登记到货台账，将合同等材料归档，发票交财务入账。当送货部未配送成功退货时，根据包装物上印制的条码信息、送货单据，确认商品无误后做退库处理，填制送货商品冲退入库单。

④ 保管员要对在库卷烟定期养护，填写养护记录。配送部门、营销部和财务部要定期对卷烟盘存，对盘盈盘亏及时做出处理，归档相关盘存资料。

⑤ 保管员定期向营销部传送库存报表，以便营销部制订营销计划。

⑥ 营销部完成客户资料建档和订单采集工作，及时将订单传送至配送部门。配送部门根据时间要求、客户地理分布、路况、车辆装载能力、订货周期等，确定执行配送的车辆、行走路线，安排配送人员。同时，如有补货订单信息、分库补货信息，也要及时对车辆、人员做出安排。

⑦ 仓储部根据订单信息从仓库提取卷烟到指定分拣场地并装入设备，同时还要准备好给用户的发票和销货清单。配货员根据订单分拣货物、打包、扫码，完成配货。配货完成后还要进行例行检查，防止配货错误。

⑧ 送货部发出车辆调度指令，驾驶员把车辆驶入指定地点。送货员领取货物、发票、销货清单和送货单，对单据、货物核对无误后装货。

⑨ 驾驶员和送货员按照配送指令送货。执行直接配送时，送货员送达后，引导客户核对、签收、结算货款，并记录下客户的其他需求和意见。如果是二级配送，配送车和接货车在约定的接货地点交接商品、票据，由中转车辆完成配送。

⑩ 配送完成后，送货员清理订单，把送货执行情况录入系统，填写工作记录，与财务部门核对货款，上缴货款。同时将未能执行的订单和商品退回仓储部保管员。

⑪ 配送部门汇总送货单，并把用户的反馈意见传送给订单部、采供部，便于改进工作。同时还要对仓储管理状况、分拣效率、送货成功率进行统计、分析，对员工进行考核。

【问题】

1. 试着画出基于物联网的烟草专卖物流配送业务流程。

2. 能与你知道的物流配送业务流程比较一下吗？

参考文献

[1] 唐纳德 J. 鲍尔索克斯，戴维 J. 克劳斯，M. 比克斯比·库珀，等．供应链物流管理．4 版．马士华，张慧玉，等译．北京：机械工业出版社，2014.

[2] 兰洪杰. 物流战略管理．北京：清华大学出版社，2006.

[3] 傅莉萍．运输管理．北京：清华大学出版社，2015.

[4] 侯云先，吕建军．物流与供应链管理．北京：机械工业出版社，2011.

[5] 喻小贤．物流运输与配送管理．北京：电子工业出版社，2005.

[6] 施振金．配送作业实务．北京：中央广播电视大学出版社，2011.

[7] 孙海龙．河南双汇集团物流配送策略研究．中国市场，2015（49）：89-90.

[8] 李爱军．基于物联网的烟草专卖物流配送业务流程重组及评价．赤峰学院学报（自然科学版），2016（01）：130-133.

第 12 章　产品和服务开发

引言

一个企业最核心的就是技术，技术进步是经济增长的重要影响因素。但是，如何制订企业的产品开发计划，在何时推出新产品，都需要一个详细周全的计划。本章主要讲述企业开发的流程以及改进方法，通过企业组织设计适时地推出新产品，以获得最大利益。

12.1　运营与供应链的设计视角

美国麦肯锡公司估计，如果一个新产品推迟面市时间 6 个月，此产品总市场利润将减少 30%，面市时间越晚，市场利润越会被其他替代产品所占有。因此，一个新产品不仅要有很高的技术含量，同时更重要的是能以最快速度推向市场。随着市场竞争越来越激烈，传统的开发方式已经不能适应新的形势要求，具体反映在产品和技术两个方面：从产品层面上说，主要反映在越来越多的产品种类、越来越高的产品性能和要求、越来越短的产品市场生命周期和越来越大的价格和成本压力；从技术层面上说，其主要特征是技术复杂性程度的不断提高，所需的技术开发资源的不断增长以及新技术的生命周期的不断缩短。推动这个趋势的基本因素是消费者越来越个性化的需求而导致的新技术的层出不穷。这既刺激了新的消费，同时也对技术研发提出了更高要求。面对挑战，众多跨国公司一方面通过平台共享和战略联盟等方法来分摊成本；另一方面都在积极地从研发效率的提高着手，努力将研发管理水平提高到一个新的高度。这就要求新产品开发必须摒弃旧有的一些传统模式和思维方法，运用全新的思维方式，结合时代特点，充分运用现代技术，将一切有利于新产品开发的手段融于新产品开发活动中。在现今时代，一个最有效和最有力的手段就是将供应商集成到新产品开发中，实现新产品开发与供应链管理相结合，形成一个新产品开发的世界范围的供应链平台。

12.1.1　运营与供应链视角设计产品和服务的核心

新产品开发供应链的核心是新产品开发管理。新产品开发管理的内容包括新产品的定位、设计、供应商的选择、新产品开发的过程管理，以及新产品开发的周期管理等。科学合理的新产品开发管理，是产品开发组能够有效地发挥其作用并对开发结果负责。新产品开发应该调动所用的资源和成员的积极性，提高新产品开发的效率，缩短开发周期。同时，产品开发组要进行细致的产品开发门径管理，合理使用资源。新产品开发项目应该统筹利用企业的内部和外部的资源，使企业有限的力量在新产品开发过程中发挥出最大的效用。但鉴于当下产品的复合性和复杂性，需要大量的知识储备和资金投入，一个企业已经很难单独完成该类新产品的开发。面对这种形势，基于供应链的新产品开发方式应运而生。

12.1.2 运营与供应链视角设计产品和服务的6个维度

运营与供应链管理的产品设计通常关注可重复性、可测试性、可维修性、产量、产品成本、设计方案与现有能力之间的匹配这6个维度。

1. 可重复性、可测试性和可维修性

在产品设计中，可重复性、可测试性和可维修性影响着最初的产品交付方面的运营能力和后期的服务支持方面的运营能力。

可重复性回答以下问题：我们是否有能力根据需求复制这一产品？这一问题需要通过鲁棒设计（robust design）来解决。产品开发与管理协会（Product Development Management Association，PDMA）将鲁棒设计描述为“对变动相对不敏感的产品设计方案（这些变动包括生产的变动及产品使用不当），该方案可提高产品达成预期使用功能的概率”。基于鲁棒设计的产品可以更好地满足容差要求（从经济角度考虑允许质量特性值的波动范围），降低运营与供应链部门持续提供优质产品的难度。

可测试性（testability），在原始定义中是指软件发现故障并隔离、定位其故障的能力特性，以及在一定的时间和成本前提下进行测试设计、测试执行的能力。在本章中，可测试性指的是在生产过程中，可以比较容易地对关键零部件及功能进行测试。假设你所在的公司生产价格高昂的电子设备，生产过程中包括一系列步骤，在每一步都会增加零部件、成本及产品的价值。如果其中一个价值6元的电路坏了，你自然希望在零部件组装之前或在最终产品完工之前能够找出这个问题。

可维修性（serviceability）与可测试性意义相似。在本章中，可维修性指的是可以比较容易地对零部件进行更换、维修及评估。如今许多汽车在更换火花塞之前需要将引擎从车架上拧松，并将引擎前倾——这对于修理工来说比较麻烦。但所有新车都有电脑诊断系统，能被修理工用来快速排除故障。

对于提供产品售后服务支持的企业来说，可维修性尤其重要。当产品容易维修时，成本可以得到有效地减少，此外维修时间也能缩短，最终使得生产率及客户端都得到最佳值。

2. 产量

当企业决定推出某一新产品或服务时，确保企业完成产量要求就成为运营与供应链管理者的职责。这意味着可能需要通过建立新的工厂、雇用更多的工人或者购买新的设备来扩大公司自身的运营规模，也可能需要与主要供应商共同规划。

产品或服务的预计产量水平同样会影响所需的设备种类、人力或设施。对于小批量定制的产品而言，高度自动化生产过程的成本过高且缺乏弹性；但对于大批量生产的产品来说，自动化生产过程却是非常有效的。不过，随着消费者个性化需求的发展，小批量生产会越来越重要，如何在自动化过程中实现低成本的小批量生产就成为未来竞争的关键。

3. 产品成本

计算机辅助制造国际组织（Computer-Aided Manufacturing International，CAMI）的一项研究表明：80%的产品成本在其设计阶段就已经确定。即在产品生命周期早期所做出的决策会限制企业在后期降低产品成本的潜力。考虑到运营与供应链中成本的重要性，在产品设计最终定案之前进行成本分析，对于运营与供应链管理者来说是十分必要的。

为了便于分析，我们可以认为产品和服务具有显性和隐性成本。显性成本包括特定产品或服务所需的材料、工时，甚至包括设备成本。这些成本通常是最容易理解和管理的（比如，我们能记录材料使用情况、机器运转时间以及产品和服务所消耗的直接劳动力数量）。

相对而言，隐性成本指公司损失使用自身资源（不包括现金）机会的成本，并不容易记录，却又具有主要影响。通常，隐性成本与设计所产生的管理费用及支持活动相关。产生隐性成本的原因很多，在此，我们只讨论 3 点：产品的零部件数量；设计变更；运输成本。

下面以自动洗衣机的零部件所引发的活动为例。企业必须为每一种零部件制定技术标准。制造商必须确认各零部件的供应商，进行采购并跟踪订单。此外，制造商必须监控工厂及服务支持中心的各零部件的库存水平。即使 5 年后，制造商已不再销售该型号的洗衣机，企业在接下来的几年内仍继续持有各种零部件库存。所有这些活动都反映了由产品零部件数量所产生的隐性成本。很显然，制造商应积极减少洗衣机的零部件数量，并尽可能采用通用零部件。

也有一些隐性成本与产品的设计变更有关。设计变更（engineering change）是指对技术部门推出的图纸或设计方案进行修改，以达到修正某零部件的目的。以自动洗衣机为例，假设在洗衣机上市几年后，制造商决定改进某零部件，这个变更需要通知供应商、制造工厂及服务支持中心，库存也要从原来的零部件换成新的零部件。然而，在接下来的几年内，生产商仍需跟踪这两种零部件的信息。很显然，出于财务方面的考虑，企业应在首次设计时设计好零部件。

通过设计，还可以使产品的运输成本实现最小化。产品形状不规则或易碎通常会增加产品的运输成本。相比之下，如果产品运输能够采用标准容器，就可以利用费率相对较低的运输方式，从而降低配送成本。

4. 设计方案与现有能力之间的匹配

最后，运营与供应链管理者还需要关注新产品或服务与现有能力之间是否匹配。如果制造商能够使用现有零部件和生产设备生产新产品，那么与需要使用新的零部件或设备的产品相比，该新产品相对更容易管理。同样，从运营管理角度分析，能够充分利用现有能力的服务设计具有更大的吸引力。一个非常典型的例子是联邦快递为客户提供在线追踪服务。事实上，这项服务完全建立在联邦快递内部已有追踪软件的能力基础上。

因此，企业在设计新产品或服务时，应该考虑产品和现有能力等因素。如果企业未考虑产品和现有能力问题，会导致什么样的后果呢？纳贝斯克公司在 1993 年遇到了这个问题，当时该公司正在推出好吃点心系列的魔鬼蛋糕。下面的“供应链链接”专栏给出了这个经典例子。我们从中可以了解到，企业在新产品设计过程中，如果对运营与供应链方面考虑不充分，可能会带来诸多问题。

供应链链接

纳贝斯克公司的蛋糕生产

纳贝斯克公司生产蛋糕和点心产品，和奥利奥、趣多多以及巴纳姆动物饼干一样，公司的产品成为美国的经典产品。关于纳贝斯克公司的一个经典案例是其引入好吃点心流水线的故事，这条流水线用于生产饼干和蛋糕。在20世纪90年代初，在引入脱脂巧克力果浆软糖口味的魔鬼蛋糕一年多之后，纳贝斯克公司仍然不能满足客户需要。结果导致谣言四起，有的说魔鬼蛋糕是定量配给各商店的，也有的说疯狂的顾客为了争抢“健康”零食而大打出手。魔鬼蛋糕的生产究竟有多难?

实际上，魔鬼蛋糕的生产确实非常麻烦。当时纳贝斯克的高级运营服务总监指出：“魔鬼蛋糕是我们的产品中最难生产的一种。”这是因为与其他一般甜点不同，生产这种蛋糕时，先要将蛋糕坯涂上一层果浆软糖，然后再淋上一层巧克力糖衣，这使得这种甜点很容易黏在传统的传送带上。解决这一问题的措施是采用“针车系统”(发明于20世纪20年代)，针车系统将蛋糕坯固定在有轨小车上的一根根垂直的小针上，链条拉动有轨小车前进，在此期间完成所有工序，包括：将蛋糕坯涂上果浆软糖、淋上巧克力糖衣，以及将蛋糕自然晾干，整个过程需要花4 h。由于这种甜点是脱脂的，因此纳贝斯克公司无法采用冷链方式来缩短干燥时间。相比之下，生产一块趣多多饼干只需要花费0.5 h。

除了生产过程十分漫长之外，纳贝斯克公司还存在生产能力不足的问题，曾经有一段时间，只有南达科他州的烘焙工厂配备了针车设备。由于初始能力短缺情况严重，魔鬼蛋糕最初投放市场时，仅在美国东北部有售。

现在，纳贝斯克公司早已提升了魔鬼蛋糕的生产能力，这么多年来，在与低卡路里甜点食品市场中不断出现的竞争对手的竞争中，纳贝斯克公司已确立了自己的市场地位。

12.1.3 与传统产品和服务开发模式的区别

运营与供应链视角的产品和服务开发设计与传统模式的区别如下：

首先，传统的管理模式下，新产品开发活动是在一个企业或是一个集团范围内进行，在一个统一的体制下运作，基本上都是由企业产品研发部门独自进行，制造商与供应商只是一种纯粹的买卖关系。供应商没有机会参与产品的研究与开发过程。制造商在进行产品的市场调研、产品的设想与概念形成、产品的功能与技术定位以及产品的元器件、零部件选择等工作时，都是根据本企业现有的产品情况和技术水平加以进行，没有将供应商的最新技术成果和思维理念集成到新产品中，不能有效利用供应商的产品、信息、技术、人力资源。供应商只是被动地接受来自制造商的信息。这种合作方式最理想的结果也就是供应商按期、按量、按质交货，不可能使供应商积极主动地关心制造商的产品开发。而供应链管理模式下的网络式新产品开发是使供应商、经销商以及用户全部参与到产品的研究开发工作中来，按照团队的工作方式展开全面合作。在这种环境下，合作企业成为整个产品开发中的一分子，其成败不仅影响制造商，而且影响供应商及经销商。因此，整个供应链上的企业都会关心产品的开发工作，使得整个链上的产品、信息技术、人力资源得到最佳结合和最好利用。

其次，从过去单纯的中心厂与其供应商之间的辐射状模型到供应链集成下的各厂商间的网状模型，我们可以很清楚地看出，辐射状的企业互动主要以大型企业为运作中心，一般来说，供应商除了与中心厂的互动外，和其他厂商的信息流通很少。而网状的企业互动，显然破除了单一厂商的障碍，中心厂的观念逐渐消失，互动的重心更倾向于上、中、下游的整合，并联结出更大的网络。企业的竞争对手或合作伙伴不再局限于区域内同一产业，而是来自全球大、小厂商，任何相同产业甚至不同产业的厂商都可能在很短时间内成为强劲的竞争对手或关系密切的合作伙伴。这样的网状关系不仅增进了每一个企业流动的机会，更提升了整个产业供应链的管理。

最后，传统开发模式和网络式开发模式创意的演化方式不同。在传统的新产品开发系统中，创新的演化是收敛式的。新产品创意透过企业内部一层层的筛选机制，淘汰不理想的创意，渐次缩小创意数目，以找到最佳的发展创意。而在网络式新产品开发系统中，创意的演化是发散式的，新产品的创意经过一层层的企业外互动，加上同业者竞争，以及追求产品的差异化，创意数越来越多。另外，在传统的研发体系中，创意活动主要在单一企业或集团内运作，且企业文化的单一性限制了思考模式的多样性的发展，加上寻求最佳方案的思维方式，要得到多元化创意效果比较困难。但在网络式新产品开发模式下，众多企业的参与开放了创意设计的思考空间，创意思考多元性，加上同业者的竞争和追求差异化，使得产品多样化有了相当好的保障。

12.2　开发流程与开发方法

在上节中，我们探讨了运营与供应链管理人员非常关注的产品设计的几个维度。除了这些维度之外，我们最终还需要从客户、营销、技术以及财务等角度进行考虑。企业在进行产品和服务设计时，如何综合考虑这些视角？在产品和服务开发中，如何从概念阶段发展到新产品和服务的实际市场投放？

产品开发与管理协会（PDMA）2003 年开展的一项调查表明：实施产品和服务开发流程的公司在增多，在 201 个样本里有 80％的公司实施一套完整且有效的开发流程。

事实上，Robert G. Cooper 的研究表明，国际上各行业的领先企业，如化工行业的杜邦、拜耳，高科技行业的 IBM、微软、霍尼韦尔、艾默生电气，日用消费品行业的宝洁公司等，都有各自特色的新产品开发流程。近年来，国内越来越多企业，如华为、小米、方太等，开始推行开发流程模型，取得成功的案例不在少数。开发流程模型越来越被许多公司重视。下文中，我们通过介绍产品开发流程的模型，并讨论不同部门和供应链合作企业所起的组织作用，旨在找到一套行之有效的产品和服务管理方法，以提高产品质量，满足市场需求，提高企业的市场竞争力。

12.2.1　开发流程模型

我们都体验过一些在竞争中出类拔萃的产品或服务。例如，某种比以前的产品更方便使用或动力更强的手工工具、某条提供舒适座椅的航线，或允许客户 24 h 随时查询和发起交易的在线金融服务。

好的设计绝非偶然，它需要来自企业内部和外部许多人的协作。表 12-1 给出了产品与服务开发流程的概况。该表将开发流程划分为 5 个阶段，并分别阐述了运营与供应链、技术和营销职能部门在开发流程中所起的作用。

表 12-1 产品与服务的开发阶段

职能部门	概念开发	规划	设计和开发	商业准备	投放市场
技术	开发新技术，提出产品概念	确定产品或服务的基本功能特征；确定相关技术	制定详细的产品技术规格；生产并测试产品样品	解决剩余的技术问题	评估产品或服务的开发经验
营销	提供基于市场的信息要求；提出并调查产品或服务概念	定义目标客户的需求；评估销售额和利润；让客户参与开发过程	进行客户测试；评估产品样品；制订营销推广计划	培训销售人员；准备销售流程；选择分销渠道	满足供应链下游的订单需求；销售和促销
运营与供应链	分析供应商以挖掘有前景的技术/能力	估计初始成本；确认关键的供应链合作企业	制定详细的运营与供应链流程图；测试新流程	采用新运营系统进行试生产；培训人员；核查供应链流程是否按预期运作	提升产量；达成质量、成本和其他绩效目标

在概念开发阶段（concept development phase），企业确定新的（或者修订的）产品或服务概念。如表 12-1 所示，这些概念可以来自各种渠道，而不仅仅来自客户。比如，技术部门提出一种可以降低产品重量和成本的材料，而在此之前，营销部门和客户可能对该材料一点都不了解。在概念开发阶段，运营与供应链部门同样起到重要作用：采购人员可以通过潜在的供应商，了解它们是否能拥有转化为新产品或服务的具有发展前景的技术或者能力。

当产品概念被认可时，就进入规划阶段（planning phase），企业开始对产品或服务进行可行性分析。在这一阶段，客户会被邀请对产品概念进行评估。技术部门开始确定产品或服务的基本功能特征，以及产品生产所需的工艺技术。营销部门开始估计销售量和预期利润率。运营与供应链部门的人员开始寻找关键的供应链合作商。许多产品概念在第一阶段看起来很好，但往往在规划阶段无法通过。因为产品的成本可能过高，无法为企业带来足够的收入，或者企业可能无法生产出满足市场需要的产量。

当产品概念方案能够解决所有问题，概念方案就进入设计和开发阶段（design and development phase），企业开始对开发工作进行大力投入。在此阶段，企业生产并评估产品或服务的雏形。产品雏形可以是泡沫塑料仿制品，也可以是拥有完整功能的产品。服务雏形则可以是书面的描述，也可以是客户参与的现场试验。与此同时，为了确保产品和服务的稳定供应，运营与物流部门需着手制定包括实物、信息和资金流的具体流程图。在这一阶段，运营部门甚至需要制定关键流程步骤的质量标准。当产品和相关流程的最终设计方案通过企业的审批后，设计和开发阶段的工作就基本完成了。

商业准备阶段（commercial preparation phase）的活动主要与新产品或服务导入有关。在这一阶段，企业开始对支持新产品或服务所需的运营与供应链资源进行大量投资。这会包括生产过程所需的新工厂、仓库、人员乃至信息系统。显然，如果新产品或服务能够利用现有的运营与供应链系统，那么这一阶段的工作相对会顺利很多。反之，如果需要新的供应链合作企业或全新技术，那么商业准备工作的难度和成本将会大大增加。

最后一个阶段是投放市场阶段（launch phase）。对于实物产品来说，这通常意味着利用产品满足供应链中的需求。对于服务而言，比如手机服务，这意味着在目标市场中能够广泛地提供该服务。无论是何种情况，运营与供应链管理者都必须严密监控绩效结果，以确保实现质量、成本和交付等目标，必要时应采取改正措施。

12.2.2 开发流程优化

一个公司推出产品和服务的目标，就是及时高效地推出适应市场需求的新产品。因此，在开发流程的各个阶段，应该做到不断完善，才能达到最优结果。但是产品与服务开发的最终成功，不是每一个阶段的简单相加，而是需要不同部门在每一个阶段相互合作。因此，要成立跨部门的小组，共同分析问题的根源，寻找优化的方案，并研究分析优化的效果。其基本方法是：

成立产品和服务开发流程优化的项目小组，由利益相关方参与组建，邀请第三方专业人士提供建议，并争取公司管理决策层的支持，使方案能够有效执行。

梳理现有流程的问题，逐项提出优化方案，并提出对应的具体保障措施。从新产品开发的总体目标出发，平衡各阶段的优先事项。

对确定的优化方案进行分析评估，应用量化的指标评判优化的效果，提升新产品开发的水平，并不断改进产品开发流程。

概念开发阶段，产品和服务开发成功的关键取决于卓越的品质。成功的产品和服务必定是那些能给客户带来独特感知和价值的产品和服务。为了能不断适应快速变化的消费需求，获得独特的、创新的概念和构思，公司需要扩大内部和外部的思想来源。产品构思不仅仅来自市场部门和研发部门，公司需要集思广益，提高其他部门的参与度，调动员工的积极性；同时需要经常咨询外部专家，跟踪行业动态，倾听供应商和终端客户的声音，广泛收集各种意见和建议。

规划阶段的重点是对关键技术难点的评估。技术团队需要配备专业的技术成员：具有产品和服务开发的丰富经验，熟悉与产品概念类似的产品技术特点，对技术发展具有前瞻性，并能基本预测进入设计和开发阶段后，项目的关键技术难点在什么地方。同时，为了降低风险，仅仅拥有专业过硬的研发团队是不够的，需要引入外部专家。项目的规划需要更多的人员参加，而不是仅仅局限在几位评估小组成员身上。

设计和开发阶段初期，人员安排、任务分配等需要与所有设计工程师一起讨论确定。由项目经理与研发经理组成的初期小组做出预计后，再召集全体设计测试人员共同讨论整体方案、设计要点及人员时间需求等，最后得出更加科学合理的项目计划。产品和服务的总体方案确定后，按照模块分成不同的设计小组，制定详细的产品技术规格，生产、测试、评估产品样品非常关键。

商业准备阶段，需要企业对支持产品和服务所需要的运营与供应链资源进行投资。顺利地投放市场是新产品成功的核心，而这需要坚实的市场计划。公司需要进行市场调查，了解客户与购买者的行为与变化，以之为基础进行销售流程设计。

投放市场阶段，最关键的不仅是要考虑产品自身的成本和利润，更要针对市场的变化，如竞争品状态、客户变化等来调整定价和促销策略。要注重对产品质量的把关，进行质量管理，才能达成质量、成本和绩效目标。

12.2.3 串联开发与并行设计

在串联开发流程（sequential development process）中，只有在产品或者服务概念解决了特定阶段的具体问题之后，才能进入下一个开发阶段。概念开发阶段的成本相对较低，因此，在这一阶段通常会考虑许多概念方案。而在商业准备和投放市场阶段，由于需要大量的财力和物力投入，能够获得通过的方案屈指可数。哈佛大学商学院的斯蒂芬·韦瑞特（Steven Wheelright）和吉姆·克拉克（Kim Clark）把这个过程描述为“开发漏斗”。

并行设计是串联开发的一个替代方式。并行设计（concurrent engineering ）允许不同开发阶段的活动同时进行，以此来缩短总开发时间。例如，技术部门可以在产品的基本特征定案（规划阶段）之前，生产并测试产品雏形（设计和开发阶段）。串联开发在前后阶段之间有着清晰的交接过程，相比之下，并行设计则要求在产品开发不同阶段的参与者保持沟通。图 12-1 给出了并行设计的思想。

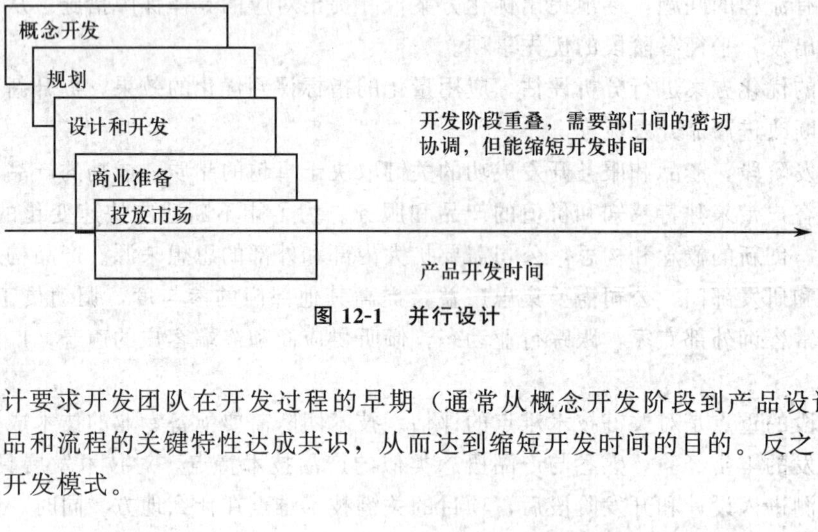

图 12-1 并行设计

并行设计要求开发团队在开发过程的早期（通常从概念开发阶段到产品设计和开发阶段）就对产品和流程的关键特性达成共识，从而达到缩短开发时间的目的。反之，企业则需要采用串联开发模式。

12.2.4 开发方法

1. 质量功能展开

质量功能展开（quality function development，QFD）是六西格玛必须应用的重要方法之一，是把客户对产品的需求进行多层次的演绎分析，转化为产品的设计要求、零部件特性、工艺要求、生产要求的质量工程工具，旨在时刻确保产品设计满足客户的需求和价值。其核心是倾听和理解客户的需求，一旦了解到客户的需求，这些需求必须转化为产品或服务有关的技术指标。QFD 采用的工具是质量屋（house of quality），质量屋将客户的需求信息用特定的矩阵形式表示出来（图 12-2）。通过建立质量屋矩阵对需求和产品关系进行界定，跨职能的团队能够构建出符合用户需求特征的产品和流程，进而利用客户反馈信息来进行工程设计、营销和运作的决策。

2. 质量屋构建步骤

第一，分析调查客户需求；

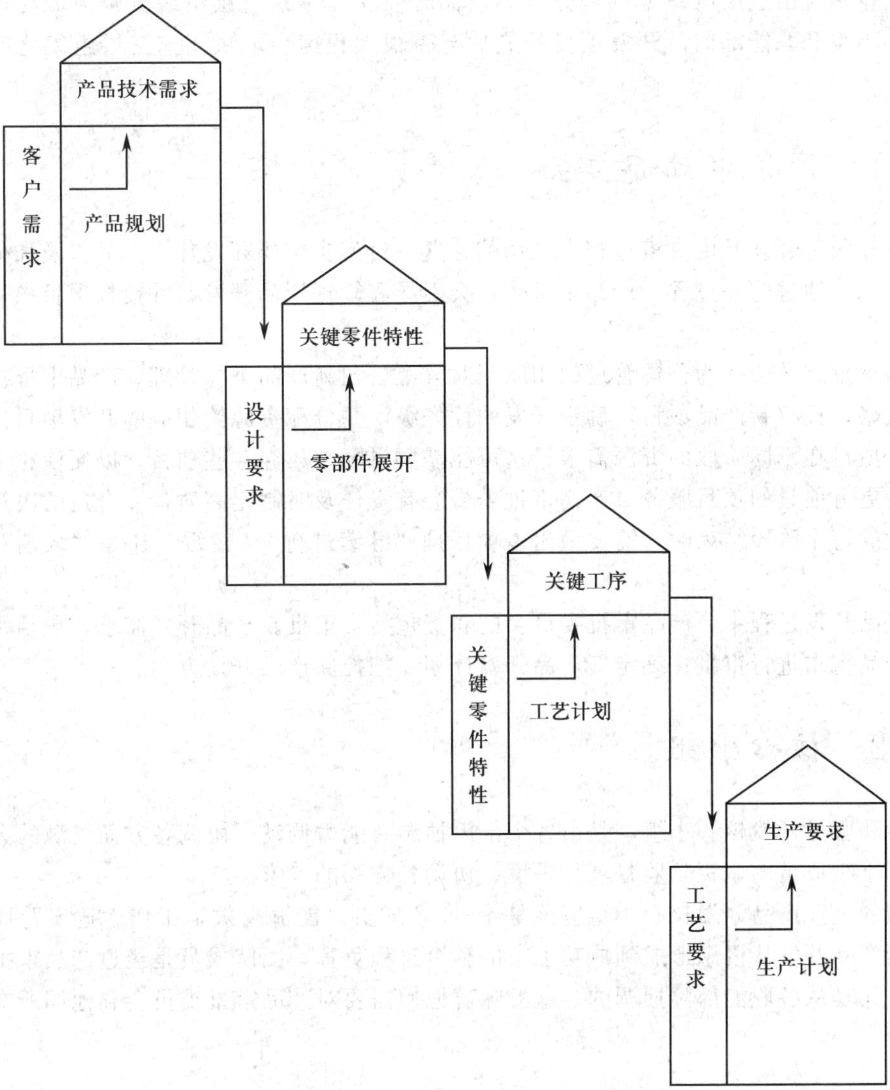

图 12-2　质量屋分解基本过程

第二，列出满足客户需求的技术特征；

第三，将需求和技术特征联系起来，搭建客户属性和技术特征关系矩阵；

第四，将本产品与竞争对手进行比较，预测市场份额；

第五，评判竞争产品的技术；

第六，确定需要的技术特征，在流程中进行输入。

12.3　产品和服务开发中的组织职能

几乎所有产品和服务开发都是跨部门之间的工作，这些工作在企业中需要一个合适的组织来执行。为了有效地执行新产品开发活动，实现企业预定的新产品开发目标，最佳实践表明，在企业中应由三层组织来共同完成新产品开发工作，这三层组织分别为产品审批委员会、核心小组和职能部门。开发项目的成功与否很大程度上取决于这三层组织之间的协调程度。

12.3.1 产品审批委员会

产品和服务开发是由决策过程来推动的，这一过程决定要开发什么产品以及如何分配产品开发资源。通过这一过程，产品审批委员会引导和管理产品开发，并授权项目核心小组开发新产品。

产品审批委员会作为公司管理的团队，对整个公司新产品进行管理。产品审批委员会实施产品战略，授权新产品项目，确定开发的优先级，并分配资源给相应的开发项目。它必须平衡多个项目在不同阶段的资源需求，这可能需要果断地放弃某些项目，以便使相应的资源更好地为更有前景的项目服务。产品审批委员会有责任及时制定高质量、合适的决策，在新产品开发的每个阶段结束时，需要做出本项目是“继续进行”“暂缓”还是“取消”的关键决策。

新产品开发过程中，产品审批委员会的职责包括：审批新产品开发需求，包括每个月针对各种产品需求进行审批；确定新产品开发计划；把控新产品开发方向。

12.3.2 核心小组

产品和服务开发核心小组，是由各个部门抽调有能力调动、协调各方面资源的人员组成的小组，小组成员的职责是监督项目进度、协调各方面的专家。

典型的企业产品开发核心小组应该是 4～6 个成员，能够高效地工作。这支跨职能的团队将对新产品开发从概念形成到成功上市的整个过程负责。团队成员是经过产品审批委员会认可的，又是从各职能部门抽调的，这意味着他们需要对产品审批委员会和他们所在的职能部门负责。

12.3.3 职能部门

成功的产品和服务开发要求职能部门和核心小组成员密切合作，当产品和服务开发核心小组成员知道某个项目的日常工作时，职能部门能提供开发的其他职能以支持所有的项目。职能部门在产品和服务开发过程中的主要职责是保证每个职能能够卓越地执行。一个具备稳定的产品成功率的企业，在产品和服务开发管理过程中，一定是多个部门通力合作、高效沟通，使企业所有的资源和能力都朝着一个方向而去。下面我们讨论不同部门在开发过程中的作用。

1. 技术部门

技术部门负责提供解决企业产品和服务的许多技术层面问题所需的专业知识。其中一些问题集中在产品和服务的实际设计上；其他一些问题集中在运营与供应链层面。例如，工业工程师需要制定手机外壳或信号发射塔所需制造设备的规格要求。包装工程师的任务是确定运输容器，实现运输成本和运输安全目标之间的平衡。

2. 营销部门

在大多数公司里，营销部门的首要职责是了解市场信息，并将获得的信息应用于产品开发流程。谁购买我们公司的产品或服务？他们会愿意支付多少钱？谁是我们公司的竞争对手？与本公司产品或服务相比，他们的产品或服务如何？某种特定产品或服务的市场有多大？营销专业人员采用各种研究方法来回答以上问题，包括调查法、小组讨论以及详细的市场研究。如果没有营销部门的参与，许多公司可能很难了解客户真正需要什么。

在开发流程的开始，营销部门的作用不仅仅是提供信息，还包括选择分销渠道、培训销售人员、制定销售和促销策略等。

3. 会计部门

在很多公司，会计的作用类似于“记分员”。会计师不仅为政府和外部的投资者准备财务报告，而且负责为公司决策提供成本和绩效等相关信息。新产品或服务的成本是多少？需要多少人工工时或者机器工时？回答这类问题，需要公司的会计人员提供有效的信息。

4. 财务部门

在产品和服务开发中，财务部门的作用是双重性的。首先，财务部门会建立一套标准以评估开发项目的财务影响。对于某一产品或服务，公司多久能收回投资？预期回报率是多少？项目的风险有多大？一旦公司决定继续进行某一产品或服务的开发，财务部门则要负责准确计算公司需要投入多少资金。

5. 设计部门

设计师可以有不同的教育背景——工程、设计或商科等。在开发过程中，除了产品设计，设计师需要创造企业的形象（如商标、宣传册等）、环境（办公室大楼、内部环境以及展厅），甚至服务体验。同时，设计师也需要考虑日程计划和约束条件。

6. 采购部门

采购部门值得我们特别关注，这是因为在开发过程中，采购起着重要的作用。作为与供应商联系的主要部门，采购部门需在开发初期寻找最优供应商，并与供应商签订合约，其作用不可替代。许多企业的采购部门拥有合格供应商数据库。为特定商品或零部件预先确定供应商的过程称为预选供货来源（presourcing）。

采购部门的另一个作用是充当提供材料供应市场专业知识的顾问。采购人员可以推荐替代产品来代替高成本产品或易变产品，或者用标准零部件来代替费用高昂的定制零部件。此外，采购部门还要监控、追踪并预测关键材料的价格与长期供应趋势，或跟踪可能会影响采购决策的技术创新。

7. 供应商

供应商可以带来全新的视角，从而帮助企业发现可能会错失的产品与改进机会。与供应商协作，企业还可以将部分开发工作分给供应商承担，从而节省时间，降低财务风险。与供应商协作开展开发项目，并不仅仅是与他们共享信息。在新产品开发的初期，重要供应商就应该参与进来，甚至可以以开发团队成员的身份参与项目。这样做可以带来很多好处：企业可以获取供应商对开发流程的建议，将提出的生产要求与供应商现有的能力进行比较，供应商也可以尽早开展生产筹备工作。

供应商的参与程度可以不同。参与程度最低的情况是，供应商根据设计图，按规格进行生产。我们将中等程度的参与度称为"灰箱设计"（gray box design），在这种情况下，供应商与客户共同设计产品。供应商参与程度最高的情况是"黑箱设计"（black box design），在这种情况下，供应商根据基本要求，按技术规格进行自主设计。当供应商是企业认可的"专家"时，"黑箱设计"是最好的一种模式。

8. 谁来领导

为了确保产品开发流程获得成功，必须有人或团队全权负责开发项目。开发项目的性质和行业背景很大程度上决定了由谁来承担这个责任。在高科技企业内，通常由科学家或者工程师来领导开发项目。他们的科学知识和技术专长对于开发能够量产的安全有效的产品尤为关键。相比之下，在玩具制造厂，技术问题通常没有消费者和市场那么引人关注：明年什么玩具会流行？能卖出多少？因此，在这种情况下，营销部门更可能对开发项目承担主要管理责任。

12.4 产品和服务设计的改进方法

对开发项目进行协调，同时确保所有的绩效维度都得到充分考虑，并不是一件简单的事情。因此，企业需要制定一些有用的方法来帮助实现这些目标。本节将介绍其中一些常用的方法。

12.4.1 DMADV

用于改进现有业务流程的方法有面向六西格玛的设计和 DMAIC（定义—测量—分析—改进—控制）方法。面向六西格玛的设计（design for six sigma，DFSS）是一种信息驱动的六西格玛系统方法，通常应用于产品的早期开发过程。DFSS 通过强调缩短设计、研发周期和降低新产品开发成本，实现高效能的产品开发过程，能准确地反映客户的要求。DMADV（定义—测量—分析—设计—验证）方法是 DFSS 的主要方法之一，用来解决目前没有流程或者流程能力严重不足而新建流程的问题。这一方法概述了创建全新的业务流程或产品所需的步骤。与 DMAIC 方法相同，DMADV 方法也十分重视数据分析，需要依赖由黑带、绿带和黑带大师组成的团队来执行流程。

DMADV 的 5 个步骤是：

1. 定义（D，define）

定义指的是确定顾客需求产品或服务的关键质量特性（critical to quality，CTQ）与关键过程特性（critical to process，CTP）。它们是六西格玛设计过程的输入。

该步骤定义项目目标和客户交付要求。由于是开发新流程或新产品，六西格玛团队必须对项目进行恰当的界定，以确保开发工作及时、有效地开展。例如，我们要提供何种产品或服务？提供给谁？我们如何知道何时才能成功完成开发项目？

2. 测量（M，measure）

测量是将 CTQ 变换成 DFSS 性能指标的量化过程。

该步骤测量并确定客户要求和规格参数，要求开发团队清楚地了解目标客户对于质量、交付、成本和其余方面的要求。在这一步，通常会从市场研究技术和质量功能等方面开展（下文会简单介绍）。

3. 分析（A，analysis）

分析是指分析测量阶段获取的数据信息，以便实施概念设计、顾客需求分析、失效分析与设计优化。

该步骤分析产品或流程方案以满足客户要求。在这一步，六西格玛团队需对各种可行方案进行评估，比较各方案在满足客户需求方面的能力。

4. 设计（D，design）

设计指的是为了满足顾客的需求与期望进行新产品总体与零部件的详细设计。

该步骤设计产品或流程，是整个流程的难点。

5. 验证（V，verify）

验证指的是对新产品与服务的设计开发结果进行检查与验证的过程，包括对新产品与服务设计开发结果是否满足顾客需求与期望进行测试、审查与确认。

该步骤检验新产品或流程。最后，团队必须检验结果。例如，产品或流程的绩效是否达到预期？是否满足目标客户的要求？

12.4.2　质量功能展开

当今市场竞争日益激烈，顾客对服务的期待也越来越高，需求越来越复杂。如何使服务产品与市场相匹配以更好地满足顾客的需求，成为服务企业获得竞争优势必须要解决的关键问题。但是目前服务企业在进行服务设计时还未能科学规范地将顾客需求有效地融入服务产品中去，具有很大的随意性与偶发性。这使得在后期的服务设计以及服务传递阶段经常出现大更改与错误，从而使得服务质量不能得到保证，企业往往陷入巨大投入和有限收益的尴尬境地。因而，在设计新产品或服务时，如何将客户需求这种模糊概念转变为明确的技术或运营要求，是企业面对的重要挑战之一。质量功能展开（QFD）是规范这一过程的一种工具。20 世纪 70 年代初，质量功能展开在日本被提出，在 20 世纪 80 年代末得到普遍推广，至今仍有许多公司在使用。

QFD 是一种系统的产品设计方法和质量保证方法，它能够有效获取顾客需求，从产品设计阶段开始就进行质量管理。图 12-3 给出了某手机产品简化版的 QFD 矩阵的例子。因为形状与房屋相似，我们有时也将这个矩阵称为“质量屋”。矩阵的左侧列出了客户的基本要求以及这些基本要求对于目标客户的相对重要性（1～10 分）。这些要求主要表述的是产品的表现而非具体特性。产品的具体特性列在矩阵顶端，矩阵的主体部分表示的是各项产品特性是否满足客户要求。你会发现，这其中存在一些潜在矛盾。例如，成品电子元件能够保证低价，但是与客户提出的独特功能的要求相违背。因此，我们需要做出权衡。最终，矩阵的“屋顶”会体现产品特性之间的协同效应。显然，成品电子元件与定制电子元件是相冲突的。此外，模型塑料壳与厚壳这两个产品特性是比较容易结合的。

通过图 12-3 中的矩阵，企业将客户要求转移到产品的基本特性上，但流程并非到此就结束了，最终目标是要明确满足客户需求的具体制造和服务流程及步骤。因此，企业需要开发一系列 QFD 矩阵来建立以下逻辑联系。

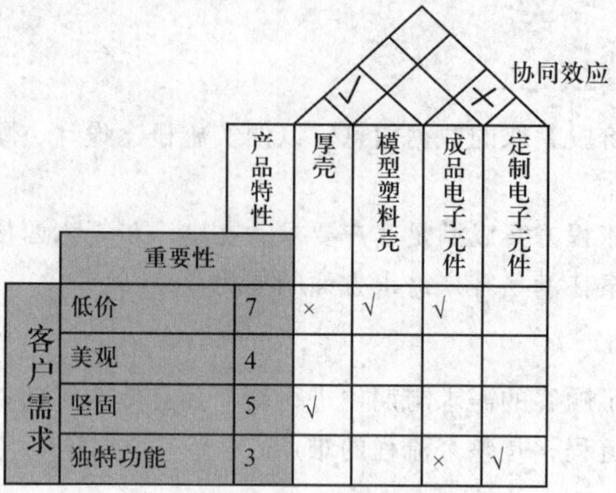

图 12-3　某手机的 QFD 矩阵

第一个矩阵：客户需求→产品特性；

第二个矩阵：产品特性→产品规格；

第三个矩阵：产品规格→工艺特性；

第四个矩阵：工艺特性→工艺要求。

图 12-4 展示了这个过程。

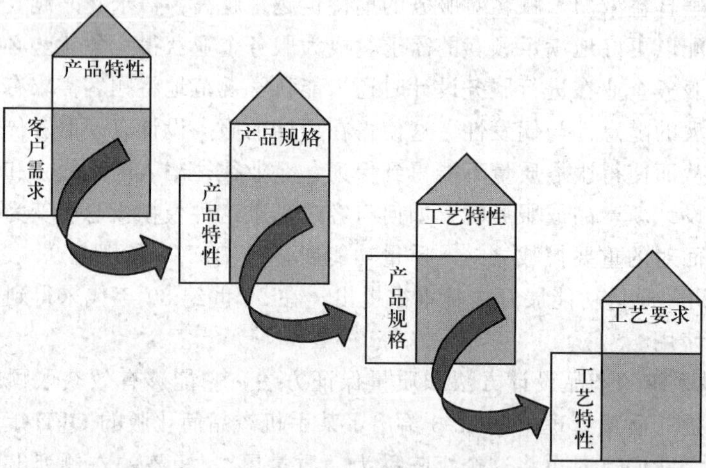

图 12-4　利用 QFD 矩阵将客户需求转变为工艺要求

根据图 12-4，我们认为“坚固”是一个重要的客户需求，厚壳则是支持这种需求的一个产品特性。为了将这一需求转化为产品规格，我们需要将“厚壳”转变为更具体的信息，诸如所用材料和实际厚度值。接着，我们需要描述满足这些产品规格所需的工艺特性，这会涉及容差范围和可接受的工艺变动程度等信息。最终，我们需要确定支持工艺特性的特定制造资源（如“计算机控制的注模设备”）。

12.4.3 计算机辅助设计与计算机辅助设计/计算机辅助制造

信息系统的进步同样改变了开发流程。尤其是计算机辅助设计（computer-aided design，CAD）系统，能够使工程师在虚拟世界里进行开发、修改、共享甚至测试设计方案。借助这些功能，CAD 系统能够消除纸质绘图和实物雏形所需的时间与成本。

计算机辅助设计/计算机辅助制造（computer-aided design/manufacturing，CAD/CAM）系统则又前进了一步。在这类系统中，基于 CAD 的设计可以转化成机器指令，这些指令会自动输入计算机控制的制造设备。这类系统可以实现快速成型，从而降低成本和缩短时间。

12.4.4 “面向……的设计”方法

产品和服务必须符合客户需求，这是开发项目的最低要求。除了这一要求之外，企业还希望产品和服务容易生产、维护、几乎没有缺陷（降低成本并提高客户满意度），并且对环境无害。这些要求促使“面向……的设计”方法的产生。其中，4 种关键方法分别是面向制造的设计、面向维护的设计、面向六西格玛的设计和面向环境的设计。

面向制造的设计（design for manufacturability，DFM）是在设计和开发过程中系统考虑制造问题，使产品零部件的制造和最终的组装得到简化。总之，DFM 的目标是设计出能够保持稳定的高产量、低成本的产品，并尽可能利用现有流程。

企业实现 DFM 目标的两种方法是零部件标准化和模块结构。零部件标准化（parts standardization）指的是有计划地消除相似零部件间表面上的、偶然的和刻意的区别，减少零部件数量和供应商数量。通过零部件标准化将同种零部件用于不同产品，企业能够节省新产品开发的时间与成本，从而可以降低最终产品的成本。零部件标准化对保证产品标准的贯彻执行、节约物资消耗和节省资金、保证产品质量、保障企业生产的正常执行都有直接的作用。

模块结构是企业实现 DFM 目标的另一种方法。模块结构（modular architecture）是一种产品结构，其每一种功能要素都有对应的实物模块，不同的模块执行不同的功能，模块之间的交叉重叠现象很少，定义都十分明确。以 IBM 兼容机为例，假设某电脑零售商销售采用下列模块组装的电脑：①4 种不同的主机；②2 种不同的显卡；③5 种不同的显示器；④3 种不同的打印机。电脑的可视功能由显卡与显示器实现，打印功能由打印机实现，其余功能则包含在主机内。显示器、打印机等硬件都有标准的接口接入主机，电脑零售商可以简单地替换模块，得到的配置却可截然不同，因此，电脑成为一种“模块化”产品。实际上，根据以上 14 个模块，理论上能够得到 $4\times2\times5\times3=120$（种）不同的配置。

与 DFM 不同，面向维护的设计（design for maintainability，DFMt）在设计和开发过程中，考虑产品整个生命周期的可维护性问题。DFMt 关注的重点在于当产品交付给客户之后，是否容易对其进行维修。DFMt 可以直接提高企业产品或服务的可维修性。

顾名思义，面向六西格玛的设计（DFSS）旨在确保企业提供满足六西格玛质量等级的产品或服务，一般而言，每百万件产品中缺陷产品不超过 3.4 件。我们常常同时提到 DFSS

和 DMADV，DMADV 是实现 DFSS 目标的基本流程。

最后，面向环境的设计（design for the environment，DFE）解决在设计和开发过程中，产品生命周期中的环境、安全与健康问题。对于企业而言，为了应对市场压力和监管要求，DFE 变得越来越重要。苹果公司的例子可以更好地说明企业如何实施 DFE：2007 年至 2011 年，苹果公司将 iphone 手机的包装减少了 42%；尽管 21.5 in 的新 iMac 要比原来 15 in 的老产品大得多，但其生产所用的材料却减少了 50%；制造苹果显示器采用的是无汞 LED 和无砷玻璃。

12.4.5 目标成本法与价值分析

成本在产品与服务设计中是一个十分重要的因素，企业针对这一因素提出了一些具体方法。在本小节中，我们讨论其中两种方法——目标成本法和价值分析。一般而言，目标成本法用于设计阶段初期，价值分析则用于新产品或服务，也可用于分析现有产品或服务。

目标成本法（target costing），也称面向成本设计（design to cost），是一种用于满足特定成本目标的产品设计流程。20 世纪 60 年代初期，目标成本法起源于日本丰田汽车公司。它以顾客需求导向的产品价格作为基础，来确定整个产品开发过程中各项生产成本的额度，并以此作为约束开发成本过度膨胀的依据。该方法通过设定计划销售价格，减去预期利润、促销和分销成本，最后得到的就是所要求的目标成本。

价值分析（value analysis，VA）方法是通过检查零部件、组装件、成品或服务的所有要素，来确保用尽可能低的总成本达到产品或服务的预期功能。第二次世界大战期间，市场物质供应紧张，军火工业资源奇缺，美国通用电气公司设计工程师麦尔斯为了降低成本，解决资源利用，首次使用价值分析进行研究并获得成功。

价值分析的主要目标是，在不影响质量的前提下，用最小的成本增加产品或服务的价值。用公式来表示，价值就是产品或服务的功能与其成本的比值：

$$\text{价值}=\text{功能}/\text{成本} \tag{12.1}$$

我们可以通过改变产品或服务的功能或成本来提升产品或服务的价值。其中最常见的提升价值的途径包括：在保持产品成本不变的前提下增加其功能或用途；在不减少产品功能的基础上降低成本；在小幅增加成本的基础上大幅提升功能（例如，对客户而言，在价格相同的基础上，提供 5 年的质保期比 2 年的质保期更有价值）。

实施价值分析的一种常用方法是创建价值分析团队，团队由具有产品或服务相关知识的专业人员组成。价值分析团队的人员可以来自许多部门，包括技术部门、营销部门、采购部门以及生产部门，还可以来自关键供应商。价值分析团队通过提出许多问题来判断零部件、产品或服务是否存在改进机会。以下是其中一些典型的问题：

① 最终产品的成本与其功能相称吗？

② 是否需要产品现有的所有特征或内部零件？

③ 有没有更好的生产方法来生产这种零部件或产品？

④ 能否采用低成本的标准化零部件替代定制零部件？

⑤ 考虑到所需的产量，我们使用的工具是否合适？

⑥ 有没有其他可靠的供应商能够以更低的价格为我们提供材料或零部件？

⑦ 能否获得同等效果但成本较低的材料？

⑧ 降低包装成本是否可行？

⑨ 为了尽可能降低运输费用，对商品进行分类运输是否合理？

⑩ 给定客户要求，产品的设计或质量标准是否过于严格？

⑪ 对于目前我们自己开展的项目，能否以更低的费用进行采购？

最常用的价值分析改进措施包括：修改产品设计和材料规格，使用标准化零部件替代定制零部件，使用低成本材料替代高成本材料，减少产品的零部件数量，以及优化生产或组装方法。

本章小结

新产品的推出对于企业而言是至关重要的事情，一个新产品的诞生不仅仅是研发团队的事情，企业需要部署周密的战略计划以获得最大利润。本章从产品研发的几个重要维度开始，详细讲解了产品研发、修改的过程，以及过程中的组织部门。

讨论题

1. 本章讨论了并行设计和串联开发两种设计流程，并行设计的优点是什么？在什么情况下串联开发更优？

2. 让供应商参与产品开发流程有哪些好处？有哪些风险？

3. 为什么说在开发阶段初期，让客户参与开发流程是非常重要的？

习　题

1. 在设计产品质量时要确定质量标准，质量标准主要取决于（　　）。

A. 产品的成本　　B. 产品所面对的消费者需求

C. 生产过程的管理　　D. 工人的技术水平

2. 企业能够迅速改变产品设计、产品组合以及产品批量，反映了企业的（　　）。

A. 服务能力强　　B. 设计能力强　　C. 柔性程度高　　D. 技术能力强

3. （判断）产品开发串联模式的目标是提高质量、降低成本、缩短产品开发周期和产品上市时间。（　　）

4. 新产品开发需要优选最佳产品概念，选择的依据是（　　）以及对企业设备、资源的充分利用等。

A. 技术能力　　B. 未来的市场潜在容量　　C. 投资收益率

D. 生产能力　　E. 销售成长率

5. 简述产品整体概念的含义。

6. 简述新产品开发的主要组织形式。

7. 简述新产品开发的主要管理程序。

8. 试述企业成功开发新产品应注意哪几个方面的问题。

案例分析：戴尔公司的产品开发

1. 戴尔公司的发展状况

戴尔公司是20世纪80年代由迈克尔·戴尔以1 000美元创立的，然而到2003年年底，戴尔公司的销售额已经突破400亿美元，是当时世界上成长最快的公司。1995年戴尔公司抓住互联网发展的战略机遇，1996年戴尔公司进入服务器行业，1998年戴尔公司成功运作上市，2002年戴尔公司以打印机业务为标志，高举多元化扩张大旗。戴尔公司利用国际互联网络扩大其直销模式，进一步领导电子行业的发展。戴尔公司在1994年推出了网站，并在1996年加入电子商务的功能，成为企业利用国际互联网络进行商业活动的领导者。戴尔公司总部位于公司发源地——美国得克萨斯州。得克萨斯州中部地区同时也是负责美国、加拿大和拉丁美洲地区业务的戴尔美洲公司的大本营。此外，戴尔公司还在以下地点设有地区总部：英格兰——负责欧洲、中东和非洲业务；新加坡——负责亚太区业务，包括日本、中国、澳大利亚和新西兰。戴尔公司在以下7个地点生产计算机系统：得克萨斯州奥斯汀、田纳西州、北卡罗来纳州、巴西、爱尔兰、马来西亚槟城以及中国厦门。戴尔公司在全世界范围对其产品提供服务。

戴尔公司的发展经历以下4个阶段：

第一阶段：概念模糊期。迈克尔·戴尔回忆，从1984年开始创业，当时正是个人电脑蓬勃发展的阶段。当时的电脑销售方式很落后，如果客户买一台电脑，必须支付比零售价多出25%的价钱，而且销售人员对电脑也不懂。迈克尔·戴尔想："肯定有一种更好的销售电脑方式，这种方式也就是以更好的服务和技术支持将定做的产品直接提供给用户，每天接受用户的反馈，又可以改进我们的服务产品。"在这个阶段，迈克尔·戴尔和他的伙伴们在艰苦的环境中把戴尔公司做起来了。

第二阶段：关注总价值期。随着戴尔公司的成长，其逐渐认识到自己也需要改变。特别是当戴尔公司已经发展到能够在全美、欧洲等地拓展业务的时候，每天接听上万个电话，迈克尔·戴尔对直销模式的内涵又有了深入的认识。他说："我们关心的不是电脑售价，而是它的总价值，包括产品的完好性、质量、售后服务、技术支持、品牌、购买时的便利，以及用户在买电脑时与其沟通的人员的态度和情绪。"这个阶段的标志是，戴尔公司每天能够接到25 000个电话，并向全美寄出了1 500万份产品目录。

第三阶段：网络推动期。1995年戴尔公司网站开通，经过数年时间的运作，戴尔公司网站成了订货、结算、信息发布、客户沟通、发布各种运作指令的主要工具。在这个阶段，戴尔公司的主要任务是通过网络整合客户、供应商、服务商等。戴尔公司网站是世界上重要的信息传播网站，戴尔公司的订单是通过应用网络技术来实现的。

第四阶段：艰难转型期。2006年起，戴尔全球个人电脑出货量被惠普超越。从2007年开始，戴尔电脑的市场占有率逐年下降，严峻的市场形势让戴尔公司不得不重新审视自己的市场策略和销售模式。从2008年起，戴尔已经开始在全球布局零售模式，复出的迈克尔·戴尔也在不同的场合表示公司已经开始重视并发展个人电脑市场。

2. 戴尔公司供应链管理的基本情况

迈克尔·戴尔认为，21世纪的个人电脑市场竞争将不是每个单独企业的竞争，而是企业的供应链与供应链的竞争。换句话说，电脑市场的竞争已经演变成企业群与企业群之间的竞争。企业只有与其他的企业连成供应链才能赢得竞争的主导权。供应链的发展有如下过程：

企业内部的供应链→全产业供应链→全球供应链。

戴尔公司通过虚拟整合，和供应商建立紧密关系，并很乐意把供应商作为自己供应链的一部分，及时有效地同他们进行信息共享。戴尔公司对物流服务商进行非常严格的管控，要求物流供应商一定保证与戴尔公司客户间点对点的无缝对接，准时而通畅。戴尔公司通过对供应商的虚拟整合，把客户订单作为供应链的核心，构造了由零件供应商、生产制造商和消费者组成的一个快速反应、高效率的供应链，形成比较优势。戴尔公司强调，在虚拟整合方面，以信息流为核心，通过订单的信息流来完成技术、服务、软件以及电子商务的整合。通过和一流的合作伙伴进行无缝的对接，戴尔公司给不同的客户打造个性化的服务。

戴尔公司采用信息系统平台以后，其分布在全球各地的生产、采购和销售中心都会在运营过程中共享资源和信息系统，从而保证了供应链管理的通畅。

对于供应商来说，戴尔公司拥有非常稳定和庞大的采购量，比如每个100万台电脑的订单，这些订单对想和戴尔公司合作的供应商有非常大的吸引力：执行戴尔公司的标准，按照戴尔公司的要求，提供高品质的产品，确保迅速配送。戴尔公司通过信息平台控制体系来掌握其订单、生产产品以及供应商的实时状况。事实上，戴尔公司可以随时监控到每一个零件的供应状况。如果戴尔公司即将用完某个零部件，需求量超出了供应量，戴尔公司会很快解决供应问题。戴尔公司采购部门会和供应商联系，确认对方增加随后的发货数量。不论是什么零件，戴尔公司都会有第二家供应商，以防不测。如果目前可供选择的所有供应渠道依然无法解决问题，那么戴尔公司的采购人员就与销售人员进行磋商，协助把需求转向其他方面。所有这一切，都会在几个小时内完成。

戴尔公司很重视对供应商的整合。设计、制造和研发所有的环节都是以客户为中心的，服务于这个中心让戴尔公司与供应商整合起来。一般的厂商把设计的产品研发出来，不会太挑剔设计的内涵、设计本身的品质，然后再去找客户。戴尔公司不一样，设计要按照客户的要求进行定制，如客户购买电脑有些是财务方面的需求、有些是营销方面的需求等，都要被满足。这些问题很容易解决，因为戴尔公司有足够的工程师，能够整合供应商的设计资源，整合到足够强大的系统，可自动撮合这些需求。戴尔公司在研发设计上推行的是“改变和演化”概念，也要求供应商跟进。随着多年的发展和改进，戴尔公司对原始设计制造商的要求也逐渐深化。戴尔公司认为，即使供应商的配件的创造性很好，但如果不具有量产性，也是不可行的。例如，市场的时尚是液晶显示器，客户需要，而你不能生产，那么这些订单就会找别的能够生产的供应商，尽管你的配件在15 in显示器方面做得很优秀。另外，戴尔公司对供应商有品质改进的要求，当然在设计时也注意品质管理。在制造和设计中，戴尔公司要求供应商要注意向低成本演化，戴尔公司反对的就是成本。

打造虚拟整合关系。通过与供应商打造虚拟整合的关系，戴尔公司的供应链系统突破了通常所说的“客户”与“供应商”之间的概念。在戴尔公司的经营理念上，订单已经成了供应链的核心。戴尔副总裁萨克斯说：“由于戴尔公司的直接模式，我们可以从市场得到第一手的客户反馈和需求，然后，生产等其他业务部门便可以及时将这些客户信息传达到戴尔公司的原材料供应商和合作伙伴那里。”目前，原材料供应商、戴尔和零售商、物流提供商之间已经被打造成了一个“虚拟”的企业。戴尔公司通过自己的信息平台等方式使这些市场参与者与自己紧密联系起来，优化了经营资源的配置，并以此降低了经营成本，共同为客户提供优质的产品和服务。

督导供应商。戴尔公司供应链管理团队会给每个主要供应商做定期的指导，对供应商每一个符合戴尔公司要求的改变都要进行激励和辅导。团队成员不仅要帮助供应商解决技术问题，更重要的是还要维护与供应商关系。为了不让供应商感到迷惑，戴尔公司要不断地对产品生产供应情况给予正反两方面的反馈。同时，供应商详尽的绩效报告会按月发给他们，让他们准确地知道自己的情况，与过去相比，或者与其他供应商相比，他们的绩效处在什么位置。如果一批货送晚了，哪怕只是晚几分钟，戴尔公司会立刻签发一份书面的批评信。这样频繁的反馈使得供应商不会感到迷茫。

【问题】

1. 简述戴尔公司的运营与供应链模式。

2. 戴尔公司是如何应用其运营与供应链模式进行产品开发和设计的？

参考文献

[1] 王发明．基于供应链集成的网络式新产品开发研究．北京工业大学学报（社会科学版），2009（03）：14-19.

[2] 胡乃明．产品开发供应链研究：基于戴尔电脑公司的案例分析．上海：华东理工大学，2013.

[3] 塞西尔·博扎思，罗伯特·汉德菲尔德．运营与供应链管理．3版．邵晓峰，译．北京：中国人民大学出版社，2014.

[4] 罗伯特·G·库柏．新产品开发流程管理．3版．刘崇献，刘廷，译．北京：机械工业出版社，2003.

[5] 章冰．基于DMADV的HJ企业产品研发流程优化．杭州：浙江理工大学，2015.

[6] 罗振璧．6σ质量管理法（三）：认准6σ管理的方法学——了解与运用6σ设计工具DMADV. 世界制造技术与装备市场，2004（05）：79-82.

[7] 邹伟娟．基于QFD的服务设计方法研究．长沙：湖南大学，2012.

[8] 王向东．企业零部件标准化工作探讨．大众标准化，2011（07）：46-49.

[9] 马婧．目标成本法及其应用．现代商业，2010（21）：130-131.

[10] Kenneth B Kahn. The PDMA Handbook of New Product Development，2nd. New York：John Wiley & Sons，2005.

[11] Hauser J，Clausing D. The House of Quality. Harvard Business Review，66，no. 3（May-June 1988）：63-73.

[12] Product Development and Management Association. The PDMA Glossary for New Product Development. http://www.pdma.org/npd_glossary.cfm.

[13] Apple. The Story Behind Apple's environmental Footprint. http://www.apple.com/environment/.

第 13 章 供应链信息管理

引言

当信息流像人的思想般快速而自然地在您的组织里流通时，当您能够应用技术快速地集合和协调不同团队的人员，就像您能使一个人专注于一个问题时，您就知道您已经建立了一个极好的数字神经系统。这就是像思维一样快速的商务运作。

——比尔·盖茨《未来时速》

自 1980 年以来，信息革命正推动着世界经济的发展。一个全新的商业时代——信息时代正展现在我们面前。信息时代，信息已成为企业生存和发展的重要资源，带来不可估量的价值。但伴随着信息技术和通信网络的迅猛发展，以及大数据时代的到来，信息环境发生着巨大的变化。在这种信息环境下，传统供应链管理模式受到强烈冲击，信息成了供应链最为重要的资源之一，并决定着供应链管理的成败。只有依据完善而准确的信息进行供应链的优化和重组，实现供应链上各个节点的信息共享，才能保证供应链稳定和高效运行，从而提高供应链的整体竞争力。本章将介绍供应链信息管理的基本知识、我国供应链信息管理的发展、供应链信息与信息价值、供应链信息的传递、供应链信息管理技术及系统等。

13.1 供应链信息管理概述

13.1.1 供应链信息及信息流

1. 供应链信息

信息社会中，信息已成为企业生存和发展的重要资源，可以说是企业的生命。企业为了实现自己的目标，必须进行信息的不断传递（一方面进行纵向的信息传递，把不同层次的经济行为协调起来；另一方面进行横向的信息传递，把各部门、各岗位的经济行为协调起来），通过信息技术处理人、财、物和产、供、销之间的复杂关系。因此，企业有一个信息的集成问题。

供应链作为一种“扩展”的企业，其信息流动和获取方式不同于单个企业的情况。在一个由网络信息系统组成的信息社会里，各种各样的企业在发展过程中相互依赖，形成了一个“生物化企业环境”，供应链就是该“生态系统”中的“食物链”。整个供应链各个环节上都有共享信息，信息的传递不再是呈逐级的链状结构，而是呈纵横交错的网状结构。

供应链信息具备以下特点：涉及面广，包括供应链、供应链参与企业、市场需求、外部环境等多种因素；种类多，内容复杂，结构多变，信息不对称明显；信息在传递过程中受各种因素的影响而被耗损或延迟，对供应链运行效率影响较大。

信息是供应链管理中的关键要素，在供应链管理活动中起着神经系统的作用。综合来看，信息在供应链中有如下作用：

① 有利于减少供应链中需求的变动性；

② 有助于供应商做出更好的预测，解释促销和市场变化；

③ 能够协调制造和销售系统及其策略；

④ 通过提供定位顾客想要的物品的工具，能够使分销商向顾客提供更好的服务；

⑤ 能够使分销商更快地对供应商问题做出反应并适应这些供应问题；

⑥ 能够缩短提前期。

2. 供应链信息流

供应链管理的核心问题是如何有效地协调和控制好供应链上的物流、信息流和资金流，以实现供应链的高效运行。

(1) 信息流

信息流的内涵分广义和狭义。广义的信息流是指人们采用各种方式来实现信息交流，从面对面的直接交谈到采用各种现代化的传递媒介，包括信息的收集、传递、处理、储存、检索、分析等渠道和过程。狭义的信息流是从现代信息技术研究、发展、应用的角度看，指的是在信息处理过程中信息在计算机系统和通信网络中的流动。

(2) 供应链信息流

供应链信息流指整个供应链上信息的流动，就是信息从一个实体到另一个实体的交换与传递。信息在供应链之间流动，实现信息共享。它是虚拟形态，包括供应链上的供需信息和管理信息，伴随着物流的运作而不断产生。

在供应链的“三流”中，信息流的结构和运作机制最复杂，流动最频繁、最活跃、最易受其他因素的影响。只有对信息流进行合理的组织与安排，物流和资金流才能够处于高效的运作状态。

13.1.2 供应链信息管理

1. 供应链信息管理的内涵

供应链信息管理，即通过利用供应链中的信息技术和系统，实现对供应链的数据处理、信息处理、知识处理的过程（包括信息的采集、传送、优化、使用等），以降低供应链中的不确定性，为供应链成员企业的管理决策提供依据。

美国著名供应链管理专家，斯坦福大学 Hau L. Lee 教授以信息过程为切入点对供应链运营做了分析比较，通过管理供应链内部及相关的信息集成过程，来减少长鞭效应对整体运营的负面影响，同时指出了信息过程作为供应链运营管理的实质所在。

利用信息管理加强供应链节点企业间的紧密合作，提高信息共享程度，用覆盖整个供应链的信息系统代替缺乏柔性和集成度差的决策体系，使整个供应链各个环节都能清楚地观察物流、资金流和信息流，以更好地协调、降低供应链成本，降低各个环节的延迟时间，消除信息扭曲的放大效应，是实施高效供应链管理的关键。

2. 供应链信息管理的内容

供应链在运行过程中必然也存在不确定性，例如，市场需求变化、供货提前期的缩短、产品品种增加、创新速度加快等都会造成供应链不稳定运行。降低供应链运行的不稳定性是供应链信息管理的重要内容，因为供应链上的物流和资金流都是在信息流引导下展开的。

供应链信息具有很强的支配力，但其种类繁多、内容多变、结构复杂、管理难度较大。供应链参与企业也存在信息内容分散、不对称、交叉影响、参与管理者目的不同等问题，因此如何优化供应链信息是供应链信息管理的另一项重要内容。

3. 供应链信息管理的作用

供应链信息管理的目的在于减少供应链中的不确定性，及时在供应链中传递需求和供给信息，提供准确的信息，以及时连接和整合整个供应链，使各企业形成统一的计划与执行，来更好地服务最终顾客，同时提高企业和整个供应链的运作效率及竞争能力。在一定程度上，信息管理水平的提高也标志着供应链及其成员企业管理水平的提高。

具体来看，供应链信息管理发挥如下作用：

① 可以在客户和供应商之间构筑信息流和知识流来建立新型的客户关系，使整条供应链进行双向的、及时的、完整的信息交流，从而进行有效的需求预测，减少供应链管理中需求的不确定性；

② 能够协调供应、制造和销售系统，使下游企业更快地对上游供应问题做出反应，帮助拓展和开发高效率的营销渠道，更好地向顾客提供服务；

③ 能够利用有效的信息管理，通过知识管理系统等信息系统，共享企业内外部的信息，应对内外部环境的变化，及时进行供应链经营革新和模拟决策，实现供应链的不断改进；

④ 通过信息技术和系统，根据客户需求定制产品，以应对世界各地不同顾客的需求、习惯和文化，并协调和管理世界各地的经营活动，实现全球化供应链管理。

13.1.3 供应链信息管理发展

1. 供应链信息管理发展的层次

目前，我国在供应链信息管理领域存在着许多问题，其发展需要一个相当长的过程。供应链信息管理的发展应该分成3个层次：

① 以内部整合资源和流程为目的的信息采集和交换，其主要目标是通畅、低成本、标准化。

② 通过与客户的信息系统对接，形成以供应链为基础的、高效、敏捷、便利的信息平台，使信息化成为提高整个供应链效率和竞争能力的关键工具。

③ 以优化决策为目的的信息加工、挖掘，把信息变为知识，为整个供应链提供决策依据。

2. 我国供应链信息管理存在的问题及对策

我国供应链信息管理尚处在起步阶段，供应链信息管理在我国具有巨大的挖掘潜力和长期的发展前景。但是就目前而言，我国供应链信息管理面临着一些问题，如信息共享程度低、信息传递不顺畅、信息失真严重、信息传递方式不合理、数据标准不统一、企业的信息化水平和程度低、缺乏完善的供应链管理信息系统、国家和地区的基础信息和公共服务平台的发展滞后等。

供应链信息管理存在的信息问题将会使供应链运行的不确定性增大，反过来又会使信息问题被放大，具体表现在：供应链运行的不确定性使信息在传递途中产生较大的波动，造成信息被放大、截流或扰动，扩大了信息不共享、信息失真和信息迟滞问题，进一步降低供应链的运行效率。

针对以上出现的问题，我们可以从多方面、多角度来考虑解决方法。本节从以下几方面提出供应链信息管理对策。

（1）增强供应链成员间协作

做好供应链信息管理的前提和基础就是供应链成员间密切的协作关系。一方面，在设计和构建供应链管理信息系统时，应该预留专门的数据接口，便于企业从供应链上下游的合作伙伴处接收和发送数据，实现系统对接。另一方面，可以根据需要提前商议确定企业之间的信息共享程度。通常供应链信息管理要求物流信息、销售信息和供应信息可以在相关企业之间共享，以便整个供应链能及时对市场情况做出反应。

（2）优化供应链流程

通过业务流程与系统重组，简化业务流程，实现大规模定制的供应链运作模式。大规模定制是根据顾客的实际选择，进行一对一的直接联系，按订单制造和交货，在减少库存和提高生产率的同时，充分了解和满足顾客的真正需求。这种运作模式是优化供应链，增强对顾客反应能力的一种有效的业务方式，是供应链管理挑战传统品牌经营战略的有力手段。

（3）提高供应链管理水平

实施信息管理是为了提高供应链的效率，而提高供应链效率的关键点就是要强化供应链统一管理。信息管理的建设和实施首先是管理思想的建设，要管理改革在先，技术实施在后。为了实现供应链管理，必须提高参与企业的信息水平，改变参差不齐的局面，要应用先进的管理理念与模式和现代信息技术对供应链管理进行根本的改革。

（4）实现信息管理标准化

供应链管理需要参与企业充分交换信息，商品在供应链中流动时，如果有一个统一的信息编码标准，将极大地方便参与企业的信息管理和交流。例如，制造商在其产品上按照国家标准打上条码，这样分销商、批发商和零售商都能使用该条码。该方法能减少编码工作量，减少资金和人力的耗费，并有利于供应链各方交换商品的生产、库存和销售情况。

3. 供应链信息管理的发展趋势

供应链系统是动态、复杂和不断发展的系统，供应链中的信息管理也随着供应链发展的要求、市场的变化及信息技术的不断发展而发展。而且，供应链信息管理研究也得到越来越多的关注，2000 年至 2015 年国内供应链信息管理研究文献基本呈平稳增长态势，未来仍然存在极大的研究潜力与空间。

（1）信息技术和系统在供应链管理中的应用层次和范围不断扩大

未来供应链信息管理将充分利用先进信息技术和系统，例如：RFID 的出现及 GIS、GPS 和 GSM 技术的广泛应用，提高了信息的交互率；各种基于网络的信息系统的建立（DCOM、MYSQL、SPRING 和 HADOOP 架构平台的应用），是实现各信息系统分布式应用的基础；人工智能、神经网络和系统动力学等智能信息技术，将为开发供应链的高度智能信息系统提供支持数据仓库和数据挖掘技术。

同时，供应链中信息系统的高层次应用将不断增多，应用的范围也不断扩展。在水平方向，信息系统具备延伸向各个企业甚至更广的趋势。在垂直方向上，信息系统将覆盖企业的所有运营活动，同时也向最高的供应链战略规划层次拓展。信息系统的应用范围已经从企业内部向整个供应链扩展。

（2）供应链信息管理标准化水平不断提高

标准化是供应链上下游之间交流的共同语言，是信息共享的基础。相互间标准制定可提高信息管理实施的可行性，打破供应链各个环节之间的壁垒，扩展信息技术在供应链中的应用范围。当前信息标准化受到广泛关注，全球组织正加大力度推进标准化代码系统的设计，供应链信息管理标准化水平将不断提高。

（3）供应链信息管理综合化和智能化程度不断提升

随着供应链信息集成和信息共享程度的不断加大，仅用于单一部门、拥有单一功能的传统信息管理以及各类高层次的供应链战略管理系统和技术将不断集成和整合。供应链信息管理将进一步利用信息技术和系统日益强大的功能，实现更复杂的信息分析和处理，使得供应链信息管理逐步向自动化、集成化、综合化和智能化方向发展。

13.2　供应链信息与信息价值

13.2.1　供应链信息的定义、特征和属性

1. 信息的定义

最早对信息进行科学定义的是哈特莱（Hartley）。他于 1928 年首先提出“信息”这一概念，认为发信者所发出的信息就是他在通信符号表中选择符号的具体方式，并主张用所选择的自由度来度量信息。

1948 年，公认的信息论创始人香农（Shannon）在《贝尔系统电话》杂志上发表了《通信中的数学理论》一文，文中对信息定义可归纳为：信息是事物运动状态或存在方式的不确定性的描述。他还建立了如图 13-1 所示的通信系统模型。

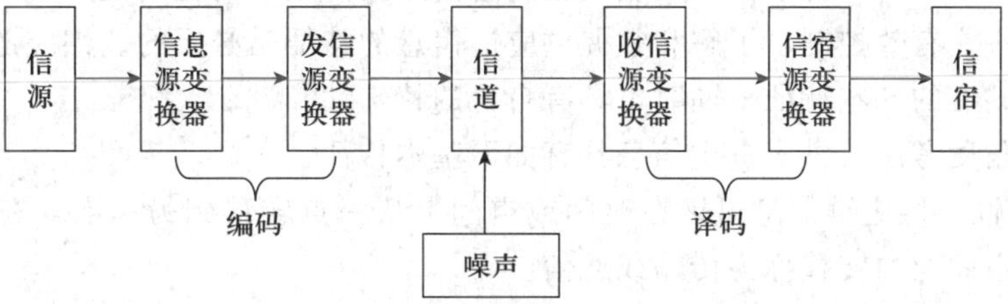

图 13-1　通信系统模型

意大利学者朗格（G. Longe）在 1975 年出版的《信息论：新的趋势与未决问题》一书中提出：“信息是反映事物的形式、关系和差别的东西。信息是包含于客体间的差别中，而

不是在客体本身中。”

据不完全统计，信息的定义有100多种，涉及图书情报领域、心理学领域、信息资源管理领域、通信和信息科学领域。通过比较各种不同的信息定义，编者认为我国学者钟义信教授所归纳的定义更具普遍性，不仅能涵盖其他信息的定义，而且通过引入约束条件还能转换为其他的信息定义。

钟义信教授在本体论的层次（最高、最普遍的层次，也是无约束条件的层次）上，对信息下了定义。他认为：“信息就是事物运动的状态和方式，就是关于事物运动的千差万别的状态和方式的知识。”

需要说明的是，不同领域对信息及其相关概念的认识是不对等的，供应链信息资源管理领域的信息概念不同于钟义信教授的信息概念，心理学家的信息定义也不同于图书情报领域的信息定义。图13-2所示为信息、数据和知识的关系以及信息的转化模型。

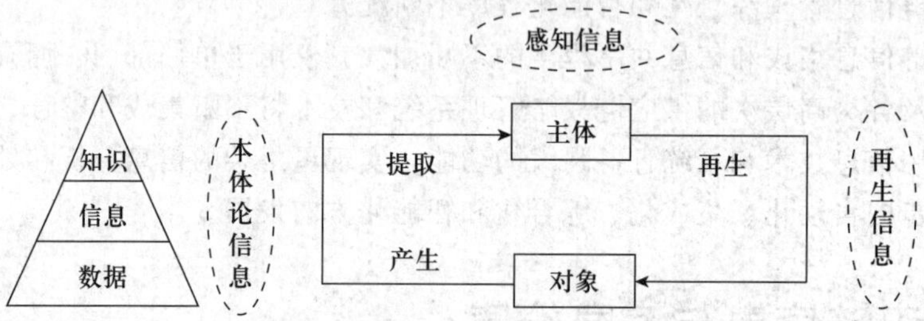

图13-2　信息、数据和知识的关系以及信息的转化模型

本节主要介绍供应链的信息，因此也具有其背景的特殊性。供应链的成员会产生、接受和利用到各种不同的信息，但他们对信息的需求主要是出于减小生产和销售中的不确定性、精确生产、消除浪费的目的。因此，对于供应链中信息的研究更多的是从其消除不确定性的角度来考虑。

2. 供应链信息的基本特征和特殊性

供应链成员在日常的生产经营活动中每时每刻都会接收到不同来源和不同渠道的信息。这些信息是企业进行各种生产经营决策所必需的重要资源。随着IT技术的不断发展，信息的作用越来越明显，供应链成员越来越依赖于各种信息来规避风险、创造价值。要利用好信息这一宝贵的资源，首先要明确供应链信息的特征和特殊性。

在激烈的竞争市场环境下，有效利用正确的信息提高企业的竞争优势，是供应链上每个企业的策略之一。有效控制、了解和掌握供应链信息的特征是必要的。供应链上的信息既具有所有信息所共有的基本特征，同时也具有自身的特殊性。

从信息的角度考虑，供应链中信息具有如下基本特征：

① 可转移性。供应链信息可以在时间或空间上从一点转移到另一点，在时间上的转移称为存储，在空间上的转移称为传输或通信。

② 有序性。供应链信息可以用来消除系统的不确定性，有利于系统的自组织，增加系统的有序性。

③ 动态性。供应链信息的内容和形式会随时间变化而不断得到取舍、更新、积累和充实，是会进行动态更新的。

④ 共享性。供应链信息的共享性表现在同一内容的信息可以在同一时间让两个或两个以上的使用者使用。

⑤ 异步性。人类对事物运行状态和方式的认识是在事物运动发展后才产生和传递的，即信息具有滞后性，信息的滞后性并不意味着人类不能产生和利用超前于事实发生的信息。

⑥ 时效性。供应链信息与物质商品不同，信息通常只在某一时刻或某一时间内有用。

⑦ 保密性。并非所有信息都可以在供应链上对外开放，如新产品开发策略信息通常在一定范围和一定时间内是保密的。

⑧ 相对性。很多供应链信息可能及时又不失准确，但缺乏针对性。

为了共享供应链中的信息，且使共享的信息得到有效利用，了解和掌握供应链中信息的特殊性是有必要的。供应链中信息的特殊性主要体现在以下 10 个方面：

① 动态性。即同一信息所包含的信息量在不同时期会有所变化。由于信息在从产生到该信息所指示的事件实际发生过程中，不断增加与排除，概率分布逐渐发生变化，其所含有的信息量也随之改变。

② 可共享性。同一条信息扩散后可被不同的信宿所使用，甚至用在不同的方面，因此是可共享的。作为同一级的信息，其信息量在使用过程中互不影响、互无冲突，这种共享性是可能同时实现的，且不会因多次使用而出现自然损耗。

③ 可收缩性。即通过对信息的分析、归纳和总结，使信息更加集中、简明，本质、特点更加突出，更加符合信息使用者对信息的需求；同时，也可能通过对信息的挖掘，使得信息资源得到扩大与充实。

④ 传递特殊性。信息作为抽象化的物质，具有特殊的运输方式，常需要转化成某种特殊符号来进行传递，如文字、数据、语言等。在供应链中，信息的传递通常是伴随物流和资金流的传递同时开展的，传递的及时与准确程度直接影响整个供应链的绩效表现。

⑤ 信息的流动跨越不同的部门和企业。同一信息既需要在企业内部进行流动，同时也可能需要在部分企业之间进行流动。

⑥ 强调为客户服务。横向信息传递的最终目的是提供客户真正需要的服务和信息。如供应链信息共享可以降低牛鞭效应，提高供应链的效率。

⑦ 信息量大。物流信息随着物流活动以及商品交易活动的开展而大量产生。多品种、少批量生产和多频度、小数量的配送使库存、运输等物流活动的信息大量增加。随着企业间合作倾向的增强，物流信息和资金信息的信息量将会越来越大。

⑧ 更新快。物流信息的更新速度快。多品种、少批量生产，多频度、小数量配送以及利用 POS 系统的即时销售使得各种作业活动频繁发生，从而要求物流信息不断更新，而且更新的速度越来越快。

⑨ 来源多样化。供应链信息不仅包括企业内部的物流信息（如生产信息、库存信息、市场信息和需求信息），还包括企业间的信息以及与供应链有关的基础设施信息。企业竞争优势的获得需要供应链各参与企业间相互协调合作。

⑩ 核查性。供应链上的信息在传递过程中可能存在传递的误差，错误的信息将导致错误的决策。所以，在使用信息前需要核查信息的真假，确保信息无误。

在研究供应链中信息的传递和处理机制时，必须考虑信息具有的以上基本特征和特殊性，针对不同信息采取不同的方法。

13.2.2 供应链信息的分类

供应链中的信息种类繁多，每个供应链节点都面临着不同渠道的不同信息，如零售商信息渠道涉及顾客、供应商、企业外部环境、竞争对手和合作伙伴。不同渠道的信息的种类又多种多样，如供应商的信息包括生产信息、订单状态信息、库存信息、财务信息、技术进步信息等。供应链上的信息指导着物流的运动。供应链上的信息按照内容可以分为：

(1) 生产信息

企业的生产决定其对上游企业的产成品的需求，也影响对下游企业原材料的供给。在供应链中，下游企业需要根据上游供应商的生产来决定自己的库存和生产情况。有时供应商的生产波动给整个经济都会带来严重后果，这在石油、钢铁等资源性行业中表现得最为突出。同样，下游企业的生产又决定它对供应商的需求，从而影响供应商的需求和生产计划。

(2) 库存信息

供应链管理要实现既定目标前提下的成本最小化，库存管理显得尤为重要。需求波动及生产、运输中的偶然故障等因素带来的不确定性是无法避免的，为了应对这种不确定性，传统做法是建立安全库存，依赖间断性的库存缓冲环节来维持，保证商品供应过程中的物流畅通。

(3) 销售信息

供应链中的牛鞭效应已经引起越来越多企业和研究人员的重视。它表明来自下游企业的订货信息经常会歪曲市场的实际情况，因而误导上游企业的决策。这种不真实还会在沿着供应链向上游前进的过程中不断放大。

(4) 技术进步信息

消费者得到的最终产品的每一次更新进步是供应链上所有企业共同努力的结果，因为在供应链的环境下，每个企业都只专注于小范围内的核心业务，如果一两家企业的技术进步得不到其他企业相应的支持，则无法形成最终产品或服务。

(5) 质量信息和销售预测

① 质量信息。产品质量是决定竞争力的关键因素。在供应链里，上游企业的供货质量直接影响下游企业的产品质量。质量信息是为合作伙伴提供可靠产品的基本保证。

② 销售预测。每个企业都在做预测，并且按对未来的销售预测向供应商订货。各企业预测依据不同，结果会出现差异。

上述信息分类有一个共同特点，即每次只选择一个分类标准，从信息的某一侧面切入来分析信息。

供应链系统中的信息繁多，其分类标准也非常复杂，主要有信息拥有者、信息的内容、信息的共有性、信息的层次、信息的性质、信息的来源、信息功能、载体形式、在供应链管理中的作用等。

13.2.3 供应链信息价值的定义及度量

1. 信息价值

信息价值在供应链管理领域是指全面信息的价值，是包括语法、语义、语用 3 层含义的整体价值。语法信息层面，信息价值即通常所指能够消除人们头脑中的不确定性的程度；语义信息层面，信息价值即信息的客观逻辑含义能够为信息接收者消除不确定性的最大程度；语用信息层面，信息价值则是针对具体信宿而言，即信息主观衍生含义层实际能够带给信宿的效用，如决策价值、咨询价值、预测价值等。因此在度量信息价值的过程中，需要考虑各个层面上的不同影响因素。

2. 供应链信息价值特点

供应链信息价值从语法、语义、语用 3 层含义来理解，具有多维性、间接性、积累性、相对性等特点。对信息价值特点的理解将有助于供应链各节点环节的信息的高效管理和价值最大化。

（1）多维性

大多信息都具有多维客观属性。客观属性与受信者的不同需求相交互，会产生不同的信息价值内涵。正如光的波粒二象性，信息的多维性与物质的普遍性是一致的，但信息的多维性不同于物质资源的多维性，能够同时实现信息价值。

（2）间接性

信息价值有时不能直接体现，需要通过信息在其他方面的价值实现来体现。例如，市场调查问卷结果仅是一组数据，这组数据最初仅可用作市场描述，形成调研报告后，经过公司管理层的使用并做出相应决策后，其决策价值才得以体现。故信息价值通常是间接体现的，尤其是知识信息的价值。

（3）积累性

同一信息可以由不同使用者在不同时间多次加以使用，信息的价值得到不断积累和加强。供应链中信息的共享程度越高，积累的信息价值就越大。从供应链整个系统而言，信息的合理共享可以促进信息价值的最大化，优化运作。但恶意共享虚假信息会破坏整个供应链系统的良性运作，降低信息的价值。

（4）相对性

同一信息相对不同的信宿而言，使得信息量有所不同。信息的使用方式和利用率不同，又使得同一信息的价值对于不同使用者来说具有相对性。信息中心的合理设计，即为供应链运作提供信息共享的平台，有助于供应链上的成员各取所需、促进供应链信息价值实现。

3. 信息价值度量

信息的本质是主体对事物状态或属性认识的差异。信息的作用体现在改变主体对客观事物状态的认识。主体会依据此认识对自身进行调整，从而达到效用的最大化。主体效用可以表示为客观事物真实状态和主体决策的函数。设真实状态为 T^*，主体决策为 C，则主体 R 的效用函数可以表示为 $U(C; T^* \mid R)$，简记为 $U(C; T^*)$。主体会根据其对事物状态的假定做出决策，因此假定状态与决策之间存在对应关系。设假定状态为 T_0，则主体效用函数可以进一步记为 $U(T_0; T^*)$。

信息的价值应当是后验假定状态与先验假定状态下主体效用的差值。设真实状态为 T^*，先验假定状态为 T，收到信息 X 后，后验假定状态为 T'，则信息 X 的价值为

$$V(X)=U(T'; T^*)-U(T; T^*) \tag{13.1}$$

4. 信息量

由前所述，信息价值是后验假定状态参量的函数。换句话说，对信息进行估值的根据是信息产生的效果。同样，本书认为对信息的度量也应当根据这一效果。主体所接受的信息量应用主体所感知和假定的事物状态参量的变化来衡量。

为了准确描述供应链上的信息和度量其信息量，需要充分考虑供应链上信息的特性。至今为止的研究一般都假定需求服从正态分布，因此，输出的订单、存货、在制品等也服从正态分布。为了研究供应链上各种需求和系统状态的信息量，需要在不同均值的正态分布之间定义信息量。

目前，学术界存在着多种信息量的定义和计算方法，其中最有影响力的是 Shannon 的定义方法。此外，学者 Kullback 与 Leibler 提出相对熵的概念，并得到广泛的应用。

13.3 供应链信息的传递

13.3.1 传统供应链的信息传递模式

1. 传统供应链中存在的信息传递问题

在传统供应链中，信息流传递和处理有着如下的问题：

(1) 不共享

一方面，信息共享增加了企业的成本，因为各种软硬件系统需要大量直接的投入，以及在管理上需要投入相当高的转换成本；另一方面，供应链是随着市场机遇的产生而形成、消失的，信息共享意味着部分机密信息的公开，增大了企业的经营风险。由于以上原因，传统供应链中的信息共享基本是不能够实现的。

(2) 信息失真严重

供应链中不仅存在牛鞭效应这种经典的信息失真，而且也存在其他类型的信息失真。因为传统供应链之间的关系是交易关系，所考虑的主要是眼前的既得利益，所以不可避免地出现交易企业之间为了自身的利益而篡改正确信息来牺牲他人利益的情况。这将导致供应链中的个别企业短期利益很高，但长期看，供应链不稳定、没有市场竞争力。

(3) 信息传递方式不合理

传统供应链中的信息是逐级传递的，任何非相邻的两级都无法直接进行沟通，而且信息通过任何一级时都被加工处理了。实际和理论都证明这种传递方式存在严重的不合理性。信息获得之后会导致各个环节反应的延迟和异步，从而导致整个供应链对市场变化反应迟钝，效率低下。

2. 信息传递和处理的延迟现象

供应链中的信息在其传递和处理过程中存在两类延迟现象。这两类延迟现象产生的原因和表现各不相同，具体分析如下：

(1) 传统意义上的信息延迟

传统意义上的信息延迟即信息的异步性，在供应链的信息传递和处理过程中表现为：对于供应链中事物的状态和方式的认识，总的来说是在其发生后才产生和传达的。或者说，信息主体事物对本源事物运动状态和方式变化的反映总是在后。就供应链中的信息而言，虽然先进的技术手段（如计算机和互联网技术）可以实现信息的高速传输，但各节点都要经过一个获得、学习和处理信息的过程，因此难免会出现信息的延迟。

（2）平滑预测造成的信息延迟

传统的平滑预测方法，如移动平均法、指数平滑法等，作为预测手段，都是根据历史数据来更好地对未来值进行估计。这些预测方法通过对历史数据进行处理，减小数据波动情况造成的不确定性，因而都属于“保守”的方法。这种“保守”的方法导致对预测数据的“反映”和“反应”在时间上总是迟于真实数据发生的时间。

13.3.2　信息共享供应链的信息传递

在供应链中，一切物流、资金流都紧密地围绕信息流展开。只有在信息的指引下，物流和资金流才是有效的，才能达到效率更优、成本更低。如果供应链上信息不畅通，就会导致整个供应链处于瘫痪状态，供应链上的所有企业不能得到及时有效的信息。

1. 供应链需求信息共享

供应链通过链上节点企业之间的合作，实现物流、信息流、资金流在整个链条上的高效流动，发挥出强大的整体竞争优势。进入信息社会以后，信息的价值已经赋予供应链新的寓意和地位。因而，致力于信息共享才是提高供应链整体竞争力的关键。信息共享对于供应链管理具有如下意义：

（1）信息共享有助于促进有效预测

每一个企业都要做预测，并按对未来销售的预测向供应商订货。各企业预测的依据不同，则结果会出现差异。信息共享使供应链上的企业可以进行合作预测，并且这种预测可以反复进行。所有参与者共同讨论未来市场的状况，通过合作得到意见一致的预测值。这意味着供应链的所有组成部分共享信息，从而减少牛鞭效应。

（2）信息共享有助于供应链协调

一体化的供应链按目标业务有组织地连接合作伙伴企业，根据原料供应到用户的物流反应，协调和控制整个链条的物流信息。合作式的业务关系在所有供应链成员之间成立，促使供应链活动协调，实现供应链的共同目标。整个供应链通过目标一体化，将可预见的真正需求以及供应、运输中的信息在供应链伙伴中共享，并依此信息协调所有供应链伙伴的活动。

（3）信息共享有助于实现聚合效应

供应链是动态联盟的一种形式，是为把握某一市场的机遇，由一群具有不同能力的企业组成一个虚拟企业或动员都将各自的精力置于自己的核心能力上，因此，由这样一批“精英”企业组成的虚拟企业应比那些大而全的企业做得更好，更具有优势和竞争力。要实现“1+1>2”的系统聚合效应，其关键之一就在于能否在供应链中有效地实现信息共享。

（4）信息共享有助于支持供应链的快速反应

信息共享可以使供应链上各合作伙伴进行协同工作。通过库存、采购、生产、销售等信息的查询和分析，企业在最短时间内准确掌握客户的需求，了解上下游企业的供货、存货和生产情况，以缩短供货时间，提高产品质量和种类，最大限度地降低采购成本、生产成本、库存成本、缺货成本等，同时提高客户满意度，以从容快速地应对顾客需求的变化。

(5) 信息共享有助于降低供应链的运行风险

信息交换不再只停留于存在直接供需关系的相邻节点企业之间，信息要实现跨越式传递，在整条供应链中共享。这样，供应链成员便可借助共享销售数据来分析销售趋势、顾客偏好和顾客分布，从而为客户提供个性化、差异化的服务，最大限度地满足不同类型客户的需求。

2. 供应链信息共享的内容

(1) 最终顾客的需求预测信息

需求预测信息包括需求预测的方法和预测结果。需求预测信息的共享往往以销售信息的共享为前提。供应链需求信息在成员中独立、多方地进行预测是产生牛鞭效应及无效率现象的原因之一。为应对市场需求变化的调整，供应链上的所有企业需要通力合作，每家企业都必须了解这种变化才能做出相应的调整。供应链成员共享销售预测信息，避免供应链上普遍存在的多层独立预测，可以有效缓和牛鞭效应，提高供应链的运作效率。

(2) 库存信息

在供应链管理中，各级的库存信息也是一类重要的信息。它的共享对于供应链的各级成员都有很大的好处。对于供应链的下游而言，如果知道上游的库存信息，就相当于知道自己的订货在多大程度上能够被满足，从而可以调整自己的订货策略，如是否提前订货，或者减少自己在上游的订货而寻找新的供应商，以避免发生缺货的现象，提高服务水平。

(3) 订单状态信息

如果顾客（包括最终顾客和供应链下游企业）的需求在上一级企业处能够直接得到满足而没有提前期，他们一般不在乎供应链上究竟包括哪些企业。但是供应链中需求的满足会有一个不确定的提前期，所以顾客往往希望知道自己的订单究竟处于一种什么状态，以确保自己在合适的时间得到货物。

(4) 生产信息

生产信息包括生产能力信息和生产计划信息。企业的生产决定了下游企业对其产品的需求，也影响到上游企业原材料和零部件的供给。在供应链中，下游企业的生产又决定了它对供应商的需求，从而影响供应商的库存、生产和销售计划。

(5) 促销信息

零售商对于最终顾客的促销活动往往会使订单变得不稳定，而且往往使上游企业得到的需求信息失真。通过提前与供应链上游企业共享促销计划信息，供应链上游企业可以提前为即将到来的“巨大”订单做好准备，同时，可以避免供应链上游企业将促销引起的“巨大”订单解释为需求量的永久性上升。

(6) 技术进步信息

消费者得到的最终产品的每一次更新进步，都是供应链上所有企业共同努力的结果。因为在供应链环境下，每个企业只专注于自己的核心业务，如果一两家企业的技术进步得不到其他企业的配套支持，则无法形成最终的产品或服务。

(7) 质量信息

产品质量是决定市场竞争力的关键因素。上游企业的供货产品质量会直接影响下游企业的产品质量信息。供应链中各个企业应该使用兼容的质量体系和工具，而且不论哪个环节出现较大的质量波动时，都应该及时通知上下游，以做好应对措施。如果供应商与零售商准确无误地共享质量信息，零售商可以节省检验到达原材料的质量成本，从而提高供应链的运作效率。

（8）网络供应链中的信息流

企业间联合的形式有两种：一种是双边关系，另一种则是网络联合。网络联合情况更复杂，但正在被越来越多的企业所选择。一个企业可以与多个上下游企业结盟，同时处于多个供应链的不同位置，担当不同角色，如在这条供应链是上游供应商，而在另一条供应链上则成为核心制造商。

总之，在供应链中共享上述信息是完全有可能的。例如，对于只存在一个核心企业的供应链，由于核心企业在供应链中占主导地位，对其他成员企业具有很强的辐射能力和吸引能力，并能够协调整个供应链的运作，其他合作伙伴对核心企业有很强的依赖性，故核心企业几乎能够从其合作伙伴处获得任何其所需要的信息。

3. 供应链信息共享的模式

按照信息共享内容的不同，可以将供应链信息共享模式分为以下 5 类，如图 13-3 所示。

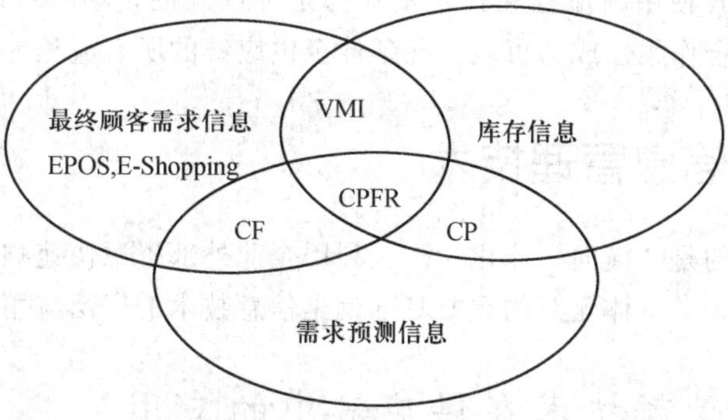

图 13-3 供应链信息共享模式

（1）电子销售点（electronic point of sale，EPOS）和电子购物模式（E-Shopping）

典型的 EPOS 模式指的是零售商或第三方物流公司将需求数据信息在供应链上共享。这些需求数据成为供应链各节点企业预测的重要依据。E-Shopping 模式指的是制造商通过网络等方式直接接受消费者的订单，同时产生货物并把货物送到消费者手中的模式，如戴尔的销售模式。这种模式下只有顾客和制造商。E-Shopping 不仅可以被视为一种信息共享模式，同时也可以被视为一种供应链结构的设置形式。

（2）供应商管理库存（vender managed inventory，VMI）模式

VMI 模式指的是由供应商管理用户库存，是连续补货的方式之一。所谓连续补货，是供应商与零售商建立伙伴关系，两者共享零售商的库存数据和销售信息及目前的存货水准，供应商根据这些数据和信息再依据预先制定的存货水准对零售商进行补货的过程。在连续补货的环境下，供应商不再是被动地执行零售商订单，而是主动地为零售商补货或提出建议性的订单，以降低补货成本，提高供货速度和准确性，降低库存水平。

(3) 协同预测（collaborative forecast，CF）模式

CF 模式指的是供应链上的成员一方面共享需求信息，另一方面共享需求预测信息。这就使得订单在整条供应链上变得透明化，并且有利于供应链上的成员设置生产计划。在这种模式下，供应链的合作伙伴往往能够看到彼此的预测信息，并且协议出一个大家都同意的预测信息。

(4) 协同计划（collaborative planning，CP）模式

CP 模式指的是供应链物流部门在周期时段内根据历史及当前销售数据做出持续更新的需求预测，并据此确定企业制造投入产出、分包、库存、促销、价格、产品生命周期的内部整合过程。它通过强化与分销伙伴信息共享，制定共同对策加速渠道库存流转，压缩产品销售前置期的外部整合过程，协调生产、市场、财务的综合目标，达到最充分的需求链满足和最佳库存速度的多赢效应，并最终实现企业利润最大化。

(5) 协同规划、预测与补给（collaborative planning，forecasting and replenishment，CPFR）模式

CPFR 模式可以定义为供应链伙伴共同协调计划以便减少供应和需求之间差异的一种业务处理模式，其目标在于将制造商到顾客的所有参与者连成一条无缝的链。供应链伙伴之间同时共享了需求信息、库存信息和需求预测信息，这就使得他们能够参与到供应链的所有活动中。同时由于 CPFR 使用的流程和技术模式都是开放式的，不仅可以保证可靠流程的沟通，而且使得产业间合作柔性成为可能，并延伸至供应链的所有流程。

13.4 供应链信息管理技术

供应链管理强调的是"横向一体化"——利用企业外部资源快速响应市场需求，加强企业核心竞争力。而这种"一体化"的重要基础就是信息技术的广泛应用。

13.4.1 信息管理技术在供应链中的应用

供应链管理建立在各个节点企业高质量的信息传递与共享的基础之上，有效的供应链管理离不开信息技术（IT）提供可靠的支持。IT 的应用有效地推动了供应链管理的发展，它可以提高信息的准确性，减少人为的失误，从而减少损失，提高效率，最终实现企业利润的提高。

① 电子数据交换（electronic data interchange，EDI）是供应链管理的主要信息手段，特别是在国际贸易中有大量关于频繁运输文件的运用中。它是计算机与计算机间相关业务数据的交换工具，具有一致的标准以使交换成为可能。典型的数据交换是传向供应商的订单。EDI 的应用是复杂和昂贵的，最新开发的软件包、远程通信技术使 EDI 更为通用。利用 EDI 能清除职能部门之间的障碍，使信息在不同职能部门之间通畅、可靠地流通，同时能减少低效工作和非增值业务（non-value added process）。此外，可以通过 EDI 快速地获得信息，更好地进行通信联系、交流和更好地为用户提供服务。

② 信息系统，如 CAD/CAE（computer-aided engineering，计算机辅助工程）/CAM、EFT（electronic funds transfer，电子资金转账）和多媒体的应用可以缩短订单流的提前期。把交货看作一个项目，为了消除物料流和信息流之间的障碍，就需要应用多媒体技术、共享

数据库技术、人工智能、专家系统和计算机集成制造，这些技术可以改善企业内和企业间计算机支持合作的工作，从而提高整个供应链系统的效率。

③ 企业内外部联系的信息技术的应用。信息时代的发展需要企业在各业务流程中具备基于计算机的信息技术。比如建立企业内部网络并设立电子邮件系统，使得职工能在相互之间收发信息。而 netscape 和 WWW 的应用可以从其他地方获得有用数据，使企业能在准确可靠的信息的帮助下做出准确决策。信息流的提前期也可以通过 E-mail 和传真的应用缩短。

④ 信息技术在战略规划上的应用。战略规划受到内部（生产能力、技能、职工合作、管理方式）和外部的信息因素的影响。而且供应链管理强调战略伙伴关系的管理，这意味着要处理大量的数据和信息才能做出正确的决策去实现企业目标。信息技术，如电话会议、netscape、多媒体、网络通信、数据库、人工智能和专家系统，可用以收集和处理数据，决策的精确度取决于收集的内、外部数据的精确度和信息交换的容易度。

⑤ 产品设计和工程、流程计划可被当作一个业务流程，产品本身需要产品、工程、流程计划的设计，这些阶段可以用 QFD、CE、CAD/CAE 和 CAPP（computer-aided process planning，计算机辅助过程设计）集成在产品开发中，考虑缩短设计提前期和在产品周期每个阶段的生产中减少非增值业务。

⑥ 信息技术在市场研究上的应用。市场营销和销售是信息处理量大的两个职能。市场研究在一定程度上是信息技术革新的主要受益者。EDI 的应用体现在采购订单、付款的处理。市场营销和销售作为一个流程需要集成市场研究、预测和反馈，目标是在用户和销售部门之间数据交换的基础上进行生产，为用户提供符合其质量要求的产品和服务。多媒体和网络系统可用于进行数据收集和交换。

⑦ 信息技术在会计业务上的应用。会计业务包括产品成本、买卖决策、资本投资决策、财务和产品组决策等。计算机信息系统包括在线成本信息系统和数据库，主要采用在线共享数据库技术和计算机信息系统收集和处理信息。ESTA（expert system for technology analysis，技术分析专家系统）能提高企业的整体投资管理能力，在 ESTA 中应用人工智能和神经网络技术可以增强某些非结构性问题的专家决策，其中人工智能的应用可以提高质量、柔性、利用率和可靠性。EDI 和 EFT 应用在供应链管理中可以提高供应链节点企业之间资金流的安全性和交换的快速性。

⑧ 生产过程中的信息量大而乱，如果处理不及时或处理不当，就有可能造成生产的混乱、停滞等现象，而 MRP Ⅱ（manufacturing resource planning，制造资源计划）、JIT、CIMS（computer integrated manufacturing systems，计算机集成制造系统）、MIS 等技术的应用就可以解决企业生产中出现的多种复杂问题，提高企业生产和整个供应链的柔性，保证生产及供应链的正常运行。

⑨ 客户/服务技术可以应用于企业之间的信息共享，以改善企业间的服务水平。同时，各种网络新技术的应用也可以改善企业间的信息交互使用情况，信息自动化系统可以提高分销、后勤、运输等工作的效率，减少纸面作业，从而降低成本和提高用户服务水平。

⑩ 供应链设计当中，CIM、CAD、Internet、E-mail、ESS（expert support system，专家支持系统）等技术的应用有助于供应链节点企业的选择、定位和资源、设备的配置。DSS（decision support system，决策支持系统）的应用有助于核心企业决策的及时性和正确性。

⑪ 人力资源管理当中，HPE（human performance engineering，人类行为工程）也开始得到应用。它组织、开发、激励企业的人力资源，在定义工作、培训、组织重构中的应用可以帮助企业提高从最高领导层到车间的人力效率。同时，多媒体、CAD/CAM和Internet等技术的应用可以改善职工间的合作并降低工作的压力，提供更加可靠的通信系统。

13.4.2 供应链管理中主要的信息技术

1. 信息标准化技术

EDI被确认为公司间计算机与计算机交换商业文件的标准形式。国际标准化组织（ISO）将EDI定义为“将商业或行政事务处理，按照一个公认的标准，形成结构化的事务处理或信息数据格式，实现计算机到计算机的数据传输”。在供应链管理的应用中，EDI是实现供应链上下游信息交互的有效技术手段。

通过电子方式对参与企业经济活动中的人流、物流和资金流进行数据同步和全球无障碍数据流动，就是“无纸化贸易”。其中的主要技术有：贸易数据交换（trade data interchange，TDI）系统，主要用于传输订单、发货单和各类通知等；电子资金转账（EFT）系统，主要在银行和其他组织之间进行电子费用汇兑；交互式应答（interactive query response，IQR）系统，可用在旅行社和航空公司之间作为机票预订系统。

EDI的使用能够提高企业内部的生产效率，降低运作成本，改善渠道关系，提高企业对客户的响应，缩短事务处理周期，减少订货周期以及不确定性，提高企业的国际竞争力。利用EDI相关数据并借助于某些ERP软件，能够对未来一段时期内的销售进行预测，从而控制库存水平，缩短订单周期，提高顾客满意度。

2. 自动识别和信息采集技术

供应链管理的一项最基本任务就是信息采集。信息采集的技术很多，常用的技术有：

(1) 条码技术

条形码是一种目前各行各业普遍使用的信息代码，用特殊的图形来表示数字、字母信息以及某些符号。条形码一般是由一定宽度的、反射率相差很大的黑条（简称“条”）和白条（简称“空”）排列成的粗细不等的平行线图案，表示一段完整的数据信息，通常会在条码下面加注人能识别的字符。

(2) 磁卡与智能卡技术

20世纪六七十年代，磁卡技术始用于交通部门和银行系统，成本低且用途多，但安全性差。1982年，智能卡（IC卡）在法国开始使用，它提供了安全、廉价的离线确认机制，解决了在线交易成本高的问题。智能卡有两类：一类是仅有记忆功能的“哑”卡（如储值卡），目前流行的刷卡消费（如公交卡、煤气卡、电表卡等）正是基于这项技术；另一类是能嵌入微处理器进行数据处理的真正的智能卡，其优点是存储数据量大且安全性高。

(3) 射频识别技术

射频识别（RFID）技术最先出现在无法布线又需要实时更新数据库内容的仓库和配送

中心，它提供了比需要布线方法更高的优势，即交互能力和库存、运输、制造的实时更新能力，使企业有更强的竞争优势。随着 RFID 市场的稳定增长，该技术也不断改进，现在的 RFID 系统为局域网和广域网的应用提供了高性能的、可靠的无线解决方案。

（4）语音识别技术

该技术是将人的声音转换成电信号，并将这些信号转换成有意义的编码模式。目前，大多数语音识别系统是与说话者相关的，经过训练可识别特定人的声音。语音识别技术常用于汽车行业的制造和检查业务，在仓储业和配送中心的物料实时跟踪和运输业的收发货领域也有广泛应用。

3. 通信技术

供应链管理中各个环节都是处于运动或松散的状态，因此信息方向常常随实际活动在空间和时间上转移，结果影响了信息的可得性、实时性及精确性。地理信息系统（geographic information system，GIS）和全球定位系统（global positioning system，GPS）的应用，很好地克服了上述问题。

① GIS 是 20 世纪 60 年代开始迅速发展起来的地理学研究新成果，是多种学科交叉的产物。GIS 在计算机硬、软件系统支持下，对整个或部分地球表层（包括大气层）空间中的有关地理分布数据进行采集、储存、管理、运算、分析、显示和描述。

② GPS 是由美国国防部研制建立的一种具有全方位、全天候、全时段、高精度的卫星导航系统，能提供低成本、高精度的三维位置、速度和精确定时等导航信息，主要由卫星、地面监控系统、用户接受系统组成。

4. 管理信息技术

（1）数据库技术

供应链管理系统需要大量的数据，而数据库可以有效地解决大量数据的存储问题，用户可以贮存、整理、检索供应链管理系统中的各类数据和信息。当前应用广泛的数据库有关系数据库、物体数据库和数据仓库。在供应链内相互合作的公司可以合并与重建它们共同的数据库，形成一个庞大的数据仓库以支持扩展后的企业。

（2）网络技术

网络的发展为供应链上的成员提供了便利的交流途径。Internet（互联网）是网络与网络之间所串连成的庞大网络。Intranet（企业内部网）是一个使用与互联网同样技术的计算机网络，它通常建立在一个企业或组织的内部并为其成员提供信息的共享和交流等服务。Extranet（外联网）则运用万维网技术扩展企业的内联网，允许特定的外部用户进入，如合作伙伴、客户等。

（3）人工智能

智能化是物流自动化、信息化的一种高层次应用，利用大数据和数据挖掘技术可以进行预测、决策、分析。供应链管理过程涉及大量的运筹和决策，智能化是不可回避的技术难题，专家系统和人工智能等的应用可以有效地消除物流和信息流之间的障碍，促进数据共享，改善企业内和企业之间计算机支持的合作工作，实现链路的自动优化选择，从而提高整个供应链系统的效率。

13.5 供应链信息管理系统

13.5.1 管理信息系统概述

1. 管理信息系统定义

管理信息系统（MIS）是一个较新的交叉学科，是计算机科学、管理科学及行为科学等的交叉组合。MIS广泛应用于各种类型的企业，通过计算机系统对信息进行采集、存储、处理、传输、优化、预测和控制，实时地提供给各级管理人员，从而实现对企业或工程的有效管理。它是以提高管理效率和增加经营效益为目标的，经历了物料需求计划（MRP）、制造资源计划（MRPII）、企业资源计划（ERP）、客户关系管理（customer relationship management，CRM）、供应链管理（supply chain management，SCM）等主流体系，从最初仅执行数据处理的单任务系统，发展到集信息管理、决策支持、数据挖掘、专家系统、知识库管理以及神经网络分析等多功能于一体的综合系统。

2. 管理信息系统结构

MIS由信息源、信息处理器、信息用户、信息管理者4个部分组成。一个完整的MIS系统包括了辅助决策系统（DSS）、工业控制系统（ICS）、办公自动化系统（OA）、数据库、模型库、方法库、知识库和与上级机关及外界交换信息的接口。传统的MIS系统建立在C/S架构上，但是现代的MIS系统则使用B/S架构，相较于C/S架构，操作者的活动空间不受限制，只要有网络连接，随时随地都能够操作MIS系统。

3. 管理信息系统特性

（1）涌现性

涌现性是指整体具有而其组成部分以及部分之总和不具有的特性，一旦把整体还原为它的组成部分，这些特性便不复存在，因而认识了各部分特性，再把它们汇总起来，并不能认识这类整体特性。非系统的整体是部分的总和，也仅仅是总和，它们只具有加和整体性。事物作为系统的根本特征在于具有整体涌现性。用系统观点看世界，最重要的是把握对象的整体涌现性。

（2）层次性

层次性是指组成系统的各要素存在种种差异，包括结合方式上的差异，从而使系统组织在地位与作用、结构与功能上表现出等级秩序性，形成了具有质的差异的系统等级，层次概念就反映这种有质的差异的不同系统中的等级差异性。

管理信息系统是多层次结构，按照管理活动的不同，可分为战略层、战术层和作业层。战略层的管理活动涉及组织的总体目标和长远发展规划，是为组织制订战略计划服务的。战术层是为各个部门负责人提供信息服务，保证他们在管理控制活动中正确地制订各项计划。作业层是为有效利用现有资源和设备所展开的各项管理活动，主要包括作业控制和业务处理。

（3）开放性

开放性是指系统具有的不断与外界环境进行物质、能量、信息交换的性质和功能。系统向环境开放是系统得以向上发展的前提，也是系统得以稳定存在的条件。自然界、人类社会和思维领域各系统自身都存在输入与输出物质、能量与信息的能力。因此，管理信息系统首先需要被人们所接受，能够认识到它对社会发展和信息传播处理的重要性，其次需要有专业人才作为技术支撑。

13.5.2　供应链信息管理系统结构

1. 与企业信息管理系统的结构关系

从图 13-4 可以看出，供应链信息管理系统主要涉及企业间以及企业内部的信息系统。企业内部的信息系统主要包括：管理信息系统（MIS)，负责对人、财、物和产、供、销的管理；决策支持系统（DSS)，负责从 MIS 获得各种报表和模型，进行企业决策，解决半结构化的问题；基于知识的系统（KBS)，解决供应链上的非线性问题。以上 3 个系统主要是由企业资源计划（ERP）来完成。企业间信息系统（inter organizational information systems，IOIS）以信息和通信技术为基础，能够支持或者赋能企业间关系、交易和合作。

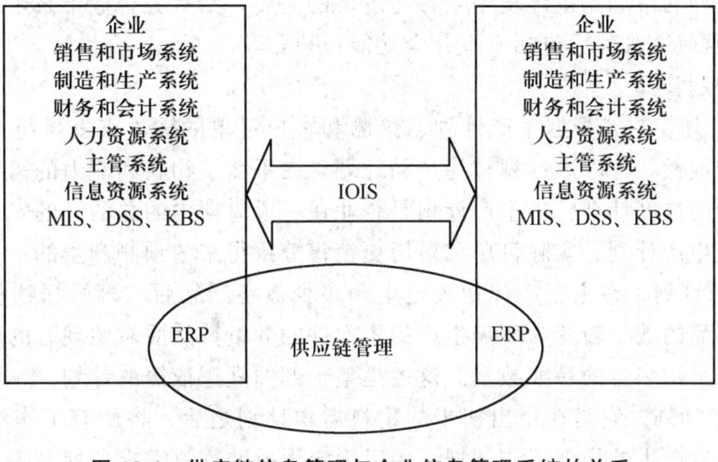

图 13-4　供应链信息管理与企业信息管理系统的关系

2. 供应链信息管理系统内部结构

从图 13-5 可以看出，供应链信息管理系统主要由 3 个部分构成，首先是来自企业内外的数据，然后是数据进入企业内部的数据库，经过一系列的数据处理，最后是在 DSS 系统内进行规划、分析、预测以及控制，用于企业管理人员做出合理的战略规划。

13.5.3　供应链信息管理系统中的基础系统

1. ERP

企业资源计划（ERP）是指建立在信息技术基础上，以系统化的管理思想为企业决策层及员工提供决策运行手段的管理平台。供应链管理作业层是整个系统的基础，是实现业务运作的前提条件。可以说供应链信息管理系统是在企业资源计划（ERP）基础上发展起来的，

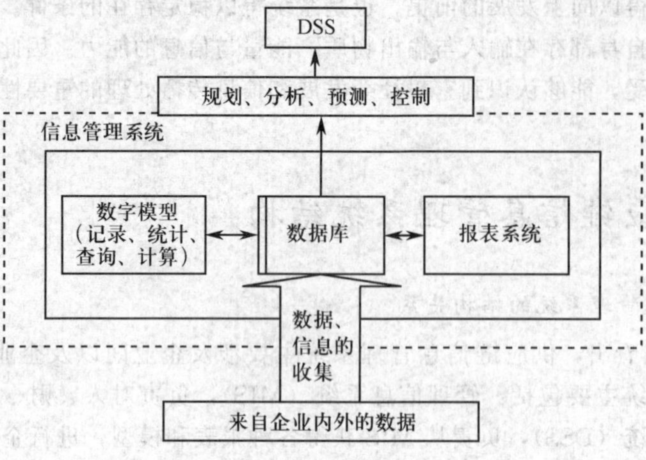

图 13-5 供应链信息管理系统结构模型

将企业内的信息共享转移为企业间的信息共享。以供应链为核心的 ERP 系统适应了企业在知识经济时代激烈的市场竞争环境中生存与发展的需要，给有关企业带来了显著的利益。基础的 ERP 结合供应链管理后包括以下几个功能板块：

（1）生产控制管理

① 主生产计划。它是根据生产计划、预测和客户订单的输入来安排将来的各周期中提供的产品种类和数量，将生产计划转为产品计划，在平衡了物料和能力的需要后，精确到时间、数量的详细的进度计划。主生产计划是企业在一段时期内的总活动的安排，是一个稳定的计划，是根据生产计划、实际订单和对历史销售分析得来的预测产生的。

② 物料需求计划。在主生产计划决定生产多少最终产品后，再根据物料清单，把整个企业要生产的产品的数量转变为所需生产的零部件的数量，然后对照现有的库存量，可得到还需加工多少、采购多少的最终数量。这才是整个部门真正依照的计划。

③ 能力需求计划。它是在得出初步的物料需求计划之后，将所有工作中心的总工作负荷与其能力平衡后产生的详细工作计划，用以确定生成的物料需求计划是否是企业生产能力上可行的需求计划。能力需求计划是一种短期的、实际应用的计划。

④ 车间控制。这是随时间变化的动态作业计划，是将作业分配到具体各个车间，再进行排序、管理和监控。

⑤ 制造标准。企业在编制计划中需要许多生产基本信息，这些基本信息就是制造标准，包括零件、产品结构、工序和工作中心，都用唯一的代码在计算机中识别。

（2）物流管理

① 分销管理。分销管理是从产品的销售计划开始，对销售产品、销售地区、销售客户各种信息进行管理和统计，并对销售数量、金额、利润、绩效、客户服务做出全面的分析。这样，分销管理模块大致有以下 3 方面的功能：

a. 对于客户信息的管理和服务。它能建立一个客户信息档案，对其进行分类管理，进而对客户进行针对性地服务，以达到最高效率地保留老客户、争取新客户。

b. 对于销售订单的管理。销售订单是 ERP 的入口，所有的生产计划都是根据它下达并进行排产的。而销售订单的管理贯穿了产品生产的整个流程，主要包括客户信用审核及查询

(客户信用分级、审核订单交易等)、产品库存查询（决定是否要延期交货、分批发货或用代用品发货）等流程。

c. 对于销售的统计与分析。这时系统根据销售订单的完成情况，依据各种指标做出统计，比如客户分类统计等，再就这些统计结果来对企业实际销售效果进行评价，包括：销售统计（根据销售形式、产品、代理商等来分别进行统计）；销售分析（对比目标、同期比较和订货发货分析，从数量、金额、利润及绩效等方面做相应的分析）；客户服务（客户投诉记录，原因分析）。

② 库存控制。库存控制指控制存储物料的数量，以保证稳定的物流支持正常的生产，但又最小限度地占用资本。库存管理系统是一种相关的、动态的及真实的库存控制系统，能够结合、满足相关部门的需求，随时间变化动态地调整库存，精确地反映库存现状。这一系统的功能又涉及以下 3 个方面：

a.`为所有的物料建立库存，决定何时订货采购，同时作为交与采购部门采购、生产部门做生产计划的依据。

b. 收到订购物料，经过质量检验入库，生产的产品也同样要经过检验入库。

c. 收发料的日常业务处理工作。

③ 采购管理。采购管理能够确定合理的订货量、优秀的供应商和保持最佳的安全储备，随时提供定购、验收的信息，跟踪和催促外购或委外加工的物料，保证货物及时到达。此外，采购管理还包括建立供应商的档案，用最新的成本信息来调整库存的成本。采购管理具体包括：

a. 供应商信息查询（查询供应商的能力、信誉等）。

b. 催货（对外购或委外加工的物料进行跟催）。

c. 采购与委外加工统计（建立档案，计算成本）。

d. 价格分析（分析原料价格，调整库存成本）。

（3）合作伙伴管理

① 供应商目录。供应商目录主要是针对企业的供应商进行管理，通过增减供应商及相对应的采购物品、录入供应商的基本信息、及时更新企业的采购范围，实现对企业供应商群体的动态管理。

② 合同管理。合同包括采购合同和销售合同。采购合同主要是与企业物品、人员相关的合同。系统应对这些合同进行多层次管理，对合同状况进行实时跟踪，保证合同的履行情况。系统应该支持多形式的销售合同并进行分类管理，实现对合同从签订到结束的全过程的动态监控。

③ 评估合作伙伴。根据合作伙伴和企业的商业行为，对合作伙伴一段时间内的供货质量、价格、服务等方面进行综合评估，以决定之后的合作意向；对合作伙伴的信用进行评估，防止企业的效益受损。

2. IOIS

IOIS 是指以信息和通信技术为基础，嵌入两个或者两个以上企业之内，能够支持或者赋能企业间关系、交易和合作的信息系统。供应链管理就是通过 ERP 将企业间的订单、库存信息进行共享，通过加工这些信息，能帮助企业间更好地对市场做出反应。因此，从本质上来看，供应链管理就是一个企业间的信息管理系统。

在当前信息技术和市场环境下，企业运作日益趋向网络化，更多企业选择合作战略实现企业间资源优化、动态组合与价值共同创造。与此同时，信息系统的应用已越过传统企业边界，影响企业间资源能力部署和企业间关系。信息系统治理本质上涉及价值交付、风险规避、战略匹配、绩效管理等领域。有效的企业间信息系统治理可以保障以服务交付为主导的企业间合作价值，超越以往信息系统治理中价值创造的内涵，关系到新兴企业生态系统中的合作绩效。

本章小结

在信息大爆炸的时代，一个企业如何处理好内外众多的信息，并从中发现商机显得至关重要。本章介绍了供应链信息管理的基础概念，并给出供应链信息与信息价值的类别。设计一个好的供应链信息管理系统，才能保证供应链信息的良好传递。

讨论题

1. 工业物资分销商如何使用信息增加响应性？

2. 一家公司运用更完备的市场信息提高了预测的准确性。这将给供应链库存和盈利带来怎样的影响？为什么？

3. 请讨论供应链背景下信息共享的重要性。

习题

1. 从信息管理的角度看，信息按加工深度分为________信息（原始信息）、__________信息（对原始信息加工处理后的信息）、________信息（管理决策信息）。

2. 简述供应链管理的定义。

3. 供应链的伙伴是如何分享它们所需要的各种信息的？

4. 什么是信息技术？信息技术在哪些方面能给管理提供支持？

5. 信息的质、量如何评价？信息价值是如何衡量的？怎样才能正确地实现其价值？

6. 论述信息在决策中的作用。

7. 谈谈企业物流和信息流之间的关系。

8. 供应商管理库存的优点是什么？如何实现？它的难点是什么？

案例分析：极速供应链助力友达光电

传统的供应链向来强调准确，然而在准确率难以达到100%的时候，就唯有用“速度”来克服不准所带来的巨大风险。全球第三大TFT-LCD制造商友达光电，就是通过实施快速供应链信息系统，将“市场响应周期”由原来的4 d缩短到了1 d以内，并使所有关键零部件的库存都维持在了1 d甚至更低的水平，以“极速”克服了“万变市场的不确定”。

1. 原有供应链反应缓慢

友达光电是由达碁科技与联友光电于2001年9月合并成立的TFT-LCD设计、研发及制造公司，也是全球第一家于纽约证交所（NYSE）股票公开上市的TFT-LCD制造公司。其产品涵盖了1.5～20.1 in（1 in＝2.54 cm）应用广泛的TFT-LCD面板，是全球少数供应大、中、小完整尺寸产品线的厂商。

TFT-LCD产业十分特殊，其工艺流程非常复杂，结合了半导体、化工和电子组装3个不同的产业，因此在供应链管理上就需要兼顾产能优化和关键零部件的采购与库存管理。在半导体产业阶段，所有投资中大约一半以上都是花在了机器设备上，所以必须要根据不同的客户，将可以使用的产能做一个最有效益的分配，并以此为依据进行接下去的产能管理、产出管理及客户订单管理，以确保产能可以得到最大效用的发挥。而在电子组装产业阶段，其产业特点决定了运营成本的80%都取决于企业的物料采购成本，因此其供应链需要的是“全球运筹”和“零库存”管理——即由供应商制造、生产关键零组件，然后运到市场上，在最后时刻再根据订单来组装，以降低产品在这一时期内可能降价所带来的风险。而化工产业阶段则是前两者关注重点的结合，需要兼顾。

未实施系统之前，友达光电从市场端获得需求计划—制定生产排程—生成采购计划—计划发至供应商—供应商再回复确认，整个计划周期需要4 d。也就是说，当市场情况发生变化以后，还要经过4 d友达光电才可以做出反应，继而制订出新的生产和采购计划，再去重新和供货商进行修改确认。

造成友达光电出现这一问题的主要原因在于，从生产预测到主生产排程，再到工单生产和采购，这一看似容易的流程执行起来却相当困难。因为生产计划和销售之间、订单和预测之间时常存在差异，所以企业内部的采购、生产、销售等部门之间就常存在所谓产销不协调的问题。而且，为了保证在随时变动的市场中保持计划的确实可行性，企业需要根据每一时刻的情况与供应商通过电话、传真来反复确认及修改，而实际上在这一复杂过程中就存在相当多的无价值活动。

如此漫长的供应链不仅给企业带来了资金和库存上的巨大压力，而且更重要的是使企业面对不断变化的市场环境却反应迟缓，4 d的运作周期造成友达光电大量产品库存积压，资金损耗也很严重。

2. 极速才能制胜

处于困境的友达光电试图寻找帮助企业获得准确市场预测信息的方法，却无奈地发现，对于市场需求快速变动的电子制造行业来说，这基本上是不可能的事情。即便得到了准确的市场预测信息，如果计划和采购跟不上，企业在执行过程中的配合不够，也终究是于事无补。

此后，困惑的友达光电与多位供应链专家进行了长达几个月的深入研讨，终于认识到供应链管理的真正应用价值应该在于“速度制胜”。快速的市场需求变动需要企业上下游构建基于网络化、平台化、扁平化的供应链，而唯有速度才能克服或者降低市场不确定性所带来的风险。具体到友达光电，随着市场需求变化的加快，企业生产频率调整更加频繁，物料需求变化也更加频繁，在这种环境下，与供应商的紧密协作和信息快速准确的传递就变得非常重要，否则，将很容易造成双方库存的积压，增大运营成本。

为此，友达光电最终决定采用明基逐鹿的Guru SRM系统，在友达光电与供应商之间构建起一个协同商务平台。通过集成和整合供应链的各个环节，友达光电构建起一套极速供应链的管理模式，提升了整个企业所在供应链对客户与市场的响应能力与速度。

其实，在实施明基逐鹿Guru SRM系统之前，友达光电就有一套传统的ERP系统，能够对公司内部信息进行收集与计划。但是，ERP只是在做企业内部的库存、财务等数据的透明化，看不到外部供应商、经销商处的数据；而供应链一个很大的作用就是可以透视企业内外部，实现与供应商之间信息的实时分享。

3. 从4 d到1 d

最终，友达光电共建立了ERP、高级排程、车间管理、采购管理4套系统，从而能够更精确地协同各供应方的供应链系统，实现信息更加快速而准确地双向流动。

通过电子数据交换和企业内部的快速协同，系统可以由销售订单、库存成品、半成品、原料的数量以及原料在途数、成品在途数等一系列相关数据确定采购数量，并于第一时间将这些物料需求、生产排程等信息作为中、短期的预测信息发给供应商，作为他们安排生产和库存的参考依据。而真正的订单需求，则是由友达光电通过供应链系统中的日生产计划分解出日物料需求，再把日物料需求以电子订单的形式实时发给各供应商，要求其严格按照排好的交货日程进行交货。当市场订单发生变化时，友达光电也能够随时调整日生产计划，从而相应快速地调整交货日程，并通过系统平台将变动信息公布在网站上，再通过自动发送手机短信的方式实时提醒、通知供应商上网查阅最新订单或修改订单。这套系统也为供应商带来了方便，他们能够及时、准确地安排自己的生产、备料、送货等事宜，在向友达光电回馈相应信息的同时，也大幅缩短了双方的采购周期及库存水平。

完全以市场为导向、按需供给的采购模式，使友达光电避免了库存的大量堆积及收货的不准确、不及时，在直接降低企业营运成本的同时，还全面支持了友达光电逐年快速扩大的营运规模。实施快速供应链信息系统后，友达的计划周期从4 d缩短到了1 d以内，变动反应速度最快可达到2 h，库存周期降到1 d，收货速度则提高了50%。也就是说，友达光电将原本公司要自己负担的囤货库存风险，通过信息通透交换的机制，转换成了与供应商实时交换信息，共同降低囤货数量及天数，进而创造了回馈公司的资本价值。而这些成绩，可以说都不是靠单纯的人工运作或改造工作流程就可以轻易办到的。事实上，友达光电已经将供应商纳入自己的供应链管理体系，实现了将供应商作为企业自身的一个虚拟工厂进行管理，在降低双方库存水平的同时，也提高了整个供应链的效率。

友达光电极速供应链项目的实施上线也得到了其上百家大型供应商的支持与欢迎，除了一些海外公司外，80%的供应商都已与友达光电实现了网上连接。“以前我们都看不到未来，只能是不停地追踪当下，弥补当下。而现在，实时的信息交换除提高效率外，还增加了彼此间的信任度，为双方的供应链体系都带来了更可靠的保证。”许多供应商对友达做出了这样的表示。

此外，在订单没有实现电子化以前，友达光电需要将各个供应商的账单信息定期整理成一叠厚厚的资料。每到对账的时候，企业里就会挤满前来对账的供应商，不但效率低还非常容易出错。而实施快速供应链信息系统后，友达光电与供应商之间的所有账单资料都放在了网上，供应商直接通过网络即可进行对账，再也不用为此而奔波于友达光电与自家公司之间了。

【问题】

1. 友达光电公司实施了哪些信息管理技术和系统？
2. 友达光电公司如何实现极速供应链？
3. 通过案例分析供应链信息管理的功能。

参考文献

[1] 何晓岚．基于供应链的信息管理.杭州：浙江大学，2002.

[2] 房丽娜．农产品供应链信息管理的研究.北京：中国农业科学院，2009.

[3] 张涛，孙林岩．供应链不确定性管理：技术与策略.北京：清华大学出版社，2005.

[4] 张君．基于企业战略的供应链信息管理.天津：天津大学，2011.

[5] 哈玉涛．供应链信息管理问题研究.大连：大连海事大学，2006.

[6] 王晶，王琇，贾经冬．供应链信息管理.北京：科学出版社，2010.

[7] 郑秀恋，葛宝山．信息环境下中国供应链信息管理的演进趋势.情报科学，2016，34 (10)：128-133.

[8] 傅祖芸．信息论：基础理论与应用. 2 版. 北京：电子工业出版社，2007.

[9] 施先亮，李伊松．供应链管理原理及应用. 北京：清华大学出版社，2006.

[10] 王虎，郭箐楠．供应链管理中的信息技术. 科技与管理，2001 (04)：46-48.

[11] 林勇，马士华．供应链管理 (SCM) 与信息技术 (IT).物流技术，2000 (02)：28-30.

[12] 章登峰，季建华．供应链管理中的信息技术. 物流科技，2000 (03)：20-22.

[13] 任慧娟，刘利华，肖霄，等．信息技术在供应链管理中的应用.信息技术，2012 (09)：9-11.

[14] 吴爱华．生产计划与控制.北京：机械工业出版社，2013.

[15] 陈涛，荆昕勇，葛业伟，等．二维条码生成器的实现.吉林大学学报 (信息科学版)，2003 (S1)：115-118.

[16] 邵宏文，钱捷．基于信息技术的供应链管理.华东经济管理，2001 (04)：82-83.

[17] 郑志新．企业供应链管理的信息化问题.价值工程，2007 (09)：76-78.

[18] 曲成义．管理信息系统概述.系统工程与电子技术，1984 (05)：1-11.

[19] 章以金，宗乾进，袁勤俭．国际管理信息系统研究热点及趋势.情报杂志，2013 (04)：80-84+90.

[20] 刘飞，张立涛．管理信息系统特性分析.中国管理信息化，2010(01)：64-66.

[21] 唐业富．信息管理系统与供应链管理 (SCM).中国高新技术企业，2008 (05)：34-36.

[22] 朱树婷，仲伟俊，梅姝娥．企业间信息系统治理的价值创造研究.管理科学学报，2016，19(07)：60-77.

[23] 李晓蕾．友达光电“极速”应变.互联网周刊，2004(18)：58-59.

[24] Huang W，Wei K K，Watson R. 管理信息系统 (MIS)：背景、核心课程、学术流派及主要国际学术会议与刊物评介.管理科学学报，2003 (06)：85-91.

［25］Lee H L，Padmanabhan V，Whang S. Information Distortion in a Supply Chain：The Bullwhip Effect. Management Science，1997，43（04）：546-558.

［26］Shannon C E，Weaver W. The Mathematical Theory of Communication. University of Illinois Press，1949.

［27］Chen C H. On Information and Distance Measures，Error Bounds，and Feature Selection. Information Sciences，1976，10（02）：159-173.

［28］Gilboa I，Lehrer E. The Value of Information-An Axiomatic Approach. Journal of Mathematical Economics，1991，20（05）：443-459.